Grundwissen Soziale Arbeit

Herausgegeben von Rudolf Bieker

Band 18

Joachim König (Hrsg.)

Praxisforschung in der Sozialen Arbeit

Ein Lehr- und Arbeitsbuch

Unter Mitarbeit von Monika Chilla, Anne-Sophie Köhler,
Dietmar Maschke, Sebastian Ottmann und
Karl-Hermann Rechberg

Verlag W. Kohlhammer

1. Auflage 2016

Alle Rechte vorbehalten
© W. Kohlhammer GmbH, Stuttgart
Gesamtherstellung: W. Kohlhammer GmbH, Stuttgart

Print:
ISBN 978-3-17-024195-4

E-Book-Formate:
pdf: ISBN 978-3-17-024196-1
epub: ISBN 978-3-17-024197-8
mobi: ISBN 978-3-17-024198-5

Vorwort zur Reihe

Mit dem so genannten »Bologna-Prozess« galt es neu auszutarieren, welches Wissen Studierende der Sozialen Arbeit benötigen, um trotz erheblich verkürzter Ausbildungszeiten auch weiterhin »berufliche Handlungsfähigkeit« zu erlangen. Die Ergebnisse dieses nicht ganz schmerzfreien Abstimmungs- und Anpassungsprozesses lassen sich heute allerorten in volumigen Handbüchern nachlesen, in denen die neu entwickelten Module detailliert nach Lernzielen, Lehrinhalten, Lehrmethoden und Prüfungsformen beschrieben sind. Eine diskursive Selbstvergewisserung dieses Ausmaßes und dieser Präzision hat es vor Bologna allenfalls im Ausnahmefall gegeben.

Für Studierende bedeutet die Beschränkung der akademischen Grundausbildung auf sechs Semester, eine annähernd gleich große Stofffülle in deutlich verringerter Lernzeit bewältigen zu müssen. Die Erwartungen an das selbstständige Lernen und Vertiefen des Stoffs in den eigenen vier Wänden sind deshalb deutlich gestiegen. Bologna hat das eigene Arbeitszimmer als Lernort gewissermaßen rekultiviert.

Die Idee zu der Reihe, in der das vorliegende Buch erscheint, ist vor dem Hintergrund dieser bildungspolitisch veränderten Rahmenbedingungen entstanden. Die nach und nach erscheinenden Bände sollen in kompakter Form nicht nur unabdingbares Grundwissen für das Studium der Sozialen Arbeit bereitstellen, sondern sich durch ihre Leserfreundlichkeit auch für das Selbststudium Studierender besonders eignen. Die Autor/innen der Reihe verpflichten sich diesem Ziel auf unterschiedliche Weise: durch die lernzielorientierte Begründung der ausgewählten Inhalte, durch die Begrenzung der Stoffmenge auf ein überschaubares Volumen, durch die Verständlichkeit ihrer Sprache, durch Anschaulichkeit und gezielte Theorie-Praxis-Verknüpfungen, nicht zuletzt aber auch durch lese(r)freundliche Gestaltungselemente wie Schaubilder, Unterlegungen und andere Elemente.

Prof. Dr. Rudolf Bieker, Köln

Zu diesem Buch

Joachim König

Forschung in der Praxis der Sozialen Arbeit, im Alltag der stationären Jugendhilfe, an einem Vormittag in einer Kita oder mit Blick auf die Beratungsgespräche in einer Schwangerenkonfliktberatungsstelle – diesem spannenden Unternehmen widmet sich dieses Buch. Forschung wird aus sozialwissenschaftlicher Sicht üblicherweise und inzwischen sehr übereinstimmend definiert als die systematische, regelgeleitete, wissenschaftlich begründete Suche nach Erkenntnissen, Lösungen und Antworten auf Fragen in allen Bereichen gesellschaftlichen Lebens und deren anschließende Berichtlegung und Veröffentlichung.

Eigentlich geht es demnach um nichts anderes als um den Versuch, die Realität – in unserem Fall die Praxis der Jugendhilfe, Vorschulerziehung, Beratung oder eines der anderen Felder der Sozialen Arbeit – genau zu erfassen und daraus Schlüsse, neue Erkenntnisse zu ziehen. Gemeint ist also im Grunde das systematische Beschreiben und Bewerten solcher Wirklichkeiten, wie wir sie – z. B. eben in der Praxis der Sozialen Arbeit – erfahren, mit dem Ziel, mehr Wissen über sie zu erlangen und aus diesem Wissen Konsequenzen ziehen zu können, die für diese Praxis oder auch über sie hinaus von Bedeutung sind. Konkret könnte das so aussehen:

Praxisbeispiel
In einer seit vielen Jahren fest etablierten Einrichtung der stationären Jugendhilfe treffen die Leitungsverantwortlichen eine Entscheidung: Alle Einzel- und Gruppenberatungsangebote sollen auf den konzeptionellen Prüfstand gestellt werden. Neben dem Interesse, in diesem Bereich zu prüfen, ob die langjährig eingesetzten Angebote und Methoden noch zeitgemäß und mit Blick auf die Zielgruppe effizient erscheinen, steckt ein zweites Interesse hinter dieser Entscheidung: Gegenüber dem Kostenträger wird gleichzeitig versucht, Gestaltungswillen und Zukunftsfähigkeit zum Ausdruck zu bringen, weil auf Landesebene über die Schließung einzelner kleinerer Einrichtungen zu Gunsten von größeren Zentren diskutiert worden ist.

Um konkrete Anhaltspunkte für die Prüfung der Angebote und ihre Neukonzeption zu erhalten, plant ein »Konzeptions-Team« (für die vier Mitglieder aus den verschiedenen Wohngruppen werden drei Stunden Zeitentlastung je Woche für zunächst ein halbes Jahr gewährt) eine Befragung unter den 50 BewohnerInnen und den 20 MitarbeiterInnen. Gegenstand der Untersuchung soll einerseits die Einschätzung der Wirkung der insgesamt 20 verschiedenen Einzelangebote und andererseits die Zufriedenheit der Jugendlichen sein, jeweils aus der Perspektive beider Seiten, also aus Sicht der KollegInnen und aus Sicht der BewohnerInnen.

Vor dem Hintergrund solcher Situationen entstehen typischerweise Praxisforschungsprojekte, völlig unabhängig zunächst von ihrem Umfang, vom Aufwand, der dabei betrieben wird, und auch zunächst unabhängig von der Frage, *wer* in solchen Situationen forscht. Ob es also die Fachkräfte selbst sind, die sich an die Untersuchung ihrer Praxis machen, ob ForscherInnen »von außen« dazu beauftragt werden oder ob es sich um einen Ansatz handelt, bei dem gemeinsam und in enger Abstimmung Praxisforschung geplant und durchgeführt wird.

Praxisforschung in der Sozialen Arbeit ist also nichts anderes als eine bestimmte Form der Forschung, bei der »in unterschiedlich intensiver Kooperation mit den PraktikerInnen sozialpädagogische Projekte [besser: Praxis, Anm. d. Verf.] dokumentiert, analysiert, evaluiert, beraten und weiterentwickelt werden« (Munsch 2012, S. 1177) – letztlich also der ambitionierte Versuch, sowohl Theorie und Praxis als auch Forschen und Handeln in der Sozialen Arbeit systematisch und regelgeleitet miteinander zu verbinden.

In diesem Buch werden nun sowohl die Logik des Verlaufs als auch die einzelnen methodischen Schritte beschrieben und erklärt, die sich in der Praxisforschung systematisch immer wieder finden. Deshalb ist dieses Buch in erster Linie für Fachkräfte und für Studierende geschrieben, denen es um die systematische Untersuchung der Sozialen Arbeit in kleinen Ausschnitten, um ihre eigenen methodischen Möglichkeiten dabei und um die Frage nach den Grenzen solcher Strategien geht.

Das Buch ist gedacht als Lernhilfe und Arbeitsgrundlage für alle, die über ihre Bemühungen *in der Praxis* selbst hinaus auch am Erwerb von belastbarem Wissen *über diese Praxis* interessiert sind:

• für alle, die nach Möglichkeiten suchen, ihre eigene Praxis einer systematischen Beschreibung und Bewertung zu unterziehen;
• für alle, die Kriterien für Entscheidungen brauchen, ob und unter welchen Bedingungen Maßnahmen und Veränderungen in der Praxis sinnvoll und Erfolg versprechend erscheinen;
• für alle, die eine Grundlage für die Planung und Durchführung eines eigenen kleinen Praxisforschungsprojektes suchen;
• für alle, die methodische Fragen innerhalb eines bereits laufenden Forschungsprozesses klären wollen.

W-Fragen als Grundstrategie

Diesem Vorhaben liegt interessanterweise immer eine – ganz einfache – Grundstrategie und Logik zugrunde. Ein roter Faden, der sich deshalb auch durch das Buch zieht und in Verbindung mit den vorgestellten Methoden in der Lage ist, ein so komplexes und differenziertes Feld wie das der Sozialen Arbeit zu erschließen: W-Fragen. Kinder machen das so. Meine Kinder haben mich, als sie noch klein waren, darauf gebracht, indem sie viele Jahren mit großer Ausdauer immer und immer wieder Fragen gestellt haben, und zwar einen ganz bestimmten Typ von Fragen: »Warum ist das so?« – »Wie geht das?« – »Wann machen wir das?« – »Wo geht's denn da hin?« – »Wozu brauchst Du das?« und so weiter. Wir alle kennen diese berühmten W-Fragen. Sie helfen uns – ausformuliert oder nur gedacht – bei der Erschließung der Welt, beim Kennenlernen und

Verstehen von komplizierten und unübersichtlichen Gebieten, in denen wir uns noch nicht auskennen. Ein vierjähriges Kind stellt im Schnitt 300 bis 400 solcher Fragen jeden Tag!

Schon seit der Antike spielen diese Fragen auch in der Philosophie eine entscheidende methodische Rolle: Seit Aristoteles nämlich gelten W-Fragen als der entscheidende philosophische Zugang zur Ergründung komplizierter und zunächst vielleicht undurchschaubarer Zusammenhänge und Phänomene. Auf der Suche nach Begründungen und Erklärungen für bisher Unbekanntes gilt dessen Erschließung durch das Stellen und die Versuche der anschließenden Beantwortung von W-Fragen als zentrales Grundprinzip (vgl. z. B. Wolf 1994 zu Aristoteles).

Darum geht es in diesem Band

Die Praxis der Forschung in der Praxis der Sozialen Arbeit – wie geht das? Darauf will dieses Buch eine möglichst verständliche und nachvollziehbare Antwort geben. Eigentlich geht es der Praxisforschung um nichts anderes als um den Versuch, die alltägliche Realität in den Feldern der Sozialen Arbeit genau zu erfassen und daraus Schlüsse und neue Erkenntnisse zu ziehen. Ziel der Forschung ist also im Grunde das systematische Beschreiben und Bewerten solcher Wirklichkeiten, wie wir sie in der Praxis der Sozialen Arbeit erfahren, mit dem Ziel, mehr Wissen über sie zu erlangen und aus diesem Wissen Konsequenzen ziehen zu können, die für diese Praxis oder über sie hinaus von Bedeutung sind.

Und genau das wird auch immer wichtiger, denn Forschung gewinnt nicht nur in der Theoriebildung, sondern vor allem auch in der Praxis der Sozialen Arbeit zunehmend an Bedeutung. Dem Alltagsgeschäft der Fachkräfte und auch den verschiedenen Zielgruppen angemessene Designs und passgenaue Forschungsmethoden sind inzwischen in der Lage, belastbare Befunde zu generieren, die dann der Kontrolle, der Weiterentwicklung oder auch der Legitimierung der Praxis in den verschiedenen Arbeitsfeldern der Sozialen Arbeit dienen und darüber hinaus den Diskurs der Sozialarbeitswissenschaften unterstützen können.

Deshalb beschreibt dieses Buch systematisch und theoretisch begründet konkretes Handlungswissen für die Praxisforschung, stets anhand von Beispielen aus Kitas, der Jugendhilfe, der Jugendsozialarbeit, der Sucht- und Straffälligenhilfe, der Beratung und vielen anderen Feldern der Sozialen Arbeit. Im Zentrum steht dabei ein an zwölf Arbeitsschritten orientiertes Verlaufsschema eines Praxisforschungsprozesses, das der Orientierung, Vorbereitung, Planung und Durchführung eigener Ansätze dienen kann.

Gedacht ist der Band daher nicht nur als Lehrbuch für Studierende, sondern auch als Arbeitshilfe und Nachschlagewerk für Fachkräfte, die sich als Forscherinnen und Forscher in eigener Sache verstehen. Ein Buch also, das klassischerweise dem Lehren, Lernen und Studieren dienen kann, das punktuell beim Nachschlagen, vergewissern oder dazulernen helfen kann, das aber seine Leserinnen und Leser auch einfach inspirieren kann, neue Projekte zu entwerfen, weiter zu entwickeln oder einfach forschend weiterzudenken. Deshalb ist das Buch folgendermaßen aufgebaut:

- Zuallererst stehen einige wenige wissenschaftstheoretische Grundgedanken, die an kleinen Beispielen aus der Praxis(forschung) dargestellt werden und zeigen sollen, wann und warum auch in der Praxis eine wissenschaftstheoretische Begründung sinnvoll sein kann. Eine wichtige Rolle spielen dabei die klassischen Gütekriterien und ethische Fragen, die sich in der empirischen Forschung fast immer zwangsläufig ergeben.
- Auf diesen grundsätzlichen Überlegungen baut die Darstellung der Logik des Vorgehens in der Praxisforschung auf. Sowohl mit Blick auf die Planung als auch auf die Durchführung eines solchen Prozesses werden zwölf Ablaufschritte beschrieben. Wichtig ist es natürlich, sich klar zu machen, dass die Trennschärfe und Linearität eines solchen Ablaufmodells immer begrenzt ist, dass aber eine solche Regelhaftigkeit als Heuristik und zur strategischen Orientierung im Forschungsprozess sehr hilfreich sein kann.
- Nach diesem Überblick geht es ins Detail: Eine breite Palette an Methoden der Datenerhebung, die in der Praxisforschung häufig und gewinnbringend eingesetzt werden, wird dargestellt.
- Nach den Methoden zur Erhebung von Daten steht die Frage nach sinnvollen Strategien zur Auswertung der gewonnenen Daten und Informationen im Mittelpunkt – zunächst die quantitativen Methoden.
- Das letzte Kapitel widmet sich schließlich den Methoden der qualitativen Datenauswertung: Die Grundlagen und die Denkweise der qualitativen Sozialforschung werden erklärt, zentrale Methoden der qualitativen Datenaufbereitung und -analyse beschrieben.
- Am Ende des Buches ist zur besseren Orientierung ein Stichwortverzeichnis zu finden.

Zusätzlich zu diesem Buch gibt es auch eine Homepage: Unter www.praxisfor¬ schung.info/buch finden sich zusätzliche Arbeitsmaterialien, u. a. eine Anleitung, die beschreibt, wie quantitative Daten aus Praxisforschungsprojekten mithilfe von Excel, SPSS und R ausgewertet werden können.

Danke

Entstanden ist das Buch vor dem Hintergrund von inzwischen mehr als zwölf-jährigen Erfahrungen mit Praxisforschung im Sozial-, Bildungs- und Gesundheitsbereich am Institut für Praxisforschung und Evaluation der Evangelischen Hochschule Nürnberg.

Deshalb will ich an dieser Stelle meinen Mitarbeitenden Monika Chilla, Anne-Sophie Köhler, Dietmar Maschke, Sebastian Ottmann und Karl-Hermann Rechberg nicht nur für ihre tatkräftige und kompetente Arbeit in den vielen Praxisforschungs- und Evaluationsprojekten danken, die sie zusammen mit mir in den vergangenen Jahren im Auftrag der Praxis realisiert haben. Wir freuen uns gemeinsam, dass es uns gelungen ist, mit diesem Buch unsere gesammelten methodischen Erfahrungen nun auch Studierenden sowie Kolleginnen und Kollegen in der Praxis zur Verfügung zu stellen.

Ein zusätzlicher Dank richtet sich schließlich auch an Rudolf Bieker, der uns mit wertvollen Hinweisen als Herausgeber der Reihe eine wichtige Hilfe war, sowie an Manfred Garhammer, Uwe Kranenpohl, Annette Scheunpflug und Stephanie Welser, die im Rahmen des Promotionskollegs »Bildung als Landschaft« die Beiträge von Karl-Hermann Rechberg bereichert haben. Und: Last but not least ein ganz herzliches Dankeschön an unsere Hilfskraft Marie Louise Hilgart, die beim Korrigieren, Formatieren und Zusammenfügen der Kapitel nie den Überblick verloren hat.

Nürnberg im Januar 2016
Joachim König

Inhalt

1 ARGUMENTE UND BEISPIELE FÜR DEN NUTZEN VON PRAXISFORSCHUNG

Joachim König

»Welchen Stellenwert hat Soziale Arbeit in unserer Gesellschaft? Warum ist welche Form der Sozialen Arbeit wie wichtig? Wie gut ist Soziale Arbeit eigentlich?«

Praxisforschung kann – so die These dieses Buches – auf drei Ebenen einen Beitrag zur Beantwortung dieser drängenden Fragen leisten:

- *Soziale Arbeit als gesellschaftliches Teilsystem* sieht sich von anderen Bereichen, vor allem der Politik und der Ökonomie herausgefordert. Es geht dabei um Verteilungsfragen und um Verteilungskämpfe, in denen anscheinend nur eines zählt: eine schlüssige Antwort auf die Frage nach dem Wert dieses Teilbereichs Soziale Arbeit für die gesamte Gesellschaft. Im Zeichen der Verknappung öffentlicher Haushalte gerät selbstverständlich auch Soziale Arbeit zunehmend unter Legitimationsdruck und in den Strudel der überall geführten Kürzungs- und Streichungsdebatten. Differenzierte Evaluationskonzepte können PraktikerInnen jedoch inzwischen in die Lage versetzen, sinnvolle Nachweise der Wirtschaftlichkeit Sozialer Arbeit zu führen.
- *Soziale Arbeit als wissenschaftliche Disziplin* benötigt für ihre Theoriebildung dringend Wissen darüber, welche unterschiedlichen Funktionen, Wirkungen und Nutzen Soziale Arbeit im Hinblick auf die riesige Palette unterschiedlicher Zielgruppen hat. Auch in ihrem Verhältnis zu den Nachbardisziplinen sind im Diskurs um die Wissenschaftlichkeit Sozialer Arbeit in theoretischer Hinsicht Bemühungen entstanden – auch durch verstärkte Praxisevaluationen –, zur Theoriebildung der »Sozialarbeitswissenschaft« beizutragen.
- *Soziale Arbeit als Profession* besinnt sich seit einigen Jahren auf einen zuvor wenig berücksichtigten Teilbereich ihres methodischen Handelns: Indem Praxisforschung als ein hilfreiches Instrumentarium in das Alltagsgeschäft der Sozialen Arbeit integriert wird, kann sie basisnahe und gleichzeitig präzise Erkenntnisse liefern, worin im Einzelfall oder auf eine bestimmte Gruppe von AdressatInnen bezogen der Wert des beruflichen Handelns liegt. Im Rahmen der Professionalisierungsdebatte hat sich daher in den letzten Jahren verstärkt die Einsicht durchgesetzt, dass praxis-, lebenswelt- und handlungsorientierte Forschung in den verschiedenen Arbeitsbereichen der Sozialen Arbeit gezielte Beiträge zur Steigerung ihrer Fachlichkeit und damit zur Entwicklung neuer Standards methodischen Handelns leisten kann (vgl. dazu zunächst Heiner et al. 1994).

Mindestens auf diesen drei Ebenen entsteht also – so die Behauptung dieses Buches – ein Nutzen für die Soziale Arbeit, wenn sie versucht, systematisches Wissen über sich selbst zu generieren. Wie aber konkretisiert sich dies im Alltag, in der Praxis der Sozialen Arbeit selbst?

Zurück zu unserem Beispiel:

Bereits die ersten Auswertungen ergeben teilweise erhebliche Unterschiede zwischen den Einschätzungen von Wirkung und Zufriedenheit auf beiden Seiten. Einrichtungsintern wird daraufhin zunächst an einer einfachen, für alle verständlichen Veröffentlichung dieser Ergebnisse in Form von übersichtlichen und grafisch ansprechend gestalteten Plakaten gearbeitet, die im Freizeitraum des Hauses ausgestellt werden. Drei Wochen später findet eine Hausversammlung statt, auf der die Einschätzungen unter den Bewohnern und den MitarbeiterInnen diskutiert, gemeinsam geklärt und in Bezug auf mögliche Veränderungen konkretisiert werden. Schnell ergeben sich zentrale Knackpunkte und Schlüsselprozesse, die – für alle nachvollziehbar – den Ansatzpunkt für konzeptionelle Veränderungen und Weiterentwicklungen bilden. Eine kleine »Reformkommission« unter Beteiligung von Bewohnern und MitarbeiterInnen erarbeitet in der Folge Vorschläge zur Verbesserung der Angebotsstruktur im Freizeit- und gruppenpädagogischen Bereich.

Auf einer zweiten Schiene wird ein detaillierter Bericht über Ergebnisse und Schlussfolgerungen aus diesem Praxisforschungsprojekt erarbeitet. Dieser Bericht soll dann Grundlage für die Formulierung einer Qualifizierungsoffensive gegenüber dem Kostenträger auf Landesebene sein. Hier geht es vor allem um strukturelle Weiterentwicklung der Angebote, die teilweise kostenneutral zu realisieren sind, teilweise jedoch mit einer notwendigen Erhöhung der Tagessätze verbunden sind. Es wird vorgeschlagen, eine zusätzliche Förderung dieser neuen Angebote im Rahmen eines Modellprojekts des Bundes zu beantragen. Auch die Einschätzungen und Vorschläge der hausinternen »Reformkommission« werden in den Bericht aufgenommen. Nach einem Vorgespräch mit dem zuständigen Referenten im Landesverband findet außerdem im Rahmen der alljährlichen Landesversammlung eine 30-minütige Präsentation des Verlaufs und der Ergebnisse dieses Verbesserungsprozesses statt.

Zentrale Botschaft an die VertreterInnen aus Verbänden und Sozialpolitik ist dabei die fachliche Legitimation und Profilierung der therapeutischen und pädagogischen Angebote und die damit verbundene Reformbereitschaft der Einrichtung, auch im Hinblick auf die drängenden Fragen nach der Wirtschaftlichkeit künftiger Angebote und Dienstleistungen im Bereich der stationären Suchthilfe.

Diese Herangehensweise kann als exemplarisch gelten für viele Ansätze der Praxisforschung. Und dieses Beispiel beinhaltet auch alle wesentlichen Nutzen, die Praxisforschung für das Alltagsgeschäft der Fachkräfte und Verantwortlichen in der Sozialen Arbeit haben kann. Systematisch betrachtet handelt es sich dabei immer wieder im Wesentlichen um fünf Perspektiven und Herausforderungen:

• *Kontrolle:* Mithilfe von Praxisforschung sind soziale Dienste in der Lage, sich einer differenzierten Erwartungs-Erfolgs-Kontrolle zu unterziehen. Eine leistungsbezogene Prüfung kann Bewertungsgrundlagen schaffen, um Erfolg und Misserfolg auf der fachlichen und auf der politischen Ebene diskutierbar zu machen, sowohl mit Blick auf die Effektivität von Maßnahmen, Projekten und Angeboten (also bezogen auf die Frage nach der Zielerreichung) als auch auf deren Effizienz (also bezogen auf das Verhältnis zwischen Aufwand und Wirkung von Praxis).

- *Aufklärung:* Nicht nur der finanzielle, auch der Problemdruck steigt in den Feldern der Sozialen Arbeit. Häufig besteht großer Klärungsbedarf angesichts praktischer Probleme im Alltagsgeschäft oder auch darüber hinaus mit Blick auf konzeptionelle Fragen. Durch geeignete Ansätze der Praxisforschung ergeben sich für Einrichtungen und Fachkräfte Möglichkeiten, Beiträge zur Strukturierung, zu mehr Klarheit in der Unübersichtlichkeit und Komplexität alltäglicher Aufgabenstellungen zu leisten – etwa durch die Rekonstruktion von Interventionsverläufen oder von Ursache-Wirkungs-Zusammenhängen.
- *Qualifizierung:* Seit vielen Jahren wird im Rahmen der Professionalisierungsdebatte in der Sozialen Arbeit die Forderung nach dem »Ende der Beliebigkeit« thematisiert und in dem Zusammenhang die Weiterentwicklung des methodischen Handelns betrieben. Auch Kompetenzen im Bereich der Praxisforschung können hier dazu beitragen, die Fachlichkeit der Mitarbeitenden zu optimieren. Aus dieser Einsicht können zudem sinnvolle Beiträge zur Personalentwicklung oder für neue Weiterbildungskonzepte in sozialen Organisationen und Verbänden entstehen.
- *Innovation:* Wie seit langer Zeit im Bereich der Industrie und in Organisationen anderer Humandienstleistungen sind auch in vielen Einrichtungen der Sozialen Arbeit sogenannte »kontinuierliche Verbesserungsprozesse« inzwischen zu praktikablen und effektiven Instrumenten nicht nur der Qualitätssicherung und -entwicklung geworden. Auch im Hinblick auf die Verbesserung struktureller Bedingungen alltäglicher Handlungsabläufe kann Praxisforschung nützlich sein und innovativ wirken, zur Erneuerung von Strukturen und Hilfeprozessen beitragen, konzeptionelle Weiterentwicklung initiieren oder auch bei der Entwicklung von Alleinstellungsmerkmalen hilfreich sein.
- *Legitimierung:* Die Konkurrenz der Anbieter auf dem Sozialmarkt wächst. Gleichzeitig ist in vielen Bereichen eine massive Reduzierung der öffentlichen Finanzierung zu beobachten. Dies hat zwangsläufig eine Erhöhung des Legitimationsdrucks aus Sicht der Anbieter zur Folge. Auch hier ist Praxisforschung in der Lage, durch den Nachweis von Effekten und Wirkungen oder die Dokumentation der Effizienz von Maßnahmen belastbare Aussagen über die Qualität Sozialer Arbeit im Einzelnen zu generieren. So können nach außen, etwa Kostenträgern oder der politischen Öffentlichkeit gegenüber, tragfähige Aussagen zur »Daseinsberechtigung« Sozialer Arbeit in fachlicher Hinsicht, aber auch im betriebs- und volkswirtschaftlichen Sinne gemacht werden.

2 WISSENSCHAFTSTHEORETISCHE VORÜBERLEGUNGEN

Karl-Hermann Rechberg

Was Sie in diesem Kapitel lernen können

Um solide Praxisforschung zu betreiben, genügt es nicht, in den wissenschaftlichen Methodenbaukasten zu greifen. Um sich wissenschaftlicher Methoden korrekt zu bedienen, ist es notwendig, sich aus wissenschaftstheoretischer Sicht darüber im Klaren zu sein, welche Art von Daten man generiert, wozu diese dienen können und wozu nicht. Hierzu soll das folgende Kapitel einen Einstieg bieten.

Die Forderung an empirische Sozialforschung lautet, ihre Aussagen auf der Basis von Datenerhebung zu entwickeln und überprüfbar zu machen. Ihre Ergebnisse sind dabei stets von verschiedenen Aspekten geprägt. Zwei Beispiele sollen dies illustrieren:

- *Die fachliche Kompetenz der Forschenden:* Führt der Forscher ein Interview, werden die Ergebnisse auch von seinem Geschick der Gesprächsführung beeinflusst, den Gesprächspartner zum Reden zu animieren, ohne ihm dabei bestimmte erwünschte Aussagen zu suggerieren.
- *Die Möglichkeiten und Grenzen der angewendeten Forschungsmethoden:* Mithilfe des Mittelwertes können die Altersstrukturen verschiedener Gemeinden nur begrenzt verglichen werden. Gleiche Mittelwerte zweier Gemeinden sagen beispielsweise noch nichts über die Streuung ihrer Altersstruktur aus. Eine Gemeinde mit dem Namen Breitenkirchen mit einer stark gestreuten Altersstruktur könnte aus vielen Senioren und vielen Kindern und Jugendlichen bestehen, eine Gemeinde mit Namen Schmalenkirchen dagegen ausschließlich aus Personen mittleren Alters. Beide könnten jedoch den gleichen Altersmittelwert aufweisen. Das Beispiel zeigt: Der Mittelwert ermöglicht einerseits einen Vergleich der beiden Gemeinden, ist jedoch kein gleichwertiger Ersatz für alle einzelnen Altersangaben, da ihm unter anderem die Information über die Streuung der Altersstruktur fehlt.

Im zweiten Beispiel wird deutlich, dass beispielsweise statistische Kennziffern in erster Linie dazu dienen, die Sicht auf die komplexe Realität auf ein überschaubares Maß zu reduzieren. Oft wird es erst auf diese Weise möglich, sich in einer komplexen Welt zu orientieren und beispielsweise politische Entscheidungen zu treffen oder das praktische Handeln weiterzuentwickeln.

Bei der Koppelung solcher politischer Entscheidungen an wissenschaftliche Befunde sollte jedoch unter anderem bedacht werden, dass diese Befunde nicht notwendigerweise eindeutig sind und damit die Unsicherheiten der Entscheidung nicht völlig ausgeräumt sein müssen. Eine kritische Auseinandersetzung mit sogenannten evidenzbasierten politischen Entscheidungen ist bei Müller und Waldow (2011) nachzulesen.

Grundsätzlich ist bei der Weiterentwicklung der Praxis auf der Basis von empirischen Untersuchungen unter anderem zu beachten, wie gewährleistet werden kann, dass die wissenschaftlichen Ergebnisse überhaupt für die Praxis nutzbar sind. Verschiedene Strategien, diesen Transfer zu leisten, können am Beispiel Evaluation von Schulunterricht bei Gräsel (2010) nachgelesen werden.

Unabhängig von diesen praktischen Überlegungen ist darauf zu achten, dass die wissenschaftlichen Ergebnisse, die Entscheidung und Evaluation zugrunde liegen, solide sind. Dies hängt unter anderem davon ab, ob das wissenschaftliche Vorgehen adäquat ist. Hierzu stellt dieses Kapitel im Folgenden einige wissenschaftstheoretische Überlegungen an.

2.1 Systematische Gestaltung des Forschungsvorhabens

Die Gestaltung der Forschungslogik und insbesondere die Auswahl der Methoden sollten danach ausgerichtet sein, inwiefern sie zum Anliegen einer Untersuchung passen. Um hierfür eine Orientierung zu geben, wird in diesem Abschnitt die Systematisierung der zur Verfügung stehenden Möglichkeiten zunächst nach zwei Forschungsparadigmen gegliedert. Dem wird am Ende des Abschnitts eine weitere alternative Systematisierung gegenübergestellt.

In der empirischen Sozialforschung haben sich inzwischen zwei Traditionen herausgebildet: Die quantitative und die qualitative Sozialforschung werden häufig als zwei Paradigmen bezeichnet, da sie unterschiedlichen Forschungslogiken folgen. In Deutschland werden sie daher in der Literatur häufig getrennt behandelt. Dies ist jedoch nicht zwingend nötig, wie beispielsweise Werke aus der Fachliteratur zeigen, die beide Paradigmen einschließen und Gemeinsamkeiten sowie Ergänzungen aufzeigen (vgl. Baur und Blasius 2014; Bortz und Döring 2006).

Das Paradigma der quantitativen Sozialforschung stellt in den Vordergrund, Merkmale der Realität zu operationalisieren, also in zählbare Einheiten zu überführen. Die Zufriedenheit von Klienten der sozialen Arbeit wird beispielsweise mit Fragebogen-Items abgefragt, mithilfe derer die Klienten auf einer Skala angeben, wie sehr sie mit einer Leistung zufrieden waren. Hat ein Klient sich für ein »zufrieden« entschieden, wird diese Angabe beispielsweise mit der Zahl 1 codiert. Hat ein anderer Klient mit »nicht zufrieden« geantwortet, könnte dies in den Messwert 3 überführt werden. Die Zufriedenheit dieser Zweiergruppe kann mit einem Mittelwert von 2 ausgedrückt werden.

Aussagen zielen dabei auf mengenmäßige Repräsentativität. Das bedeutet: Wenn man aus einer Bevölkerungsgruppe eine Stichprobe zieht und diese quantitativ analysiert, werden bestimmte Strategien angewendet, welche die Wahrscheinlichkeit erhöhen, dass die Ergebnisse der Stichprobe mit denen der gesamten Bevölkerungsgruppe vergleichbar sind.

Forschungsvorhaben werden in dieser Tradition üblicherweise linear durchgeplant: Beispielsweise wird zuerst ein Fragebogen entworfen, der alle interessierenden Fragen enthält. Mit diesem wird anschließend eine Erhebung vorgenommen. Nach Aufbereitung der Daten werden diese schließlich ausgewertet. Hierbei ist wesentlich, dass die Ergebnisse vom Forscher unabhängig sind. Zu diesem Zweck bedient sich dieser Forschungszweig statistischer Methoden, die möglichst objektive Ergebnisse zum Ziel haben, mithilfe von Kennwerten Komplexität reduzieren und Vergleichbarkeit herstellen. Die Ergebnisse können schließlich in Diagrammen dargestellt werden.

Das Paradigma der qualitativen Sozialforschung arbeitet mit nicht-numerischem Material, wie vor allem Texten, aber auch Fotografien, Videos usw. Die Datenerhebung ist an vielen Details interessiert, die sich aus dem Datenmaterial selbst herausbilden sollen anstatt durch die Methode vorgegebene Merkmale zu messen. Beispielsweise werden Klienten Sozialer Arbeit in einem Interview offen gefragt, was sie an einer Leistung zufrieden gestellt oder gestört hat. Die Antworten können bestehende Erwartungen erfüllen, wenn Klienten beispielsweise sagen, dass sie Hilfe erhalten hätten. Es können aber auch überraschende Aspekte hinzukommen, beispielsweise dass es im Wartezimmer nicht so übel gerochen hat, wie es sonst oft der Fall sei.

Aussagen zielen dabei auf strukturelle Repräsentanz. Das bedeutet: In den Ergebnissen sollen die wesentlichen Aspekte enthalten sein, die es im Hinblick auf eine Fragestellung zu unterscheiden gilt. Es sollten beispielsweise die wesentlichen Zufriedenheitsaspekte der Klienten zusammengestellt werden. Damit wird keine Aussage darüber getroffen, wie häufig sie vorkommen.

Häufig werden Forschungsvorhaben in dieser Tradition nicht linear, sondern zirkulär durchgeführt. Das bedeutet, dass beispielsweise erst nach Erhebung und Auswertung einiger erster Fälle eine Informationsgrundlage besteht, auf deren Basis die weiteren Fälle ausgewählt werden (Theoretisches Sampling). Stellt man beispielsweise nach Erhebung der ersten fünf Fälle fest, dass schon lange bekannte Klienten ihre Zufriedenheit an völlig anderen Kriterien festmachen als solche, die eine Einrichtung zum ersten Mal aufsuchen, würde man diese beiden Extreme in den folgenden Erhebungen gezielter untersuchen. Ein Vergleich der Ergebnisse kann anhand bestimmter, im Auswertungsprozess herausgearbeiteter Kategorien vorgenommen werden. Diese entstehen jedoch grundsätzlich in einem interpretativen Prozess, wodurch die Subjektivität der Forschenden nicht gänzlich ausgeschaltet werden kann. Die qualitative Sozialforschung versucht diesen Umstand zwar einerseits durch verschiedene Verfahren der intersubjektiven Korrektur zu kompensieren. Beispielsweise interpretieren mehrere Forscher das gleiche Datenmaterial und vergleichen anschließend ihre Ergebnisse. Andererseits begreift sie Subjektivität auch als eine Ressource, die ein Verstehen der erforschten Subjekte erst möglich macht.

Neben einer paradigmatischen Unterscheidung in quantitative und qualitative Methoden der Datenerhebung besteht die Möglichkeit, Methoden in die Kategorien beschreibend, hypothesengenerierend oder hypothesenüberprüfend einzuteilen. Man könnte beispielsweise Klienten in einem Fragebogen folgende offene Frage stellen: »Was hat ihnen in der Beratung nicht gefallen?«. Aus den Antworten lassen sich im qualitativen Sinne Kategorien bilden. Die Antworten »finstere Räume« und »alles war so dunkel« lassen sich beispielsweise der Kategorie »Raumhelligkeit« zuordnen. Diese Kategorien können in einem zweiten Schritt quantitativ auf die Frage hin ausgewertet werden, welche Kategorie besonders häufig genannt wurde. Wird die Kategorie »Raumhelligkeit« von 65 % der Befragten genannt, lässt sich auf dieser Grundlage die Hypothese generieren, dass diese Kategorie den Befragten besonders wichtig sein könnte. Hier wird also eine qualitative Erhebungsmethode quantitativ ausgewertet. Unabhängig von dieser Unterscheidung könnte man jedoch die beschriebene Forschungsstrategie als hypothesengenerierend bezeichnen. Zur näheren Erläuterung von beschreibenden und hypothesenüberprüfenden Strategien siehe Kapitel 4.8.

Unabhängig davon, nach welchem Paradigma ein Forscher arbeitet, und unabhängig davon, ob er beschreibend, hypothesengenerierend oder -überprüfend arbeiten möchte, kann es sich lohnen, unterschiedliche Methoden zu kombinieren, wie es bei der sog. Triangulation bzw. den Mixed-Methods-Designs gemacht wird (vgl. Flick 2011; Kuckartz 2014a): Werden innerhalb eines einzigen Forschungsvorhabens mehrere Datenerhebungen vorgenommen, so können dabei Verfahren aus verschiedenen Forschungstraditionen angewendet und aufeinander bezogen werden. Die bereits angeführten qualitativen bzw. hypothesengenerierenden Interviews mit Klienten der Sozialen Arbeit könnten beispielsweise dazu dienen, Aspekte der Zufriedenheit zu sammeln. In einem zweiten Schritt könnten diese Aspekte mithilfe eines standardisierten Fragebogens bei weiteren Klienten abgefragt werden, um anschließend im Sinne der quantitativen Forschung auszuzählen, welche Wünsche besonders häufig genannt werden bzw. zu beschreiben, wie die Wünsche mengenmäßig unter den Befragten verteilt sind.

2.2   Gütekriterien empirischer Sozialforschung

Die empirische Sozialforschung versucht, mit sogenannten Gütekriterien Standards zu finden, an denen die Qualität von Forschungsergebnissen abgelesen werden kann.

2.2.1   Gütekriterien quantitativer Forschung

Die quantitative Sozialforschung unterscheidet in Bezug auf die Qualität der Erstellung und Anwendung ihrer Messinstrumente die folgenden Gütekriterien (vgl. Krebs und Menold 2014; Bortz und Döring 2006):

- *Objektivität:* Eine Datenerhebung ist dann objektiv, wenn sie unabhängig vom Forscher, der sie durchführt, bei gleicher erhobener Personengruppe immer zum selben Ergebnis gelangt. Dies soll durch die Standardisierung von Fragebögen gewährleistet werden sowie dadurch, dass die Befragungssituation die Befragten möglichst nicht beeinflusst. Die Datenerhebung, -aufbereitung und -auswertung muss ausführlich dokumentiert werden, um ihre Objektivität nachvollziehbar zu machen, insbesondere wenn Störungen wie fehlende Rückläufe auftreten, mit denen die Forscher irgendwie umgehen müssen. Die Interpretation der Ergebnisse kann nicht vollständig objektiv sein, da sie den Werturteilen der interpretierenden Person unterliegt.

- *Reliabilität:* Sie gibt die Messgenauigkeit des Erhebungsinstruments an. Sie zeigt sich beispielsweise darin, dass Messergebnisse möglichst exakt auch bei weiteren Messungen wieder eintreten, also reproduziert werden können. Man geht davon aus, dass ein Messwert aus einem wahren Wert und einem Messfehler besteht. Solche Messfehler können dadurch auftreten, dass die Befragten beim Ausfüllen eines Fragebogens durch Müdigkeit oder Störungen beeinträchtigt sind oder raten, wenn sie eine Frage nicht eindeutig beantworten können, oder sogar bewusst lügen. Es ist also grundsätzlich vom Messfehler eines Instruments auszugehen. Je kleiner der Messfehler ist, als desto reliabler gelten die Ergebnisse. Es gibt mehrere Reliabilitätstestverfahren, welche die Messergebnisse mehrerer Messungen vergleichen, um von deren Schwankungen auf die Größe des Messfehlers zu schließen. Dabei sind Tests, welche die Reliabilität einzelner Fragebogenitems messen, von solchen zu unterscheiden, welche die Reliabilität ganzer Item-Sammlungen messen. Zu den einzelnen Messverfahren sei beispielsweise auf die ausführliche Darstellung von Testgütekriterien bei Bortz und Döring (2006) verwiesen.
- *Validität:* Sie gibt an, in welchem Maß ein Erhebungsinstrument genau das misst, was es auch messen soll. Versucht ein Fragebogen mit der Frage: »Wie fühlen Sie sich jetzt nach dem Beratungsgespräch?«, die Zufriedenheit eines Klienten mit einem sozialen Beratungsangebot zu messen, so könnte es sein, dass die emotionalen Persönlichkeitsmerkmale der Person die Validität des Ergebnisses verzerren: Eine grundsätzlich missmutige Person würde vermutlich tendenziell negativere Antworten geben als eine grundsätzlich fröhliche Person. Um die Validität zu bestimmen, werden Messdaten zu anderen Daten in Beziehung gesetzt, die etwas Ähnliches messen. Auch zu den Messverfahren der Validität ist die ausführliche Darstellung von Testgütekriterien bei Bortz und Döring (2006) sehr hilfreich.

Die Validität einer Messung hängt von der Reliabilität des Messinstruments ab, aber nicht umgekehrt: Ist eine Waage schlecht geeicht, ist ihre Reliabilität beeinträchtigt. Dann zeigt sie auch immer das falsche Messergebnis an. Das heißt: das Ergebnis ist nicht valide. Jedoch kann auch eine gut geeichte und damit reliable Waage ein fehlerhaftes Messergebnis anzeigen, wenn beim Messen jemand unbemerkt ein zusätzliches Gewicht mit auf die Waage stellt.

Neben den beschriebenen klassischen Gütekriterien geben die folgenden Aspekte Aufschluss über die Aussagekraft von quantitativen Untersuchungen (vgl. Krebs und Menold 2014; Bortz und Döring 2006):

- *Interne Validität:* Häufig gehört es zu den Ergebnissen von quantitativen Untersuchungen, dass Zusammenhänge zwischen mehreren Variablen berechnet werden. Beispielsweise wird ein statistischer Zusammenhang zwischen einem sozialen Kompetenztraining und einer Veränderung des sozialen Verhaltens seiner Absolventen festgestellt. Die interne Validität ist umso höher, je eher ausgeschlossen werden kann, dass dieser Zusammenhang auf andere Faktoren als das Kompetenztraining zurückgeführt werden kann. Inwiefern dies gewährleistet ist, hängt vom Design der jeweiligen Untersuchung ab. Sogenannte experimentelle Designs versuchen durch einen stark geplanten Versuchsaufbau eine hohe interne Validität herzustellen. Dies geschieht jedoch oft auf Kosten der externen Validität.

- *Externe Validität:* Dieses Kriterium beschreibt, wie gut sich die Ergebnisse einer Untersuchung verallgemeinern lassen. Dies ist umso schlechter möglich, je mehr das Untersuchungsdesign von den üblichen Bedingungen des Alltags abweicht. Ein stark geplanter und standardisierter Versuchsaufbau, der wie bei einem Laborexperiment vorgibt, wie eine Situation ablaufen soll, steht in einem gewissen Widerspruch zum Alltag, bei dem sich Situationen zwar ähneln, aber doch in vielen Details unterscheiden. Die externe Validität sinkt ebenfalls, wenn die realisierte Stichprobe in wesentlichen Bestandteilen von der Grundgesamtheit abweicht, also mengenmäßig nicht repräsentativ ist. Zur mengenmäßigen Repräsentativität von Stichproben ist die gut verständliche Einführung von Mayer (2013) zu empfehlen. Das gilt nicht nur für Untersuchungen, die Zusammenhänge berechnen, sondern auch für die sogenannte beschreibende Statistik.

- *Statistische Signifikanz:* Untersucht man den Zusammenhang zwischen einem sozialen Kompetenztraining und dem sich verändernden sozialen Verhalten von zwei Teilnehmern im Vergleich zu zwei Nicht-Teilnehmern, so kann es sein, dass sich ein hoher Zusammenhang ergibt. Jedoch ist bei insgesamt vier Versuchspersonen die Wahrscheinlichkeit äußerst hoch, dass es sich um ein zufälliges Ergebnis handelt. Die Signifikanz ist ein statistisches Maß, das diese Wahrscheinlichkeit ausdrückt. Hoch signifikante Ergebnisse sind mit einer hohen Wahrscheinlichkeit nicht zufällig. Die Signifikanz ist insbesondere abhängig von der Menge der beteiligten Personen. Sie sollte bei der Interpretation von Zusammenhängen stets genannt werden. Zur ihrer Berechnung sei erneut auf die Darstellung bei Bortz und Döring (2006) hingewiesen.

- *Effektstärke:* Besteht wirklich ein hoch signifikanter Zusammenhang zwischen einem sozialen Kompetenztraining und der Verbesserung sozialen Verhaltens seiner Teilnehmer, so muss dies nicht bedeuten, dass diese Verbesserung eine hohe Relevanz besitzt. Die sogenannte Effektstärke beschreibt, in welcher Intensität sich ein Zusammenhang auswirkt. Wenn man die Veränderung des sozialen Verhaltens auf einer 10-Punkte-Skala misst, dann wäre eine Verbesserung um 0,3 Punkte ein verhältnismäßig niedriger Effekt. Dies kann beispielsweise darauf hindeuten, dass das Kompetenztraining zwar wirksam ist, aber für eine weitere Finanzierung nicht wirksam genug. Die Effektstärke sollte bei der Interpretation von Zusammenhängen ebenfalls genannt werden. Auch ihre Berechnung ist bei Bortz und Döring (2006) nachzulesen.

2.2.2 Gütekriterien qualitativer Forschung

Flick (2014; 2012) stellt die Diskussion um die Gütekriterien in der qualitativen Sozialforschung ausführlich dar. Sie hat bislang nicht zu einem Konsens geführt, der mit den Standards der quantitativen Sozialforschung vergleichbar wäre. Jedoch lassen sich einige Zwischenergebnisse umreißen:

- Eine unmittelbare Übertragung der Gütekriterien Objektivität, Reliabilität und Validität aus dem quantitativen Paradigma erscheint aufgrund der veränderten Forschungsbedingungen nicht empfehlenswert. Versteht man beispielsweise Reliabilität als Reproduzierbarkeit von Ergebnissen und will man die Reliabilität eines narrativen Interviews damit belegen, dass dieselbe Person bei einem zweiten oder dritten Interview ihre Erzählung wiederholt, ist davon auszugehen, dass sich die Person ihre Erzählung »zurechtgelegt« hat und dadurch die Gefahr einer konstruierten Erzählung steigt.
- Eine häufig angewendete Form der Validierung qualitativer Ergebnisse besteht darin, dass sie den Beforschten vorgelegt und diese um Rückmeldung gebeten werden, ob sie den Ergebnissen zustimmen. Die Vorschläge unterscheiden sich jedoch darin, ob man beispielsweise jeder Person die Ergebnisse zu ihrem individuellen Interview vorlegt oder das Gesamtergebnis der Untersuchung. Ein viel größeres noch ungelöstes Problem ist jedoch, wie viel Zustimmung erforderlich ist, damit ein Ergebnis als valide gelten kann, sowie die Frage, wann Differenzen, die sich aus den unterschiedlichen Perspektiven von Beforschten und Forschern ergeben, nicht der Validität zu Lasten gelegt werden dürfen.
- Eine weitere Form der Validierung besteht darin, die Forschungsergebnisse Experten vorzulegen, um deren Zustimmung zu erfragen. Diese können entweder aus dem Forschungsfeld stammen oder von diesem völlig unabhängig sein. Aber auch hier stellt sich die Frage, wie viele und welche Differenzen Validität schmälern.
- Rekonstruktive Forschungsansätze wie beispielsweise die dokumentarische Methode nach Bohnsack (2003) basieren auf einem eigenen theoretischen Überbau. Eine Validierung besteht dann unter anderem darin, den Forschungsprozess und seine Ergebnisse in Beziehung zu diesem theoretischen Rahmen zu setzen. Auswertungsmethoden, die einen solchen Rahmen nicht besitzen, sind von diesem Ansatz jedoch ausgeschlossen. Standards dieses Vorgehens sind bei Bohnsack (2005) nachzulesen.
- Es wurde bereits versucht, eine Validierung von qualitativen Forschungsergebnissen durch Triangulation durchzuführen, das heißt, durch den Einsatz weiterer Methoden, zusätzlicher Daten, verschiedener Forscher im Erhebungsprozess oder Anwendung verschiedener Theorien. Die Ergebnisse einer qualitativen Methode sollten dabei durch die Ergebnisse beispielsweise einer quantitativen Methode bestätigt oder infrage gestellt werden. Dies ist jedoch dann problematisch, wenn Unterschiede in den Ergebnissen auch durch die unterschiedlichen Perspektiven ausgelöst werden können, wenn beispielsweise die qualitative Methode hypothesengenerierend und die quantitative hypothesenprüfend eingesetzt wurde.
- Als Konsens kann immerhin formuliert werden, dass eine ausführliche Forschungsdokumentation anzufertigen ist, die es Dritten nicht nur durch ihre Genauigkeit und Ausführlichkeit, sondern auch durch ihre Verständlichkeit

ermöglicht, den Forschungsprozess nachzuvollziehen und nötigenfalls zu kritisieren.

2.3 Ethische Richtlinien und Datenschutz

Für die wissenschaftliche Forschungsarbeit haben beispielsweise die Deutsche Forschungsgemeinschaft (DFG) oder viele Verbände und Standesorganisationen wie die Deutsche Gesellschaft für Psychologie (DGP) inzwischen eigene ethische Codizes festgelegt. Mitglieder dieser Gesellschaften sind verpflichtet, sich an die jeweiligen Richtlinien zu halten. Diese Richtlinien schließen häufig nicht zuletzt auch Regelungen zur Publikation von Forschungsdaten ein. Der Publikationsprozess wird jedoch auch durch Regelungen von Verlagen mitbestimmt.

Über diese verbandlichen und kommerziellen Regelungen hinaus gelten natürlich allgemeine Rechtsnormen, wie beispielsweise das Bundesdatenschutzgesetz (BDSG), dessen Zweck es ist, den Bundesbürger davor zu schützen, dass er durch den Umgang mit seinen personenbezogenen Daten in seinem Persönlichkeitsrecht beeinträchtigt wird (vgl. § 1 BDSG). Diese Richtlinien für den Datenschutz können je nach Anwendungszusammenhang konkretisiert und erweitert werden. Beispielsweise haben die Kultusministerien der einzelnen Landesregierungen unterschiedliche Auflagen für Forschungsvorhaben festgelegt, die sich an Schülerinnen und Schüler ihrer staatlichen Schulen wenden.

Über all diese offiziellen Richtlinien hinaus fordern Forschungsvorhaben ihre Forscher je nach Forschungszusammenhang immer wieder zu eigenverantwortlichen ethischen Entscheidungen heraus. Einige davon werden beispielsweise von Friedrichs (2014) aufgeführt:

- Wird bei Ankündigung eines Forschungsvorhabens oder bei der Einführung eines Fragebogens auch auf bevorstehende heikle Fragen hingewiesen, die die Befragten abschrecken könnten?
- Darf in Kauf genommen werden, dass eine Person durch ein Forschungsvorhaben getäuscht wird, indem man ihr beispielsweise nicht den eigentlichen Forschungszweck mitteilt?
- Ist es zulässig, den Befragten bestimmte persönliche Fragen zu stellen, wie beispielsweise nach politischen Einstellungen, religiösen Überzeugungen oder sexuellen Präferenzen?
- Wo ist die Grenze bei der Erhebung demografischer Daten, um eine Reidentifizierbarkeit der Befragten weiterhin ausschließen zu können?
- Bis zu welcher Grenze würde ein Forscher die Vertraulichkeit, die er den befragten Personen in einem Interview oder einer Beobachtung zugesagt hat, aufrechterhalten? Würde er seine Zusage auf Vertraulichkeit der Daten beispielsweise brechen, wenn er durch ein offizielles Gericht dazu aufgefordert wird, Informationen über kriminelle Handlungen der Befragten preiszugeben?

Auch in Fällen, in denen Praxisforschung außerhalb offizieller Codizes stattfindet, hängt die Qualität von Forschungsprojekten unter anderem davon ab, ob ihre individuellen ethischen Herausforderungen neben den allgemeingültigen rechtlichen Regelungen reflektiert und im Forschungsbericht transparent gemacht werden.

3 PRAXISFORSCHUNG IN ZWÖLF ARBEITS-SCHRITTEN: HANDLUNGSWISSEN IM ÜBERBLICK

Joachim König

Was Sie in diesem Kapitel lernen können

»Was kommt denn eigentlich 'raus?« Und: »Was passiert denn da alles genau, bei dem, was wir hier in unserer Einrichtung der arbeitsweltbezogenen Jugendsozial-arbeit jeden Tag – Jahr ein Jahr aus – machen?« Oder: »Wir wollen auskunftsfähig werden, wenn es um die interne oder öffentliche Diskussion der Effekte geht, die Soziale Arbeit hier bei uns und auch insgesamt in unserem Arbeitsfeld hat.« Solche Klärungs-, Legitimations- oder auch Kontrollbedürfnisse und -bedarfe gibt es in allen Bereichen der Sozialen Arbeit, nicht erst, seit die öffentlichen Mittel zur Fi-nanzierung Sozialer Arbeit knapper geworden sind. Auch das fachliche Interesse führt neben allen ökonomischen Überlegungen häufig an einen Punkt, an dem Klarheit geschaffen werden soll oder muss. Klarheit z. B. über die Effekte, die die arbeitsweltbezogene Jugendsozialarbeit in der Praxis im Hinblick auf die persönli-che, soziale und berufliche Entwicklung von benachteiligten jungen Menschen hat.

In den folgenden zwölf kurzen Abschnitten wird gezeigt, aus welchen einzelnen Arbeitsschritten ein Praxisforschungsprozess idealtypisch besteht, völlig unabhän-gig davon, wie umfangreich und komplex er in zeitlicher und inhaltlicher Hinsicht angelegt ist. Alle Überlegungen, die diesen 12 Schritten zugrunde liegen, sollten im Laufe der Planung und Durchführung – im einen Fall vielleicht ausführlicher, im anderen eher nur kurz – angestellt werden, um am Ende zu belastbaren und für die Praxis dienlichen Ergebnissen gelangen zu können. Darin liegt der große Vor-teil eines solchen idealtypischen Modells:

- Es kann als Handlungsanleitung und auch als Heuristik – »der Erkenntnisge-winnung dienend« – sehr hilfreich sein, indem es dem Forschungsvorhaben eine leicht nachvollziehbare Struktur- und Verlaufslogik gibt.
- Es kann eine gewisse Planungs- und Handlungssicherheit bieten sowie Voll-ständigkeit in solchen, oft komplexen, Prozessen gewährleisten.
- Zudem bietet ein regelgeleitetes Vorgehen immer auch Anhaltspunkte und Si-cherheit im Hinblick auf die anschließende Beurteilung der Qualität des Forschungsprozesses und seiner Ergebnisse

Dabei muss eines immer mit bedacht werden: Idealtypische Modelle sind das eine, die Realität ist das andere. Trennschärfe und Linearität eines solchen Ablaufmo-dells werden suggeriert, sind aber in Wirklichkeit eher begrenzt. Vor allem dann,

wenn Prozesse in der Praxis eher iterativ oder zirkulär und eben nicht linear verlaufen, lässt sich dies hier nicht vollständig abbilden: Schritte müssen eben auch
mal wiederholt, methodische Entscheidungen revidiert oder das Vorgehen an einer
bestimmten Stelle verändert werden. All dies ist bei der Planung eines Praxisforschungsprozesses nie gänzlich auszuschließen und trotzdem muss – Schritt für
Schritt – agiert und aus solchen Situationen heraus entschieden werden.

Um die Arbeit mit diesem Buch und das Verständnis der einzelnen Überlegungen
zu erleichtern, erfolgt immer wieder der Bezug zu konkreten Beispielen aus verschiedenen Feldern der Sozialen Arbeit. In diesem Kapitel dient dazu ein Ansatz,
der aus der arbeitsweltbezogenen Jugendsozialarbeit stammt und den letzten
Jahren im Auftrag der Landesarbeitsgemeinschaft Jugendsozialarbeit in Bayern
entwickelt, erprobt und eingesetzt wurde. Unter dem Titel »Effekte der berufsbezogenen Jugendhilfe« (BBJH) hat ein kleines Team von Fachkräften aus Münchner
Einrichtungen der BBJH in enger Zusammenarbeit mit Mitarbeitenden des Instituts
für Praxisforschung und Evaluation an der Evangelischen Hochschule Nürnberg ein
Instrumentarium entwickelt, mit dem Fachkräfte in den Einrichtungen die sozialen, personalen und beruflichen Kompetenzen der Jugendlichen zu mehreren
Zeitpunkten erheben und so selbst Rückschlüsse auf die Effekte der Maßnahmen
und auf die Kompetenzentwicklung bei den Jugendlichen ziehen können. Für jeden Arbeitsschritt wird dazu in den folgenden Abschnitten beschrieben, was in
diesem Projekt konkret getan wurde, um die jeweils notwendigen Entscheidungen
zu treffen und an der jeweiligen Stelle in diesem Praxisforschungsprojekt weiter zu
kommen.

3.1   Schritt 1: Ziele festlegen

- *Welche Nutzen können von einer Praxisforschung erwartet werden?*
- *Welche Ziele kann Praxisforschung in der Sozialen Arbeit verfolgen?*
- *Wem oder wozu nützen die Ergebnisse von Praxisforschung?*
- *Wie können Entscheidungen über mögliche Ziele getroffen werden?*
- *Wie kann mit Zielkonflikten umgegangen werden?*

Die Ziele einer Praxisforschung ergeben sich erfahrungsgemäß immer aus verschiedenen Fragen nach Auftrag, Rollen, Interessen und Motiven von Beteiligten. In der Hinsicht Klärungen gleich zu Beginn eines solchen Prozesses herbeizuführen, ist dringend notwendig. Diese Herausforderung steht deshalb als
erster Arbeitsschritt auch gleich am Beginn.

Dass Praxisforschung darauf abzielen sollte, sowohl den direkt beteiligten
KlientInnen, Fachkräften und sozialen Organisationen als auch indirekt der Profession der Sozialen Arbeit und noch weiter gefasst der gesamten Gesellschaft
und ihren Teilsystemen in irgendeiner Weise zu nützen, liegt auf der Hand.
Nützlichkeit für möglichst alle Beteiligten ist daher ein unumstrittener und daher pragmatischer Ausgangspunkt für den ersten Planungsschritt.

Es geht um die Festlegung der konkreten Ziele und um die Klärung des erwarteten Nutzens des geplanten Vorhabens. Die Ziele ergeben sich nach allen Erfahrungen aus drei verschiedenen Nutzen- und Bedarfstypen, die in unterschiedlichen Kombinationen und verschiedener Intensität typisch für Praxisforschung in der Sozialen Arbeit sind:

3.1.1 Klärungs- und Kontrollbedarfe

Nahezu alle Träger Sozialer Arbeit sehen sich einem ständigen Kosten- und Leistungsdruck ausgesetzt. Insbesondere Kostenträger (also die Finanzierungsseite) formulieren immer stärker die Erwartung, dass sich die Praxis Sozialer Arbeit insgesamt einer detaillierten »Erwartungs-Erfolgs-Kontrolle« unterzieht. Aber auch eine aktive, leistungsbezogene Selbstkontrolle kann Bewertungsgrundlagen schaffen, um Erfolg und Misserfolg auf der fachlichen und auf der politischen Ebene – innerhalb und außerhalb von Einrichtungen – diskutierbar zu machen.

Aber nicht nur der finanzielle, auch der Problemdruck ist in vielen Feldern der Sozialen Arbeit enorm. Daraus ergibt sich ein zunehmendes Bedürfnis vieler Fachkräfte und Leitungsverantwortlichen, selbst zur Klärung ihres Alltagsgeschäfts, also zur Strukturierung der Unübersichtlichkeit und Komplexität alltäglicher Aufgabenstellungen, beitragen zu können. Die Rekonstruktion von Interventionsverläufen oder Hilfesystemen unterstützt beispielsweise oft das Erkennen der Auswirkungen unserer Arbeit. Eine solche Aufklärung trägt häufig entscheidend dazu bei, dass in Zukunft wirkungsvoller und methodisch sinnvoller gehandelt werden kann.

3.1.2 Begründungs- und Legitimierungsbedarfe

Die Entwicklung objektivierbarer Standards trägt nicht nur dem wachsenden Bedürfnis vieler KollegInnen nach Selbstvergewisserung Rechnung, sondern unterstützt auch den Nachweis von Qualität und Effizienz der eigenen Arbeit gegenüber entsprechenden Anfragen von außen. Auf diese Weise kann es gelingen, die Daseinsberechtigung Sozialer Arbeit im betriebs- und volkswirtschaftlichen Sinne zu dokumentieren. Legitimierungsprozesse aus sozialen Organisationen heraus, selbstinitiiert oder entstanden aufgrund administrativer Vorgaben oder gesetzlicher Regelungen, haben immer dann beste Aussichten auf Erfolg und Wirkung, wenn sie den volkswirtschaftlichen Kontrollprozessen von außen »strategisch zuvorkommen«, indem sie eine empirisch belastbare Basis für die Beurteilung von Praxis ergeben.

3.1.3 Innovations- und Entwicklungsbedarfe

Im Zusammenhang mit den Bemühungen um die Fortentwicklung methodischen Handelns kann Soziale Arbeit durch Praxisforschung dazu beitragen, die eigene Fachlichkeit zu optimieren. Durch eine solche empirisch basierte, systematische

Reflexion alltäglicher Arbeit können z. B. Beiträge zu einer sinnvollen Personal-oder Qualitätsentwicklung in Organisationen und damit zu einer ständig sich fortentwickelnden Professionalisierung der Sozialen Arbeit geleistet werden. Innovation und Entwicklung kann in diesem Zusammenhang aber auch noch auf einer weiteren Ebene gelingen, nämlich der der Qualifizierung der Mitarbeitenden in empirischer Hinsicht: Wenn wir Praxisforschung künftig als einen festen Bestandteil des Repertoires beruflichen Handelns ansehen und einsetzen, entsteht ein qualifizierender Zugewinn für die Fachkräfte. Die erworbenen empirischen Kompetenzen stehen den Akteuren und den Einrichtungen in Zukunft für weitere Forschungsvorhaben zur Verfügung: eine nicht unbedeutende »Internalisierung von Ressourcen«, die Organisationen aus sich heraus in die Lage versetzt, empirisch kompetent denken und handeln zu können.

Alle drei – zunächst noch sehr allgemein formulierten – Zielperspektiven kommen für jedes Forschungsvorhaben prinzipiell infrage. Sie können deshalb für konkrete Vorhaben auch beliebig miteinander kombiniert werden und so in einen engen synergetischen, d. h. sich gegenseitig positiv beeinflussenden, Zusammenhang zueinander treten. Die konkrete Aufgabe besteht deshalb zunächst darin, in diesem ersten Schritt zu klären, welches nach der Ansicht aller an dem Forschungsvorhaben Beteiligten die wesentlichen Ziele der Forschung sein sollen. Nach allen Erfahrungen ist es hier sinnvoll, ausgehend von den genannten allgemeinen Zielbereichen den beabsichtigten Nutzen so konkret wie möglich zu formulieren. Es lohnt sich, das Ergebnis der Überlegungen gleich zu Beginn schriftlich festzulegen.

Ein zusätzlicher positiver Effekt eines solchen Vorgehens besteht darin, dass durch die schriftliche Fixierung der Ziele eine Offenlegung der Absichten nach innen und möglicherweise auch nach außen erfolgt. Indem die Transparenz des Verfahrens erhöht wird, können Missverständnisse vermieden oder ganz neue Zielperspektiven und Nutzen entdeckt werden. Dies ist von Anfang an ein Beitrag zur Herstellung von Akzeptanz, Transparenz und Glaubwürdigkeit.

Trotzdem ist natürlich an solchen strategisch entscheidenden Stellen immer auch mit Konflikten zu rechnen. Je mehr KollegInnen oder sogar Interessengruppen an der Formulierung der Ziele beteiligt werden (und das kann ja durchaus sinnvoll sein, um eine möglichst breite Basis für einen Konsens bei größeren Vorhaben herstellen zu können), desto wahrscheinlicher sind Meinungsverschiedenheiten und Zielkonflikte. Daher erscheint es sinnvoll, sogar notwendig, dass die an einer Praxisforschung beteiligten KollegInnen offenlegen, an welchen Sichtweisen, Überlegungen, Vermutungen und Kriterien sie sich dabei orientieren. Solche Zieldebatten können, wie wir alle wissen, sehr schnell ausufern und – was noch gefährlicher ist – von nicht sachlichen und nicht offengelegten Kriterien und Motiven bestimmt werden. Nicht direkt sachorientierte Konflikte können schnell zum vorzeitigen Ende des Forschungsvorhabens führen und erzeugen nach allen Erfahrungen enorme zusätzliche Frustrationen. Das in Abbildung 1 dargestellte Schema versucht, einen Beitrag zur Strukturierung und Versachlichung des Diskussionsprozesses zu leisten. Es nennt die beiden Hauptentscheidungskriterien im Hinblick auf die Auswahl der Ziele und setzt diese zueinander in Beziehung. Das Schema geht davon aus, dass die Vorrangigkeit eines Ziels im Wesentlichen von seiner Wichtigkeit (d. h. von seinem gesamten inhaltlichen Stellenwert) und von seiner Dringlichkeit (d. h. vom bestehenden zeitlichen Problemdruck) bestimmt wird. In einem nach Möglichkeit moderierten Austausch- und Entscheidungsprozess können zunächst alle möglichen Ziele gesammelt und dann mithilfe des Schemas nach ihrer Wichtigkeit und ihrer Dringlichkeit geordnet werden. Besonders vorrangig wären dann diejenigen Ziele, die im Schema besonders weit oben links platziert werden.

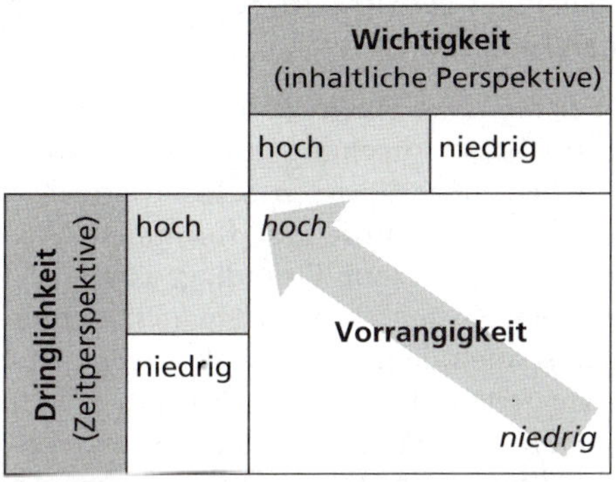

Abb. 1: Entscheidungsschema zur Beurteilung von Vorrangigkeit

Checkliste 1: Zielformulierung

Zur Klärung der Nutzenerwartungen und zur Herstellung eines möglichst breiten Konsenses unter den Beteiligten können die folgenden drei Leitgedanken dienen:

- Klärung und Kontrolle. Das heißt in unserem Fall ...
- Innovation und Qualifizierung. Das heißt in unserem Fall ...
- Begründung und Legitimierung. Das heißt in unserem Fall ...

Praxisbeispiel 1: Zielformulierung
Es waren im Wesentlichen drei Motivlagen, die vor vielen Jahren dazu geführt haben, dass sich KollegInnen aus verschiedenen Einrichtungen der berufsbezogenen Jugendhilfe (BBJH) im Raum München dazu entschlossen haben, eine Arbeitsgruppe zu bilden und sich mit wissenschaftlicher Unterstützung von Seiten eines Hochschulinstituts der Frage nach den Effekten ihrer Maßnahmen für benachteiligte junge Menschen zu widmen:

- Zum einen war klar, dass die bis dahin übliche Finanzierung solcher Maßnahmen sowohl nach SGB II/III als auch im Rahmen der Jugendsozialarbeit nach § 13 des SGB VIII von öffentlicher und politischer Seite – auch unter dem Druck schwindender öffentlicher Finanzkraft – immer mehr infrage gestellt wird.

- Zum Zweiten wurde das gemeinsame Bedürfnis immer stärker, dieser Öffentlichkeit und auch den politischen Entscheidungsträgern gegenüber fachlich auskunftsfähig zu sein, wenn es um die Frage nach dem Wert und der Notwendigkeit dieser Form Sozialer Arbeit geht, die ja schließlich öffentlich, d. h. durch staatliche Mittel, finanziert wird.
- Zudem zeichnete sich drittens ab, dass sowohl von Seiten der Arbeitsagenturen (SGB II/III) als auch im Sozialministerium (SGB VIII) Überlegungen angestellt wurden, wie der Erfolg Sozialer Arbeit in diesem Bereich über die Erhebung der sogenannten Vermittlungsquote in den ersten Arbeitsmarkt hinein besser messbar und damit aus der Sicht des Kostenträgers auch besser kontrollierbar gemacht werden könnte.

So kann in diesem Beispiel von einem ganzen Bündel an Nutzenerwartungen und Zielperspektiven für Praxisforschung gesprochen werden: Nicht nur die Erwartung, die eigene Arbeit einer besseren Selbstkontrolle im Hinblick auf ihre Effekte unterziehen zu können, wurde klar formuliert. Auch der Bedarf an belastbaren Daten und Fakten, die zur Grundlage für eine legitimierende Argumentation gegenüber den Kostenträgern gemacht werden sollten, war groß. Schließlich wurde auch schnell deutlich, dass die eigene Fachlichkeit und Professionalität deutlich gesteigert und weiter qualifiziert werden kann, wenn es gelingt, ein Instrumentarium zur Messung solcher Effekte zu entwickeln, das die Messkriterien aus der alltäglichen Arbeit und Erfahrung heraus gewonnen hat und deshalb auch in der Lage sein wird, sehr valide, d. h. gültige und damit belastbare, Befunde zu generieren.

3.2   Schritt 2: Klärung von Bedingungen und Schaffung von Voraussetzungen

- *Welche Voraussetzungen müssen in einer Einrichtung institutionell gegeben sein, damit Praxisforschung überhaupt möglich ist?*
- *Welche Kompetenzen sind notwendig, um Praxisforschung erfolgreich umsetzen zu können?*
- *Welche Bedingungen müssen bei den Akteuren und den Beteiligten erfüllt sein?*
- *Wie sollten das Verhältnis und die Zusammenarbeit zwischen den Beteiligten gestaltet sein?*

Erfahrungsgemäß scheitern viele Praxisforschungsvorhaben daran, dass die notwendigen Voraussetzungen, um sie vollständig umzusetzen und gewinnbringend zu Ende zu führen, nicht ausreichend erfüllt sind. Drei Bereiche müssen als die zentralen Voraussetzungen betrachtet werden, die wir im Auge behalten sollten, wenn es darum geht, Praxisforschung erfolgreich durchzuführen und zu brauchbaren Ergebnissen zu gelangen:

1. Infrastruktur und Ressourcen
2. Wissen und Kompetenzen
3. Compliance und Partizipation

3.2.1 Infrastruktur und Ressourcen

Auf der institutionell-organisatorischen Ebene geht es zunächst darum, Praxisforschung überhaupt zu ermöglichen. Ressourcen und Infrastrukturen müssen zur Verfügung stehen, damit es nicht zwangsläufig zu Überforderungen kommt, in dem Sinne: »Was sollen wir denn noch alles machen?«, »Darum können wir uns beim besten Willen nicht auch noch kümmern!«, oder: »Das ist doch nicht unser Job, das sollen die WissenschaftlerInnen machen!« Dies gilt es vor allem dann zu beachten, wenn Praxisforschung nicht extern beauftragt werden soll, sondern unter anderem mit eigenen Ressourcen in Einrichtungen bewältigt werden soll. Konkret heißt das zweierlei: Ein angemessenes Budget schafft Spielräume für schnelle Entscheidungen und Umsetzungen, etwa wenn es um die Anschaffung von Materialien für die Vorbereitung eines Gruppeninterviews oder einer Informationsveranstaltung geht. Die stundenweise Freistellung von KollegInnen, die sich entschlossen haben, in einem solchen Projektteam mitzuarbeiten, ist unerlässlich.

3.2.2 Wissen und Kompetenzen

Um genau dieses Wissen und solche Kompetenzen zu generieren, ist dieses Lehrbuch geschrieben worden. Es kann also SozialwissenschaftlerInnen und Fachkräften dabei helfen, Wissen in diesem Bereich zu erwerben oder an bestimmten Stellen zu vervollständigen.

Dabei gilt immer: Die Logik, die einem Praxisforschungsprozess zugrunde liegt und die in diesem Kapitel entlang der 12 Verlaufsschritte dargestellt wird, ist eine sehr einfache und leicht nachvollziehbare, völlig unabhängig von der Differenziertheit der Fragestellungen und dem Umfang des Vorhabens insgesamt. Allerdings ist der Umfang des nötigen Knowhows im Detail bei komplexeren und größer angelegten Forschungsprojekten teilweise beträchtlich, etwa bei der Operationalisierung, im Hinblick auf die Entwicklung eines passenden Forschungsdesigns, bei der Stichprobenziehung, der Entwicklung von komplizierteren Erhebungsmethoden und schließlich nicht selten auch bei der Analyse der gewonnenen Daten.

Über die materiellen Voraussetzungen hinaus ist es also sicher in vielen Fällen nicht nur nützlich, sondern auch notwendig, eine flexible externe Beratung, Unterstützung und Begleitung für das Forschungsvorhaben sicherzustellen. Die Zusammenarbeit mit Instituten, Hochschulen oder einzelnen WissenschaftlerInnen empfiehlt sich hier grundsätzlich. Allerdings sind klare Vereinbarungen, am besten auch vertragliche Regelungen zum Umfang und zu den einzelnen in Auftrag gegebenen Leistungen anzuraten.

3.2.3 Compliance und Partizipation

Häufig problematischer im Hinblick auf den reibungslosen und möglichst gewinnbringenden Verlauf eines Forschungsvorhabens erscheint der dritte Bereich der notwendigen Voraussetzungen, nämlich die *eher psychologische, gruppendynamische Ebene.* Klarheit, Offenheit, Glaubwürdigkeit sowie Handlungssicherheit für alle Beteiligten und Betroffenen müssen dort hergestellt werden, wo Praxisforschung stattfindet, und vor allem auch dort, wo ihre Ergebnisse zu Konsequenzen führen sollen. Im Vordergrund steht daher zunächst die Aufgabe, möglichst weitgehende Einigung darüber herzustellen, was der gemeinsame Nutzen der erwarteten Ergebnisse für das Alltagsgeschäft und die Einrichtung sein soll (vgl. Schritt 1). Je besser es gelingt, gleich zu Beginn eines solchen Projekts alle unterschiedlichen Interessen (sowohl in den Teams als auch auf den verschiedenen Hierarchieebenen einer Einrichtung) offen anzusprechen und zu integrieren, desto größer wird im Verlauf die »politische Tragfähigkeit« und damit das vorbehaltlose Engagement der KollegInnen sein. Befürchtungen von vermehrter Kontrolle und Rationalisierungsbestrebungen werden an dieser Stelle häufig und oft berechtigterweise von MitarbeiterInnen gehegt und geäußert. Mit Machtstrukturen innerhalb von Einrichtungen kompetent und verantwortlich umzugehen, heißt letztlich auch, solche Befürchtungen ernst zu nehmen, sie in Diskussionen aufzugreifen und zum Gegenstand von Klarstellungen und Vereinbarungen zu machen, um eine möglichst breite Compliance herstellen zu können. Eine geeignete Methode ist nach aller Erfahrung der Abschluss einer schriftlichen Vereinbarung, z. B. in Form eines Protokolls oder »Vertrags«. Auf diese Weise können Entscheidungs- und Verantwortungsstrukturen offengelegt bzw. geschaffen werden. Außerdem ist es möglich, gemeinsame oder unterschiedliche Erwartungen festzuhalten und Absprachen zu treffen. Auch die Art und Weise des Umgangs mit der Veröffentlichung von Ergebnissen – ein ganz heikler Punkt – kann bereits hier thematisiert und geregelt werden.

Eine solche Vereinbarung und damit die Verantwortlichkeit für das Gesamtunternehmen sollte unbedingt zur »Chefsache« gemacht werden. Einflussnahmen im Verlauf des Projekts auf den verschiedenen Ebenen unterhalb der Leitungsebene können so minimiert, jedoch nie ganz ausgeschlossen werden. Die in dieser Hinsicht optimale Konstellation – eine echte »Win-win«-Situation – ist wohl dann gegeben, wenn Praxisforschung innerhalb einer Organisation von den Leitungsverantwortlichen initiiert oder veranlasst, im weiteren Verlauf aber an die zuständigen Mitarbeitenden mit möglichst weitgehenden Kompetenzen delegiert wird. Die Partizipation spielt also eine ganz entscheidende, sozusagen spielentscheidende Rolle: Je besser es gelingt, alle Beteiligten und Betroffenen immer wieder in einer Atmosphäre von Respekt und Vertrauen über den Verlauf zu informieren und von der Notwendigkeit wichtiger Entscheidungen zu überzeugen, desto mehr entsteht Glaubwürdigkeit nach innen und außen – die wohl wichtigste Voraussetzung für den Erfolg des Vorhabens. Natürlich – und auch darüber sollten wir uns im Klaren sein – hat Glaubwürdigkeit auch viel mit fachlicher Autorität zu tun: Sachwissen und Erfahrung (möglicherweise unterstützt »von außen«) sowie die persönliche Integrität der MitarbeiterInnen sind zentrale

Voraussetzungen. Nicht zuletzt sind es aber immer auch Begeisterungsfähigkeit, Ermunterung und die Verbreitung von »Aufbruchsstimmung«, die ungeahnte Lernfähigkeiten offenbar werden lassen und so oft auch erstaunliche organisationale Entwicklungen auf den Weg bringen können. Besonders mit Blick auf Ansätze der Qualitätsentwicklung in sozialen Organisationen sind im Zusammenhang auch die Vorschläge von König (2009) sicher an der einen oder anderen Stelle hilfreich, weil dort der Grundgedanke der Partizipation sowie dessen Perspektiven ausführlich und anhand von praktischen Beispielen dargestellt und diskutiert werden.

Die unterschiedlichen Voraussetzungen für gelingende Praxisforschung lassen sich in Form einer kurzen Checkliste entlang der drei eben dargestellten Bereiche folgendermaßen zusammenfassen:

Checkliste 2: Voraussetzungen und Bedingungen

Infrastruktur und Ressourcen

- Ist die Finanzierung des Forschungsprojekts gesichert?
- Sind zeitliche Freiräume für die an der Forschung beteiligten MitarbeiterInnen intern geregelt? Sind z. B. sogenannte Entlastungsstunden vorgesehen?
- Sind Material und Geräte gegebenenfalls verfügbar?

Wissen und Kompetenzen

- Besteht prinzipiell Zugang zu fachlicher, methodischer (»wissenschaftlicher«) Begleitung?
- Ist diese jederzeit abrufbar und auch vom zeitlichen Aufwand her flexibel verfügbar?
- Sind vertragliche Regelungen mit Instituten notwendig und ggf. getroffen?

Compliance und Partizipation

- Besteht ein kollegialer Konsens darüber, dass die »Mehrarbeit« notwendig und mit Blick auf künftige Verbesserungen sinnvoll ist?
- Wird das Forschungsvorhaben auch innerhalb der weiteren Hierarchieebenen der Einrichtung akzeptiert (und möglicherweise nach Kräften unterstützt)?
- Ist die Praxisforschung »Chefsache« im Sinne von Rückendeckung und Unterstützung?
- Ist das Vorhaben für alle Beteiligten und Verantwortlichen transparent im Hinblick auf Rollenverteilungen und Kompetenzzuweisungen?
- Ist bei den KollegInnen eine kooperative Grundeinstellung zu erkennen?

Praxisbeispiel 2: Voraussetzungen und Bedingungen
Schnell war unter den beteiligten KollegInnen in der neu gegründeten Arbeitsgruppe klar, dass es sich bei diesem geplanten Projekt um ein eher größeres und längerfristig angelegtes Vorhaben handeln wird. Genau deshalb war es auch in

dieser Phase von enormer Bedeutung, dass die Frage nach den Bedingungen und Voraussetzungen für das Gelingen eines solchen Projekts sehr intensiv diskutiert wurde. Die wesentlichen Überlegungen dabei waren die folgenden:

- Langer Atem und Konsens über Ziele
- Zentrale Bedingung für das Gelingen war die Anbindung des Vorhabens an die Landesarbeitsgemeinschaft Jugendsozialarbeit in Bayern. Dort wurde nicht nur ein erweitertes Forum für die Darstellung und Diskussion des Projektes geschaffen, sondern es war auch möglich, die − nicht sehr aufwendige − Finanzierung zu gewährleisten und ebenso für die notwendige Fachöffentlichkeit zu sorgen
- Wissenschaftliche Begleitung des Projektes war zwar letztlich unverzichtbar, konnte aber vor dem Hintergrund der eigenen Kompetenzen in der Arbeitsgruppe (z. B. erworben in einem berufsbegleitenden Masterstudiengang) sehr gezielt auf eine verlässliche Zusammenarbeit an den wirklich notwendigen Stellen reduziert werden. Diese Unterstützung etwa bei der Operationalisierung und Entwicklung des Instrumentariums oder bei der Datenauswertung war für alle Beteiligten zu gewährleisten und auch finanzierbar.
- Von enormer Bedeutung im Verlauf des Projektes war der offene Umgang mit Daten und Informationen. Die grundsätzlich immer vorhandene Konkurrenzsituation unter den Trägern der BBJH um Maßnahmen und Finanzen wurde − zumindest partiell − zugunsten der Bereitschaft in den Hintergrund gestellt, die gemeinsamen Projektziele (Selbstkontrolle, Klärung, Qualifizierung und Legitimierung) auch wirklich gemeinsam zu erreichen. Dies ist schon allein deswegen in keiner Weise selbstverständlich, weil sich aus der Messung von Effekten in verschiedenen Einrichtungen mit demselben Instrumentarium immer die Möglichkeit des direkten Vergleichs und des Benchmarks von »Leistungsfähigkeit« einer Einrichtung im Vergleich zu anderen ergibt.
- Schließlich war über die gesamte Laufzeit des Projektes natürlich auch zu gewährleisten, dass die beteiligten KollegInnen in ihren Einrichtungen die notwendige Freistellung für die Arbeit im Projekt erhalten. Allerdings hat es sich auch hier eher um sehr leicht leistbare Größen gehandelt, die an keiner Stelle zu Engpässen geführt haben.

Im Nachhinein betrachtet wird klar: Nur durch die Schaffung dieser Voraussetzungen konnte gewährleistet werden, dass dieses sehr groß angelegte Vorhaben letztlich erfolgreich und mit einer enormen Aufmerksamkeit in der fachlichen und politischen Öffentlichkeit zu Ende geführt werden konnte. Klar ist andererseits natürlich auch, dass für Praxisforschung im Rahmen von kleineren Vorhaben an dieser Stelle auch wesentlich weniger Voraussetzungen geschaffen werden müssen.

3.3 Schritt 3: Bestimmung des Gegenstandes und der Fragestellung

- *Was genau soll erforscht werden?*
- *Wie lässt sich ein Gegenstand mit möglichst exakten Begriffen genau beschreiben und abgrenzen?*
- *In welcher Hinsicht soll dieser Gegenstand näher untersucht werden?*
- *Gibt es schon Vermutungen, mögliche Antworten auf die gestellten Fragen?*

Mit dem Gegenstand von Forschung ist derjenige Ausschnitt der sozialen Wirklichkeit gemeint, der untersucht, das heißt beschrieben und bewertet werden soll. Zum Beispiel: »Die Formen der Gewalt bei männlichen Hauptschülern im Jugendzentrum«. Die Fragestellung einer Forschung ist – darauf aufbauend – nichts anderes, als ein in eine differenzierende Frageform gebrachter Gegenstand. Es soll durch eine Fragestellung zum Ausdruck gebracht werden, in welcher besonderen Hinsicht der Gegenstand interessant erscheint (und in welcher vielleicht auch nicht). Zum Beispiel: »Wie hat sich die Gewalt bei männlichen Hauptschülern im Jugendzentrum im letzten Jahr verändert?«, oder: »Unter welchen Bedingungen tritt Gewalt bei männlichen Jugendlichen im Jugendzentrum besonders auf?« Ein Gegenstand lässt sich durch die Formulierung einer Fragestellung also noch weiter spezifizieren und genauer definieren.

Darüber hinaus ist eine weitere Eingrenzung und Konkretisierung möglich, indem wir Hypothesen formulieren, also Vermutungen, die mögliche Antworten auf die gestellten Fragen zum Ausdruck bringen. Zum Beispiel: »Es hat eine Verschiebung hin zu mehr verdeckter, subtiler Gewalt, z. B. Erpressungen oder ähnlichem gegeben.«

Eine solche intensive und detaillierte Beschäftigung mit dem Gegenstand der Forschung gleich zu Beginn des Vorhabens macht Sinn. Je besser es nämlich gelingt,

- genau zu beschreiben, womit wir uns befassen wollen,
- dabei klare und eindeutige (d. h. von allen Beteiligten in gleicher Weise verstandene) Begriffe zu verwenden,
- auf Trennschärfe, d. h. auf eindeutige Abgrenzung gegenüber anderen Themen und Phänomenen zu achten,

desto weniger Schwierigkeiten werden erfahrungsgemäß später im Verlauf des Forschungsprozesses auftauchen.

Um die Definition des Gegenstandes im Hinblick auf ihre inhaltliche Vollständigkeit auch begrifflich absichern zu können, ist im Vorfeld der abschließenden Formulierung des Gegenstands eine Phase der Recherche und der Exploration sinnvoll und – je umfangreicher das Forschungsvorhaben ist – auch dringend notwendig. Deutlich wird dann nämlich sehr schnell: Was weiß man schon alles über diesen oder ähnliche Gegenstände? Wie sind ähnliche Forschungsfragen bereits beantwortet, entsprechende Hypothesen schon bestätigt oder widerlegt worden? Was zeichnet den Gegenstand im Rahmen dieser spezifischen Praxis genau aus? Worin unterscheidet er sich von anderen ähnlichen

Gegenständen in einer anderen Praxis, einer anderen Einrichtung eines anderen sozialen Umfelds?

Um solche Fragen beantworten zu können, macht in *theoretischer* Hinsicht eine Literaturrecherche Sinn. Mit den zuvor bei der Formulierung der Fragestellung verwendeten Begriffen lässt sich sehr einfach in den relevanten Datenbanken von Hochschulen, Instituten oder einfach auch in allen gebräuchlichen Suchmaschinen recherchieren. Sehr schnell entsteht ein Überblick darüber, was »man schon weiß zu dem Thema« und welche Aspekte bei der Untersuchung des Gegenstandes besonders relevant sind. Möglicherweise kann im Rahmen einer solchen Exploration die Umformulierung oder auch eine veränderte Abgrenzung des Gegenstandes notwendig oder sinnvoll erscheinen.

Neben einer theoretisch-begrifflich exakten Formulierung erscheint es – vor allem im Bereich der Praxisforschung – genauso zweckmäßig, sich in dieser Phase des Prozesses möglichst intensiv, sozusagen in einer »Vorab-Exploration«, mit dem Gegenstand und seinem *praktischen* Kontext, etwa der sozial-räumlichen, politischen und kulturellen Umgebung, in der er sich befindet, zu befassen. Einiges spricht auch dafür, möglichst viele der beteiligten und (direkt oder indirekt) betroffenen Personen schon hier, bei den Definitionsfragen, mit einzubeziehen:

- So entsteht eine breitere Identifikation mit dem Projekt im »Feld«, d. h. es ist im Verlauf auch eher mit Kooperation und Unterstützung zu rechnen.
- Durch Beteiligung entsteht mehr »politische Tragfähigkeit« (vgl. Schritt 2), d. h. die Wahrscheinlichkeit von Interessenkonflikten ist geringer.
- Das Risiko, dass etwas praktisch Wichtiges übersehen wurde, wird minimiert.

All dies enthebt uns jedoch nicht einer wichtigen Entscheidung: Wie eng bzw. wie weit soll ein Gegenstand grundsätzlich gefasst werden? Wie offen und allgemein bzw. wie spezifisch und konkret soll eine Fragestellung formuliert werden? Hier gilt (die Begründung dafür folgt im nächsten Kapitel): je »größer« der Gegenstand, desto umfangreicher das Forschungsprojekt. Das heißt im Umkehrschluss: Je geringer die Ressourcen, die uns zur Verfügung stehen, desto kleiner sollten wir zunächst den Ausschnitt aus unserem Alltagsgeschäft wählen, mit dem wir uns beschreibend und bewertend befassen wollen. Auch die Einsicht, dass in einer Einrichtung oder einem Team bisher keine oder nur wenig Erfahrungen mit Praxisforschungsvorhaben gesammelt wurden, spricht dafür, zunächst einmal »kleine Brötchen zu backen«. Möglicherweise lässt sich der erste Durchlauf ja auch als »Übungsphase« definieren. Eine Ausweitung ist im Nachhinein – wenn's denn gut läuft – in aller Regel recht unproblematisch. Trotzdem zeigt die Erfahrung, dass es vielen KollegInnen sehr schwer fällt, sich in der Auswahl dessen, was interessant und wichtig erscheint, einzugrenzen. Das endlich geweckte Erkenntnisinteresse kann nur schwer wieder beschränkt werden. Außerdem verlangt eine gemeinsame, möglichst im Konsens getroffene Entscheidung für das »Wesentliche« ein Maß an Urteilskraft, das oftmals schwer zu leisten ist. Denn hier ist weniger mehr, aber: Nach welchen Kriterien, so ist zu fragen, wird ein Aspekt gegenüber einem anderen als wichtiger oder unwichtiger eingestuft? An dieser Stelle lohnt sich ein intensives (aber nicht unendliches) Abwägen von Argumenten unter möglichst vielen Beteiligten.

Das Ziel des dritten Arbeitsschrittes ist schließlich erreicht, wenn ein – möglicherweise schriftlich niedergelegtes – Einvernehmen der Beteiligten darüber besteht, wie der Gegenstand möglichst klar und eindeutig bezeichnet wird und welche Fragestellungen in diesem Zusammenhang als besonders wichtig erachtet werden. Mögliche Prüffragen zur Bestimmung des »richtigen« Gegenstands und zu seiner korrekten Beschreibung sind in der folgenden Liste noch einmal zusammengefasst.

Checkliste 3: Gegenstandsbestimmung

- Welche sind derzeit unsere »Schlüsselstellen«, zentralen Anliegen, Alleinstellungsmerkmale?
- Wo sehen wir entscheidende Knackpunkte, Reibungsverluste, Unstimmigkeiten in unseren Konzepten?
- An welchen Stellen werden derzeit fachliche oder politische Diskussionen innerhalb oder über unsere Einrichtung geführt?
- An welchen Stellen existieren aktuell Finanzierungsprobleme bzw. Bedarfe an zusätzlichen Drittmitteln?
- Wo stehen wir unter Legitimationsdruck und müssen evtl. Wirkungen unserer Dienstleistungen nachweisen?
- In welchen Bereichen besteht ein akuter Bedarf an Konzeptions- oder Organisationsentwicklung?
- Konnte bei der Entscheidung über den Forschungsgegenstand Konsens hergestellt werden?
- Entspricht der definierte Umfang des Gegenstands den Möglichkeiten aller beteiligten Akteure im Hinblick auf die zur Verfügung stehenden Ressourcen?
- Sind die Begriffe zur Beschreibung des Gegenstands für alle Beteiligten klar und eindeutig, plausibel und widerspruchsfrei nachvollziehbar?
- Wurden eine – dem Umfang des Gegenstands entsprechende – Exploration (praktische Gegenstandserkundung) und eine Literaturrecherche durchgeführt?

Praxisbeispiel 3: Gegenstandsbestimmung
Hier entstand in der Arbeitsgruppe sehr schnell eine große Einigkeit. Gegenstand der Erforschung der eigenen Praxis sollten die Effekte der berufsbezogenen Jugendhilfe sein. Dass es danach, im Zuge der Operationalisierung dieses Gegenstandes, eher schwierig werden würde, eine schnelle Lösung zu finden, war klar, aber das gemeinsame Ziel, zuverlässige und für die eigene Praxis gültige Aussagen über diese Effekte zu ermöglichen, stand fest.

Klärungsbedarf ergab sich nur über den Begriff des Effekts und seine Bedeutung. Es erschien notwendig und sinnvoll, die geplante Messung von Effektivität klar abzugrenzen von allen Bemühungen um Aussagen über Wirkungen einerseits (bei denen es ja um die Frage nach dem Zusammenhang von Ursachen und deren

Folgen geht) und Effizienz andererseits, wo es zusätzlich um die Erhebung des Aufwandes geht, der die gemessenen Effekte ermöglicht. Beides war im Rahmen eines solchen Praxisforschungsprojektes mit einem vertretbaren Aufwand nicht möglich. Befunde über die Effektivität der Maßnahmen in der BBJH ermöglichen Aussagen darüber, welche (vorher formulierten und konzeptionell intendierten) Ziele in welchem Umfang durch die Maßnahmen erreicht worden sind – nicht mehr, aber auch nicht weniger.

3.4   Schritt 4: Klärung des Vorgehens und des Designs der Untersuchung

- *Welche methodischen Grundsatzentscheidungen sollten direkt nach der Bestimmung des Gegenstandes, also schon sehr früh, getroffen werden?*
- *Gibt es bestimmte, schon existierende Forschungsdesigns, die eingesetzt werden können?*
- *Welche forschungsstrategischen Konsequenzen ergeben sich daraus für die weitere Planung des Praxisforschungsprozesses?*

Einige methodische und strategische Grundsatzentscheidungen müssen möglichst früh im Verlauf eines Forschungsprozesses gefällt werden. Die Entscheidung über die Gesamtstrategie, das sogenannte Forschungsdesign, ist Grundlage für alle weiteren Überlegungen und muss deshalb vor der Auswahl der einzelnen Methoden und Instrumente stehen.

Dies hat zum einen damit zu tun, im weiteren Verlauf mit den gewählten Verfahren und Methoden dem Gegenstand der Forschung möglichst gerecht werden zu können, also ein Vorgehen zu entwickeln, mit dem die Fragestellung möglichst optimal bearbeitet werden kann. Dann nämlich ist auch die Aussicht groß, dass wir es am Ende mit Ergebnissen zu tun haben, die uns bei Erreichen der gleich zu Beginn gesteckten Ziele (vgl. Kap. 3.2) maximale Unterstützung bieten können. Dazu sind einige Überlegungen notwendig, die es erleichtern, solche Entscheidungen zu treffen, und die deshalb gleich der Reihe nach vorgestellt werden.

Zum anderen macht es auch aus rein pragmatischen Gründen Sinn, jetzt schon den Versuch zu unternehmen, den Gesamtaufwand und Umfang der Untersuchung möglichst exakt zu klären: Was ist notwendig, um die vorliegende Fragestellung bearbeiten und den benannten Gegenstand untersuchen zu können, und was ist vor dem Hintergrund der vorhandenen Ressourcen und Kompetenzen überhaupt möglich? Der Aufwand für Datenerhebung und -auswertung hängt eben nicht nur ab von der Wahl des Gegenstandes und seines Umfangs, sondern auch von anderen strategischen Entscheidungen, die zu treffen sind:

- Qualitative Ansätze sind immer mit mehr Aufwand verbunden als quantitative, sowohl im Hinblick auf die Datenerhebung als auch auf ihre Auswertung.
- Interviews sind in den allermeisten Fällen aufwendiger als schriftliche Befragungen.

- Längsschnittuntersuchungen bedeuten mehr Aufwand als Querschnittsstudien, auf diese Frage gehen wir im vierten Kapitel differenziert ein.

Zuvor ein paar Hinweise zu den Fragen, die den Hintergrund für diese wichtigen Entscheidungen über das Design einer Untersuchung bilden.

3.4.1 Quantitativ oder qualitativ oder beides?

Ganze Generationen von ForscherInnen haben sich an dieser Frage in Grabenkämpfe verstrickt und mit großer Leidenschaft die enormen Vorteile des einen und die absolute Unbrauchbarkeit des anderen Ansatzes propagiert. Dieser fast paradigmatische Streit war in den Sozialwissenschaften mit viel Kraft- und Zeitaufwand verbunden und schien wohl oft nur durch die Möglichkeit gerechtfertigt, sich in der Auseinandersetzung gegenüber der anderen Seite innerhalb der »scientific community« zu profilieren. Tragischerweise wurde aber durch diesen Streit in den letzten Jahrzehnten auch viel an pragmatischem und gleichzeitig kreativem Umgang mit dieser Frage verhindert. Nämlich die vorbehaltlose und nüchterne Klärung für jedes einzelne Forschungsprojekt, wann eher quantitative und wann eher qualitative Methoden sinnvollerweise – getrennt voneinander oder sogar in Kombination – einzusetzen sind, um den Wert der Erkenntnisse über den gewählten Forschungsgegenstand möglichst optimal zu gestalten. Was aber verstehen wir eigentlich unter quantitativen und unter qualitativen Methoden?

- *Qualitative Forschung* will das Subjektive systematisch erfahr- und erfassbar machen. Dazu sollen die Meinungen, Sichtweisen, Einstellungen einzelner Personen oder Gruppen dargestellt und einer regelgeleiteten Analyse unterzogen werden. Ergebnisse qualitativer Analysen sind häufig Sinnstrukturen und Regelwerke, die hinter einem beobachteten Phänomen stehen und zu dessen Erklärung im Sinne einer Vermutung oder auch Hypothese beitragen können.
- *Quantitativer Forschung* dagegen geht es darum, soziale Wirklichkeit in Form von Zahlen zu erfassen. Die bewusst in Kauf genommene Reduzierung der Komplexität von Realitäten soll dazu dienen, einen systematischen Überblick über ein bestimmtes Phänomen auch in großen Gruppen zu gewinnen und durch die mathematische und statistische Verarbeitung der gewonnenen Zahlen in Form von Kennwerten, Verteilungen oder Wahrscheinlichkeiten zu Schlussfolgerungen über die Tragfähigkeit zuvor angestellter Vermutungen zu kommen.

Natürlich wird schnell klar, dass es sich hier um zwei völlig unterschiedliche Strategien handelt. Auch die Komplexität der vielen Methoden und Instrumente, die inzwischen innerhalb dieser beiden Bereiche entwickelt worden sind, ist enorm. Die Kapitel 5 und 6 in diesem Buch versuchen, einen Eindruck davon zu vermitteln, was in der Praxisforschung innerhalb dieser beiden Bereiche alles methodisch möglich und sinnvoll einsetzbar ist. An dieser Stelle ist deshalb nur noch ein Gedanke wichtig, der vor allem zum Ausdruck bringen soll, wie unsinnig die lange Jahre propagierten Gegensätze und der Streit über den Segen des einen und den Fluch des anderen eigentlich sind: Der qualitative und der quantitative Zugriff auf die soziale Wirklichkeit, die ja im Zentrum des Erkenntnisinteresses jeder Praxisforschung steht, bilden nichts anderes als zwei Seiten einer Medaille. Sie ergänzen sich – in vielfacher Weise kombinierbar – ganz hervorragend im Interesse der Generierung von Wissen über die Praxis, um die es in erster Linie gehen sollte. Parallel zueinander oder hintereinander eingesetzt können die Ergebnisse aus quantitativen und qualitativen Erhebungen ganz häufig hervorragend – in Form von sogenannten »Mixed-Methods-Ansätzen« – aufeinander bezogen und gewinnbringend kombiniert werden:

• Eine qualitative Erhebung kann als Vorstudie zur Generierung von Hypothesen eingesetzt werden, die anschließend mit einer quantitativen Untersuchung geprüft werden können.

• Umgekehrt kann eine qualitative Untersuchung etwa in Form vertiefender Interviews nach einer großen quantitativen Befragung dazu dienen, offene Fragen differenzierter zu klären oder auch bestimmte, besonders erstaunliche Befunde vertiefend zu interpretieren.

• Schließlich steht der Begriff der Triangulation für einen Ansatz, bei dem zwei verschiedene Methoden – eben z. B. eine quantitative und eine qualitative – zur Untersuchung eines gemeinsamen Gegenstandes zu Ergebnissen kommen, die im Nachhinein miteinander verglichen und im Hinblick auf Gemeinsamkeiten oder Unterschiede interpretiert werden können.

Um an dieser Stelle die Frage nach dem bestmöglichen Zusammenspiel von quantitativen und qualitativen Methoden noch etwas systematischer klären zu können, können darüber hinaus die von Creswell (2003, S. 211) vorgeschlagenen vier Kriterien zurate gezogen werden:

• *Reihenfolge der Implementierung:* Hier wird entschieden, in welcher Reihenfolge quantitative und qualitative Methoden eingesetzt werden, bzw. ob beide Methoden gleichzeitig in zwei zunächst voneinander getrennten Untersuchungen verwendet werden.

• *Priorität der Bedeutung:* Hier lautet die Frage, welcher Methode der Vorrang gegenüber der anderen mit Blick auf die Bedeutung der Befunde eingeräumt wird. Sind also die qualitativen Ergebnisse lediglich als eine additive Vertiefung und Ausdifferenzierung der quantitativen Befunde gedacht? Oder dienen umgekehrt die quantitativen Ergebnisse nur noch der letztlichen Vergewisserung der bereits vorliegenden Befunde aus einem qualitativen Zugang? Auch hier existiert rein logisch natürlich eine dritte Variante: Beide Ansätze werden als gleichrangig angesehen, beide Ergebnisse stehen im Zuge einer Gesamtinterpretation zunächst ohne eine Priorisierung nebeneinander.

• *Zeitpunkt der Integration:* Wann werden die Daten aus den beiden Zugängen aufeinander bezogen? Geschieht dies bereits im Zuge der Datenerhebung, während der Auswertung der Daten oder erst bei der Interpretation der Befunde? Auch an dieser Stelle gibt es natürlich die Möglichkeit, eine Zusammenschau in allen Phasen vorzusehen.

- *Rolle der theoretischen Perspektive:* Die entscheidende Frage an dieser Stelle lautet: Gibt es eine explizite theoretische, methodologische Begründung für den Einsatz von quantitativen und qualitativen Methoden in einer bestimmten Kombination? Oder ist das gewählte Design eher implizit gewählt und beschrieben, dies evtl. sogar aus rein forschungspragmatischen, logistischen, auf die zur Verfügung stehenden Ressourcen bezogenen oder organisatorischen Gründen?

Vor dem Hintergrund dieser vier Entscheidungskriterien beschreibt Creswell (2003) sehr anschaulich sechs typische Kombinationen, deren Bedeutung er in der Forschungspraxis als besonders hoch einschätzt. Für alle näher Interessierten empfiehlt sich dazu besonders die Lektüre von Kuckartz (2014a), der auch weit über diese Vorschläge von Creswell hinaus die Frage nach einem möglichst optimalen Mixed-Methods-Einsatz differenziert diskutiert und an vielen Beispielen gut verdeutlicht hat.

3.4.2 Besondere Formen und Designs wählen?

Neben der Beantwortung dieser »Gretchenfrage« der Sozialwissenschaften gibt es noch viele andere Formen der Praxisforschung, die in ganz unterschiedlichen Ausprägungen inzwischen zu einem Standarddesign geworden sind und in der Praxis bei bestimmten Herausforderungen auch systematisch eingesetzt werden. Ein kurzer Überblick über diese besonderen Designs soll dabei helfen, Möglichkeiten ihres Einsatzes im Rahmen einer eigenen Untersuchung, evtl. auch in unterschiedlichen Kombinationen, in Erwägung zu ziehen und sich dabei gleichzeitig über die Konsequenzen im Hinblick auf den zu treibenden Aufwand und den Verlauf sowie über die jeweiligen Vor- und Nachteile klar zu werden.

- *Einzelfallanalysen,* auch Fallstudien, beziehen sich bei der Datenerhebung auf einzelne Personen, ausgewählte Gruppen oder auch bestimmte Einrichtungen. Ein bestimmtes Phänomen, etwa die Resilienz bei einem bewusst ausgewählten Jugendlichen in einem problematischen Umfeld, werden sehr differenziert ausschließlich anhand dieses Falles dokumentiert und interpretiert. Die Verallgemeinerbarkeit solcher Befunde ist natürlich sehr begrenzt, oft aber auch gar nicht das Ziel der Untersuchung.
- Genau umgekehrt geht es bei einem *Survey* um die Befragung einer möglichst großen Anzahl von Personen zu einer bestimmten Frage, z. B. zu ihrer Meinung oder Einstellung zu einem eher kleinen Ausschnitt der sozialen Wirklichkeit. Wahl- oder Parteienforschung bedient sich oft solcher Designs. Die sogenannte »Sonntagsfrage« ist ein berühmtes Beispiel dafür.
- *Explorations- und Feldstudien* finden in der alltäglichen Lebenswelt der untersuchten Personen statt, um dort in möglichst unverfälschter Art und Weise den Gegenstand der Forschung, etwa das Verhalten von Kindern, beschreiben und erklären zu können. Inwieweit es dabei allein durch die Anwesenheit der ForscherInnen zu Verzerrungen kommt, bleibt zu klären.
- *Experimente* bzw. experimentelle Ansätze verfolgen den genau umgekehrten Weg und sind dazu geeignet, die Ursachen bestimmter, klar definierter Sach-

verhalte zu erforschen. Dadurch, dass die Situation, in der Daten erhoben werden, künstlich hergestellt wird, kann eine Isolierung dieser »Wirklichkeit« gegenüber anderen Einflüsse erreicht und so der Einfluss sogenannter Störvariablen kontrolliert werden. Ob die auf diese Art gewonnenen Erkenntnisse aber überhaupt noch als realitätsnah bezeichnet werden können, bleibt zu klären.

- *Evaluationsforschung* ist als eine bestimmte Teilmenge von Praxisforschung zu sehen. Immer dann, wenn es um die Bewertung einer bestimmten Praxis in Form von Programmen, Projekten oder Konzepten, etwa bezogen auf die Prüfung von Wirkungen oder die Erreichung vorher definierter Ziele geht, kann Evaluation zu belastbaren Anhaltspunkten für eine Beurteilung führen. Sie wird zum Beispiel eingesetzt, wenn es um die Weiterfinanzierung von Projekten oder um die flächendeckende Umsetzung von Konzepten geht, die in Pilotprojekten zunächst nur erprobt worden sind.

- Von *Begleitforschung* ist in der Praxis immer dann die Rede, wenn bei der Erprobung oder Einführung neuer Konzepte nicht nur deren Wirkung evaluiert, sondern darüber hinaus auch noch Erkenntnisse gewonnen werden sollen, die bei der Einführung solcher Modelle in verschiedenen Praxisfeldern dienlich sein könnten.

3.4.3 Mündliche oder schriftliche Befragungen?

Obwohl diese Frage eigentlich erst im Zuge der einzelnen Methodenentscheidungen (im vierten Kapitel) zu klären ist, lohnt es sich doch, bereits an dieser Stelle die Überlegung anzustellen, ob im Rahmen der geplanten Untersuchung eher eine schriftliche oder eine mündliche Befragung geplant werden sollte. Der Grund dafür liegt vor allem im völlig verschiedenen Aufwand, der im einen bzw. im anderen Fall entsteht, hat aber in der Folge auch noch einige weitere, wichtige Implikationen. So soll im Folgenden ganz kurz ein Überblick über die zentralen Vor- und Nachteile stehen, die mit der einen bzw. anderen Methodenentscheidung verbunden sind.

Die *Nachteile von schriftlichen Befragungen* sind im Wesentlichen darin zu sehen, dass keine motivierende und stimulierende Wirkung durch die Befragungsperson möglich ist, übrigens genauso wenig wie eine Kontrolle der Befragungssituation insgesamt. Auch das Nachfragen, Erläutern und Ausräumen von Missverständnissen ist nicht möglich (vor allem bei postalischen Befragungen). So sind auch im Zusammenhang Formulierungsschwierigkeiten bei offenen Fragen – etwa bei unterschiedlichem Bildungsniveau bzw. Vorwissen der Befragten – nicht kontrollierbar. Auch die evtl. mangelnde Ernsthaftigkeit bei den Befragten ist unkontrollierbar und kann zur Verfälschung der Ergebnisse führen.

Die *Vorteile von schriftlichen Befragungen* liegen andererseits aber ebenso auf der Hand:

- Sie sind in der Regel mit einem wesentlich geringeren Aufwand und zeitsparender zu realisieren.
- Die Befragung auch größerer Stichproben ist ohne großen Mehraufwand möglich.

- Die Anonymität schriftlicher Befragungen – wenn sie gewährleistet wird – kann sich vorteilhaft auswirken: Es kommt nach allen Erfahrungen zu unverkrampfteren, ehrlicheren und offeneren Antworten.
- Es besteht keine Gefahr der Ablenkung, Hemmung oder Beeinflussung der Befragten, zumindest nicht durch die ForscherInnen.
- Für alle Befragten bestehen die gleichen Ausgangs- und Verlaufsbedingungen. Allerdings ist das andererseits – wie in Prüfungssituationen – nur unter Aufsicht vollständig realisierbar.

3.4.4 Längsschnitt oder Querschnitt?

Auch in Bezug auf die Frage nach der Festlegung und der Anzahl von Zeitpunkten, an denen eine Datenerhebung stattfinden soll, ist eine Grundsatzentscheidung zu treffen, die enorme Auswirkungen auf den zu betreibenden Aufwand haben kann. Immer dann, wenn es ausschließlich um die systematische Erfassung der sozialen Wirklichkeit in der Praxis zu einem bestimmten Zeitpunkt geht, ist die einmalige Erhebung von Daten zu einem bestimmten, festzulegenden Zeitpunkt notwendig, aber eben auch ausreichend. Geht es darüber hinaus bei der geplanten Untersuchung zusätzlich um die Frage, ob und in welchem Ausmaß sich das untersuchte Phänomen, etwa die Kompetenz von Auszubildenden im Bereich der Schlüsselqualifikationen, über einen bestimmten Zeitraum verändert, braucht es dazu mindestens zwei, wenn nicht sogar mehrere Erhebungen. In ganz vielen Situationen in der Praxis der Sozialen Arbeit, etwa immer dann, wenn es um die Feststellung von Effekten oder Wirkungen geht, sind solche Längsschnittuntersuchungen zwingend vorausgesetzt. Dabei steigt der Aufwand natürlich mit jedem Erhebungszeitpunkt, aber auch mit methodischen Entscheidungen, die dabei zusätzlich eine Rolle spielen können. Eine Panel-Untersuchung etwa versucht, Daten bei einer bestimmten Personengruppe über längere Zeiträume mit einem identischen Instrument zu erfassen und dabei gleichzeitig die jeweils erhobenen Informationen zuverlässig den einzelnen Befragten zuzuordnen. Dies ist nachvollziehbar mit einem zusätzlichen Aufwand bei der Erfassung und Kodierung der Daten und eben auch mit der Notwendigkeit verbunden, diese Personen über längere Zeiträume – oft über viele Jahre hinweg – immer wieder zu erreichen und sie zur Beantwortung der Fragen zu ermuntern.

3.4.5 Zeit- und Arbeitsplan

Um vor dem Hintergrund all dieser Entscheidungen zu mehr Klarheit und Transparenz mit Blick auf den Gesamtumfang – und damit auch auf den Gesamtaufwand der Untersuchung – beitragen zu können, macht es schließlich Sinn, einen Zeit- und Arbeitsplan für die Untersuchung aufzustellen. Dieser ergibt sich zum einen aus dem gewählten Design und zum anderen aus den Methoden und Instrumenten, die für die Erhebung und die Auswertung der Daten ausgewählt bzw. entwickelt werden. Aus einem solchen Plan wird dann nicht nur der gesamte Verlauf und die Dauer einer Untersuchung deutlich, sondern auch der Aufwand, letztlich die Kosten, die damit verbunden sein werden. Die Chronologie eines solchen Plans, der als einfache Excel-Tabelle erstellt werden kann, ergibt sich letztlich aus einer Zeitachse entlang der Arbeitsschritte, die in diesem Kapitel beschrieben werden und in Tabelle 1 beispielhaft dargestellt sind.

Tab. 1: Zeit- und Arbeitsplan

Kalender-woche	Phasen/Arbeitsschritte	Dauer/Zeit-aufwand	Termine/Meilensteine	Zusätzliche Kosten
	Auftragsklärung und Planung			
	Fragestellung entwickeln und operationalisieren			
	Datenquellen und Stichproben-ziehung			
	Methodenentwicklung			
	Datenerhebung			
	Auswertung			
	Berichtlegung und Präsentation			

Checkliste 4: Designentwicklung

Anhand der folgenden Kontrollfragen kann geklärt werden, wie das Design der Untersuchung aussehen wird:

- Quantitative und/oder qualitative Untersuchung des Gegenstandes sinnvoll?
- Sind besondere Formen bei der Erhebung notwendig bzw. sinnvoll?
- Welche Form der Datenerhebung ist am besten geeignet: Mündliche und/oder schriftliche Befragung(en)?
- Genügt eine Querschnittsuntersuchung oder sollen Verläufe anhand einer Längsschnittuntersuchung abgebildet werden?

Schließlich dient ein Zeit- und Arbeitsplan der Übersichtlichkeit des Vorgehens insgesamt.

Praxisbeispiel 4: Designentwicklung
Zunächst war klar: Es muss ein Instrumentarium entstehen, das den Aufwand bei der Datenerhebung und auch bei der Auswertung gering zu halten in der Lage ist. Viel sprach deshalb von vornherein für eine rein quantitative Messung. Außerdem waren zwei Vorgaben, die sich aus den Arbeitsabläufen und der Logik der Maßnahmen, aber auch aus der Fragestellung der Untersuchung heraus ergeben, zu beachten:

- Ein Längsschnittdesign mit drei Erhebungszeitpunkten war zwingend erforderlich, um Aussagen über Veränderungen und Entwicklungen bei den Jugendlichen zwischen Anfang, Mitte und Ende der Maßnahmen zu erhalten.
- Eine mündliche Befragung der Jugendlichen durch die Fachkräfte im Rahmen von Einzelgesprächen, die im Rahmen der Maßnahmen sowieso schon vorgesehen sind, erschien zweckmäßig und hatte auch den Vorteil, dass durch Nachfragen eventuelle Missverständnisse leicht ausgeräumt werden können, was bei schriftlichen Befragungen nicht der Fall ist.

Alles Weitere sollte sich später im Rahmen der Entscheidungen über Operationalisierung und bei der Entwicklung des Erhebungsinstruments ergeben.

3.5   Schritt 5: Operationalisierung des Forschungsgegenstandes

- *Wie kann ein zuvor bestimmter und abgegrenzter Gegenstand messbar gemacht werden?*
- *Wie lässt sich der Gegenstand in der Praxis, also in der sozialen Wirklichkeit, in der er vorkommt, abbilden?*
- *Wie lassen sich Indikatoren definieren, die etwas über den Gegenstand aussagen können?*

Im Anschluss an die Definition des Gegenstandes und die grundsätzliche Festlegung des empirischen Designs besteht der fünfte Arbeitsschritt in der sogenannten Operationalisierung des Gegenstandes. Operationalisierung bedeutet Konkretisierung und soll die Begriffe, mit denen wir unseren Gegenstand beschrieben und genau definiert haben, auf konkret Beobachtbares (der Erfahrung und damit der Erfassung Zugängliches) zurückführen. Dabei hilfreich sind die sogenannten Korrespondenzregeln, die den oder die Indikatoren mit dem (mit einem Begriff bezeichneten) zu messenden Sachverhalt verbinden. Die Korrespondenzregel ist dabei nichts anderes als eine Hypothese, die die Annahme formuliert, welcher Zusammenhang zwischen Indikator und dem zu messenden Sachverhalt besteht.

Operationalisierung ist also sozusagen die »Messanleitung« an der Schnittstelle zwischen sozialer Wirklichkeit in der jeweiligen Praxis einerseits und den allgemeinen, theoretischen Begriffen, die wir zu ihrer Beschreibung verwenden, andererseits. Die Operationalisierung eines Gegenstands soll also die Zuordnung von empirisch erfassbaren (beobachtbaren, erfragbaren …) Indikatoren zu den allgemeinen, theoretischen Begriffen, mit denen der Gegenstand beschrieben wurde, ermöglichen: Zufriedenheit etwa kann zum Ausdruck kommen durch ein sichtbares, also erfassbares Lächeln, Gewalt könnte sich zeigen durch Schläge, Kratzen, Beißen usw., ein Indikator für Angst wäre möglicherweise das Zittern der Hände. Operationalisierung schafft die Voraussetzungen für die systematische Sammlung und Auswertung der Informationen über einen Gegenstand. Logisch betrachtet ist Operationalisierung ein Vorgang der Deduktion, d. h. der Ableitung von Konkretem (Indikatoren) aus Allgemeinem (Begriff).

Dazu »zerlegen« wir unseren Gegenstand zunächst in einzelne, konkretere Dimensionen, diese dann in einem zweiten Schritt in erfassbare Indikatoren (s. Abb. 2). Ein solches Wurzelverzweigungsschema ist für alle Operationalisierungsvorgänge anwendbar. Es unterscheidet sich von Fall zu Fall eigentlich nur im Hinblick auf

- die Anzahl der Ebenen: Hier ist es durchaus denkbar, dass bei einfachen Gegenständen die Dimensionsebene wegfällt. Genauso können aber auch zwei oder sogar drei solcher Ebenen notwendig sein, bis wir schließlich zu den konkreten Indikatoren auf der untersten Ebene gelangen. Mehr als vier bis fünf Ebenen sollten jedoch schon aus Gründen der Überschaubarkeit nicht gewählt werden.
- die Anzahl der Verzweigungen: Auch hier kann die Anzahl je nach Gegenstand sehr variieren. Sinnvoll erscheint die Abwägung: »So viel wie nötig – so wenig wie möglich«!

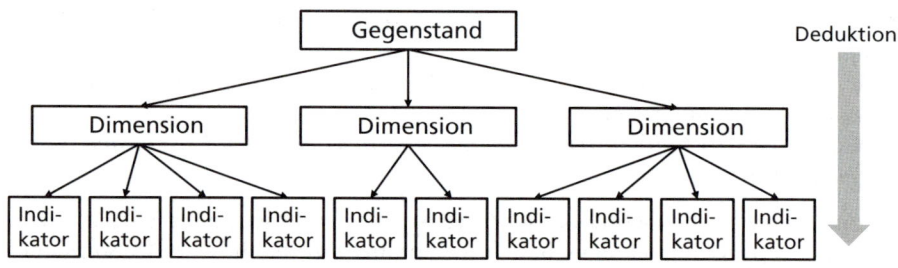

Abb. 2: Operationalisierungsschema

An dieser Stelle taucht erneut das Dilemma der notwendigen Eingrenzung des Gegenstands (vgl. Schritt 3) auf: Einiges spricht dafür, möglichst viele Indikatoren, also praktisch relevante Aspekte bei der Operationalisierung zu berücksichtigen und mit zu erfassen, um eine vollständige Erfassung des Gegenstands zu ermöglichen. Andererseits sollte der Vorgang überschaubar bleiben. Je ausschnitthafter wir uns aber auf wenige Indikatoren verlassen, desto größer ist die Gefahr, dass Informationen übersehen werden, deren Aussagekraft wichtig gewesen wäre und die möglicherweise zu ganz anderen Ergebnissen geführt hätten. Letztlich handelt es sich hier um ein nicht grundsätzlich lösbares Dilemma, in dem alle PraxisforscherInnen stecken und das in den Sozialwissenschaften unter dem Arbeitstitel der »Korrespondenzregel« diskutiert wird.

Die notwendige Urteilskraft für die im Einzelfall richtige Entscheidung kann bei Forschungsvorhaben nur der Praxiserfahrung und der Fachlichkeit der Beteiligten entspringen – und dem beharrlichen Diskurs im Team über die beiden entscheidenden Fragen in diesem Zusammenhang:

- *Trennschärfe*: Treffen die Indikatoren den definierten Gegenstand auch wirklich oder verlassen wir uns auf Indikatoren, die in Wirklichkeit andere, ähnliche Phänomene bezeichnen?

- *Vollständigkeit:* Treffen die gewählten Indikatoren den Gegenstand einigermaßen vollständig oder fehlen wesentliche Bestandteile, die zwingend zum Gegenstand gehören?

Diese beiden Kriterien – Trennschärfe und Vollständigkeit – haben eine besondere Bedeutung. In logisch umgekehrter Richtung wird nämlich bei der Auswertung der gesammelten Informationen vorgegangen: Von den konkreten Ergebnissen auf der Ebene der Indikatoren wird auf den »Zustand« des Gegenstandes sozusagen zurück geschlossen. Durch die Zusammenschau der Ausprägungen aller ausgewählten Indikatoren entsteht ein Bild des Forschungsgegenstandes. Je größer die Anzahl der Indikatoren ist, desto eher haben wir die Gewähr, dass sich Ungenauigkeiten, Verzerrungen und andere Messfehler bei einzelnen Indikatoren auf das Gesamtergebnis nicht negativ auswirken.

So sehr dieser Vorgang der Operationalisierung logisch also bereits auf die Auswertung der Daten (Schritt 9) verweist, so wenig ist er zu trennen von der Frage nach den geeigneten Methoden und Instrumenten (Schritt 8), die uns in die Lage versetzen, die notwendigen Informationen über die gewählten Indikatoren sammeln zu können. Denn: Operationalisierung heißt Messanleitung, ist also letztlich auch eine Methodenfrage. Allerdings brauchen wir, um die geeigneten Instrumente auswählen zu können, Überlegungen zu zwei weiteren wichtigen Punkten, die sich nun direkt anschließen:

- Bei jeder Messung muss ein Maßstab festgelegt werden, eine »Messlatte«, die notwendig ist, um über die Ausprägung, den »Zustand« des jeweiligen Indikators etwas sagen zu können (Schritt 7).
- Die Entscheidung über die richtige Wahl oder Entwicklung einer sinnvollen Methode zur Sammlung von Informationen hängt außerdem ganz wesentlich davon ab, woher wir diese Informationen beziehen, wer oder was uns also letztlich als Informationsquelle dient (Schritt 8).

Checkliste 5: Operationalisierung

- Fehlen wichtige Indikatoren, die den Gegenstand repräsentieren?
- Sind alle Indikatoren den richtigen Dimensionen zugeordnet?
- Ist die Zuordnung der Indikatoren zu den einzelnen Dimensionen eindeutig? Gibt es unter den beteiligten Akteuren darüber Meinungsverschiedenheiten?
- Wie könnten Regeln lauten, die eine Zuordnung eindeutig machen?
- Gibt es Indikatoren, die sich nicht einer der Dimensionen zuordnen lassen? Muss also eventuell noch eine zusätzliche Dimension aufgenommen werden?

Praxisbeispiel 5: Operationalisierung
Nachdem im Team die Bestimmung des Forschungsgegenstandes (Effekte der berufsbezogenen Jugendhilfe) sehr schnell und mit großem Konsens erledigt war, hat sich daraus auch der nächste Schritt rasch ergeben: Die Sammlung von Indikatoren, zunächst in Form eines Brainstormings. Sehr viele Vorschläge kamen und

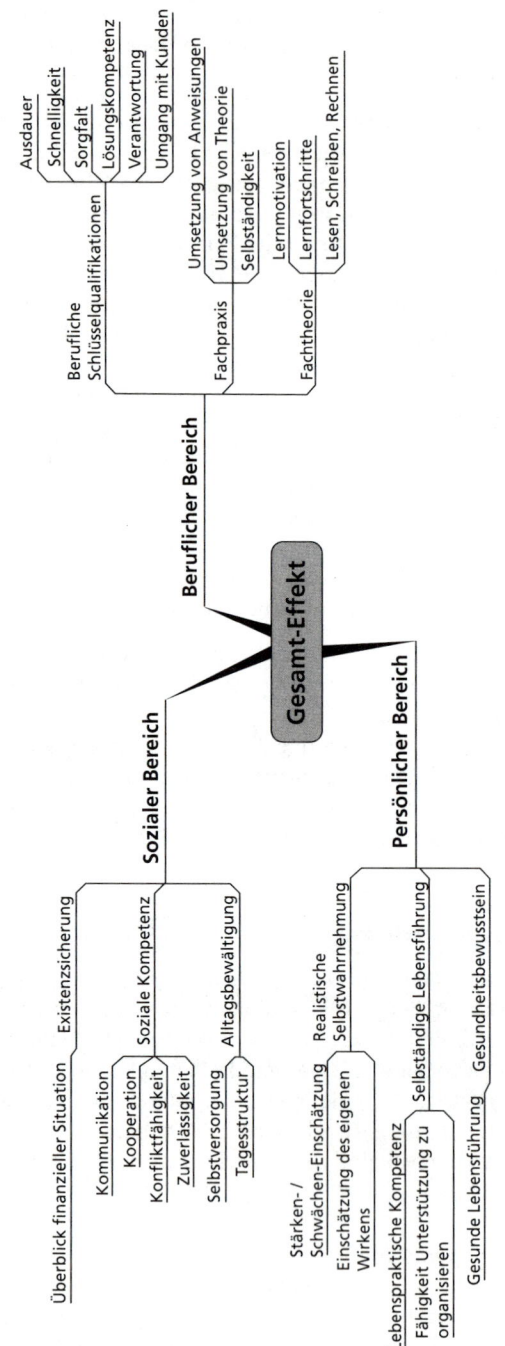

Abb. 3: Mindmap

es wurde deutlich, wie gewinnbringend und wichtig an dieser Stelle die breite praktische Erfahrung der Fachkräfte in der Praxis war. Andererseits wurde auch sehr schnell deutlich, dass es mit Blick auf die Notwendigkeit, ein sehr kompaktes Instrument für die Praxis zu entwickeln, enorm wichtig war, Prioritäten zu setzen und sich wirklich auf die zentralen Indikatoren zu beschränken, die die wichtigsten und konzeptionell bedeutsamsten Effekte abzubilden in der Lage waren.

Parallel zur Suche nach den geeignetsten Indikatoren ergab sich aus der Diskussion heraus auch sehr schnell eine plausible Gliederung, die es ermöglichte, alle Indikatoren in drei verschiedene Dimensionen einzuteilen und voneinander abzugrenzen.

Das Ergebnis nach einigen Diskussionen, auch auf der LAG-Ebene, sowie nach einigen Rückmeldeschleifen aus den beteiligten Einrichtungen heraus war ein Operationalisierungsschema mit drei Dimensionen und vier Ebenen, in Abbildung 3 dargestellt in Form einer Mindmap.

3.6   Schritt 6: Messen – Maßstäbe, Kriterien und Skalen entwickeln

- *Welche Maßstäbe zur Beurteilung werden angelegt?*
- *Welche Wertentscheidungen stehen dabei im Hintergrund?*
- *Wie können Bewertungskriterien entwickelt werden?*
- *Was heißt messen?*
- *Was ist bei der Entwicklung einer Skala zur Messung eines Indikators zu beachten?*

Praxisforschung ist, wie viele andere Formen der Forschung auch, geprägt von zwei deutlich zu unterscheidenden Prozessen, nämlich dem Beschreiben eines interessierenden Gegenstandes und seiner auf der Beschreibung aufbauenden Einschätzung und Bewertung. In Kapitel 2 war davon – vor dem Hintergrund der wissenschaftstheoretischen Unterscheidung zwischen Deskription und Präskription – schon die Rede. In diesem Arbeitsschritt geht es nun um die besondere Bedeutung der Bewertungsprozesse im Rahmen von Praxisforschung. Werte spielen also eine ganz entscheidende Rolle, vor allem in dieser Phase einer Praxisforschung. Werte sind sogar die unbedingte Voraussetzung, wenn es darum geht, die zunächst nur gesammelten Informationen einer Bewertung und Interpretation (Schritt 10), schließlich einer Verwertung (Schritt 12) zu unterziehen. Die Kriterien, die wir benötigen, um die inzwischen definierten Indikatoren auch bewerten zu können, sind nichts anderes als unsere »Messlatten«, die aus ganz unterschiedlichen Wertentscheidungen hervorgehen, die von uns getroffen wurden und die unserem praktischen beruflichen Handeln auch im Alltagsgeschäft zugrunde liegen.

Wenn etwa das Team einer Familienberatungsstelle versucht, seinen Beratungserfolg im Zusammenhang mit problematischen, gewaltorientierten Familiensituationen zu bewerten, könnte ein wichtiger Indikator der Alkoholkonsum des Vaters sein. Ein mögliches Kriterium für die Bewertung dieses Indikators wäre dann: »Je weniger Alkoholkonsum des Vaters im Anschluss an die Beratung, desto größer der Erfolg der Intervention«. Das Werturteil, das dahinter steckt, lautet: »Alkohol ist schlecht, weil er der Verdrängung von Problemen und der Erhöhung von Gewaltbereitschaft dient«. Ein ganz anderes Kriterium zur Bewertung des Indikators »Alkoholkonsum des Vaters« könnte lauten: »Das Erlernen eines bewussten und kontrollierten Umgangs mit Alkohol ist ein Beratungserfolg«. Hier verbirgt sich möglicherweise ein ganz anderer Wert, nämlich: »Gewaltfreiheit in der Familie ist oberstes Ziel. Abstinenzdruck auf den Vater erhöht dagegen das Gewaltpotenzial nur unnötig«.

Solche Entscheidungen – das ist eine ganz wichtige Einsicht an dieser Stelle – treffen wir immer, bewusst oder unbewusst, ausgesprochen oder »nebenher«. Es ist notwendig, sie zu treffen, wenn es – wie eben auch in einem Forschungsprozess – darum geht, Aussagen darüber zu machen, ob etwas als eher gut oder schlecht, als zu viel oder zu wenig, als eher positiv oder eher negativ zu bewerten ist. Werturteile sind also immer mit im Spiel, eine wertfreie, objektive Forschung gibt es nicht.

Nun sind ganz unterschiedliche Arten von Werten, ganz verschiedene Quellen für unsere Wertentscheidungen denkbar. Bewertungskriterien können etwa hervorgehen aus

- den Zielen oder Leitbildern einer Organisation,
- der Konzeption einer Einrichtung,
- den rechtlichen Grundlagen und Bestimmungen, die für ein bestimmtes Feld der Sozialen Arbeit relevant sind (z. B. dem KJHG),
- unterschiedlichen politischen, z. B. demokratischen oder anarchistischen, liberalen oder auch rechtsradikalen Idealvorstellungen,
- den fachlichen Standards, die in einem Berufsverband (z. B. dem DBSH) entwickelt wurden,
- den sozialen Normen in einem gesellschaftlichen Teilsystem (z. B. in einem Stadtteil),
- den erwarteten oder vermuteten Bedürfnissen einer Klientel bzw. der Kundschaft verschiedener Dienstleistungen der Sozialen Arbeit oder aus
- den selbst erarbeiteten, d. h. konsensual beschlossenen und für gültig erklärten Zielen und Vorstellungen in einem Team, das sich für ein Praxisforschungsprojekt entschieden hat.

Weil die Vielfalt der Möglichkeiten sehr groß ist und die unterschiedlichen Quellen für solche Werturteile auch nur bedingt miteinander vergleichbar sind, ist zunächst ein schlichtes Eingeständnis sehr hilfreich: »Auch wir legen unseren Bewertungen Werturteile zugrunde. Wir ziehen daraus die Konsequenz, unsere Werturteile offenzulegen.« Der Prozess der Bildung von Kriterien und ihrer Anwendung muss also transparent gemacht werden. Die Kriterien und Wertentscheidungen müssen offen gelegt, begründet und legitimiert werden. Erst durch die Offenlegung der zugrunde liegenden Wertentscheidungen können die Ergebnisse einer Forschung, die ja den bewertenden Interpretationen entstammen, diskutierbar und kritisierbar werden.

Konkret bedeutet dies, dass wir bei größeren und komplizierteren Forschungsvorhaben, deren Bewertungskriterien nicht vorgegeben oder von vornherein klar und eindeutig sind, zur Festlegung unserer Bewertungsmaßstäbe in drei Schritten vorgehen müssen:

- Alle möglichen Kriterien (und die dahinter steckenden Werte und Werturteile) müssen unter den an der Forschung Beteiligten zur Diskussion gestellt werden.
- Es muss eine Entscheidung für bestimmte Kriterien getroffen werden.
- Es sollte der Versuch unternommen werden, die Entscheidung für diese (und damit gegen andere) Kriterien zu begründen und nachvollziehbar zu rechtfertigen.

Nach aller Erfahrung gestaltet sich dieser Prozess der Offenlegung, der Festlegung und der Begründung von Kriterien für eine Forschung umso konfliktreicher, je größer die Anzahl der Beteiligten ist. Als eine wichtige Hilfe hat sich in diesem Zusammenhang daher immer wieder das Bilden von sogenannten »Ankerbeispielen« herausgestellt: Es fällt meist viel leichter, aus der Praxis heraus anhand konkreter Situationen, Erfahrungen oder Konstellationen zu beurteilen, worauf Bewertungen wirklich beruhen. Es ist also sinnvoll, sich Fragen zu stellen wie etwa: Woran würden wir erkennen,

- dass sich etwas eher negativ entwickelt,
- dass etwas aus unserer Sicht zufriedenstellend ist,
- dass wir den Zielen des KJHG wieder ein Stück näher gekommen sind,
- dass ein bestimmtes Ziel erreicht ist,
- dass unsere Arbeit den Bedürfnissen unserer BesucherInnen entspricht,
- dass sich etwas verbessert hat?

Allerdings gibt es auch wichtige Einschränkungen dieser prinzipiellen Vielfalt: Mit der Bestimmung des Gegenstandes (Schritt 3) und seiner Operationalisierung in Form von Indikatoren (Schritt 5) sind für die Kriterienwahl (Schritt 6) schon wichtige Vorentscheidungen gefallen. Die Kriterien müssen zum Gegenstand und seinen Indikatoren passen, sie müssen sich als Messlatten, als sogenannte Messskalen eignen. Mit der Skala eines Meterstabes lässt sich weder die Höhe noch die Angemessenheit der Wassertemperatur in einer Badewanne beurteilen. Auch über die Art der Messung und die für die jeweiligen Messungen geeigneten Skalen muss also eine Entscheidung getroffen werden.

Unter Messung wird die Zuordnung von Zahlen – das sind dann die Messwerte – zu den Indikatoren verstanden, die wir zuvor im Rahmen der Operationalisierung festgelegt haben. Im Zusammenhang mit einem Messvorgang werden Indikatoren auch Merkmale oder Variablen (variierende, d. h. sich verändernde Merkmale) genannt. Sofern es sich bei einer Erforschung von Praxis also um eine quantifizierende Untersuchung handelt, lassen sich anhand solcher Zahlen, die beim Messen gewonnen werden, vereinfachende, die Komplexität übersichtlicher machende Aussagen über diese Praxis gewinnen. Dies sind die sogenannten Merkmalsausprägungen (s. Tab. 2).

Tab. 2: Merkmale und Merkmalsausprägungen

Merkmalsträger	Eine Person, die befragt bzw. untersucht wird	Frau Meier
Merkmal (Variable)	Eine Eigenschaft der Person, die bei der Untersuchung interessiert	Alter von Frau Meier
Merkmalsausprägung	Der Zustand dieser Eigenschaft bei dieser Person	29 Jahre

Eine Skala ist dabei nichts anderes als die Gesamtmenge aller möglichen Ausprägungen, die ein Merkmal annehmen kann. Wenn wir uns nun alle möglichen Skalen, die hier konstruierbar wären, vor Augen führen, so lassen sich diese in verschiedene Gruppen einteilen, je nachdem, wie hoch die Qualität der Messung einzuschätzen ist, die dabei vorgenommen wird. Es ist dabei von vier verschiedenen Skalenniveaus die Rede. Sie unterscheiden sich zum einen in der Genauigkeit und Differenziertheit der Aussagen, die anhand der Daten anschließend zu treffen möglich sind, und zum anderen bezüglich der statistischen Möglichkeiten, mit den Daten bei der Analyse rechnerisch umzugehen.

- *Nominalskalen* lassen nur Aussagen über die Gleichheit oder Ungleichheit der Messwerte zu. Beispiele: Geschlecht, Nationalität, Beruf, Familienstand. Hier geht es um die Feststellung (Messung) von Eigenschaften, die zunächst noch nicht einmal mit Zahlen direkt erfassbar sind. Der Messwert »weiblich« lässt sich zwar im Nachhinein mit einer Zahl bezeichnen (codieren), streng genommen handelt es sich aber noch eher um eine qualifizierende, denn um eine quantifizierende Messung.
- *Ordinal- oder Rangskalen* ermöglichen darüber hinaus Aussagen über den Unterschied der Messwerte im Sinne einer Größer-oder-kleiner-Beziehung. Beispiele: Zufriedenheit mit einer bestimmten Dienstleistung, Zustimmung zu einer bestimmten Aussage, Aufmerksamkeit in einer bestimmten Situation, Schulnoten. Hier lassen sich die unterschiedlichen Messwerte (z. B. Ausprägungen auf einer Skala von 1 bis 6) der Reihe, also ihrem »Rang« nach ordnen im Sinne von »mehr oder weniger«, »besser oder schlechter«, höher oder niedriger« usw. Insofern bringen die hier verwendeten Zahlen schon ein Ausmaß im Hinblick auf die zu messende Eigenschaft zum Ausdruck, mit dem auch in einfachen Rechenoperationen statistisch weiter gearbeitet werden kann.
- *Intervallskalen*, die auch metrische Skalen genannt werden, ermöglichen darüber hinaus Aussagen über Summen und Differenzen von Messwertpaaren, d. h. Aussagen über die Größe des Unterschiedes zwischen verschiedenen Messwerten. Beispiele: Temperatur, Intelligenz. Hier sind also die Intervalle zwischen den einzelnen Ausprägungen genau definiert und entsprechend der rechnerischen Differenz zwischen zwei Messwerten auch genau bestimmbar.
- *Verhältnis- oder Ratioskalen* (kommen in den Sozialwissenschaften eher selten vor) ermöglichen die sinnvolle Definition eines Nullpunktes auf der Skala und erlauben deswegen Aussagen über das Verhältnis zwischen den Unter-

schieden von Messwerten. Beispiele: Alter, Körpergröße, Gewicht, Pünktlichkeit. Hier lassen sich zusätzlich zur exakten Bestimmung der Abstände zwischen Messwerten auch noch Aussagen darüber machen, in welchem Verhältnis die Größe zweier Messwerte zueinander stehen. Beispiel: Herr Meier ist doppelt so alt wie sein Sohn.

Je weiter wir bei diesen vier verschiedenen Skalenniveaus »nach oben kommen«, desto höher ist das Ausmaß an Informationen, die eine solche Messung beinhaltet und desto differenzierter ist auch eine statistische Weiterarbeit mit den Messwerten möglich. Wie mit den auf diese Weise messend gewonnenen Zahlen im Rahmen der quantitativen Datenanalyse weiter umgegangen werden kann, wird in Kapitel 5 genauer beschrieben.

Eine letzte Überlegung zur Frage nach den Kriterien im Rahmen von Praxisforschung bleibt nun noch anzustellen: Woran erkennen wir, wie gut eine Messung war, die wir durchgeführt haben? Um diese Qualität oder Güte einer Messung beurteilen zu können, gibt es zwei von allen ForscherInnen anerkannte Kriterien: die Gültigkeit (Validität) und die Zuverlässigkeit (Reliabilität) einer Messung.

Die *Validität* eines Messinstruments macht sich fest an der Frage, ob es auch tatsächlich das misst, was es messen soll. Die Prüfung dieser Frage, die einfach klingt, ist in der Praxis nicht unproblematisch. Es hat sich die Einsicht durchgesetzt, dass es vor allem in der sozialwissenschaftlichen Praxisforschung wohl nicht möglich ist, die Gültigkeit von Skalen vollständig zu bestätigen. Das einzige Verfahren, das hinreichend anerkannt erscheint, ist das der sogenannten Konstruktvalidierung. Sie unternimmt im Prinzip nichts anderes als das, was auch Gegenstand einer Operationalisierung war (Schritt 5), bei der es ja gerade darum ging, den Zusammenhang zwischen Realität (Praxis) und Indikatoren (erfassbare Ausschnitte) möglichst gut und vollständig herzustellen, noch einmal auf Plausibilität und Stimmigkeit hin zu überprüfen:

- Wurden auch andere Sachverhalte erfasst, als die, die zuvor bei der Bestimmung des Gegenstands definiert wurden?
- War eine der Hypothesen falsch, mit der wir den Zusammenhang (vgl. Korrespondenzregel) zwischen Gegenstand, Dimensionen und Indikatoren definiert haben?
- Wie gut wurde operationalisiert, d. h. wie gut stimmen die Begriffe der Fragestellung mit der empirischen Realität überein und wie viel haben sie z. B. mit den einzelnen Fragen in einem Fragebogen zu tun?

Reliabilität heißt Zuverlässigkeit und meint die Genauigkeit einer Messung, mit der man bei einer Wiederholung unter gleichen Bedingungen zu den gleichen Ergebnissen kommt. Die naheliegende Methode, dies zu prüfen, besteht in der Wiederholung einer Messung (Test-Retest-Methode). Weil dies aber oft mit großem Aufwand verbunden ist und zudem in der Praxis der Sozialen Arbeit wohl in den meisten Fällen davon auszugehen ist, dass bei erneuten Messungen sich auch die Bedingungen oder sogar das zu messende Phänomen selbst verändert haben, scheidet diese Methode als Test der Reliabilität zumeist aus. Durchgesetzt hat sich aus diesem Grund dagegen die sogenannte Paralleltestmethode, bei der die Messung eines zuvor definierten und operationalisierten Gegenstands mit zwei verschiedenen Methoden vorgenommen wird. Danach werden die Ergebnisse verglichen und die Stärke des Zusammenhangs, der Korrelation zwischen den Ergebnissen entscheidet über das Ausmaß der Zuverlässigkeit der Messung. Diese einfache Überlegung ist Grundlage einer Reihe statistischer Reliabilitätstest, die bei Kuckartz und Kollegen (2010, S. 228ff.) sehr anschaulich beschrieben und erklärt werden.

Darüber hinaus sind aber auch bei der Prüfung der Zuverlässigkeit einer Messung einfache plausibilisierende Überlegungen der am Praxisforschungsprozess beteiligten Akteure sinnvoll und gewinnbringend:

• Wie stark sind die Ergebnisse einer Messung von Zufällen abhängig?
• Wie viele Faktoren gibt es, die das Ergebnis beeinflusst haben, jedoch vorher nicht berücksichtigt oder bedacht worden sind?
• Inwiefern ist davon auszugehen, dass die Messung selbst zu einer Veränderung des Untersuchungsgegenstands geführt hat?

Die zentrale Einsicht an dieser Stelle besteht wohl darin, dass es in der Erforschung der Praxis Sozialer Arbeit per se keine ein für alle Male gültigen und zuverlässigen Messinstrumente geben kann. Dazu ist die Gemengelage der Bedingungen in aller Regel viel zu komplex, die Anzahl der Faktoren, die ständig zu Veränderungen führt, viel zu groß. Das heißt, es kann auch in der systematischen Erforschung dieser Praxis immer nur um eine möglichst optimale Annäherung an gültige und zuverlässige Erkenntnisse über diese Praxis gehen, die dann in der Lage sein können, eine Beurteilung, Verbesserung und Weiterentwicklung dieser Praxis zu unterstützen.

Checkliste 6: Bewertungskriterien und Skalen

• Welche Wertorientierungen, Normen oder Grundwerte spielen bei der Untersuchung als Hintergrund für die Entwicklung von Messkriterien eine Rolle?
• Auf welchen Skalenniveaus werden die im Zuge der Operationalisierung entwickelten Indikatoren gemessen?
• Wie sehen die Skalen konkret aus?
• Gibt es eine Möglichkeit zur Validierung der Skalen?
• Was kann über die Reliabilität der verwendeten Skalen ausgesagt werden?

Praxisbeispiel 6: Bewertungskriterien und Skalen
Die zentralen Wert- und Bewertungsmaßstäbe zur Messung der Effekte Sozialer Arbeit im Bereich der berufsbezogenen Jugendhilfe haben sich in der kollegialen Diskussion sehr häufig direkt aus den konzeptionellen Vorgaben für die Maßnahmen ergeben, die im Zentrum der Arbeit der verschiedenen Einrichtungen gestanden haben: Berufliche und gesellschaftliche Integration, Teilhabe und Partizipation, Chancen auf ein selbstbestimmtes Leben sowie zentrale Selbstkompetenzen

wie etwa Kommunikations- und Konfliktfähigkeit standen dabei im Mittelpunkt der Debatte.

Die sich daran und an die Erstellung des Operationalisierungsschemas anschließende Aufgabe war es nun, für die einzelnen Indikatoren geeignete Mess- und Einschätzskalen zu entwickeln, um eine gültige und zuverlässige Erfassung zu ermöglichen. Eine Beratung im Rahmen der wissenschaftlichen Begleitung hat an dem Punkt sehr schnell zur Empfehlung geführt, die Indikatoren möglichst einheitlich und ausschließlich quantitativ zu erfassen, sowohl aus Gründen der Vereinfachung als auch der späteren Vergleichbarkeit der Ergebnisse. Die Entscheidung fiel auf eine fünfstufige Rangskala, die eine Bewertung der verschiedenen Indikatoren in jedem Fall im Sinne von »trifft voll zu« bis »trifft überhaupt nicht zu« ermöglichte.

3.7   Schritt 7: Informations- und Datenquellen bestimmen

- *Welche Datenquellen sind für die Sammlung von Informationen über die ausgewählten Indikatoren geeignet?*
- *Wie steht es um die Zugänglichkeit dieser Informations- und Datenquellen?*
- *Welche Begriffe sind wichtig in diesem Zusammenhang?*
- *Was ist zu tun, wenn zu viele Personen für eine Untersuchung infrage kommen?*
- *Welche Verfahren zur Stichprobenziehung gibt es?*
- *Was ist dabei zu beachten?*

Nachdem wir inzwischen wissen, welche Ziele wir mit unserer Forschung verfolgen (Schritt 1) und worüber wir deshalb etwas erfahren wollen (Schritt 3 und 4), stellt sich nun die Frage, wer oder was als möglichst ergiebige Informationsquelle infrage kommt. In aller Regel gibt es da in der Praxisforschung eine Vielzahl an Möglichkeiten:

- Bekommen wir die Daten von unseren TeilnehmerInnen, BesucherInnen, KlientInnen?
- Interessieren uns dabei alle oder nur extreme, d. h. besonders typische oder besonders abweichende Fälle?
- Lassen sich bestimmte Typen identifizieren, die stellvertretend für ganze Gruppen von BesucherInnen, TeilnehmerInnen oder KlientInnen untersucht werden können?
- Ist es sinnvoller, KollegInnen, Vorgesetzte, ExpertInnen, KooperationspartnerInnen oder MitarbeiterInnen aus anderen Einrichtungen zu befragen?
- Sind wir selbst eine wichtige (wenn auch methodisch nicht ganz unproblematische) Informationsquelle für die Untersuchung der vorliegenden Fragestellung?
- Gibt es wichtige Dokumente, Akten, Aufzeichnungen, Protokolle, Filme, Bilder, Audio- oder Videokassetten, deren Aus- und Bewertung Aufschlüsse über unseren Gegenstand ergibt?

3.7.1 Auswahlverfahren und Stichproben

Neben diesen Fragen steht aber eine Herausforderung im Zentrum, wenn wir über die Datenquelle(n) für unsere Untersuchung entscheiden: Es muss genau definiert werden, welches die sogenannte Grundgesamtheit im Hinblick auf die Fragestellung ist. Worüber oder über wen sollen Aussagen anhand der Ergebnisse gemacht werden – und worüber bzw. über wen nicht? Sollen sich die Befunde einer Untersuchung zu den Effekten von Jugendsozialarbeit auf die SchülerInnen einer Klasse, einer ganzen Schule, womöglich einer ganzen Stadt oder eines Landes beziehen?

Sobald diese Bestimmung der Grundgesamtheit erfolgt ist, kann entschieden werden, ob es sinnvoll bzw. überhaupt möglich ist, alle Mitglieder dieser Grundgesamtheit auch zu befragen bzw. zu untersuchen. Immer dann, wenn nicht alle SchülerInnen dieser Klasse, dieser Schule, dieser Stadt oder dieses Landes für die Erhebung der Daten zur Verfügung stehen oder eine solche sogenannte Vollerhebung aus anderen (organisatorischen oder Kapazitäts-)Gründen nicht möglich ist, muss eine gezielte Auswahl getroffen, d. h. eine Stichprobe gezogen werden: Es wird nur eine Auswahl von Mitgliedern der Grundgesamtheit, über die anhand der Forschung Aussagen gemacht werden sollen, untersucht. Diese Stichprobe hat dann die Aufgabe, ein verkleinertes, aber dennoch wirklichkeitsgetreues Abbild der Grundgesamtheit (alle SchülerInnen der Klasse, Schule, Stadt …) hinsichtlich der für den Gegenstand relevanten Indikatoren abzugeben. Damit wir vollständig repräsentative Befunde erhalten, d. h. die Ergebnisse aus der Untersuchung einer solchen Stichprobe mit ausreichender Sicherheit auf die Grundgesamtheit anwenden (hochrechnen, verallgemeinern) können, müssen streng genommen zwei Voraussetzungen erfüllt sein:

1. Die Grundgesamtheit muss genau definiert und im Hinblick auf die für die Untersuchung wichtigen Merkmale bekannt sein.
2. Bei der Ziehung einer Stichprobe muss es sich um eine Zufallsauswahl handeln.

In ganz vielen Praxisforschungsprojekten sind beide Bedingungen jedoch kaum oder nur teilweise gegeben. Im Gegenteil: Oft kommt es bei der Auswahl der Befragten wissentlich oder unbemerkt zu Verzerrungseffekten:

- Die Grundgesamtheit ist weder im Hinblick auf ihre Größe noch bezogen auf wichtige Merkmale ganz genau bekannt.
- Der Rücklauf eines Fragebogens ist gering und es ist unklar, wer aus welchen Gründen nicht geantwortet hat.
- Umfang und Zusammensetzung einer Stichprobe verändern sich zwischen Ziehung und Befragung aus praktischen, nicht vorhersehbaren Gründen.
- Das notwendige Verfahren zur korrekten Ziehung einer Stichprobe kann aufgrund des zu hohen Aufwandes nicht (vollständig) durchgeführt werden.

Diese Gründe liegen ganz häufig einzeln oder sogar in Kombination vor und natürlich in unterschiedlichen Ausmaßen. Ziel muss es deshalb sein, vor dem Hintergrund der je gegebenen Voraussetzungen und Ressourcen sowohl die Ziehung einer geeigneten Stichprobe als auch ihre möglichst vollständige Untersuchung so gut wie möglich zu realisieren und sich gleichzeitig der Auswirkungen auf die Belastbarkeit der Ergebnisse bewusst zu sein, wenn dies nicht (vollständig) gelingt. Transparenz bei der Berichtlegung im Hinblick auf solche Fehlerquellen ist ein Gebot der Glaubwürdigkeit – vor allem in der Praxisforschung, wo häufig pragmatische Entscheidungen zu Ungunsten von Genauigkeit und Vollständigkeit getroffen werden müssen. Nur dann, wenn klar ist, wie die Reichweite der letztlich vorliegenden Ergebnisse zu beurteilen ist, kann auch eine solide und gewinnbringende Verwertung dieser Befunde in der jeweiligen Praxis erfolgen.

Deshalb sollen hier nun in einem kurzen Überblick die gängigen Verfahren der Stichprobenziehung dargestellt und im Hinblick auf ihre Reichweite bezogen auf die Repräsentativität der Ergebnisse bewertet werden. Ausführlichere Darstellungen, die zur differenzierten und vertiefenden Weiterarbeit gut geeignet sind, finden sich bei Raithel (2006, S. 53ff.) und Häder (2006, S. 139ff.).

Grundsätzlich lassen sich drei verschiedene Möglichkeiten der Ziehung einer Stichprobe unterscheiden:

Willkürliche Auswahl

Wie der Name schon sagt, wird hier »genommen, was man kriegen kann«. Ohne einen vorher entwickelten Plan zur Aufnahme von Personen in die Stichprobe wird erst im Nachhinein geprüft, ob und in welchem Umfang die befragten Personen ein repräsentatives Abbild der Grundgesamtheit ergeben – falls darüber überhaupt Klarheit besteht. Repräsentative Aussagen über eine bestimmte Gruppe lassen sich so jedenfalls nicht treffen. Trotzdem können z. B. Vermutungen über Zusammenhänge zwischen verschiedenen Merkmalen geprüft werden, wenn eine Generalisierung der Ergebnisse nicht vorgesehen ist. Zudem ist es natürlich möglich, aus den Personen, die insgesamt teilgenommen haben, eine Gruppe auszuwählen, die ein repräsentatives Abbild der Grundgesamtheit ergibt, und nur die Antworten dieser Personen auszuwerten.

Bewusste Auswahl

Hier wird ein Plan zur Auswahl der Personen erstellt: Die Kriterien für die Auswahl werden offengelegt und beziehen sich auf extreme Ausprägungen, typische Verläufe, besonders interessante Merkmale usw. Wir befragen also beispielsweise nach einem Seminar nur diejenigen TeilnehmerInnen, die sich als besonders kritisch gegenüber unserem Vorgehen erwiesen haben, um möglichst viel über Verbesserungs- und Weiterentwicklungsmöglichkeiten von ihnen zu erfahren.

Ein weiteres, vor allem in der Umfrageforschung weit verbreitetes Verfahren zur bewussten Auswahl ist das sogenannte *Quotenverfahren*: Grundprinzip dieses Vorgehens ist, alle für die Fragestellung relevanten Merkmale exakt in der prozentualen Häufigkeit in die Stichprobe aufzunehmen, mit der sie auch in der Grundgesamtheit vorkommen. Eine solche »Schichtung« der Stichprobe erhöht natürlich die Repräsentativität der Ergebnisse enorm. Trotzdem handelt es sich auch hier nicht um eine echte Zufallsauswahl im statistischen Sinne. In der Praxisforschung ist dieses Verfahren aus pragmatischen Gründen oft sinnvoll, z. B.

wenn darauf geachtet wird, den Frauenanteil unter den Befragten so groß wie in der Gesamtgruppe aller SchülerInnen zu wählen, oder wenn vermieden werden soll, dass überproportional viele jüngere SchülerInnen befragt werden.

Im Rahmen der qualitativen Forschung, also z. B. im Zuge der Durchführung von Leitfadeninterviews, ist in diesem Zusammenhang oft auch von einem »theoretischen Sampling« die Rede. Damit ist die bewusste Auswahl von Personen gemeint, die nicht dem Kriterium möglichst großer Repräsentativität folgt, sondern daran orientiert ist, das Wissen über den Untersuchungsgegenstand mit jedem Interview sukzessive zu erweitern. So geschieht auch die Auswahl von Interviewpartnern häufig erst im Zuge des Forschungsprozesses und setzt sich auch nur so lange fort, bis die sogenannte »theoretische Sättigung« erreicht ist, bis also zu erwarten ist, dass mit weiteren Interviews keine neuen Erkenntnisse über den Gegenstand mehr hinzukommen werden.

Wahrscheinlichkeitsauswahl

Streng genommen ist nur bei diesen Verfahren die Voraussetzung für das »Schließen von der Stichprobe auf die Grundgesamtheit«, also die zentrale Voraussetzung für die Repräsentativität der Ergebnisse, vollständig gegeben. Nur dann – so die Definition –, wenn jedes Element einer Grundgesamtheit die exakt gleiche Chance hat, in die Stichprobe aufgenommen zu werden (vgl. Bortz 1993, S. 85), unabhängig davon, welche Elemente sich schon in der Stichprobe befinden, kann von einer Zufallsstichprobe gesprochen werden. Drei Verfahren sind hier voneinander zu unterscheiden:

- Die *einfache Zufallsauswahl*: Hier haben (idealerweise) alle Mitglieder der Grundgesamtheit die gleiche Chance, in die Stichprobe zu gelangen. Klassisches Beispiel: Mit verbundenen Augen Namenszettel aus einer Kiste ziehen, deren Inhalt gut gemischt ist.
- Die *geschichtete Zufallsstichprobe*: Hier werden die »Kandidaten« für die Stichprobe gezielt ausgewählt, und zwar nach Kriterien, die dafür sorgen, dass alle wichtigen Merkmale in der Stichprobe anteilig exakt so enthalten sind wie in der Grundgesamtheit. Trotzdem muss innerhalb der einzelnen »Schichten« der Stichprobe eine Zufallsauswahl weiterhin gegeben sein.
- Für die Ziehung einer sogenannten *Klumpenstichprobe* werden nicht einzelne Personen, sondern ganze Gruppen oder organisatorische Einheiten, wie z. B. Schulklassen, zufällig in die Stichprobe aufgenommen. Ansonsten ist dieses Verfahren analog zur geschichteten Zufallsauswahl zu sehen und eignet sich vor allem für die Untersuchung von sehr großen Grundgesamtheiten.

Zusammengefasst und bezogen auf die entscheidende Frage nach der Repräsentativität von Ergebnissen lässt sich sagen: Nur die Zufallsverfahren können hier Zuverlässigkeit im statistischen Sinne garantieren, trotzdem sind die Quotenverfahren in vielen Fällen, meist aus pragmatischen, forschungsökonomischen Gründen, sinnvoll anzuwenden. Auch die willkürlichen Auswahlverfahren haben immer dann ihre Berechtigung, wenn Repräsentativität gar kein zentraler Maßstab für die Beurteilung von Ergebnissen ist oder wenn damit zu rechnen ist, dass bei einer kleinen Grundgesamtheit eine nahezu vollständige Untersuchung aller Mitglieder gelingen könnte.

3.7.2 Stichprobengröße

Häufig taucht in diesem Zusammenhang natürlich auch die Frage auf, wie groß eine Stichprobe mindestens sein sollte, um auf ihrer Basis zu ausreichend belastbaren Ergebnissen zu kommen. Zur Beantwortung dieser Frage gibt es neben dem Grundprinzip der maximalen Größe einer Stichprobe vor allem die folgende Regel: Je größer eine Grundgesamtheit ist, über die mithilfe der Daten etwas ausgesagt werden soll, desto anteilig kleiner darf eine Stichprobe sein, auf deren Basis verallgemeinerbare Aussagen getroffen werden können. Besteht also z. B. die Grundgesamtheit aus den 100 Kindern einer Kindertageseinrichtung, so ist daraus eine Stichprobe, die kleiner als die Hälfte ist, also weniger als 50 Kinder umfasst (Stichprobenanteil ca. 1/2), im Hinblick auf die Belastbarkeit der Aussagen bereits als problematisch zu erachten. Andererseits ist eine gut geschichtete Zufallsauswahl aus etwas mehr als 1.000 Wahlberechtigten bereits sehr repräsentativ für die politische Meinung aller wahlberechtigten Personen in Deutschland, obwohl der Stichprobenanteil hier nur 1/50.000 beträgt! Dieses Prinzip macht sich z. B. die Wahlforschung bei ihren inzwischen sehr exakten Vorhersagen von Wahlergebnissen zunutze. Es beruht auf der schlichten Tatsache, dass sich die zufällig entstehenden Fehler bei der Abbildung der Grundgesamtheit in der Stichprobe umso eher gegenseitig ausgleichen, je größer diese Grundgesamtheit ist. Je kleiner sie aber umgekehrt ist, desto größer ist die Wahrscheinlichkeit, dass Teilgruppen der Grundgesamtheit in der gezogenen Stichprobe unter- oder überrepräsentiert sind.

Zu einer möglichst exakten Bestimmung der notwendigen Größe einer Stichprobe gibt es in der Literatur sehr viele Hinweise (vgl. vor allem Bortz und Döring 2006, S. 70ff.). Ein relativ einfacher und deshalb für Praxisforschungsprojekte in der Sozialen Arbeit gut handhabbarer Anhaltspunkt dafür sei hier kurz vorgestellt: Mit der folgenden Formel (vgl. Mayer 2009[5], S. 66ff.) lässt sich die Mindestgröße einer Stichprobe (n) berechnen, wenn die Größe der Grundgesamtheit (N) bekannt ist und ein maximal vertretbarer Stichprobenfehler (d) vorgegeben werden soll.

$$n = \frac{N}{1 + d^2(N-1)}$$

Geht man also z. B. von einem üblicherweise akzeptablen maximalen Stichprobenfehler von 5 % (d = 0,05) aus und weiß gleichzeitig, dass die Grundgesamtheit bei der geplanten Untersuchung 500 (SchülerInnen einer Schule) beträgt, so ergibt sich nach der genannten Formel eine dazu mindestens notwendige Stichprobengröße von 223.

Andererseits kann durch Umstellen und Auflösen dieser Formel nach d bei bekannter Größe der Grundgesamtheit und gegebener Stichprobengröße berechnet werden, wie groß der Stichprobenfehler maximal sein wird:

$$d = \sqrt{\frac{N-n}{N \times n}}$$

Wären in diesem Fall die Größe einer Grundgesamtheit 200 (KlientInnen einer Beratungsstelle) und der Umfang der Stichprobe aller Befragten Personen 100, so würde sich ein maximal erwartbarer Stichprobenfehler von 7,1 % ergeben.

Voraussetzung ist bei diesen Berechnungen von Stichprobengröße oder Stichprobenfehler allerdings das Vorliegen einer reinen Zufallsauswahl: Jedes Element (also z. B. jede Person) in der betrachteten Grundgesamtheit muss bei der Stichprobenauswahl die gleiche Chance (Wahrscheinlichkeit) gehabt haben, in die Stichprobe zu gelangen. Ist diese Voraussetzung bei einer Untersuchung nicht zu gewährleisten, so kann die Fehlerwahrscheinlichkeit letztlich nur durch eine Vergrößerung der Stichprobe verringert werden.

3.7.3 Triangulation

Neben diesen zentralen Fragen der Definition der Grundgesamtheit und der Ziehung einer geeigneten Stichprobe spricht vieles dafür, sich vor allem bei umfangreicheren Forschungsvorhaben nicht nur auf eine Informationsquelle zu verlassen. Je größer die Anzahl der Sichtweisen und Blickwinkel ist, aus denen auf den Gegenstand geschaut wird, desto vollständiger wird das Bild, das wir von ihm erhalten, und desto geringer wird das Risiko, dass eine »fehlerhafte« Informationsquelle zu massiven Verzerrungen und Verfälschungen der Ergebnisse führt. Durch einen einfachen Vergleich der Daten aus unterschiedlichen Quellen wird sehr schnell klar, ob es eher zu Übereinstimmungen oder zu Widersprüchen in unseren Ergebnissen kommt.

Diese sehr hilfreiche Technik, die ursprünglich aus dem Bereich der Qualitativen Sozialforschung stammt, wird »Triangulation« genannt (vgl. dazu ausführlich Flick 2011). Der Begriff kommt aus der Vermessungstechnik, wo die genaue Bestimmung von Größe, Form und Entfernung von Gegenständen dadurch gelingt, dass sie aus verschiedenen Richtungen und Winkeln gemessen werden. Eine solche Haltung des Einnehmens verschiedener Standpunkte führt immer wieder zu überraschenden, neuen Sichtweisen und Interpretationen, die bisher noch gar nicht bedacht worden sind. Selbstverständlich ist es notwendig, den enormen Aufwand, der durch eine solche multiperspektivische Datenerhebung entstehen könnte, im Blick zu behalten, denn Praxisforschungsprojekte unterliegen natürlich auch dem Bewertungskriterium der Effizienz: Der betriebene Aufwand muss nicht nur unter den gegebenen Bedingungen (vgl. Schritt 2) realistischerweise zu bewältigen sein. Er muss auch in einem angemessenen Verhältnis zu den erwarteten Ergebnissen und den damit verbundenen Verwertungsinteressen der Beteiligten stehen (vgl. Schritt 10). Nicht immer bringen die komplizierteren Zugänge auch die aussagekräftigeren Ergebnisse. Wenn es z. B. darum geht, etwas über die Zufriedenheit der BesucherInnen eines Volkshochschulkurses zu erfahren, reicht in aller Regel wirklich eine kurze und einfache Befragung am Ende aus, um ein genügend zutreffendes Ergebnis zum Forschungsgegenstand »Zufriedenheit« zu erhalten.

3.7.4 Verzerrungseffekte

Darüber hinaus gilt es einen letzten, aber sehr wichtigen Aspekt zu beachten. Wenn im Zuge der Planung des Forschungsvorhabens die Entscheidung für eine oder mehrere Informationsquellen zur Erhebung der Daten gefallen ist, ist es unerlässlich, noch einen prüfenden Blick auf drei mögliche Realisierungsprobleme zu werfen:

- *Stör- und Verzerrungseffekte in der Praxis:* Nicht selten wird im Verlauf einer Untersuchung erst spät klar, dass die als bestmögliche ausgewählte Stichprobe aus praktischer Sicht nicht zur Verfügung stehen kann. Den KlientInnen einer sozialpsychiatrischen Tageseinrichtung etwa sind die geplanten Interviews über die Qualität der Beratungsangebote nicht zumutbar, weil durch solche Gespräche möglicherweise gefährliche Regressionseffekte entstehen könnten. (Auf diesen Punkt werden wir zurückkommen, wenn es in Schritt 8 um die Auswahl der Erhebungsmethoden geht.)
- *Zugänglichkeit der Datenquellen:* Möglicherweise stehen uns Personen, die wir für besonders informiert bzw. informativ halten, aus örtlichen, zeitlichen, motivationalen oder gar juristischen Gründen als Datenquelle gar nicht zur Verfügung. Es lohnt sich immer, die Zugangsmöglichkeiten zu Informationen bei der Auswahl der Stichprobe gleich mit zu überprüfen.
- *Rücklaufquoten bei Fragebogenerhebungen:* Ein besonderes Problem, auch im Hinblick auf die Wahl geeigneter Erhebungsmethoden (Schritt 8), stellt in der Regel die geringe Motivation dar, mit der TeilnehmerInnen von schriftlichen (vor allem postalischen) Befragungen bereit sind, die gewünschten Informationen in der vorgegebenen Zeit zu liefern. Deprimierende Rücklaufquoten von 10 % und weniger sind keine Seltenheit. Dass dies nicht nur die Menge der Information stark reduziert, sondern auch zur Ursache von ungünstigen Verzerrungseffekten bei den Ergebnissen führen kann, liegt auf der Hand. Es lohnt sich also, Maßnahmen einzuplanen, die die Motivation der Befragten wesentlich erhöhen (persönliche Kontaktaufnahme, Information über Sinn und Zweck der Befragung, telefonische Nachfragen, Anreize wie z. B. ein kleines Preisausschreiben …).

Im Übrigen lohnt sich auch bei diesem Arbeitsschritt eine Dokumentation des Verfahrens. Wenn festgehalten wurde, wie eine bestimmte Untersuchungsgruppe zu Stande gekommen ist, welche Gründe für das Ziehen einer Stichprobe oder auch dagegen gesprochen haben, dann macht dies die Ergebnisse und die Zulässigkeit von Schlussfolgerungen nachvollziehbarer und erhöht damit auch die Glaubwürdigkeit der gesamten Forschung gegenüber Außenstehenden und Nichtbeteiligten.

Checkliste 7: Datenquellen und Stichproben
- Sind die von uns ausgewählten UntersuchungsteilnehmerInnen im Hinblick auf ihr Wissen auch wirklich relevant für die Fragestellung? Können sie die notwendigen Informationen zu den ausgewählten Indikatoren wirklich liefern?

- Haben wir zu den ausgewählten Personen auch wirklich Zugang?
  - Erreichen wir sie mit unserem Vorgehen?
  - Sind sie motiviert, uns zu unterstützen?
  - Gibt es juristische (daten- oder personenschutzrechtliche) Bedenken?
- Bei schriftlichen Befragungen: Kann der Rücklauf von Fragebögen durch gezielte Maßnahmen gesichert und optimiert werden? Z. B. durch
  - zusätzliche Telefonate mit den Befragten,
  - die nachvollziehbare Angabe von Sinn und Zweck auf dem Fragebogen, also z. B. der Ziele der Forschung,
  - eine Identifikation der TeilnehmerInnen mit den Zielen des Projektes, z. B. das Gefühl, einen Beitrag für eine »wichtige Sache« geleistet zu haben, oder
  - zusätzliche Motivationsanreize, z. B. indem Preise unter den TeilnehmerInnen verlost werden.

Praxisbeispiel 7: Datenquellen und Stichproben
Bei dieser Frage war unter allen Beteiligten sehr schnell klar: Die Daten müssen die Jugendlichen selbst liefern. Sie müssen befragt werden. Dass diese Befragung durch die Fachkräfte in den Einrichtungen erfolgen sollte, hatte nicht nur den Vorteil, dass dazu Gesprächssituationen dienen konnten, die bereits Bestandteil des Arbeitsalltags waren – so konnte der Aufwand für die Datenerhebung in einem sehr gut vertretbaren Rahmen gehalten werden. Zusätzlich hatte diese Konstellation aber auch noch den entscheidenden Vorteil, dass die bereits bestehende Beziehung zwischen Fachkräften und Jugendlichen ein nicht zu unterschätzender Garant war für eine möglichst optimale Verständigung im Hinblick auf die Formulierung der Fragen und die Kontrolle, ob diese von den Jugendlichen auch wirklich so verstanden wurden, wie sie im Rahmen der Operationalisierung intendiert waren.

So war es ohne große Mühe möglich, die Jugendlichen sowohl zu Beginn einer Maßnahme zu befragen als auch im Verlauf und zu ihrem Abschluss – eine klassische Längsschnitterhebung, die unter anderen Vorzeichen mit wesentlich mehr Umsetzungsproblemen verbunden gewesen wäre.

Als ein zentraler Punkt, den es weiterhin zu beachten galt, stellte sich die hohe Bedeutung des Datenschutzes im Zuge dieser Untersuchung heraus. Das Verfahren der Erhebung und späteren Weiterverarbeitung der Daten musste so gestaltet und den Jugendlichen – und auch allen beteiligten Mitarbeitenden – gegenüber transparent kommuniziert werden, dass letztlich kein Rückschluss auf personenbezogene Daten und Informationen mehr möglich war. Die eindeutig externe und diese Sicherheiten garantierende Rolle des Instituts, das die Datenauswertung übernommen hatte, spielte in diesem Zusammenhang eine ganz entscheidende Rolle.

3.8 Schritt 8: Methoden zur Datenerhebung entwickeln

- *Mit welchen Methoden und Instrumenten können die notwendigen Informationen und Daten zur Beschreibung und Bewertung des Untersuchungsgegenstandes gesammelt werden?*
- *Worin unterscheiden sich die verschiedenen Methoden im Wesentlichen?*
- *Wo liegen die jeweiligen Vor- und Nachteile?*
- *Was ist bei der Entwicklung von Erhebungsmethoden zu beachten?*

Erhebungsmethoden sind die zentralen Instrumente, sozusagen die wichtigsten Handwerkszeuge der PraxisforscherInnen. Diese Methoden dienen der systematischen, von Regeln geleiteten und dadurch auch für Außenstehende nachvollziehbaren Sammlung von Informationen, die beschreiben sollen, was in der Praxis geschieht – mit dem Ziel, ein geordnetes, überschaubares und dadurch schließlich beurteilbares Bild von dieser Praxis zu bekommen. Weil hier die Vielfalt der Möglichkeiten und der bereits vorliegenden, im praktischen Einsatz bewährten Methoden enorm groß ist und weil deshalb auch die Chance groß ist, sich bei der Entwicklung von eigenen Ideen inspirieren zu lassen, widmet sich das 4. Kapitel dieses Buches ausführlich verschiedenen Methoden der Praxisforschung. In diesem Abschnitt geht es deshalb zunächst nur um ein Grundverständnis und um die Systematik, mit der sich verschiedene Erhebungsmethoden voneinander unterscheiden lassen. Dies kann sehr hilfreich bei der Entscheidung sein, in welcher Situation (also bei welcher Fragestellung in welcher Praxis und beim Vorliegen welcher Datenquellen) welche Erhebungsmethode die beste sein könnte.

In einer ersten, groben Differenzierung der inzwischen fast unüberschaubaren Menge verschiedener Erhebungsmethoden, die uns für die Praxisforschung zur Verfügung stehen, lassen sich zwei Arten unterscheiden:

- *Beobachtungsmethoden*, mit denen wir das beschreiben, was wir sehen, hören, erfahren, wahrnehmen
- *Befragungsmethoden*, mit denen wir das dokumentieren, was wir als Reaktionen und Antworten auf die von uns gestellten Fragen bekommen

Beide Methodentypen werden – wie gesagt – in Kapitel 4 in vielen verschiedenen, der Praxisforschung seit Langem dienlichen und dort auch bewährten Ausprägungen genauer vorgestellt. So soll deutlich gemacht werden, wie groß die Bandbreite der methodischen Möglichkeiten ist. Außerdem wird gezeigt, welche Möglichkeiten sich den Fachkräften und WissenschaftlerInnen vor Ort bieten, vor dem Hintergrund dieser Beispiele eigene methodische Strategien für Praxisforschung zu entwickeln. Zuvor soll hier aber noch kurz und im Überblick

- die jeweilige Grundlogik bei Beobachtungs- und bei Befragungsmethoden erklärt werden und
- einige systematische Unterscheidungen und Grundfragen erörtert werden, die es in der Praxisforschung bei der Entwicklung und Anwendung von Methoden zur Datenerhebung generell immer wieder zu beachten und zu beantworten gilt.

3.8.1   Beobachtungsmethoden

Im Zentrum dieser Methoden steht die visuelle Wahrnehmung und systematische Erfassung all dessen, was in der Praxis der Sozialen Arbeit passiert: Beratungssituationen genauso wie Kommunikationsprozesse, Konfliktlösungsstrategien in Gruppen genauso wie emotionale Reaktionen bei Kindern in der Kita. Für all diese Situationen gibt es ganz unterschiedliche *Formen von Beobachtungsmethoden*: Es lassen sich zunächst systematische und regelgeleitete Beobachtungen (durch die Zuordnung von Beobachtungen zu vorher im Zuge der Operationalisierung festgelegten Kategorien) von eher »naiven« Beobachtungen unterscheiden, die sozusagen »neugierig interessiert« versuchen, neue, noch nicht bekannte Phänomene und Zusammenhänge im Alltagsgeschäft zu ergründen. Weiterhin finden Beobachtungen entweder teilnehmend (BeobachterIn ist aktives Mitglied einer Gruppe und kann Gruppenprozesse jederzeit mit beeinflussen) oder nicht teilnehmend statt. Die passive Distanz erlaubt eine neutralere Beobachtung: Rückbeeinflussungen der Beobachteten und der Beobachtenden durch die Beobachtungssituation werden vermieden. Offene Beobachtung, bei der die »ForscherIn« offiziell auftritt und die »Untersuchten« über Sinn und Zweck der Forschung informiert, unterscheidet sich von verdeckter Beobachtung, bei der die Tatsache, dass Daten erhoben werden, geheim bleibt. Im letzteren Fall ist natürlich die Frage zu klären, ob dies pädagogisch, juristisch oder moralisch überhaupt vertretbar ist.

Auf zwei typische *Fehlerquellen* sei an dieser Stelle hingewiesen: Es ist leicht möglich, dass wichtige Vorgänge wegen Ermüdung, Überforderung oder Ablenkung überhaupt nicht oder aufgrund falscher Erwartungen, Erwünschtheiten, Sympathie- oder Antipathieeffekten verzerrt wahrgenommen und dadurch falsch eingeordnet und beurteilt werden. Solche Fehler lassen sich nie ganz ausschließen. Sie lassen sich jedoch dadurch minimieren, dass die Rolle des Beobachters möglichst »unbedeutend« bleibt. Ebenso können KontrollbeobachterInnen eingesetzt oder kleine Beobachterschulungen vor Beginn der Datenerhebung durchgeführt werden.

Ein *Beobachtungsleitfaden* kann helfen, das Vorgehen bei der Datenerhebung zu strukturieren und methodisch abzusichern. Bei seiner Konstruktion sind allerdings Regeln zu beachten, deren Einhaltung anhand der folgenden Checkliste überprüft werden kann.

Checkliste 8.1: Konstruktion von Beobachtungsleitfäden

- Begriffe verwenden, die alle BeobachterInnen kennen, einheitlich verstehen und anwenden
- Auf den Beobachtungsbögen Raum für das Festhalten von unerwarteten Ereignissen und Phänomenen lassen
- Auf Übersichtlichkeit und leichte Handhabbarkeit der Beobachtungsbögen achten. Zu differenzierte und umfangreiche Bögen erhöhen das Fehlerrisiko

- Eine Schulung mit den BeobachterInnen zur Einübung der konkreten Handhabung der Beobachtungsbögen lohnt sich: mehrere Durchläufe machen, evtl. anhand einer Videoaufzeichnung üben, Fehler thematisieren und korrigieren
- Wahrnehmungsverzerrungen und ihre Ursachen sowie passende Gegenstrategien aufzeigen

Vorteile von Beobachtungsmethoden – etwa gegenüber Befragungsmethoden – bestehen darin, dass TeilnehmerInnen bzw. Ereignisse direkt im Alltag, zum Zeitpunkt des Geschehens (und nicht erst im Nachhinein) erfasst und dokumentiert werden. Darüber hinaus können solche Beobachtungen unabhängig von der Bereitschaft der Betroffenen zur Kooperation durchgeführt werden. Ob dies erlaubt und moralisch vertretbar ist, bleibt wie gesagt zu diskutieren und zu klären. *Nachteile* ergeben sich andererseits daraus, dass in einem solchen Setting Aussagen über alles nicht Sichtbare, z. B. über Motive, Einstellungen und Hintergründe bei den Beobachteten nicht möglich sind. Außerdem ist aus organisatorischen oder taktischen Gründen die Erfassung von Verhalten meist nur über kurze Zeiträume möglich und in der Regel mit einem sehr hohen Zeitaufwand verbunden.

3.8.2 Befragungsmethoden

Von einer Befragung im Sinne von Praxisforschung ist immer dann die Rede, wenn das dokumentiert wird, was wir als Reaktionen und Antworten auf die von uns gestellten Fragen bekommen. Auch hier gibt es sehr *unterschiedliche Formen*: Zunächst lassen sich dabei mündliche Befragungen, also Interviews (»face-to-face« oder telefonisch), unterscheiden von schriftlichen Befragungen in Form von Fragebögen. Diese können entweder selbstständig von den Befragten (z. B. postalisch), mit Unterstützung der Fachkräfte oder sogar unter Aufsicht, also sozusagen in einer Testsituation, bearbeitet werden. Außerdem hat in den letzten Jahren die Verbreitung von Online-Befragungen stark zugenommen.

Befragungen werden des Weiteren nach dem *Grad ihrer Standardisierung* (je nachdem, wie genau die Formulierung der Fragen vorher festgelegt worden ist) und nach dem *Grad ihrer Strukturierung* (je nachdem, wie genau die Reihenfolge der Fragen vorher festgelegt worden ist) unterschieden. Grundsätzlich gilt: Je strukturierter und standardisierter Befragungen verlaufen, desto eher sind ihre Ergebnisse vergleichbar, desto weniger aber werden sie einerseits den individuellen Gegebenheiten und den Eigenheiten der Befragten gerecht und desto weniger sind sie geeignet, mögliche neue, zusätzliche Informationen und Effekte, die sich ergeben könnten, zu erfassen. Ein kombiniertes Verfahren ist deshalb in den meisten Fällen die Methode der Wahl.

Innerhalb einzelner Befragungsmethoden lassen sich wiederum *verschiedene Arten von Fragen* unterscheiden. Sogenannte *Funktionsfragen* haben keinen inhaltlichen Bezug zum Gegenstand der Forschung. Sie werden aus psychologischen oder befragungstechnischen, d. h. aus taktischen Gründen eingefügt. Typische Beispiele hierfür sind Aufwärmfragen oder Überleitungsfragen. *Ermittlungsfragen* dagegen dienen der eigentlichen Beantwortung der Fragestellung und beziehen sich deshalb direkt auf die Indikatoren. *Offene Fragen* erlauben freie Antwortmöglichkeiten im Hinblick auf Inhalt und Umfang der Antwort. Sie provozieren freies, aktives Erinnern. Durch die subjektive Filterung des Gedächtnismaterials der Befragten werden individuelle Prioritäten erkennbar und subjektive Empfindungen und Bewusstseinsstrukturen erfassbar. Dadurch können unerkannte Missverständnisse und Irreführungen in der Frageformulierung aufgedeckt werden. *Geschlossene Fragen* dagegen sind reine »Abfragen« und erlauben im Extremfall nur Kreuzchen als Antworten (multiple choice). Sie erheben geringere Anforderungen an die Befragten und beruhen alleine auf passivem Wiedererkennen. Sie ermöglichen jedoch eine hohe Vergleichbarkeit der Antworten. Subjektiv Unwichtiges und scheinbar Selbstverständliches fällt nicht so leicht unter den Tisch wie bei offenen Fragen.

Die endgültige, im Sinne möglichst valider Daten optimale Formulierung von Fragen ist in vielen Fällen eine nicht ganz einfache Angelegenheit, bei der Erfahrung hilfreich ist. So können bei der Konstruktion von Fragebögen oder Interviewleitfäden Regeln beachtet werden, deren Berücksichtigung anhand der folgenden Checkliste überprüft werden kann.

Checkliste 8.2: Fragen formulieren

- Vorsicht vor Überforderung der Befragten! Die Fragen einfach formulieren und an das Sprachniveau und den Wortschatz der Befragten anpassen, um Missverständnisse oder auch Motivationsverluste durch Frustration zu verhindern.
- Abstrakte und unkonkrete Fragen vermeiden: Beispiele einfügen.
- Für Abwechslung sorgen und Monotonie vermeiden, etwa durch Lückentexte, Bildchen o. ä.
- Sind die Fragen eindeutig genug? Begriffe wie »fast«, »kaum«, »selten«, »ausreichend« usw. vermeiden.
- Die Befragten müssen in der Lage sein, die Fragen vollständig und wahrheitsgetreu zu beantworten, also z. B. das Gefragte auch wirklich aus ihrem Gedächtnis abzurufen.
- Missverständnisse, wie sie z. B. durch Suggestivfragen entstehen können, vermeiden. Auch Unterstellungen beeinflussen die Befragten unzulässig.
- Die persönliche Achtung vor den Befragten wahren: Die Befragten nicht in Verlegenheit bringen, z. B. durch zu persönliche und intime Fragen.
- Für eine sinnvolle Reihenfolge der Fragen sorgen: »Aufwärmfragen« an den Anfang, wichtige und schwierige Fragen in die Mitte, heikle und problematische Fragen sowie demografische Fragen (Alter, Geschlecht ...) an den Schluss.
- Nicht zwei Fragen auf einmal stellen. Jede Frage sollte eindimensional sein, sich also nur auf einen Indikator (also einen bestimmten Sachverhalt) beziehen. Es entstehen sonst leicht Verwirrung bei den Befragten und unnötige Schwierigkeiten bei der Auswertung.

• Am Ende nochmals überprüfen, ob wirklich alle Fragen notwendig sind. Kurze und präzise Fragebögen motivieren die Befragten eher und sind leichter auszuwerten.

3.8.3 Online-Befragungen

Seit einigen Jahren haben online-basierte Befragungen deutlich an Verbreitung hinzugewonnen. Die Entscheidung darüber, ob Daten über ein Online-Befragungstool erhoben werden, sollte gut reflektiert und dann auch begründet getroffen werden. Anhaltspunkte dafür liefern die folgenden Vor- und Nachteile einer Online-Befragung gegenüber der klassischen schriftlichen Form.

Zentraler *Vorteil* der online-basierten Erhebung ist eine deutliche Reduzierung des Aufwandes (und damit der Kosten), zum einen dadurch, dass das Drucken und möglicherweise auch das Verschicken von Fragebögen entfallen. Auch die Ersparnis von Zeit kann dabei oft eine zentrale Rolle spielen. Dazu kommen Vorteile, die sich aus den Eigenschaften der heute (oft kostenlos) zur Verfügung stehenden Online-Tools ergeben: Filterfunktionen, die ein falsches, unvollständiges oder auch widersprüchliches Ausfüllen der Fragebögen verhindern, oder dynamische Elemente, die eine Illustrierung der Fragen oder das Einfügen von Beispielen in Form von Bildern, Tönen oder Filmen ermöglichen, sind dafür wichtige Beispiele. Auch die Zusatzinformationen zum aktuellen Rücklauf oder zu Teilauswertungen, die viele Anwendungen zur Verfügung stellen, oder die Möglichkeit, den Befragungszeitpunkt frei steuern zu können, sprechen dafür, sich solcher Möglichkeiten zu bedienen.

Allerdings liegen auch einige, teilweise gravierende Nachteile von Online-Erhebungen auf der Hand: Bis heute sind bestimmte Teile der Bevölkerung immer noch nicht über das Internet erreichbar. Sind solche Personen also Teil der Grundgesamtheit bzw. der Stichprobe, so ist dieses Problem zumindest durch eine zusätzliche Befragungsoption in klassischer Form auszugleichen. Ähnlich gelagert ist das Problem, dass sich bei reinen Online-Befragungen oft Verzerrungen des Rücklaufs ergeben, weil bestimmte Personen eher geneigt sind, sich der Beantwortung von online gestellten Fragen zu stellen als andere. Schließlich muss natürlich, um eine Online-Befragung realisieren zu können, ein vollständiger und aktueller Satz der Adressen aller beteiligten Personen zur Verfügung stehen.

Insgesamt überwiegen die Vorteile und empirischen Möglichkeiten von online-gestützten Befragungsmethoden ihre Nachteile eindeutig. Trotzdem muss im Hinblick auf die Gefahren mangelnder Repräsentativität und der Verzerrung von Rückläufen eine gute Abwägung bei dieser Entscheidung vorgenommen werden.

3.8.4 Bereits verfügbare Daten und Dokumente

Jenseits des Einsatzes von Beobachtungs- oder Befragungsmethoden macht häufig auch die Frage Sinn, ob für den Zweck der geplanten Praxisforschung nicht
schon geeignete Daten, also bereits existierende Dokumente oder Informationen
aus Datenbanken, zur Verfügung stehen, wie Anamnesen, Berichte, Protokolle
oder Akten, die man auswerten könnte.

Wenn etwa der Gegenstand einer Forschung die Effizienz von Teambespre-
chungen in einer Einrichtung ist, so könnten die Protokolle des letzten Jahres
analysiert werden. Insgesamt gesehen ist es bei der Verwendung bereits existie-
render Dokumente, wenn sie für einen längeren Zeitraum vorliegen, möglich,
eine aufschlussreiche Abbildung von Arbeitsprozessen vorzunehmen.

Auch die Nutzung von Informationen aus öffentlich zur Verfügung gestellten
Datenbanken, von statistischen Ämtern oder Behörden ist nicht selten ohne großen Aufwand, meist auch ohne Genehmigungsverfahren möglich. Im Zuge von
solchen Sekundäranalysen können in vielen Fällen mit einem vergleichsweise geringen Aufwand Fragestellungen vollständig oder in Ergänzung zu selbst erhobenen Daten bearbeitet werden. Allerdings sollte zunächst geprüft werden, ob die
vorliegenden Daten und Informationen auch wirklich geeignet sind, die Fragestellung korrekt und vollständig abzubilden. Oft unterscheiden sich die
Betrachtungszeiträume, die zugrunde liegenden Grundgesamtheiten oder anderen Randbedingungen, sodass eine Übertragung der Befunde nur begrenzt oder
überhaupt nicht möglich ist. Durch eine gezielte Recherche nach solchen Datenquellen für Sekundäranalysen ist diese Frage aber meist schnell zu beantworten.
Für die Bearbeitung von Fragestellungen im Bereich der Sozialen Arbeit besonders interessant erscheinen unter anderem die folgenden Quellen:

- Zentralarchiv für Empirische Sozialforschung der Universität zu Köln (ZA)
- Gesellschaft sozialwissenschaftlicher Struktureinheiten (GESIS)
- Allgemeine Bevölkerungsumfrage der Sozialwissenschaften (ALLBUS)
- European Social Survey (ESS)
- Sozioökonomisches Panel (SOEP)
- Mikrozensus des Statistischen Bundesamts (MZ)

3.8.5 Triangulation

Praxisforschung lebt sehr stark davon, in einem kreativen und die eigene berufliche Alltagspraxis berücksichtigenden Prozess zu einer spezifischen methodischen
Strategie zu kommen. Beratung »von außen« kann hier zwar hilfreich sein, die
Fachkräfte jedoch nie davon entlasten, am Ende eine Entscheidung für die »rich-
tige(n)« Methode(n) selbst treffen zu müssen. Auch hier kann ein triangulieren-
des Vorgehen (analog zu dem, was *Triangulation* bei der Auswahl der Datenquellen bedeutet) durchaus gewinnbringend sein: Mehrere Erhebungsmethoden
anzuwenden, also z. B. zu beobachten und zu befragen, eröffnet verschiedene
Perspektiven auf denselben Forschungsgegenstand. Ein Vergleich der Ergebnisse
erlaubt Schlussfolgerungen, die sich dabei sowohl aus einer Übereinstimmung
als auch aus Widersprüchlichkeiten ergeben können.

3.8.6 Pretest

Auch wenn bei der Entwicklung von Fragebögen oder Interviewleitfäden alle wichtigen Regeln berücksichtigt worden sind, wie wir sie in der Literatur finden und wie sie auch in diesem Kapitel dargestellt worden sind, kann es dennoch sein, dass manches übersehen oder – als besondere Herausforderung gerade bei dieser Untersuchung – nicht berücksichtigt worden ist. Um genau an dieser Stelle noch weiter zur Optimierung der Datenerhebungsinstrumente beizutragen, sind Voruntersuchungen, sogenannte Pretests, hervorragend geeignet. Sie können helfen,

- die bisher formulierten Fragen auf Verständlichkeit bzw. Schwierigkeiten hin zu prüfen,
- die Übersichtlichkeit des Fragebogens und die Klarheit der Anweisungen zu testen und
- festzustellen, ob die Rahmenbedingungen, unter denen die Datenerhebung (Interview bzw. das Ausfüllen der Fragebögen) stattfindet, geeignet sind oder eher zu Verzerrungseffekten führen.

Im Prinzip geht es bei einem Pretest darum, einige wenige ausgewählte Mitglieder der Grundgesamtheit bzw. der Stichprobe zu bitten, an einem Probeinterview teilzunehmen bzw. einen Fragebogen probehalber auszufüllen und anschließend (schriftlich oder mündlich) Auskunft darüber zu geben, ob und in welcher Form Schwierigkeiten entstanden sind und welche Verbesserungsmöglichkeiten bei der Formulierung und Gestaltung der Datenerhebung bestehen. Diese neue – und praktisch hoch relevante – zweite Perspektive führt bei den ForscherInnen ganz oft zu erstaunlichen Einsichten und dadurch zu einer weiteren Optimierung der Instrumente.

   Zur weiteren Vertiefung des Verfahrens und als Überblick über die verschiedenen Varianten, die an der Stelle praktizierbar sind, steht eine sehr systematische Übersicht bei Häder (2006, S. 384ff.) zur Verfügung.

3.8.7 Gültigkeit und Zuverlässigkeit der Erhebungsmethoden

Immer dann, wenn Erhebungsmethoden nicht selbst entwickelt werden (können), sondern bereits erprobte oder aus anderen Zusammenhängen übernommene Instrumente eingesetzt werden, ist an einem wichtigen Punkt besondere Vorsicht geboten, nämlich bei der Einschätzung der Gültigkeit der Instrumente, der sogenannten Validität. Ähnlich wie bei der Konstruktion von Messskalen macht es daher Sinn, vor Beginn der Datenerhebung die Instrumente noch einmal besonders auf die folgenden beiden Fragen hin zu überprüfen:

- Spiegeln sich die zuvor operationalisierten Indikatoren im vorliegenden Instrument (Fragebogen, Interviewleitfaden oder Beobachtungsbogen) wider? Werden mit unseren Methoden auch wirklich die Informationen gesammelt, auf die es uns ankommt? (Vgl. Schritt 4)
- Wird die aufgrund des Instruments zu erwartende Information aller Voraussicht nach ein Bild ergeben, das den von uns ausgewählten Gegenstand voll-

ständig abbildet? Werden alle Indikatoren ihrem Gehalt nach in das Erhebungsinstrument übernommen? (Vgl. Schritte 3 und 4)

3.8.8 Die Interessen und Rechte der befragten und beobachteten Personen

Bevor wir uns der Frage nach dem Verfahren, also nach der Erhebung und Auswertung der Daten selbst (Schritt 10) zuwenden können, ist schließlich noch ein letztes Problem zu berücksichtigen: Es hat mit der Wahrung der Interessen derjenigen zu tun, die an unserem Forschungsvorhaben beteiligt oder jedenfalls davon betroffen sind und wird unter den Arbeitstiteln Vertraulichkeit, Anonymität und Datenschutz verhandelt. Immer, wenn Erhebungsinstrumente darauf abzielen, Informationen von oder über Personen zu sammeln (und das ist in der Sozialen Arbeit in der Regel der Fall), ist zu überprüfen, inwiefern dabei deren Interessen, Rechte oder sogar deren menschliche Würde berührt oder gefährdet sein könnten. An dieser Stelle sollten uns bei der Überprüfung unserer Instrumente im Wesentlichen ethisch-moralische Grundsätze, gesetzliche Vorschriften (z. B. des Datenschutzes) oder einfach Grundregeln des mitmenschlichen Umgangs leiten:

- Besteht die Gefahr, dass durch einzelne Fragen oder durch unser Vorgehen insgesamt die Würde der betroffenen Personen oder der nötige Respekt vor ihnen beeinträchtigt wird (etwa durch Provokationen, durch Unterstellungen oder das Brechen von Tabus)?
- Ist gewährleistet, dass persönliche, vor allem vertrauliche Informationen (etwa bei Interviews) wenn überhaupt, dann nur verschlüsselt und in keinem Fall reidentifizierbar verwendet werden?
- Sind bei der Konzeption der Instrumente die Grundsätze der Freiwilligkeit der Teilnahme und der Vertraulichkeit in jeder Weise berücksichtigt?
- Besteht (möglichst schriftliches) Einverständnis der Sorgeberechtigten, sofern Informationen über nicht volljährige Personen gesammelt werden?
- Falls auch Akten, Protokolle oder sonstige persönliche Dokumente analysiert und ausgewertet werden sollen: Haben wir die schriftliche Erlaubnis der zuständigen Stellen?
- Schaffen wir es, uns durch die Art unserer Instrumente und unseres Vorgehens (z. B. durch die Formulierung der Fragen oder durch die Art sie zu stellen) auf die Ebene der befragten, beobachteten Personen zu begeben? Haben wir also deren Kommunikations- und Interaktionsformen ausreichend berücksichtigt?
- Bringen unsere Instrumente den befragten Personen gegenüber ausreichend Offenheit und Freundlichkeit zum Ausdruck, etwa durch eine höfliche Anrede oder durch eine möglichst vorbehaltlose Information der Beteiligten über alle Belange und Absichten der Forschung?

Forschungsethik und Datenschutz – diese beiden Maximen stehen über all den hier angesprochenen und teilweise hoch komplexen Problemen und Herausforderungen. Alle diejenigen, die sich mit diesen Fragen noch intensiver auseinandersetzen wollen, seien hingewiesen auf ein Kapitel bei Jacob und Mitarbeitern (2013, S. 225ff.) mit genau dieser Überschrift – »Forschungsethik und Datenschutz« –, das in kompakter und gleichzeitig übersichtlicher Weise alle zentralen Gesichtspunkt kurz referiert.

Checkliste 8.3: Datenerhebungsmethoden entwickeln

- Kommen bei der Datenerhebung Beobachtungsmethoden in Betracht?
- Wurden bei der Entwicklung von Befragungsmethoden die zentralen Regeln berücksichtigt?
- Stehen Daten bereits zur Verfügung, die genutzt und daher nicht mehr erhoben werden müssen?
- Wurde eine Triangulation von Methoden erwogen? Ist der zusätzliche Aufwand dafür zu erbringen?
- Macht ein Pretest vor der eigentlichen Datenerhebung im Hinblick auf eine Optimierung der Instrumente Sinn?
- Können die Methoden und die Art und Weise des Einsatzes der Erhebungsinstrumente als ausreichend gültig (Validität) und zuverlässig (Reliabilität) angesehen werden?
- Wie wichtig ist es, die Daten anonym zu erheben? Wird dies bei der Entwicklung der Methoden gegebenenfalls ausreichend gewährleistet?
- Sind die Persönlichkeitsrechte der Befragten und Beteiligten und der Datenschutz ausreichend berücksichtigt?

Praxisbeispiel 8: Datenerhebungsmethoden entwickeln

Bei der Frage nach der Auswahl und der Entwicklung einer Methode zur Erhebung der Daten war schnell klar: Sinnvoll und praktikabel erschien eindeutig ein halbstandardisiertes Interview, das anhand eines klar strukturierten Leitfadens geführt werden sollte. Die vorformulierten Fragen orientierten sich dabei an den Indikatoren, die im Rahmen der Operationalisierung ausgewählt wurden. Zusätzlich zu den auf diese Weise fest vorgegebenen Fragen war es möglich, eher offen dort nachzufragen, wo eine differenziertere Klärung notwendig erschien, etwa um Missverständnisse auszuräumen oder anhand von Beispielen genauer zu klären, was denn mit den Antworten der Jugendlichen im Einzelnen gemeint war. Parallel zur Entwicklung des Interviewleitfadens wurden im Team sogenannte Ankerbeispiele im Sinne möglicher Antworten formuliert, die für die möglichst einheitliche und damit valide Zuordnung der gegebenen Antworten zu den Ausprägungen der fünfstufigen Skalen sorgen sollten.

Im Rahmen eines Pretests wurde dann mit einer kleinen Vorabbefragung von ausgewählten Jugendlichen, die auch Teil der späteren Untersuchungsgruppe waren, für die Optimierung der Formulierung der Fragen im Hinblick auf Verständlichkeit, Begriffe und Eindeutigkeit gesorgt und gleichzeitig auch ein Test des Gesamtverlaufs im Hinblick auf Dauer und Akzeptanz des Verfahrens ermöglicht.

3.9   Schritt 9: Datenerhebung

- *Was ist bei der Vorbereitung und im Verlauf der Erhebung von Daten zu beachten?*
- *Wie lässt sich die Erhebung von Daten optimieren?*
- *Welche Probleme können entstehen?*

Zunächst sind einige grundsätzliche Fragen bei der Vorbereitung von Datenerhebungen zu bedenken:

- Könnten die Gesprächspartner Vorbehalte gegenüber der Datenerhebung äußern, etwa bei einem Mitschnitt von Interviews? Wie könnte man diesen begegnen?
- Muss die Datenerhebung erst genehmigt werden? Befragungen im Rahmen von öffentlichen Schulen müssen beispielsweise je nach Bundesland erst vom Kultusministerium genehmigt werden. In Organisationen müssen evtl. Vorgesetzte der Untersuchung zustimmen.
- Schon allein die Tatsache, dass sich ein »Forscher« in der Praxis »befindet«, wird oft als Störfaktor in der Alltagsroutine wahrgenommen. Solche Forscher können dem Gegenüber häufig nichts bieten. Sie sind also mehr oder weniger auf Wohlwollen angewiesen.
- Sowohl ForscherInnen als auch die erforschten Organisationen oder Personen erleben zunächst eine gewisse Fremde: die Routinen und Handlungsabläufe der jeweiligen anderen sind zunächst unbekannt. Dies gilt es zunächst zu akzeptieren. Je mehr man nach den jeweiligen Strukturen fragt, desto komplexer und undurchschaubarer erscheint oft das Feld, auf das man sich einlässt. Der Forscher sollte sich mehr auf eine gute Beziehung zu den Akteuren konzentrieren als darauf, die Struktur ihrer Organisation zu kennen.

Auf den vergangenen Seiten (Schritt 8) war davon die Rede, welche Methoden zur Sammlung von Informationen geeignet sind und was bei ihrer Konstruktion zu beachten ist. Auch wurde vorausgreifend darauf hingewiesen, worauf es bei ihrer Anwendung, also beim Verfahren der Datenerhebung selbst, ankommt, etwa im Hinblick auf die notwendige Berücksichtigung der Interessen von Beteiligten und Betroffenen oder im Hinblick auf den Aufbau eines Interviewleitfadens. Das heißt, es ging nie allein um die Methoden selbst, sondern immer auch schon um ihren sinnvollen Einsatz. Im Vorfeld der Datenerhebung, bevor also die eigentliche Sammlung von Informationen beginnt, sollten darüber hinaus drei weitere Aspekte berücksichtigt werden:

Der Aufwand, der für die Erhebung der Daten in der Praxis betrieben wird, muss vertretbar und angemessen bleiben. Die Methoden müssen – bezogen auf die Ziele der Praxisforschung (Schritt 1) und vor dem Hintergrund der zeitlichen, finanziellen und personellen Ressourcen – nur »genügend gut« und nicht immer »so gut wie irgend möglich« sein. Nach allen Erfahrungen ist es nämlich sehr häufig so, dass mit ganz einfachen Methoden (und das heißt mit einem geringen Aufwand) bereits wichtige, gute und interessante Ergebnisse für die eigene Praxis entstehen, die mit einem Mehraufwand – und sei er noch so groß – nur unwesentlich hätten verbessert werden können.

Wir sollten darauf achten, dass durch unser Vorgehen bei der Sammlung von Informationen keine unnötigen Störungen im eigentlichen Alltagsgeschäft (um dessen Bewertung es uns ja geht) entstehen. Dies würde nicht nur zur Verzerrung der Ergebnisse führen, sondern wäre insgesamt kontraproduktiv. Genau dieser Punkt ist gemeint, wenn wir von der »Lebensweltorientierung« einer Praxisforschung sprechen.

Wir sollten im Gegenteil versuchen, sogenannte Synergieeffekte zu nutzen: Oft ist es möglich, die bewertenden Absichten einer Forschung mit den pädagogischen, psychosozialen Wirkungen des beruflichen Handelns selbst zu verbinden. So könnte etwa eine Anamnese im sozialpsychiatrischen Bereich zumindest in Teilen auch gleichzeitig Indikatoren für die Bewertung der Zufriedenheit der KlientInnen enthalten. Bei dokumentierenden und protokollierenden Verfahren ist es oft möglich, die Erhebung von Daten in alltägliche Routinevorgänge zu integrieren.

Trotzdem – und dies vielleicht zur Beruhigung – geht bei dem Versuch, die gewählten Instrumente in den Praxisalltag zu integrieren, nach aller Erfahrung selbst bei noch so guter Planung immer wieder einiges schief: Schwierigkeiten bei der Anwendung eines Beobachtungsleitfadens entstehen, die beim Testlauf nicht aufgetaucht sind; Interviewpartner stehen nicht wie geplant zur Verfügung, weil sich Termine im Praxisablauf verschoben haben; Jugendliche weigern sich, einen Fragebogen auszufüllen, weil Probleme entstanden sind, die nicht vorhersehbar waren; ein Dokumentationsbogen bleibt in der Hektik eines Arbeitstages einfach unbearbeitet liegen.

Die folgenden strategischen Tipps für die Vorbereitung und Durchführung der Datenerhebung sollen deshalb – wieder als Checkliste formuliert – helfen, solche und ähnliche Probleme zu minimieren und gleichzeitig den Nutzen ihres Einsatzes zu optimieren. Die Hinweise beziehen sich auf die drei am häufigsten eingesetzten Instrumententypen: Beobachtung, Fragebogen und Interview.

Checkliste 9: Datenerhebung

Bei der Durchführung systematischer *Beobachtungen* ist es sinnvoll, die folgenden Punkte zu berücksichtigen:

- Unbedingt alle Beteiligten über Verlauf und Absichten informieren
- Gegebenenfalls das schriftliche Einverständnis der Betroffenen einholen
- Organisatorische Planung: Termine rechtzeitig vereinbaren, die Dauer der »Sitzung« vorher festlegen
- Dokumentation der Beobachtungen genau am vorgegebenen Raster orientieren
- Wenn der Arbeitsablauf (z. B. bei Sitzungen) vom Forschungsverfahren gestört wird, müssen die Beobachtungen unbedingt direkt im Anschluss festgehalten werden
- »Erstaunliche«, unerwartete, für die Fragestellung interessante Beobachtung ebenfalls festhalten, zur Not außerhalb des Rasters auf einem gesonderten Blatt

Der Einsatz von *Fragebögen* kann optimiert werden, wenn folgendes berücksichtigt wird:

- Motivation und Bereitschaft zum Ausfüllen optimieren: die Befragten über Ziele, Sinn und Zweck informieren
- Dies ist besonders bei postalischen Erhebungen wichtig! Dort sollte z. B. ein gutes Begleitschreiben formuliert werden
- Gewährleistung von Anonymität und Einhaltung aller Bestimmungen des Datenschutzes
- Wenn die Leistung der Befragten bewertet werden soll: auf vergleichbare Bedingungen während der Bearbeitungszeit achten
- Bei zu geringem Rücklauf (vor allem bei postalischen Verfahren häufig) kommt es zu Ergebnisverzerrungen: nachhaken durch erneutes, verbessertes Anschreiben oder telefonische Kontakte
- Möglichkeit bieten, dass die Befragten über die Ergebnisse informiert werden, z. B. durch Anonymität garantierende Rückumschläge

Bei der Planung und vor der Durchführung von *Interviews* erscheinen die folgenden Punkte besonders wichtig:

- Die Art der Kontaktaufnahme ist oft entscheidend für den Erfolg des Interviews.
- Ein gewisses Vertrauensverhältnis ist notwendig: Über Dauer, Absichten, Ziele und Inhalte des Interviews verständlich aufklären (Sprachniveau!)
- Klarheit über den Umgang mit persönlichen Informationen herstellen: Wie werden die Ergebnisse veröffentlicht?
- Die organisatorische Planung ist wichtig: genügend Zeit, ungestörten Raum vorsehen
- Wenn ein Tonbandmitschnitt notwendig ist: besprechen und Einverständnis einholen
- Zu Beginn: Vereinbarungen über Dauer, Pausen und Art der Befragung (offenes Gespräch oder standardisierte Abfrage)
- Umgang mit Störpotenzialen (z. B. Telefon) vorher klären und möglichst ausschließen
- Vor allem bei längeren Interviews: Möglichkeiten zur Unterbrechung einräumen (Toilette)
- Verbindliche und persönliche Atmosphäre herstellen: Dank am Anfang und am Ende für die Bereitschaft; Angebot, über die Ergebnisse informiert zu werden

Praxisbeispiel 9: Datenerhebung
Von zentraler Bedeutung bei der Untersuchung erschien es den KollegInnen, sich auf die konkrete Situation, in der die Interviews geführt werden sollten, möglichst gut vorzubereiten. Dazu wurden vor allem die folgenden Dinge verhandelt und geklärt:

Wichtig mit Blick auf eine gute Compliance der Jugendlichen erschien es, ihnen die Ziele und den Sinn der Untersuchung möglichst gut deutlich zu machen. Dazu würde es auch hilfreich sein, ihnen gegenüber sowohl die Anonymität der Befragung zuzusichern als auch deutlich zu betonen, dass alle Bestimmungen des Datenschutzes gewährleistet sein werden und deshalb auch keine personenbezogenen Daten an Dritte weiter geleitet werden dürfen. Die vertrauenswürdige und unabhängige Rolle des Institutes, das für die Auswertung der Daten verantwortlich war, hat dabei eine ganz entscheidende Rolle gespielt.

Mit Blick auf die Interviewsituation selber erschien es dringend notwendig, genügend Zeit (30 bis 45 Minuten maximal) und einen ungestörten Raum vorzusehen. Auch das persönliche Vertrauensverhältnis ist in seiner Bedeutung für einen reibungslosen Verlauf nicht zu unterschätzen, um in einer geschützten Atmosphäre die relevanten Themen offen ansprechen und klären zu können – waren doch durchaus auch sehr »heikle« Themen mit Blick auf die berufliche, soziale und vor allem persönliche Entwicklung der Jugendlichen anzusprechen und einzuschätzen.

3.10 Schritt 10: Aufbereitung und Analyse der Daten

- *Mit welchen Methoden können die erhobenen Daten aufbereitet und ausgewertet werden?*
- *Worin unterscheiden sich quantitative und qualitative Aufbereitungs- und Auswertungsverfahren im Wesentlichen?*
- *Was ist bei der Darstellung und bei der Interpretation der Ergebnisse zu beachten?*

Im Folgenden wenden wir uns denjenigen Methoden zu, die der Aufbereitung und Auswertung der erhobenen Daten dienen. Die im Rahmen der Datenerhebung gewonnenen Informationen müssen geordnet, übersichtlich zusammengefasst und dadurch interpretierbar und bewertbar gemacht werden. Eine große Gefahr besteht darin, dass die im Verlauf des Forschungsprojekts entstandene Datenmenge zu groß ist und dadurch unüberschaubar wird. Die bis dahin investierte Arbeit ist dann häufig deshalb vergeblich gewesen, weil aus einer unüberschaubar gewordenen Menge an Informationen keine sinnvollen Ergebnisse mehr abgeleitet werden können. Deshalb ist vor allem bei größeren Forschungsvorhaben schon bei Beginn der Datenerhebung zu einer systematischen Ablage, d. h. zu einer überschaubaren Kodierung und Strukturierung der gewonnenen Daten zu raten, weil sonst sogenannte »Datengräber« entstehen.

Als Ergebnis der Erhebung können zwei verschiedene Arten von Daten entstehen, je nachdem, mit welchen Methoden (die in Schritt 8 entwickelt wurden) wir bei der Erhebung der Daten (Schritt 9) gearbeitet haben. Beide Arten von Daten werden nun – sinnvollerweise – auch mit unterschiedlichen Methoden ausgewertet:

Haben wir es mit Daten in Form von Zahlen zu tun (Anzahl der Jahre für das Alter; 1, 2, 3, und 4 für »trifft nicht zu« bis »trifft völlig zu« o. ä.), so sind dafür *quantitative* Methoden zur Auswertung notwendig. Liegen aber Texte (z. B. aus Protokollen, Berichten oder Fragebögen) oder akustisch festgehaltene Interviews vor, so geht es darum, diese Daten mit *qualitativen* Methoden aufzubereiten und auszuwerten. An dieser Stelle nur ganz kurz die zentralen Arbeitsschritte und Grundgedanken für die beiden Strategien:

Eine *quantitative Auswertung* bietet unterschiedliche Möglichkeiten, die sich in Komplexität und Anforderungen stark unterscheiden, die aber immer in ähnlicher Weise in Form von Arbeitsschritten aufeinander aufbauen: Zunächst werden alle erhobenen Daten tabellarisch in einer Datenmatrix geordnet. In einem zweiten Schritt ist es dann möglich, die Daten zusammengefasst für einzelne Merkmale in Häufigkeitstabellen und Säulendiagrammen darzustellen. Auf diese Weise entsteht sofort ein überschaubarer und beurteilbarer Eindruck, welche Ausprägungen der verschiedenen Merkmale eher häufig und welche eher nicht häufig vorkommen. Grafische Darstellungen haben immer den Vorteil, »auf einen Blick« viele Informationen zu bündeln. Aber auch die Berechnung von einfachen statistischen Kennwerten (Mittelwerte und Streuungsmaße) kann uns einen wichtigen zusätzlichen Eindruck davon verschaffen, in welchem »Zustand« sich der untersuchte Indikator, bezogen auf die jeweilige Untersuchungsgruppe, befindet. In einem dritten Schritt ist es möglich, die Ergebnisse für zwei (oder auch mehrere) Variablen miteinander in Verbindung zu bringen, d. h. nach Zusammenhängen zwischen zwei Indikatoren zu forschen. Dazu werden z. B. sogenannte Kreuztabellen gebildet, in die die Häufigkeiten für die Kombination aus zwei Indikatoren eingetragen werden, oder auch statistische Kennwerte für den Zusammenhang zwischen zwei Indikatoren (Variablen) berechnet. Außerdem existieren neben diesen beschreibenden (deskriptiven) Verfahren der Statistik auch sogenannte »schließende«, also schlussfolgernde Methoden. Diese erlauben darüber hinaus die Überprüfung von Hypothesen und Aussagen über große Gruppen auf der Basis der Untersuchung einer kleinen Teilmenge davon, also z. B. über die Meinung der Einwohner einer Stadt zu einer Entscheidung des Stadtrates, obwohl nur ein paar hundert Einwohner dazu befragt worden sind.

Bei der *qualitativen Auswertung* von Daten geht es um die Verarbeitung von Informationen, die nicht als Zahlen vorliegen (und auch nicht in Zahlen ausgedrückt werden können oder werden sollen). So besteht das Ziel der qualitativen Analyse immer darin, die vorliegenden Texte (Protokolle, Berichte, Tonbandaufzeichnungen ...) in ihrem Informationsgehalt und ihrer Aussagekraft zu konzentrieren und systematisch auf das Wesentliche zu reduzieren. Wo stecken also – so lautet die Frage – die entscheidenden Informationen, die sich direkt auf die zuvor ausgewählten Befragungsdimensionen und -indikatoren beziehen? Eine solche Konzentration von Information geschieht in aller Regel durch das Weglassen von Unwichtigem, die Zusammenfassung von Teilen, die ähnliche Informationen enthalten, und die Bildung einer neuen Sinnstruktur, die Übersicht schafft, etwa durch die Einführung von Kategorien, die die Informationen einteilen oder ordnen helfen. Diese Methode bietet einen entscheidenden Vorteil: Sie ist flexibel und fehlerfreundlich. Die Ergänzung oder Korrektur der zu Beginn gewählten Indikatoren ist aufgrund neuer Erkenntnisse aus dem Textmaterial jederzeit möglich. Der Komplexität und Diffusität des sozialpädagogischen Alltagsgeschäfts wird so in nahezu idealer Weise Rechnung getragen.

Die Kapitel 5 und 6 dieses Buches widmen sich ausführlicher diesen beiden Formen der Datenaufbereitung und -auswertung. Natürlich wird dann auch sehr schnell klar, dass es sich bei der Unterscheidung von quantitativen und qualitativen Methoden nur um eine grobe, vorläufige Differenzierung handelt. Innerhalb dieser beiden Bereiche existieren wiederum Systeme verschiedener Ansätze und Möglichkeiten, die in diesen beiden Kapiteln dargestellt werden und so für ein konkretes Projekt dann in angemessener Form und im passenden Umfang genutzt werden können. Ein Hauptaugenmerk wird dabei darauf zu legen sein, dass die Auswahl der passenden Auswertungsmethoden immer zu den verwendeten Methoden der Datenerhebung passt: Erhebungsmethode, Datenart, Auswertungsmethode und die Art der Ergebnisse, die wir schließlich erhalten und interpretieren, stehen also in einem ganz engen, unlösbaren Zusammenhang. Dies ist auch der Grund dafür, dass die Überlegungen zur Entwicklung eines Forschungsdesigns gleich zu Beginn (Schritt 4) eine so zentrale Bedeutung haben.

Weil es sich in diesem Abschnitt eines Forschungsvorhabens natürlich trotz allem um eher komplizierte und für viele Fachkräfte ungewohnte oder sogar bisher unbekannte Verfahren handelt, erscheint es nach allen Erfahrungen sinnvoll, sich um Hilfe und Unterstützung von außen zu bemühen. Wenn keine internen Kompetenzen und Ressourcen vorhanden sind und lange Einarbeitungszeiten notwendig werden würden, könnte man an eine Begleitung des Forschungsvorhabens durch eine Hochschule, z. B. in Form einer Beratung und/oder einer Bachelor-/Masterarbeit denken.

Zusammenfassend sei noch einmal grundsätzlich das Verhältnis zwischen qualitativen und quantitativen Methoden angesprochen: Mit qualitativen Verfahren ist es möglich, sehr viele und sehr differenzierte Informationen über eher wenige Personen, Dinge oder Sachverhalte zu erhalten und diese dann einzelfallspezifisch zu bewerten. Mit quantitativen Methoden ist es dagegen möglich, über sehr viele Dinge, Personen oder Sachverhalte eher wenig zu erfahren, d. h. ein auf Einzelfälle bezogen eher nicht differenziertes Bild zu erhalten.

Auch hier kann, wie wir an einigen anderen Stellen schon gesehen haben, die sogenannte Triangulation sehr hilfreich sein: Im übertragenen Sinne sollten wir also auch bei der Auswertung der vorliegenden Daten versuchen, den Gegenstand unserer Forschung aus möglichst vielen Blickwinkeln und Perspektiven zu betrachten, um so eine Gesamtsicht, also ein möglichst stimmiges, weil facettenreiches und unterschiedliche Perspektiven berücksichtigendes Bild zu erhalten.

Eine ganz ähnliche doppelte Anforderung stellt sich uns, wenn es schließlich um die Interpretation der erhaltenen Ergebnisse geht: Einerseits müssen wir begründet schlussfolgern und die Rechtfertigung der eigenen Interpretation nach außen versuchen. Dies sind Versuche zur Herstellung von Nachvollziehbarkeit und einer möglichst hohen Übereinstimmung bei der Bewertung der Gültigkeit der Ergebnisse. Andererseits müssen unsere Schlussfolgerungen auf die relevante Praxis rückbeziehbar sein.

Schließlich kommen wir zu einer letzten Überlegung, die die Glaubwürdigkeit unserer Auswertung betrifft. Nicht zuletzt unter moralischen Gesichtspunkten ist nämlich zu fragen, ob unsere Interpretationen vollständig und eindeutig sind:

Ein möglichst hohes Maß an Unparteilichkeit gegenüber allen Beteiligten und Betroffenen ist letztlich auch ein Gebot der Fairness ihnen gegenüber! Zweifel an der Gültigkeit der Ergebnisse entstehen in dem Maße, in dem es uns nicht gelingt, Positives und Negatives herauszuarbeiten, indem wir nicht offen sowohl mit Schwächen als auch mit Stärken dessen argumentieren, was wir beschreiben und bewerten. Immer dann geraten Forschungsergebnisse sehr schnell »unter Verdacht«, wenn die Unterschlagung von »unangenehmen« Ergebnissen offensichtlich wird. Hier ist ein hohes Maß an Verantwortlichkeit gefragt, das sehr viel mit der Glaubwürdigkeit des gesamten Forschungsvorhabens zu tun hat.

Checkliste 10: Datenanalyse

- Stehen uns die vorliegenden Daten, die entsprechend geeigneten Methoden zur Aufbereitung und Auswertung zur Verfügung?
- Bei Vorliegen quantitativer Daten: Welche der im Kapitel 5 vorgestellten Methoden sind am besten geeignet?
- Bei Vorliegen qualitativer Daten: Welche der im Kapitel 6 vorgestellten Methoden empfehlen sich am ehesten?

Praxisbeispiel 10: Datenanalyse
Da im Zuge der Operationalisierung und Skalierung der Indikatoren durchgängig eine fünfstufige Einschätz-Skala verwendet wurde, war schnell klar: Die Aufbereitung und Auswertung der Daten würde ausschließlich rein quantitativer Art sein:
    Mit dem Institut wurde die Erstellung von sogenannten Reportbögen vereinbart, die die Ergebnisse der Befragung in unterschiedlichen Varianten verdeutlichen und darstellen:

- zu bestimmten, gesondert zu betrachtenden Jugendlichen, zu bestimmten Gruppen (z. B. in Einrichtungen: nur die männlichen, die mit Migrationshintergrund, nur die Azubis usw.)
- zum Vergleich zweier Gruppen oder auch
- zu einzelnen Personen oder Gruppen im Vergleich zu allen anderen im Sinne eines Benchmarks.

Weiterhin konnte in den Reportbögen variiert werden zwischen Darstellungen zu einem bestimmten Zeitpunkt (Anfang, Mitte oder Ende der Maßnahme) und Übersichten über den Gesamtverlauf. Und: All diese Varianten konnten sich wiederum auf einzelne Merkmale (Indikatoren), auf Kategorien (also den beruflichen, den sozialen oder den persönlichen Bereich) oder aber auch auf die Veränderungen insgesamt, also alle Bereiche betreffend, beziehen.

Um dies übersichtlich darstellen zu können, wurde in den Reportbögen zum einen mit Kennzahlen (Messwerte, Häufigkeitsverteilungen, Mittelwerte, Indizes [Mittelwerte der Mittelwerte für Kategorien oder Bereiche] und Streuungsmaße), zum anderen aber hauptsächlich mit Grafiken zur Veranschaulichung im Überblick gearbeitet. Im Beispiel etwa (s. Abb. 4) sind die Ergebnisse zu allen einzelnen Indikatoren in einer Einrichtung zu Beginn der Maßnahme, getrennt nach männlichen (dunkle Balken) und weiblichen TeilnehmerInnen (helle Balken) dargestellt. Die Farben beziehen sich dabei auf den sozialen (blau), beruflichen (rot) und persönlichen Bereich (grün).

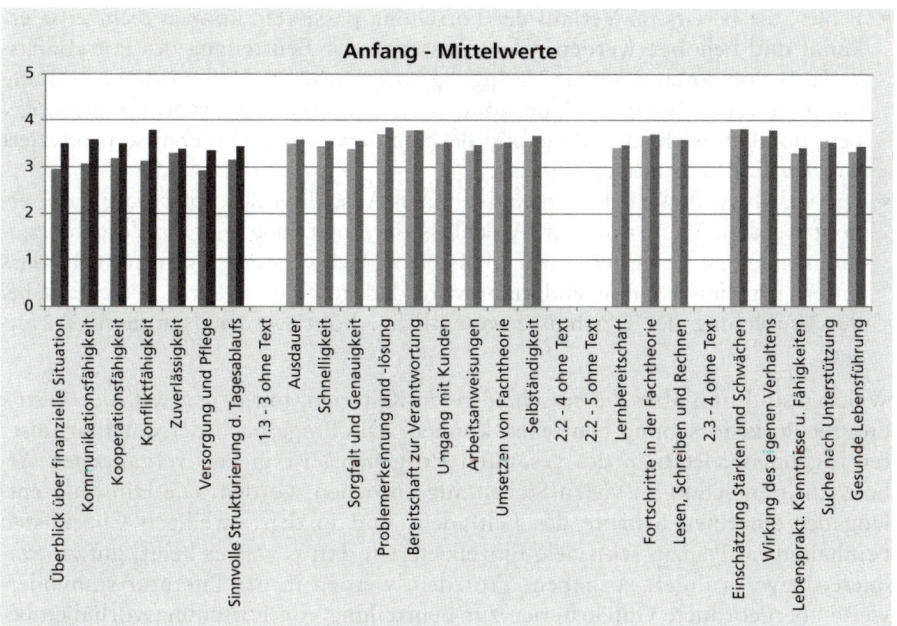

Abb. 4: Veranschaulichung Anfangs–Mittelwerte

Alle Darstellungsvarianten konnten spezifisch erstellt und am Erkenntnisinteresse in den einzelnen Einrichtungen orientiert werden. Dies war in diesem Projekt von hoher Bedeutung, weil ja auch die Verwertungszusammenhänge und die erwarteten Nutzen in den einzelnen Einrichtungen sehr unterschiedlich waren, sich also eher auf die konzeptionellen Entwicklungsperspektiven, eher auf den Bedarf an Zielkontrolle oder eben auf Anhaltspunkte für die Klärung neuer Bedarfe oder neuer Zielgruppen bezogen haben.

3.11   Schritt 11: Qualität des Prozesses beurteilen

- *Wie gut ist unsere Praxisforschung?*
- *Welche Aussagen zur Güte des Verfahrens lassen sich generieren?*
- *Wie legitim ist deshalb die Verwertung der Ergebnisse in der Praxis?*
- *Welche Kriterien sind sinnvoll zur Beurteilung des Vorgehens und der Ergebnisse?*

Derselbe Gedanke, der ursprünglich Anlass für das gesamte Forschungsvorhaben in der Praxis Sozialer Arbeit war, führt uns nun dazu, die Qualität der Forschung selbst zum Gegenstand unserer bewertenden Überlegungen zu machen. Dazu sollte aus zwei Gründen eine kleine, aber möglichst aussagekräftige Evaluation der Forschung durchgeführt werden:

- Fehler, die bereits im Verlauf der Forschung passieren, können rechtzeitig erkannt und behoben werden. Wenn Kriterien zur Beurteilung des Forschungsverlaufs von Anfang an zur Verfügung stehen und im Verlauf der Forschung mit angewendet werden, dann können wir jederzeit ein Urteil darüber abgeben, ob auch wirklich gültige und deshalb verwertbare Ergebnisse produziert worden sind (formativer Nutzen).
- Die Glaubwürdigkeit der Ergebnisse nach Abschluss der Forschung kann erhöht werden. Wenn wir zum Abschluss der Forschung – unser Vorgehen zusammengefasst bewertet – den plausiblen Nachweis erbringen können, dass unsere Ergebnisse gültig sind, dann wird dadurch die »äußere« Akzeptanz bei der Umsetzung der Ergebnisse wesentlich erhöht werden (summativer Nutzen).

Welches sind nun aber die entscheidenden Kriterien, mit denen wir die »Güte« unserer Praxisforschung beurteilen können? Die Frage nach der Qualität unserer Ergebnisse, letztlich des gesamten Vorgehens, ist in den vergangenen Arbeitsschritten schon an vielen Stellen angesprochen worden. Die Hinweise entlang der einzelnen Schritte des Leitfadens und in den jeweiligen Checklisten beinhalten im Prinzip sehr viele Einzelkriterien dafür, was es heißt, gut zu evaluieren bzw. evaluiert zu haben. Trotzdem werden in der Literatur sinnvollerweise übergeordnete Gütekriterien zur Beurteilung von Forschungsvorhaben beschrieben. Wir finden sie

- sowohl ganz allgemein für die Empirische Sozialforschung und den Bereich der Qualitativen Sozialforschung,
- als auch spezieller zugeschnitten auf Projekte und Vorhaben in der Praxisforschung für die Soziale Arbeit.

Den Ausgangspunkt für alle Überlegungen in diesem Zusammenhang bilden die drei klassischen Gütekriterien für empirische Forschung, wie sie in allen relevanten Lehrbüchern dargestellt sind:

- Von der *Objektivität* von Forschung kann dann gesprochen werden, wenn die erzielten Ergebnisse unabhängig von den forschenden Personen entstanden sind, d. h. wenn verschiedene ForscherInnen unabhängig voneinander – in intersubjektiver Übereinstimmung – zu denselben Ergebnissen kommen.
- *Reliabilität* (Zuverlässigkeit) liegt dann vor, wenn Ergebnisse von Forschung reproduzierbar sind, d. h. wenn es bei einer wiederholten Anwendung derselben Instrumentarien zu den gleichen Ergebnissen kommt.
- Die *Validität* (Gültigkeit) empirischer Forschung bezieht sich im Gegensatz zu den beiden anderen Gütekriterien nicht in erster Linie auf die Ergebnisse, sondern auf die Phase der Operationalisierung und der Entwicklung der Erhe-

bungsinstrumente im Rahmen der Forschung. Die Frage nach der Validität prüft dabei die Genauigkeit, mit der das empirisch erfasst wird, was auch vorher als Gegenstand bezeichnet worden ist. Hier steht also die Herausforderung im Zentrum, durch die Bildung von Indikatoren und die Entwicklung von Methoden zur Datenerhebung (z. B. die Fragen in einem Fragebogen) einen möglichst vollständigen und optimalen Bezug zum theoretischen und praktischen Rahmen des Forschungsgegenstandes herzustellen.

Diese drei allgemein üblichen und verbindlichen, für empirische Forschung insgesamt formulierten Standards werden in der Literatur an vielen Stellen durch weitere wichtige Kriterien ergänzt. Bei Hug und Poscheschnik (2010, S. 95ff.) etwa wird vorgeschlagen, zusätzlich die folgenden Maßstäbe zur Bewertung von Forschung anzulegen:

- *Transparenz* im Sinne der vollständigen Dokumentation des Forschungsprozesses zur Gewährleistung von Nachvollziehbarkeit für Dritte.
- *Indikation* im Sinne der möglichst optimalen Passgenauigkeit des methodischen Vorgehens mit der Fragestellung der Untersuchung.
- *Reflexivität* im Sinne im Sinne eines bewussten und expliziten Hinterfragens des Vorgehens vor dem Hintergrund möglicher Fehler und Probleme.
- *Diskussion von Limitationen* im Sinne der Benennung von Grenzen, die der Aussagekraft der eigenen Ergebnisse nach eigener Einschätzung gesetzt sind.
- *Triangulation* im Sinne einer Untersuchung eines Gegenstands mit verschiedenen Methoden, auf der Basis von verschiedenen Daten oder durch verschiedene Personen.

Gerade das letztgenannte Kriterium erscheint sinnvoll mit Blick auf etwaige Mess- und Auswertungsfehler, die auf einem Mangel an Objektivität beruhen. Sie können vermieden oder zumindest minimiert werden, z. B. indem

- bei der Anwendung von Beobachtungsmethoden mehrere BeobachterInnen eingesetzt und anschließend deren Ergebnisse miteinander verglichen werden,
- bei Interviews und bei Beobachtungen kleine Schulungen oder Übungseinheiten vorgeschaltet werden,
- beim nachträglichen Kodieren, Zuordnen oder Kategorisieren von qualitativen Daten genaue Regeln für die Zuordnung, am besten verbunden mit Beispielen, aufgestellt werden,
- bei der Erhebung und Auswertung – vor allem größerer Datenmengen – immer wieder systematisch nach Fehlern, Unstimmigkeiten und Widersprüchlichkeiten gesucht wird.

Wenn die Gelegenheit besteht, ist es deshalb – im Sinne einer solchen Triangulation – immer sinnvoll, mehrere Strategien und Methoden parallel zueinander einzusetzen – selbstverständlich mit Rücksicht auf die zur Verfügung stehenden Ressourcen. Auf diese Art können wir sicherstellen, dass eventuelle Fehler im Verlauf der Forschung eher auffallen und behoben werden können und dass ein zuvor definierter Forschungsgegenstand von möglichst vielen Seiten aus beleuchtet und erforscht werden kann.

Alle Kriterien, miteinander gedacht, müssen nun die Grundlage für die Entscheidung darüber bilden, welche Maßstäbe denn sinnvollerweise auf ein bestimmtes Praxisforschungsprojekt anzuwenden sind. Es muss uns dabei im Grundsatz darum gehen, ein möglichst hohes Maß an Belastbarkeit der Ergebnisse im Sinne ihrer Zuverlässigkeit und Gültigkeit herzustellen und gleichzeitig bewusste oder unbewusste subjektive Einflüsse der beteiligten ForscherInnen auf den Forschungsprozess und seine Ergebnisse zu minimieren – und zwar sowohl bei der Erhebung als auch bei der Auswertung der Daten.

Vor dem Hintergrund all dieser Überlegungen und vieler Erfahrungen in der Begleitung und Beratung von Forschungsprozessen in der Praxis der verschiedenen Felder der Sozialen Arbeit bleiben im Sinne einer solchen Bündelung der wesentlichen Gehalte der erfahrungsgemäß wichtigsten Standards fünf Kriterien:

- *Realisierbarkeit* im Sinne der Bedingungen, die erfüllt sein müssen, damit Praxisforschung überhaupt zuverlässig umgesetzt werden kann
- *Angemessenheit* im Sinne einer korrekten Entsprechung zwischen Fragestellung einerseits und dem konkreten Vorgehen und den ausgewählten Methoden andererseits
- *Gültigkeit* im Sinne der korrekten Operationalisierung, also der Entsprechung zwischen Forschungsgegenstand und den untersuchten Merkmalen und Indikatoren
- *Regelgeleitetheit* im Sinne der Nachvollziehbarkeit und damit auch Kritisierbarkeit des Vorgehens insgesamt für Dritte
- *Verwertbarkeit* im Sinne einer adäquaten und der jeweiligen Praxis dienlichen Art und Weise der Umsetzung der Ergebnisse

Diese fünf Kriterien können nach allen Erfahrungen einen ausreichenden Beurteilungshintergrund für die Bewertung von Praxisforschung bieten und sollen daher – in Frageform gebracht – als Checkliste für die Beurteilung der Qualität des konkreten Vorgehens dienen. Die Anwendung dieser Kriterien ermöglicht dabei zweierlei:

- Eine Verlaufskontrolle entlang unseres Vorgehens (*formative Funktion*: Machen wir gerade alles richtig?)
- Die Erstellung eines nachträglichen Belegs dafür, dass wir alles Wichtige berücksichtigt haben (*summative Funktion*: Besitzen unsere Ergebnisse Gültigkeit und ist deren Verwertung deshalb legitim?)

Checkliste 11: Beurteilung der Güte des Forschungsprozesses nach fünf Kriterien

Realisierbarkeit – bezieht sich auf die Bedingungen, Ressourcen und die Effizienz des Verfahrens

- Sind die Bedingungen geschaffen, damit die ausgewählten oder entwickelten Methoden überhaupt einsetzbar sind?
- Sind Ressourcen notwendig, die zur Verfügung stehen müssen, damit Methoden einsetzbar werden? (Voice-Recorder, PCs, Software ...)

- Steht genügend methodisches Know-how im Team zur Verfügung? Wenn nicht, besteht die Möglichkeit, sich in den wesentlichen Fragen und Entscheidungen Rat und Unterstützung von außen zu holen?

Angemessenheit – bezieht sich auf die Auswahl der Methoden und der Datenquellen

- Sind unsere Methoden geeignet, die Forschungsziele zu verfolgen, die wir vorher formuliert haben (Schritt 1)? Passen sie zur Fragestellung, die der Forschung zugrunde liegt?
- Sind die Methoden dem Untersuchungsgegenstand angemessen? Erheben wir tatsächlich das, was wir wissen wollen?
- Passen die Methoden zu den Personen, von denen wir Informationen (Daten) erhalten wollen?
- Sind die Methoden für die Befragten transparent, verständlich, nachvollziehbar?

Gültigkeit – bezieht sich auf die Auswahl, Formulierung und Operationalisierung des Gegenstandes und fragt nach der sogenannten Korrespondenz zwischen Gegenstand und Indikatoren

- Haben wir den Gegenstand richtig und vollständig operationalisiert? Passen die gewählten Indikatoren zum Gegenstand? Bilden sie ihn vollständig ab?
- Sind unsere Indikatoren konkret genug? Können wir sie wirklich direkt im Praxisalltag vorfinden und erfassen?

Regelgeleitetheit – bezieht sich auf die Offenlegung und Dokumentation der Systematik des Verfahrens insgesamt

- Gelingt es, die Vorgehensweise in allen wichtigen Schritten zu dokumentieren?
- Können die wesentlichen Entscheidungen, die unserem Vorgehen zugrunde liegen, für »außenstehende Interessierte« nachvollziehbar begründet werden?
- Ist der Forschungsprozess für Dritte dadurch vollständig kritisierbar?

Verwertbarkeit – bezieht sich auf die Umsetzung der Ergebnisse im Sinne der Ziele des Verfahrens

- Sind unsere Ergebnisse umsetzbar und in der Praxis anschlussfähig?
- Können wir eine für unsere Praxis passende Verwertungsstrategie entwickeln (Schritt 10), die auf den Ergebnissen aufbaut?
- Dienen die Ergebnisse der Weiterentwicklung der Praxis im Sinne der zu Beginn formulierten Nutzenerwartungen?

Praxisbeispiel 11: Gütekriterien
Die Klärung der Güte des Verfahrens im Gesamtverlauf des Projekts war deswegen für alle Beteiligten von hoher Bedeutung, weil es abzusehen war, dass sowohl die Diskussion der Gesamtergebnisse als auch der methodische Ansatz, der dieser Untersuchung zugrunde gelegt wurde, in einer fachöffentlichen und politischen Debatte eine wichtige Rolle spielen sollte.

So konnte im Rahmen eines differenzierten Dialogs zwischen den wissenschaftlichen Mitarbeitenden des Instituts und den beteiligten Fachkräften verlässlich geklärt werden,

- dass das Verfahren insgesamt vor dem Hintergrund der zur Verfügung stehenden zeitlichen und finanziellen Ressourcen als gut realisierbar bezeichnet werden konnte,
- dass sowohl die Auswahl der Untersuchungsgruppe als auch die Methode zur Datenerhebung nach allen durchlaufenen Entwicklungs- und Prüfschritten als maximal angemessen zu betrachten ist,
- dass die im Rahmen der Operationalisierung ausgewählten und formulierten Indikatoren in der Lage waren, den untersuchten Gegenstand trennscharf und vollständig, also valide, zu erfassen,
- dass es gelungen war, die Vorgehensweise in allen wichtigen Schritten zu dokumentieren, die wesentlichen Entscheidungen, die dem Vorgehen zugrunde lagen, für »außenstehende Interessierte« nachvollziehbar zu begründen und damit den Forschungsprozess insgesamt kritisierbar darzustellen und
- dass auch die Umsetzbarkeit und die Anschlussfähigkeit der Ergebnisse im Sinne der zuvor formulierten Nutzenerwartungen sowohl in den Einrichtungen als auch auf der Ebene der Landesarbeitsgemeinschaft und der politischen Debatte um die Zukunft der arbeitsweltbezogenen Jugendsozialarbeit als optimal bezeichnet werden konnte.

3.12   Schritt 12: Verwertung der Ergebnisse

- *Wie können Ergebnisse und Schlussfolgerungen aus einer Forschung veröffentlicht werden?*
- *Was ist bei der Präsentation der Ergebnisse und bei der Erstellung eines Abschlussberichtes zu beachten?*
- *Worauf kommt es bei der Initiierung von Konsequenzen und Veränderungen in der Praxis an?*

Der zwölfte Schritt bildet den Abschluss eines langen Prozesses. Er wurde begonnen mit der Frage, warum Praxisforschung in bestimmten Situationen des beruflichen Alltagsgeschäfts sinnvoll erscheinen könnte, und führte bis hin zu der Stelle, an der wir uns jetzt befinden: Was soll nun aufgrund der Erkenntnisse, die wir gewonnen haben, in der Praxis und für sie erreicht werden? Es geht also um die Verwertung der Ergebnisse.

Die Ergebnisse von Forschung zu verwerten heißt zweierlei: Zum einen sie unter allen Beteiligten und Betroffenen bekannt zu machen, und zum anderen Konsequenzen aus den Ergebnissen für die Praxis, in der sie entstanden sind, anzuregen, in die Wege zu leiten oder selbst zu ziehen. Dazu muss zunächst folgendes geklärt werden:

- Wer soll informiert werden über die Ergebnisse?

- Wer sind mögliche AnsprechpartnerInnen für Veränderungen und Konsequenzen?
- Auf welchen Ebenen und an welchen Stellen einer Organisation fallen die relevanten Entscheidungen?
- Wo fallen also unsere Ergebnisse am ehesten »auf fruchtbaren Boden«?

Dies darf umgekehrt aber nicht bedeuten, dass anderen Ergebnisse vorenthalten werden: Dem eigenen Bedarf an Veröffentlichung der Ergebnisse aus strategischen Gründen entspricht die Pflicht zur Information gegenüber all denjenigen, die an der Forschung beteiligt oder von ihr betroffen waren. Dieses »Gebot der Aufrichtigkeit« und der Offenheit gilt, wie wir gesehen haben, für alle Phasen des Forschungsprozesses, besonders aber an dieser Stelle. Eine möglichst breite und offensive Informationspolitik kann zudem Vorbehalte, Unterstellungen und Verunsicherungen bei den Betroffenen vermeiden und abbauen helfen. Das Prinzip des möglichst konsensualen Vorgehens sollte also auch und gerade an dieser Stelle verwirklicht werden.

Nachdem wir nun wissen, wen wir wozu mit den Informationen über unsere Ergebnisse erreichen wollen, stellt sich die Frage nach der Art ihrer Veröffentlichung. In aller Regel ist es sinnvoll, einen – den Ressourcen und dem Umfang des Projektes entsprechend – möglichst ausführlichen Abschlussbericht anzufertigen. Neben der differenzierten Darstellung der Ergebnisse der Untersuchung sollte darin auch eine möglichst nachvollziehbar gestaltete Dokumentation der methodischen Vorgehensweise enthalten sein. Dadurch kommt die Regelgeleitetheit des Vorgehens zum Ausdruck und das Projekt wird so bewusst transparent, diskutierbar und prinzipiell kritisierbar gemacht.

Als mögliches Gliederungsschema für diesen Teil bietet sich die Struktur der einzelnen Arbeitsschritte an, wie sie in diesem Kapitel dargestellt werden. Auf jeden Fall beschrieben werden müssen

- der Gesamtplan und das Design der Untersuchung,
- die Methoden zur Datenerhebung,
- Hinweise zum Einsatz dieser Methoden (Erhebungszeitpunkte, beteiligte Personen),
- die Datenbasis (Grundgesamtheit und mögliche Stichproben, auch wie sie zustande gekommen sind),
- die Methoden zur Datenauswertung,
- bei der Verwendung von statistischen Verfahren alle Hinweise auf die angegebenen Kennwerte und
- Überlegungen zur Beurteilung der Güte der Untersuchung.

Schließlich bietet es sich auch an, eine kurze und prägnante Zusammenfassung der wesentlichen Ergebnisse, Erkenntnisse und Schlussfolgerungen vorzunehmen. Vor allem bei größeren Berichten hat es sich als lesefreundlich erwiesen, eine Zusammenfassung in Form eines Abstracts an den Anfang des Berichts zu stellen.

Ausgehend von diesem ausführlichen Bericht sind verschiedene zusätzliche Veröffentlichungsstrategien denkbar: Gekürzte schriftliche Versionen können zu

Fachartikeln, Zeitungsmeldungen, Presseinformationen oder organisationsinternen Veröffentlichungen weiter verarbeitet werden. Es lohnt sich, darüber nachzudenken, ob nicht auch eine mündliche Form der Präsentation der Ergebnisse infrage kommt. Beiträge auf Tagungen, Studientagen, Podiumsdiskussionen oder Hearings bieten nämlich genauso wie eigens dafür konzipierte Präsentationsveranstaltungen (z. B. eine kleine Pressekonferenz) eine große Chance: Neben der Information einer gezielt ausgewählten Öffentlichkeit kann auch ein Gespräch über die Ergebnisse entstehen oder ein Meinungsbildungsprozess unter EntscheidungsträgerInnen initiiert werden. Dadurch kommt ein nicht nur einseitiger (wie bei der schriftlichen Form), sondern gegenseitiger Austausch über die Ergebnisse der Forschung in Gang.

Ist die Entscheidung für eine solche Präsentation gefallen, lohnt es sich, diese gut vorzubereiten, d. h. genau zu überlegen,

- wer eingeladen werden soll und muss,
- welches die zentralen Botschaften an die Anwesenden sein sollen,
- welche Rahmenbedingungen notwendig und sinnvoll sind (Dauer, Raum, Medien, Sprache …).

Im Wesentlichen sind es drei Überlegungen, die unser Vorgehen bei dem Schritt der Information über unsere Ergebnisse leiten sollten:

- *Klarheit:* Verständlichkeit in Ausdruck und Sprache erhöht die Brauchbarkeit eines Forschungsberichts wesentlich. Fachbegriffe können und sollten abhängig von der vorher definierten Zielgruppe verwendet werden. Zusätzlich wäre an die Anfertigung eines kleinen Glossars zu denken, um dadurch den Kreis der LeserInnen potenziell zu erweitern. Wichtig ist es außerdem, auf eine möglichst plausible Argumentation bei der Darstellung des Vorgehens und der Ergebnisse zu achten. Durch beide Maßnahmen kann auch die Glaubwürdigkeit der Darstellung wesentlich erhöht werden.
- *Ausgewogenheit:* Die Glaubwürdigkeit wird auch dann erhöht, wenn in der Berichterstattung Fairness zum Ausdruck kommt: Fairness in der Darstellung von Stärken und Schwächen des evaluierten Gegenstands (also möglicherweise auch der Arbeit von KollegInnen), Fairness im Umgang mit zunächst nicht lösbaren Widersprüchlichkeiten in den Ergebnissen. Die vollständige Darstellung, auch von Ungereimtheiten oder alternativen Interpretationsmöglichkeiten, erhöht letztlich die Akzeptanz und verbreitert unter allen Beteiligten und Betroffenen die Basis für gemeinsame Schlussfolgerungen.
- *Rechtzeitigkeit:* Der Zeitpunkt, der für die Veröffentlichung der Ergebnisse gewählt wird, kann entscheidend sein für den Erfolg von Veränderungen. Neben der Berücksichtigung von eventuellen Fristen, Freigabedaten oder lang zurückliegenden Terminvereinbarungen zum gesamten Forschungsverfahren müssen wir darauf achten, dass die zeitliche Platzierung der Ergebnisse in unsere Gesamtstrategie (vgl. Schritt 1 und 4) und gleichzeitig sinnvoll in den Praxisablauf passt.

Mündliche Präsentationsverfahren haben gegenüber nur schriftlichen Berichten zwei ganz entscheidende Vorteile: Zum einen können eventuelle Unverständlichkeiten, Missverständnisse und Ungereimtheiten in den Ergebnissen, die den Beteiligten vielleicht sogar noch gar nicht bewusst sind, ausgeräumt und geklärt werden. Zum anderen – und damit sind wir beim zweiten Teil der Verwertungsfrage angelangt – kann bereits an dieser Stelle ein Austausch darüber beginnen, welche Konsequenzen aus den vorliegenden Ergebnissen für die Praxis zu ziehen sind. Damit ist der entscheidende Punkt im Forschungsgeschehen erreicht: Die optimale Nutzung der Ergebnisse anzustreben, die Wirkungspotenziale der Forschung auszuschöpfen heißt, innovative Perspektiven zu eröffnen, Veränderungen und Entwicklungen anzudenken und zu initiieren, letztlich zum Umdenken anzuregen. Und dies in viele mögliche Richtungen:

- Förderanträge für neue Projekte stellen
- Drittmittel akquirieren, dabei auch an »social sponsoring« denken
- Politische Wirkungen planen
- Neue Netzwerke und PartnerInnen mobilisieren
- Öffentlichkeitsarbeit und Marketing der eigenen Dienstleistungen besser berücksichtigen

Ein solcher »Geist der Entwicklung und Erneuerung« wird aber nur dann ein tragbares Fundament für konstruktive Entwicklungen darstellen können, wenn er mit einem realistischen Blick für die tatsächlichen Möglichkeiten verbunden ist. Zu klären bleibt also, wo die Ursachen für die momentane Existenz der als veränderungswürdig bezeichneten Umstände liegen. Nur dann nämlich, wenn diese Ursachen wirklich veränderbar sind und gleichzeitig im Verantwortungsbereich der Beteiligten liegen, besteht auch die Aussicht, dass Verbesserungen kurz- oder mittelfristig möglich werden. Nur so kann vermieden werden, dass große und letztlich nicht erfüllbare Erwartungen zu enormen Frustrationen führen. Dort, wo die Ursachen für bisherige Misserfolge als variabel angesehen werden und innerhalb des eigenen Verantwortungsbereiches liegen, sind auch Ansatzpunkte für schnelle Veränderungen zu suchen und zu finden.

Zum Abschluss der Verwertungs- und Veröffentlichungsphase eines Forschungsvorhabens sind oft Strategien zur Mobilisierung von Unterstützung und Vertretung von Interessen gefragt. Carol L. Williams (1996) hat in diesem Zusammenhang »Strategien für Praxisforschende« vorgeschlagen, die in leicht modifizierter Weise auch für die Abschlussphase einer Praxisforschung berücksichtigt werden können. Die folgenden Hinweise können hier hilfreich sein, einer solchen Rolle als VertreterIn von Interessen und fachlich – durch die Ergebnisse der Forschung – begründeten Absichten gerecht zu werden. Solche Verwertungsstrategien zur Durchsetzung von Interessen können demnach sein:

- Meinungsführer und Schlüsselpersonen identifizieren – und Bündnispartner suchen
- Verantwortung übertragen, damit Bündnispartner »ins Boot holen«, deren Rolle als hilfreiche Partner bestätigen
- Klare Vereinbarungen über Arbeitsaufträge und andere Konsequenzen treffen
- Persönliche Beziehungen einsetzen und Glaubwürdigkeit herstellen, dabei auch den eigenen Nutzen deutlich machen

- Sich Zeit für wichtige Gespräche nehmen, dabei Absichten und Ziele offenlegen

Checkliste 12: Verwertungszusammenhang

- Zweigleisige Strategien: Über die Ergebnisse gezielt informieren und Konsequenzen aus den Ergebnissen in geeigneter Weise umsetzen
- Berichtlegung: Nichts Wichtiges vergessen und das geeignete Format wählen
- Schriftliche und mündliche Veröffentlichungsstrategien entwickeln und umsetzen: Klarheit, Ausgewogenheit und Rechtzeitigkeit berücksichtigen
- Veränderungs- und Entwicklungsperspektiven für die Praxis umsetzen – Strategien dafür entwickeln

Praxisbeispiel 12: Verwertungszusammenhang
Die verschiedenen Möglichkeiten, aus den Ergebnissen Nutzen und Erkenntnis zu ziehen, waren bei diesem Projekt zum Nachweis der Effekte der arbeitsweltbezogenen Jugendsozialarbeit sehr vielfältig und zeigten sich so auch auf sehr verschiedenen Ebenen:

- In der alltäglichen Arbeit mit den Jugendlichen haben sich aus den Einzelergebnissen immer wieder Anhaltspunkte für Beratungs- und Entwicklungsgespräche ergeben.
- Mit Blick auf die Weiterentwicklung bestehender und die Entwicklung neuer Konzepte für bestimmte Zielgruppen waren viele Befunde eine gute empirische Grundlage für die Begründung etwa von methodischen Verbesserungen.
- Die strategische Planung in den Einrichtungen hat an vielen Stellen von den Ergebnissen des Benchmarks profitiert und Handlungsbedarfe deutlich gemacht, etwa dort, wo klar wurde, dass eine bestimmte Einrichtung mit Blick auf einzelne Förderbedarfe deutlich hinter dem Durchschnitt aller anderen lag.
- Fachtagungen und Seminare, z. B. veranstaltet durch die Landesarbeitsgemeinschaft, konnten vor dem Hintergrund der Ergebnisse die fachöffentliche und professionsbezogene Debatte um die konzeptionelle Weiterentwicklung der arbeitsweltbezogenen Jugendsozialarbeit immer wieder bereichern. Dies gelang beispielsweise dort, wo es um die Unterschiede oder auch um die Perspektiven der Zusammenarbeit mit Einrichtungen ging, die sich in ihrer Finanzierung nicht auf das SGB VIII (§ 13) beziehen, sondern über das SGB II/III begründet und finanziert sind.
- Schließlich hat auch immer wieder die politische Diskussion und Verhandlung der Finanzierung dieses Bereiches auf kommunaler, Landes- und Bundesebene von den Ergebnissen der Untersuchung profitiert, z. B. dort, wo neu geklärt werden konnte, welches die Kriterien sein sollten, die der Beurteilung von Qualität und damit der Finanzierung der Leistungen künftig zugrunde gelegt werden sollten.

4 METHODEN DER DATENERHEBUNG: ANWENDUNGSWISSEN

Was Sie in diesem Kapitel lernen können

Nachdem die Logik des Ablaufs eines Praxisforschungsprozesses deutlich und auch klar geworden ist, was bei Planung und Durchführung solcher Projekte dabei grundsätzlich zu beachten ist, gehen wir nun hinein in die entscheidenden Details: Welche Möglichkeiten gibt es in den verschiedenen Feldern der Sozialen Arbeit und vor dem Hintergrund ganz unterschiedlicher Fragestellungen und Erkenntnisinteressen, ganz konkret zu forschen? Wie werden ganz praktisch Daten erhoben, die danach ausgewertet werden können, um zu Ergebnissen zu kommen, die wiederum ihre Anwendung in dieser Praxis finden können?

Die Palette der unterschiedlichen Möglichkeiten ist enorm groß und kann im Rahmen eines solchen Lehr- und Arbeitsbuches natürlich niemals vollständig abgebildet werden. Trotzdem liegt mit den folgenden neun Abschnitten eine Übersicht über die wichtigsten, am häufigsten und nach unserer Erfahrung mit dem größten Gewinn eingesetzten Methoden zur Erhebung von Daten in der Praxisforschung für die Soziale Arbeit vor.

Es ist also in diesem Kapitel zum einen möglich, sich einen Überblick über die zentralen Erhebungsmethoden zu verschaffen und vor diesem Hintergrund zu entscheiden, welche dieser Ansätze in einer bestimmten Praxis und vor dem Hintergrund eines bestimmten Forschungsinteresses am ehesten Verwendung finden können. Zum anderen kann aber auch die Lektüre einzelner Abschnitte zu bestimmten Methoden dazu dienen, eine in einem Projekt bereits gefallene Methodenentscheidung mit dem notwendigen Wissen zu untermauern und zu bereichern.

4.1 Standardisierte Befragung

Monika Chilla

Standardisierte Befragungen werden mittels eines Fragebogens durchgeführt. In der Praxisforschung zur Sozialen Arbeit wird dieser häufig von den Zielpersonen selbst ausgefüllt (self-administered; Papier- oder Onlinefragebogen). Ebenso könnte auch ein Interviewer die Fragen persönlich oder telefonisch stellen (other-administered). Standardisierte Befragungen sind eher hypothesenprüfend angelegt und erfordern eine klare Eingrenzung und Operationalisierung des Untersuchungsgegenstandes. Die Standardisierung unterstützt durch eine hohe Strukturierung die Vergleichbarkeit von Daten sowie eine objektive Durchführung der Befragung. Praktisch heißt das, es werden allen Zielpersonen die gleichen Fragen mit den gleichen Antwortoptionen vorgelegt, sodass das Ergebnis nicht durch eine variierende Übermittlung der Fragen beeinflusst wird. Die Auswertung erfolgt zunächst deskriptiv (Häufigkeiten, Lage- und Streuungsmaße), wodurch die Ergebnisse zu den einzelnen Fragen aufbereitet und zum Beispiel verglichen werden können. Eine inferenzstatistische Auswertung kann darüber hinaus interessante Unterschiede, Zusammenhänge oder Veränderungen testen.

Anhand eines Beispiels aus der Kinder- und Jugendhilfe wird die Konstruktion eines standardisierten schriftlichen Print-Fragebogens mit seinen wichtigsten Bestandteilen beschrieben. Webbasierte Online-Befragungen werden grundsätzlich ähnlich entwickelt, weisen aber infolge der technischen Umsetzung Besonderheiten auf. Dazu wird an dieser Stelle auf Kuckartz und Kollegen (2009) und Mayer (2013, S. 104f.) verwiesen.

Praxisbeispiel
Im Rahmen des Qualitätsmanagements interessiert sich ein bayrisches Jugendamt mit einer Vielzahl an Kindertageseinrichtungen für die Zufriedenheit der Eltern mit der Betreuung, Bildung und Erziehung ihrer Kinder vor dem Hintergrund des Bayerischen Erziehungs- und Bildungsplans. Der Träger möchte zum einen Informationen aus den jeweiligen Einrichtungen erhalten, zum anderen möchte er die Ergebnisse zwischen den Einrichtungstypen (z. B. Kinderkrippe, Kindergarten, Kinderhort) miteinander vergleichen. Dazu nutzt das Jugendamt einen standardisierten schriftlichen Fragebogen, den alle Eltern erhalten, deren Kinder eine Kindertageseinrichtung besuchen.

Beim Aufbau eines Fragebogens sollten bestimmte Regeln der Konstruktion beachtet werden (vgl. Bortz und Döring 2006; Diekmann 2007; Merchel 2010; Schnell et al. 2011). Im Hinblick auf das Praxisbeispiel nimmt ein klarer und logischer Aufbau des Fragebogens die Eltern an die Hand und leitet sie durch die Befragung.

4.1.1   Die Einladung

Der Fragebogen sollte ein aufschlussreiches, freundliches Anschreiben mit *Anrede* enthalten. Das Anschreiben kann z. B. in Form einer Titelseite gestaltet sein, welche ein *Logo* trägt sowie ansprechend und seriös aufbereitet ist. Die Empfänger des Fragebogens, in unserem Fall die Eltern der Kindertageseinrichtung, sind sicher interessiert zu wissen, *von wem diese Befragung ausgeht* und an wen man sich mit Rückfragen wenden kann (*Kontaktadresse*). Zudem sollte das *Befragungsthema* genannt sein, für welchen *Zweck* diese Informationen gesammelt werden, und dabei die *Freiwilligkeit der Teilnahme* betont werden. Nicht fehlen darf ein Hinweis auf den Umgang mit den erhobenen Daten (Wahrung der *Anonymität*), deren *Datenschutzbestimmungen* sowie der *Rücklauftermin* und das *Abgabeverfahren* des Fragebogens. Die Angabe der *benötigten Bearbeitungszeit* und ein kurzer *Dank im Voraus* für die Beteiligung können das Anschreiben motivierend abrunden. Eine *Unterschrift* des Untersuchungsleiters personalisiert die Elternbefragung abschließend.

4.1.2 Der Aufbau

Um auf die Befragung einzustimmen, sollte eine leicht zu beantwortende *Eröffnungsfrage* in das Thema einleiten. Sie sollte bei allen Eltern (aus unserem Praxisbeispiel) das Gefühl erwecken, dass sie diese Befragung betrifft und sie auf diese Frage antworten können, z. B.: »Wenn Sie an das letzte halbe Jahr denken, wie gerne ging Ihr Kind in dieser Zeit in die Kindertageseinrichtung?«

Der weitere Aufbau sollte nach *thematischen Frageblöcken* gegliedert sein und eine *inhaltliche Systematik* aufweisen, welche vom Allgemeinen zum Spezifischen verläuft oder eine steigende Intensität beinhaltet. Thematische Frageblöcke können beispielsweise Fragen zu den Bildungs- und Erziehungsbereichen, zu den Schlüsselprozessen für die Bildungs- und Erziehungsqualität und zur Elternarbeit darstellen. Für den flüssigen Verlauf der Befragung können bei starkem Themenwechsel zur Vorbereitung auf ein neues Thema »Überleitungssätze« (Diekmann 2007, S. 481) eingebaut werden. Diese machen dann Sinn, wenn die Eltern (aus unserem Praxisbeispiel) zu mehreren Untersuchungsgegenständen befragt werden, wie z. B. Neugestaltung von Außenanlagen und Kultur des Feste Feierns.

Filterfragen finden dann Anwendung, wenn Abschnitte nur für einen Teil der befragten Eltern interessant sind. Beispielsweise soll die Zufriedenheit mit der Eingewöhnungszeit neuer Kinder ermittelt werden. Diese Fragen betreffen demnach nur Eltern, deren Kinder im letzten Jahr neu in die Kindertageseinrichtung aufgenommen worden sind. Eine Frage nach der Eingewöhnungszeit im letzten Jahr, die bejaht oder verneint werden kann, leitet dann zum entsprechenden nächsten Block, zum Beispiel durch einen grafischen Pfeil oder einen schriftlichen Verweis.

Eine erhöhte Beachtung bei der Fragebogenkonstruktion sollten sogenannte *heikle oder sensible Fragen* erhalten, z. B. Fragen zum Alkoholkonsum oder zu häuslicher Gewalt. Auch über unangenehme Sachverhalte möchte man Informationen ermitteln, welche jedoch von den Befragten überproportional häufig nicht oder nicht wahrheitsgemäß beantwortet werden. Um eine möglichst hohe Ausschöpfungsquote zu erhalten, sollten diese Fragen erst gegen Ende des Fragebogens und möglichst akzeptabel gestellt werden. Porst (2014, S. 129f.) regt an, an dieser Stelle die Vertraulichkeit zuzusichern und auf die Datenschutzbestimmungen hinzuweisen. Weiterhin wäre eine Möglichkeit, den Sachverhalt in abgeschwächter Form darzustellen (Viele Menschen trinken gerne Alkohol. Wie sieht es mit Ihrem Konsum aus?). Darüber hinaus kann die Randomized Response Technique (vgl. Schnell et al. 2011, S. 333ff.) dazu beitragen, Verfälschungen von Antworten zu verringern. Die Grundlage dafür ist das Zufallsprinzip, welches entscheiden soll, ob bestimmte Fragen wahrheitsgemäß beantwortet werden sollen oder nicht (z. B. durch Würfeln), sodass auf das Verhalten der einzelnen Person nicht zurückgeschlossen werden kann. Dennoch kann, auf Grundlage der Stochastik, der Anteil des interessierenden Merkmals geschätzt werden.

Fragen zu *demografischen Angaben* sind in der Regel am Schluss platziert, da der Befragte eher weniger über diese Antworten nachdenken muss. Zudem könnte eine Platzierung am Beginn des Fragebogens das Gefühl vermitteln, zu viel von sich preiszugeben. In der Tat muss darauf geachtet werden, dass demografische Daten keine Identifikation der Befragungsteilnehmer zulassen (z. B. durch Kombination). Das Statistische Bundesamt (2010) stellt »Demografische Standards« zur Verfügung, die sich an die amtliche Statistik anlehnen. So wird eine mögliche Vergleichbarkeit zwischen verschiedenen Befragungen angestrebt.

Bei der Konstruktion des Fragebogens ist zu bedenken, dass »jede Frage (und die dazugehörige Antwort) nachfolgende Fragen so beeinflussen [kann], dass sich die Beantwortung der Folgefragen entweder an der vorhergehenden Frage orientiert oder an der bereits gegebenen Antwort (›Ausstrahlungseffekt‹ oder ›Halo-Effekt‹)«(Schnell et al. 2011, S. 336).

Die *Sprache* sollte für die Zielgruppe eindeutig verständlich und auf Augenhöhe sein. Beispielsweise benötigen Eltern einen anderen Sprachstil als Jugendliche, damit sie sich angesprochen und ernst genommen fühlen. Möglicherweise macht es sogar Sinn, den Fragebogen in die jeweilige Muttersprache zu übersetzen, sodass er selbstständig ausgefüllt werden kann. Die Praxis zeigt, dass eine Übersetzung aus Ressourcengründen nicht immer gängig ist, jedoch sollten dann bei der Auswertung die systematischen Ausschlüsse (z. B. die Eltern, die den Fragebogen nicht ausfüllen können) oder die eingeschränkte Durchführungsobjektivität (Fragen werden nicht von allen Personen gleich gut verstanden), bedacht und reflektiert werden.

Um einen möglichst hohen Fragebogenrücklauf zu erhalten, macht es Sinn, dass der *Umfang des Fragebogens* eine Bearbeitungsdauer von 10–15 Minuten nicht überschreitet. Dies entspricht in etwa einem Maximum von 30 bis 40 Fragen. Je kompakter und kürzer der Fragebogen beantwortet werden kann, desto höher ist auch die Wahrscheinlichkeit, dass er überhaupt und auch vollständig ausgefüllt wird.

Um sich erste Eindrücke von verschiedenen Fragebögen zu verschaffen, kann ein Blick ins Internet mittels gängiger Suchmaschinen hilfreich sein. Jedoch sind dort auch unausgereifte Beispiele zu finden. Für den Bereich der Sozialen Arbeit sind teilweise Musterexemplare aus unterschiedlichen Arbeitsfeldern zu finden, die von Institutionen oder Organisationen speziell zur Unterstützung entwickelt worden sind. Da Praxisfelder und deren Gegenstände individuell sind, liegt es allerdings nahe, diese für die eigene Verwendung kritisch zu prüfen und zu modifizieren.

4.1.3   Die Fragen

Je nach Standardisierungsgrad enthält der Fragebogen ausschließlich geschlossene und/oder offene Fragen. Offene Fragen geben keine Antwortkategorien vor, wodurch den Eltern ermöglicht wird, ihre Mitteilung frei zu formulieren. Geschlossene Fragen geben konkrete Kategorien vor, welche für die Beantwortung zur Verfügung stehen. Die Wahl der *Frageformen* hängt dabei in erster Linie vom Erkenntnisinteresse und nicht zuletzt von auswertungsbezogenen Gesichtspunkten ab. Diese methodischen Grundfragen werden im 3. Kapitel diskutiert und sollten vor Erstellung des Fragebogens entschieden sein.

In Anlehnung an Diekmann (2007, S. 471ff.) werden vier *Fragetypen* unterschieden:

Einstellungsfragen werden häufig anhand von Aussagen konzipiert, die der Befragte auf einer Ratingskala von positiv bis negativ beurteilen soll. Dabei teilt er seine Meinung mit, bewertet also aus subjektiver Sicht Situationen, Verhältnisse oder Prozesse. Im Rahmen der Elternbefragung könnte zum Beispiel die Einstellung zur Einführung der Montessori-Pädagogik erhoben werden.

Überzeugungsfragen »zielen [...] auf die Wahrnehmung und Einschätzung vergangener, gegenwärtiger oder zukünftiger Realität« (Schnell et al. 2011, S. 320). Damit teilt der Befragte sein faktisches Wissen zu einer Gegebenheit mit, wodurch auch deutlich werden kann, dass es Sachverhalte gibt, zu denen er nichts sagen kann, z. B.: »Welche Vor- und Nachteile haben männliche Fachkräfte im Kindergarten hinsichtlich der Entwicklung Ihres Kindes?«

Verhaltensfragen werden in der Regel rückblickend gestellt. »Erfragt wird die Häufigkeit, Dauer und Art von Handlungen in der Vergangenheit oder auch, ob eine bestimmte Aktivität in der Vergangenheit überhaupt stattgefunden hat« (Diekmann 2007, S. 473). Um eine Vergleichbarkeit der Daten herzustellen, sollte der zurückliegende Zeitraum benannt sein, z. B.: »Wie häufig hat Ihr Kind im letzten halben Jahr über Konflikte mit anderen Kindern in der Kindergartengruppe berichtet?«

Fragen nach demografischen Merkmalen beinhalten alle Fragen nach demografischen Daten zur Person, die den Fragebogen ausfüllt. Merkmale, die in der späteren Auswertung von Interesse sind, auch im Hinblick auf inferenzstatistische Verfahren, sollten von Anfang an bedacht werden. Dazu gehören beispielsweise Alter, Geschlecht, Familienstand, Bildungsstand, Anzahl der Kinder oder ähnliches.

Für die *Formulierung von Fragen* gibt es in der Literatur ein recht einheitliches Verständnis davon, wie die inhaltliche Struktur beschaffen sein sollte (vgl. Bortz und Döring 2006, S. 255; Diekmann 2007, S. 479ff.; Schnell et al. 2011, S. 328ff.). Die Tabelle 3 veranschaulicht die Anforderungen an Wortwahl und Satzbau in Verbindung mit einem Beispiel.

Tab. 3: Anforderungen an Satzbau und Wortwahl bei der Formulierung von Fragebögen

Struktur von Fragen	Negatives Beispiel	Positives Bespiel
Einfach, kurz, konkret	Wie zufrieden sind Sie mit der Zeit, wenn Sie am Morgen Ihr Kind in den Kindergarten bringen?	Wie zufrieden sind Sie mit der Regelung der Bringzeit?
Kein »Zielgruppen-Slang«	Wie zufrieden sind Sie mit den ErzieherInnen im Umgang mit den Kiddies?	Wie zufrieden sind Sie mit den ErzieherInnen im Umgang mit Ihrem Kind?
Nicht suggestiv	Wie zufrieden sind Sie mit unserem innovativen pädagogischen Konzept in der Kindertageseinrichtung?	Wie zufrieden sind Sie mit dem pädagogischen Konzept in der Kindertageseinrichtung?

Tab. 3: Anforderungen an Satzbau und Wortwahl bei der Formulierung von Fragebögen
– Fortsetzung

Struktur von Fragen	Negatives Beispiel	Positives Bespiel
Nicht hypothetisch	Wenn im Garten der Einrichtung ein großes Gemüsebeet angelegt werden würde, wie zufrieden wären Sie mit der Ausstattung der Außenanlagen?	Im Sommer 2016 soll im Garten der Einrichtung ein großes Gemüsebeet angelegt werden. Wie finden Sie dieses Vorhaben?
Eindimensional	Wie zufrieden sind Sie mit der Sauberkeit in den Gruppenräumen und mit der Hygiene in den Sanitäreinrichtungen?	Wie zufrieden sind Sie mit der Sauberkeit in den Gruppenräumen? Wie zufrieden sind Sie mit der Hygiene in den Sanitäreinrichtungen?
Keine doppelte Verneinung	Wünschen Sie sich nicht, dass keine männlichen Fachkräfte im Kindergarten Ihres Kindes arbeiten?	Wünschen Sie sich männliche Fachkräfte im Kindergarten Ihres Kindes?
Nicht überfordern	Wie zufrieden sind Sie mit der Interaktion zwischen ErzieherIn und Kind im pädagogischen Alltag?	Wie zufrieden sind Sie mit den ErzieherInnen im Umgang mit Ihrem Kind?
Keine »Warum«-Fragen	Warum wünschen Sie sich mehr Männer in Kindertageseinrichtungen?	Was erhoffen Sie sich davon, wenn mehr Männer in Kindertageseinrichtungen arbeiten?
Verzicht auf stark wertbesetzte Begriffe, neutral formulieren	Inwieweit haben Sie das Gefühl, dass Ihr Kind gerecht behandelt wird?	Inwieweit erhält Ihr Kind die Angebote, die es benötigt?
Zeitliche Eingrenzung	Wie häufig nutzen Sie das Elterncafé?	Wie häufig nutzen Sie, seit Beginn diesen Kindergartenjahres, das Elterncafé?

4.1.4 Die Antworten

Die Antwortkategorien sind, neben den Fragestellungen, die zentralen Elemente einer Befragung, mittels denen die Ausprägungen der Merkmale sozialer Realität abgebildet und messbare Ergebnisse generiert werden. Daher ist eine sinnvolle inhaltliche und strukturelle Operationalisierung dieser Kategorien für die Genauigkeit der Messung ausschlaggebend (vgl. Kap. 3.5 »Schritt 5«).

Inhaltlich ist zunächst darauf zu achten, dass die Antwortkategorien disjunkt (keine Überschneidungen) und erschöpfend (alle Antwortmöglichkeiten enthalten) sind. Stehen zum Beispiel zur Frage nach der Altersgruppe des Kindes die Kategorien 0–3/3–6/6–10 zur Verfügung, kann ein dreijähriges Kind entweder

der ersten oder zweiten Kategorie zu geordnet werden. Zudem steht Eltern mit zwölfjährigen Kindern keine Antwort zur Verfügung.

Tabelle 4 gibt einen Überblick zu möglichen *Strukturen* von Antwortvorgaben mit einem Beispiel.

Tab. 4: Strukturen von Antwortvorgaben

Struktur der Antwort	Beispiel
Dichotom (z. B. Zustimmung) ergänzend: »Ausweichoption«	O ja O nein ergänzend: O weiß nicht
Einfachnennung ohne Rangordnung (z. B. Familienstand)	O ledig O in Partnerschaft O verheiratet O getrennt lebend O geschieden O verwitwet
Einfachnennung mit Rangordnung (z. B. Häufigkeit)	O gar nicht O selten O ab und zu O häufig O immer
Mehrfachnennung ohne Rangordnung (z. B. Informationswege) ergänzend: offene Antwortvorgabe	O Flyer O Website O Zeitung O Mund zu Mund ergänzend: O Sonstiges und zwar: _____
Ratingskala (Ausmaß, Intensität) (z. B. Zufriedenheit) ergänzend: Alternativantwort	O 1 – sehr zufrieden O 2 – zufrieden O 3 – eher zufrieden O 4 – eher unzufrieden O 5 – unzufrieden O 6 – sehr unzufrieden ergänzend: O kann ich nicht beurteilen
Maßzahl (z. B. Alter)	_____ (Alter in Jahren)

Ob die Ausprägungen bei einer Ratingskala gerader oder ungerader Anzahl sein sollen oder in welcher Spannweite sie angeboten werden, muss jeweils inhaltlich entschieden werden. Gegen eine ungerade Anzahl spricht die Tendenz zur Mitte und gegen eine gerade Anzahl, dass der Befragte gezwungen ist, sich zu entscheiden, obwohl er neutraler Meinung ist. Grundsätzlich sind methodische Gesichtspunkte konsequent auszuloten, dabei empfiehlt sich, die Gütekriterien für empirische Forschung und das Anwendungswissen der statistischen Datenauswertung im Blick zu behalten. In der Praxisforschung muss auch immer beachtet werden, dass der Fragebogen an die Lese- und Beantwortungskompetenz der Zielgruppe angepasst ist, damit er verlässliche Informationen einholen kann.

4.1.5 Das Layout

Ein übersichtliches Layout wird den Leser sicher eher dazu ermuntern die Befragung auszufüllen, als ein unliebsames Gesamtbild des Fragebogens. Nachfolgend einige Tipps für ein optisch ansprechendes Layout:

- Klare, einheitliche und gut lesbare Schrift: z. B. Arial
- Kompakte Darstellung der Fragen mit den dazugehörige Kategorien: z. B. Fragen in fettgedruckter Schrift, Rahmenlinien durch Tabellenformate anbringen, Schattierungen nutzen, Platzhalter für Antworten der offenen Fragen, ggf. Nummerierung der Fragen
- Nutzung von angenehmen Farbkombinationen, falls Farbe gewünscht
- Gewählte Nutzung von Grafiken, keine Überladung z. B. des Anschreibens (Vorsicht: Nutzungsrechte beachten!)
- Übersichtliche Seitengestaltung: nicht zu viele Fragen auf eine Seite »quetschen«, weiße Räume auf dem Papier ebenfalls wirken lassen
- Verwendung von Logos: z. B. des Trägers/der Einrichtung in der Kopfzeile
- Bei Filterfragen: unmissverständliche Filterführung

Zur technischen Umsetzung dieser Hinweise lohnt es sich, ein vertieftes Wissen über die Formatierungsfunktionen des genutzten Textverarbeitungsprogramms zu besitzen.

4.1.6 Der Pretest

Der Pretest des Fragebogens ist sozusagen die Generalprobe, bevor es auf die Bühne geht. Insbesondere können dabei unverständliche Formulierungen, fehlende Fragen oder ungünstige Erhebungssituationen entdeckt werden (vgl. Raithel 2008, S. 63ff.). Fortgeschrittene Praxisforscher können zudem statistische Analysen im Rahmen der Testtheorie und Fragebogenkonstruktion (Bühner 2010) vornehmen.

Um ein Feedback zum Inhalt der Befragung zu bekommen, könnte man wie folgt vorgehen: Einige Personen der Zielgruppe, in unserem Praxisbeispiel Eltern, werden gebeten, den Fragebogen auszufüllen und anschließend noch weitere Fragen zur Handhabbarkeit zu beantworten. Die Auswahl der Personen sollte nach unterschiedlichen demografischen Merkmalen (Alter, Geschlecht, Muttersprache, Bildungsstand, Anzahl der Kinder etc.) erfolgen, damit die Heterogenität im Umgang mit der Befragung ersichtlich wird. Die Anzahl der Pretestpersonen kann von jener der eigentlichen Umfrage abweichen, denn einer ist besser als keiner und im üblichen Fall wird die Variationsbreite der Zielgruppe in ihren prägnanten Merkmalen erfasst und in den Pretest miteinbezogen.

Die Fragen im Pretest beziehen sich auf folgende Kriterien (vgl. auch Schnell et al. 2011, S. 340):

- Verständlichkeit der Fragen und Antworten
- Ausreichende und treffende Antwortoptionen
- Klarheit der Filterführung
- Dauer der Ausfüllzeit
- Ansprechende Layoutgestaltung
- Anmerkungen, Ideen, Kritik zum Fragebogen

In dieser Form ist es notwendig, dass die Pretestteilnehmer sich darüber im Klaren sind, dass die Befragung der Überarbeitung des Bogens gilt und die Angaben oft nicht anonym erhoben werden. Zudem werden sie bei der eigentlichen Erhebung wiederholt befragt und sollen den Fragebogen erneut mit »echten« Angaben ausfüllen.

📖 Literaturempfehlungen

- Franzen, A. (2014): Ausführliche Erläuterung zur Gestaltung von Antwortkategorien.
- Porst, R. (2014): Praktische und detaillierte Einführung in die Erstellung von Fragebögen.

4.2 Zeitbudgetanalysen

Dietmar Maschke

Zeitbudgets sind »Ergebnisse planmäßigen Vorgehens mit wissenschaftlicher Zielsetzung, bei denen Personen veranlasst werden, erschöpfende und gegliederte Informationen in einer bestimmten Form über bestimmte Handlungen während eines bestimmten Zeitraums zu geben« (Blass 1990, S. 55). In der Praxis der Sozialen Arbeit sind sehr viele Situationen denkbar, in denen es spannend und gewinnbringend sein kann, danach zu fragen, wie viel Zeit in Einrichtungen mit welchen Tätigkeiten verbracht worden ist. »Zeitbudgetstudien dienen der empirischen Ermittlung des Zeitpunktes und der Zeitdauer, zu denen bestimmte Tätigkeiten ausgeführt werden. Daneben können auch noch weitere Aspekte der Zeitverwendung, wie beispielsweise gleichzeitig ausgeübte Nebentätigkeiten, soziale Kontakte zu bestimmten Zeitpunkten sowie die Orte, an denen die Zeit verbracht wird, erhoben werden« (Häder 2010, S. 373).

In diesem Beitrag werden mit Blick auf die Praxis der Sozialen Arbeit Zeitbudgets insbesondere als »eine Dokumentationsmethode zur Analyse der Verwendung von Arbeitszeit« (König 2007, S. 162) vorgestellt. Im Folgenden wird dargestellt,

- was bei der Planung und Durchführung von Zeitbudgetanalysen besonders zu berücksichtigen ist,

- welche Funktionen sie im Rahmen der Praxisforschung in der Sozialen Arbeit übernehmen können und
- wie eine methodische Umsetzung beispielhaft aussehen könnte.

Praxisbeispiele
- Das Team einer Beratungsstelle evaluiert seine eigene alltägliche Arbeit. Zur Ermittlung der Gewichtung der verschiedenen Tätigkeitsfelder und zur Identifizierung von Arbeitsschwerpunkten der einzelnen Mitarbeitenden wird eine Zeitbudgetanalyse durchgeführt.
- Die Evang.-Luth. Kirche in Bayern hat eine schriftliche Befragung der Ehrenamtlichen in Kirchengemeinden und kirchlichen Einrichtungen durchgeführt. Ein zentraler Aspekt der Studie waren die Tätigkeitsbereiche der Ehrenamtlichen. Hierzu wurden der Zeitaufwand, die Dauer und der Turnus des Engagements in den einzelnen Bereichen erfragt.

4.2.1 Methodische Grundlagen

Im Zeitbudget können vier wesentliche Aspekte von Relevanz sein (vgl. Blass 1990, S. 56f.) und – je nach zugrundeliegender Fragestellung – Gegenstand der Erfassung werden:

- die Person (Wer?)
- die Handlung der Person (Was?)
- die Situationen, in denen die Handlungen stattfinden (Wo? Wie? Wobei? Mit wem?)
- die Zeit (Wann? Wie lange?)

Strategien der Zeitbudgetforschung (vgl. Blass 1980, S. 165) können anhand von vier Dimensionen unterschieden werden:

- *Methode:* Dazu gehören Interviews, schriftliche Befragungen (Questionnaire), Beobachtung, Dokumentenanalyse und Protokollierung.
- *Durchführung:* Die Protokollierung kann durch den Forscher selbst, durch Beauftragte bzw. Beobachter und durch die Respondenten (»Personen, deren Merkmalen das Interesse des Forschers gilt«, Blass 1980, S. 15) selbst erfolgen.
- *Standardisierung des Instruments:* Der Erfassungsbogen kann unstandardisiert (keine Vorgaben, offene Dokumentation), teilstandardisiert (die vorgegebene Struktur ermöglicht offene Angaben), vollstandardisiert (die Erfassungstabelle lässt keinen Spielraum) sein.
- *Zeitpunkt:* Die Messung kann kontinuierlich im Lauf des Tages oder retrospektiv am Abend oder am nächsten Tag erfolgen.

Eine Beschreibung der einzelnen Methoden würde zu weit führen. An dieser Stelle beschränken wir uns auf einige methodische Erläuterungen.

Zeitbudgetprotokolle sind am gängigsten – auch in der amtlichen Statistik. Sie sind auch bekannt als »Tagebuch-Methode« (vgl. Häder 2010, S. 374; Blass

1980, S. 125f.). Für die Erfassung wird ein tabellarischer Protokollbogen verwendet. Die Befragten nehmen die Eintragungen selbst vor. Der Erhebungszeitraum wird genau festgelegt (z. B. drei Arbeitstage, eine Woche oder ein ganzer Monat). Erfasst werden alle Tätigkeiten ab einer bestimmten Dauer (z. B. fünf oder 15 Minuten). Je nach Fragestellung und Zielrichtung sind drei verschiedene Gliederungen für den tabellarischen Bogen denkbar:

- Gliederung nach den Tätigkeiten: Hierfür wird eine Liste vorgegeben, die möglichst vollständig operationalisiert, aber nicht zu lang sein sollte. Für jeden Tag steht eine Spalte zur Verfügung, in die die aufgewendete Zeit als Summe eingetragen wird. Für die Analyse von Arbeitszeit ist das meist ausreichend.
- Gliederung nach der Uhrzeit: Der Tag wird in geeignete Zeitintervalle unterteilt. Das können ganze Stunden sein; bei Arbeitszeiterhebungen haben sich Viertelstunden (15 Minuten) bewährt. Zu jedem Zeitintervall können die Tätigkeiten offen als Text und die dazugehörige Dauer eingetragen werden. Alternativ kann jeweils auch die Anfangs- und Endzeit erfasst werden. Ein solches teilstandardisiertes Verfahren ermöglicht die Abbildung von Zeitverläufen, Strukturen und auch parallelen, nebenbei durchgeführten Tätigkeiten. Allerdings sei hier bereits auf den hohen Auswertungsaufwand hingewiesen, da die offenen Eintragungen inhaltsanalytisch bearbeitet und kategorisiert werden müssen.
- Wo Zeitabläufe mit etwas geringerem Aufwand für die Auswertung abgebildet werden sollen, empfiehlt sich ein vollstandardisiertes Protokoll, das mittels einer Matrix aus Tätigkeit und Zeitintervall erhoben wird.

Neben der Tätigkeit und ihrer Dauer können grundsätzlich auch noch weitere Aspekte in zusätzlichen Spalten erfasst werden, z. B. der Ort, eine Einschätzung der Situation oder der eigenen Stimmung, sowie ob man allein oder in Begleitung anderer Personen ist.

Das Verfahren ist relativ einfach anwendbar, sofern die Befragten lesen und schreiben können. Allerdings stellt es hohe Anforderungen in Bezug auf die Motivation und die Disziplin der Befragten. Um sie nicht zu stark zu beanspruchen, sollte die Protokollierung auf den notwendigen, möglichst kurzen Zeitraum beschränkt werden.

Der Zeitpunkt der Protokollierung wirkt sich auf die Belastung der Befragten aus: Kontinuierliche Erfassung im Tageslauf liefert einerseits zwar exaktere Daten, detailliertere Ergebnisse und es bleiben weniger Lücken. Andererseits bindet sie auch viel Energie und Konzentration. Eine Erfassung am Abend ist weniger belastend, geht aber mit entsprechenden Unschärfen einher.

Dem Zeitprotokoll sollte ein Begleitschreiben beiliegen, das die Ziele der Studie erläutert und eine verständliche Ausfüllanleitung enthält. Außerdem sollte der kritische Aspekt des Datenschutzes und die Gewährleistung von Anonymität thematisiert werden. Häufig werden auf einem Zusatzbogen ergänzende Fragen zur Person (Demografie) gestellt.

Drei problematische Aspekte sollen abschließend noch genannt werden:

- Durch die Selbsteintragung besteht weitgehend keine Kontrolle der Angaben. Eine Plausibilitätsprüfung ist insofern empfehlenswert.
- Durch die Zeiterfassung und die damit verbundene Reflexion der eigenen Handlungen kann es zu Veränderungs- und Verzerrungseffekten bei den Tätigkeiten und deren Verlauf kommen, z. B. Halo-Effekt (vgl. Bortz und Döring 2006, S. 183).
- Verzerrungen aufgrund sozialer Erwünschtheit können bei den Protokollen zwar auftreten, wenn die Befragten befürchten, dass sich Leerlaufzeiten negativ auswirken. Sie fallen aber geringer aus als in einer Interviewsituation (siehe nachstehend), da die Befragten die Eintragung selbst vornehmen und nicht persönlich einem Interviewer berichten.

Interviews zur Zeitverwendung sind mit einem enormen Aufwand verbunden, liefern aber – vor allem, weil sie erst am nächsten Tag oder später rückblickend geführt werden – häufig nur ungenaue Angaben oder spiegeln die Erinnerung an einen durchschnittlichen Tag wider. Hinzu kommen mögliche Verzerrungen, da die Befragten einem Interviewer gegenüber zu sozial erwünschten Antworten neigen.

Für die Analyse und Auswertung der Zeitbudgetdaten können die ab Kapitel 5 dargestellten statistischen Methoden verwendet werden, insbesondere die quantitativen. Die Auswahl hängt von der zu bearbeitenden Fragestellung und den vorhandenen Daten ab. Sehr weit kommt man im Bereich der Sozialen Arbeit mit deskriptiver Statistik, wie den gängigen Lage- und Streuungsmaßen (z. B. Mittelwerte, Modalwerte und Standardabweichungen, vgl. Kap. 5.2). Dafür reicht meist eine leistungsfähige Tabellenkalkulation wie MS Excel. Für weitergehende Berechnungen (z. B. Korrelationen, vgl. Kap. 5.5) empfiehlt sich die Auswertung beispielsweise mit SPSS.

Eine qualitative Auswertung erfolgt bei teilstandardisierten Protokollen: Die offenen Angaben und Tätigkeitsbeschreibungen werden inhaltsanalytisch bearbeitet und kategorisiert (vgl. Kap. 6.3).

4.2.2 Funktionen und Nutzen

Zeitbudgetstudien können vier Zielsetzungen verfolgen (vgl. Haugg 1990, S. 76ff.):

- Die Erfassung des zeitlichen Umfangs ausgewählter Aktivitäten bzw. Aktivitätsgruppen
- Die Beschreibung menschlichen Verhaltens. Es geht dabei nicht um das individuelle Verhalten, sondern das durchschnittliche Verhalten der Zielgruppe.
- Beschreibung des sozialen Wandels. Zeitreihenanalysen ermöglichen einen Vergleich zwischen Strukturen und Anteilen in Zeitbudgets.
- Überprüfung von (wissenschaftlichen) Hypothesen

Innerhalb eines Praxisforschungsprojekts können Zeitbudgetanalysen somit insgesamt betrachtet einen wichtigen Beitrag in viererlei Hinsicht leisten, nämlich

- zur Aufklärung über das Angebotsportfolio und die Arbeitsschwerpunkte einer Einrichtung,
- zur Legitimierung des betriebenen Aufwands und zum Nachweis der vielfältigen Aufgaben,
- zur (Selbst-)Kontrolle der eigenen Arbeit im Hinblick auf die sinnvolle Nutzung knapper zeitlicher Ressourcen,
- zur Innovation bei der Arbeitszeitplanung und beim Projektmanagement.

4.2.3 Methodisches Vorgehen

Abschließend soll anhand der beiden bereits eingeführten Beispiele veranschaulicht werden, wie eine methodische Umsetzung aussehen könnte.

Praxisbeispiel 1: Zeitbudgetanalyse bei einer Beratungsstelle
Über einen Zeitraum von drei Monaten haben die BeraterInnen und die MitarbeiterInnen im Sekretariat anhand eines vollstandardisierten Zeiterfassungsbogens die Verwendung ihrer Arbeitszeit dokumentiert. Bei der Entwicklung des Zeiterfassungsbogens wurden die zu erfassenden Tätigkeiten zusammen mit den MitarbeiterInnen operationalisiert, um eine möglichst vollständige und praktikable Liste als Grundlage für die Erfassung zu haben. Die einzelnen Aufgaben wurden nach fünf Bereichen (Beratung, Durchführung von Seminaren, Teilnahme an Konferenzen, Organisation und Sonstiges) gegliedert. Innerhalb der Aufgaben wurde differenziert nach Telefon, E-Mail, Vor-/Nachbereitung, Durchführung und Fahrzeit (s. Abb. 5). Dies mag zwar zunächst komplex erscheinen, war den MitarbeiterInnen aber angesichts des ohnehin nötigen Aufwands sehr wichtig, damit es sich auch lohnt und ein exaktes Ergebnis erzielt werden kann. Normalerweise hätten wir keine oder nur zwei Differenzierungen innerhalb der Aufgaben empfohlen. Hier wird aber deutlich, wie leistungsfähig die Methode sein kann, wenn die Respondenten motiviert und diszipliniert sind. Der Zeitaufwand für die Evaluation wurde ebenfalls mit erfasst, um ihn später entsprechend berücksichtigen zu können.

Die Eintragung erfolgte in Minuten pro Arbeitstag, wobei die Angaben jeweils auf fünf Minuten gerundet wurden. Als gängigste Erfassungseinheit erwiesen sich dabei Viertelstunden (15 Minuten). Bei der Erfassung ging es lediglich um die Dauer am einzelnen Tag, nicht jedoch um die Uhrzeit und die Verteilung im Tagesverlauf.

Um den MitarbeiterInnen eine möglichst einfache Bearbeitung zu ermöglichen, wurde der Fragebogen in zwei Varianten zur Verfügung gestellt: Zum direkten Ausfüllen am Computer in MS Excel und in gedruckter Form. Das Vorgehen beim Ausfüllen wurde gemeinsam mit den MitarbeiterInnen besprochen und ihnen freigestellt, ob sie die Zeiten im Tagesverlauf kontinuierlich erfassen (und schon vorgenommene Eintragungen ggf. aktualisieren) oder die Erfassung am Ende des Tages rückblickend vornehmen wollen. Entscheidend war dabei die Praktikabilität

Zeitbudgetanalyse Beratungsstelle			Mitarbeiter/in: (Zeit in Min. eintragen)				Monat: Oktober		
			Mo	Di	Mi	Do	Fr	Sa	So
			1.10.	2.10.	3.10.	4.10.	5.10.	6.10.	7.10.
Beratung	Beratung Zielgruppe 1	Telefon							
		E-Mail							
		Vor-/Nachbereitung							
		Durchführung							
		Fahrzeit							
	Beratung Zielgruppe 2	Telefon							
		E-Mail							
		Vor-/Nachbereitung							
		Durchführung							
		Fahrzeit							
Seminare	Themenfeld 1	Telefon							
		E-Mail							
		Vor-/Nachbereitung							
		Durchführung							
		Fahrzeit							
	Themenfeld 2	Telefon							
		E-Mail							
		Vor-/Nachbereitung							
		Durchführung							
		Fahrzeit							
Organisation	Verwaltung/ Haushalt	Telefon							
		E-Mail							
		Vor-/Nachbereitung							
		Durchführung							
		Fahrzeit							
	Internet und Intranet								
	Büroorganisation								
	Allg. E-Mails bearbeiten								
	Telefonate allg. und organisatorisch								
	Dienst-besprechung	Vor-/Nachbereitung							
		Durchführung							
	Öffentlichkeits-arbeit	Telefon							
		E-Mail							
		Vor-/Nachbereitung							
		Durchführung							
		Fahrzeit							
	Evaluation	Zeitbudget: Ausfüllen							
		Vor-/Nachbereitung							
		Sitzungen							

Abb. 5: Zeitbudgetanalyse

für die MitarbeiterInnen – es sollte möglichst wenig zusätzliche Belastung entstehen.

Die Daten wurden mit der Tabellenkalkulation MS Excel erfasst und ausgewertet. Dabei lag der Fokus einerseits auf der prozentualen Verteilung der einzelnen Tätigkeiten innerhalb einer Woche, eines Monats und eines Quartals. Andererseits war die Verteilung der Tätigkeitsbereiche zwischen den einzelnen MitarbeiterInnen und den verschiedenen Gruppen (theologische, pädagogische und Verwaltungs-MitarbeiterInnen) von besonderem Interesse. Die Darstellung erfolgte anschaulich anhand von Kuchen-Grafiken und Tabellen. Ein besonders wichtiger Aspekt in der Vorbereitung war die Klärung des Auswertungsverfahrens: Die Daten wurden von einem externen Institut ausgewertet, das die Vertraulichkeit zwischen den MitarbeiterInnen und den Datenschutz gegenüber den Leitungen gewährleistet. Dies ermöglichte allen Beteiligten die offene und ehrliche Eintragung der Zeiten, ohne Fremdkontrolle und Rechtfertigungsdruck fürchten zu müssen.

Wenn bei der Untersuchung die Verteilung der Aufgaben im Tagesverlauf im Fokus gewesen wäre, hätte das vollstandardisierte Zeitbudgetprotokoll beispielsweise so aussehen können wie in Abbildung 6 dargestellt.

Praxisbeispiel 2: Tätigkeitsbereiche von Ehrenamtlichen
Der Fragebogen zur Ehrenamtlichkeit enthielt eine große Matrix, in der zahlreiche Tätigkeitsbereiche gelistet waren, die in Kirchengemeinden und in kirchlichen Einrichtungen vorkommen. Die Befragten wurden gebeten, alle Bereiche anzukreuzen, in denen sie derzeit ehrenamtlich mitarbeiten, und dazu jeweils anzugeben, seit wie vielen Jahren sie in diesem Bereich mitarbeiten, wie viel Zeit (in Stunden) sie ungefähr pro Monat dafür aufwenden und in welchem Turnus sie tätig sind. Falls der eigene Tätigkeitsbereich nicht aufgeführt war, konnte er am Ende der Liste ergänzt werden. Abbildung 7 zeigt exemplarisch einen kleinen Ausschnitt daraus.

Datum: Mitarbeiter/in:

Zeitbudgetanalyse Beratungsstelle	8				9				10				11				12				13				14				15				16			
	00	15	30	45	00	15	30	45	00	15	30	45	00	15	30	45	00	15	30	45	00	15	30	45	00	15	30	45	00	15	30	45	00	15	30	45
Beratung Zielgruppe 1																																
Beratung Zielgruppe 2																																
Seminar Themenfeld 1																																
Seminar Themenfeld 2																																
Verwaltung/Haushalt																																
Internet und Intranet																																
Büroorganisation																																
Allg. E-Mails bearbeiten																																
Tel. allg. u. organisat.																																
Dienstbesprechung																																
Öffentlichkeitsarbeit																																
Evaluation																																
Sonstiges 1																																
Sonstiges 2																																
Sonstiges 3																																

Abb. 6 Zeitbudgetprotokoll

Bereich	Tätigkeit	Dauer	Aufwand	Turnus					
	Bitte kreuzen Sie die Bereiche an, in denen Sie ehrenamtlich mitarbeiten.	Seit wie vielen Jahren sind Sie in diesem Bereich tätig?	Wie viel Zeit wenden Sie dafür auf? (Stunden pro Monat)	1 = mehrmals pro Woche	2 = 1x pro Woche	3 = 1–2x pro Monat	4 = einige Male pro Jahr	5 = 1x pro Jahr	6 = projektbezogen
Kirchenvorstand/Gemeindeausschüsse	☐			☐	☐	☐	☐	☐	☐
Verwaltung (z.B. Kirchenpfleger)	☐			☐	☐	☐	☐	☐	☐
Prädikant/in, Lektor/in	☐			☐	☐	☐	☐	☐	☐
Kindergottesdienst	☐			☐	☐	☐	☐	☐	☐
Gottesdienst-Team (z.B. Familiengottesd.)	☐			☐	☐	☐	☐	☐	☐
Kirchen- bzw. Gospelchor	☐			☐	☐	☐	☐	☐	☐
Instrumentalmusik (z.B. Posaune)	☐			☐	☐	☐	☐	☐	☐
Kinder- und Jugendarbeit	☐			☐	☐	☐	☐	☐	☐
Konfirmandenarbeit	☐			☐	☐	☐	☐	☐	☐
Frauenarbeit	☐			☐	☐	☐	☐	☐	☐
Männerarbeit	☐			☐	☐	☐	☐	☐	☐
Erwachsenenarbeit	☐			☐	☐	☐	☐	☐	☐
Seniorenarbeit	☐			☐	☐	☐	☐	☐	☐
Eltern-Kind-Arbeit	☐			☐	☐	☐	☐	☐	☐

Abb. 7: Tätigkeitsprotokoll (Quelle: Studie »Ehrenamtlichkeit in der Evang.-Luth. Kirche in Bayern«, Amt für Gemeindedienst in der ELKB, 2014)

Die Daten von insgesamt 10.600 befragten Ehrenamtlichen wurden zunächst für die gesamte ELKB ausgewertet, anschließend auch für einzelne Kirchenkreise, Dekanate und Kirchengemeinden. Außerdem waren anhand der demografischen Angaben auch differenzierte Auswertungen (z.B. nach Geschlecht, Alter und Bildungsstand) möglich. Der Fokus lag auf der Gewichtung der einzelnen Tätigkeitsbereiche nach Anzahl der Mitarbeitenden (prozentueller Anteil an den Befragten und Hochrechnung), nach Dauer der Mitarbeit (Mittelwert der Jahre) und nach dem Umfang der für die Mitarbeit aufgewendeten Zeit (Summe der Stunden pro Monat und der Mittelwert zur Betrachtung des durchschnittlich pro Person geleisteten Aufwands).

Bei der Entwicklung des Instruments ergaben sich lange Diskussionen einerseits hinsichtlich der Tätigkeitsliste. Sie sollte die meisten wichtigen Bereiche enthalten, damit die ehrenamtlichen Tätigkeiten weitgehend vollständig abgebildet werden können und möglichst wenig offene Ergänzungen vorgenommen werden müssen. Gleichzeitig sollte die Liste noch übersichtlich und bearbeitbar bleiben. Andererseits wurde die geeignete Messeinheit für den Aufwand in Stunden diskutiert: Eine Abfrage »pro Woche« wäre zu kleinteilig gewesen. Eine Abfrage »pro Jahr« wäre zu unscharf und für die Befragten mit viel Aufwand für Schätzung und Hochrechnung verbunden gewesen. Ein Monat erschien der Projektgruppe am geeignetsten, da er für Ehrenamtliche gut greifbar und zu überblicken ist und immer noch differenziert genug, um zeitliche Schwankungen (z. B. bei projektorientiertem Engagement) erfassen zu können.

Da die Matrix bereits sehr komplex war, wurde auf weitere interessante Aspekte zu den Tätigkeiten (z. B. skalierte Bewertung der Zufriedenheit mit der Tätigkeit) verzichtet.

4.3   Sekundärdatenanalyse

Sebastian Ottmann

In einem empirischen Forschungsprozess ist es nicht immer möglich und manchmal auch nicht sinnvoll, eigene Daten zu erheben. Gründe hierfür können zum Beispiel in der Praxisforschung begrenzte finanzielle oder zeitliche Ressourcen sein. In solchen Fällen kann auf Daten zurückgegriffen werden, die im Rahmen von anderen Forschungsprojekten oder groß angelegten Paneluntersuchungen erhoben wurden bzw. von Behörden und Ämtern zur Verfügung gestellt werden. Hat der Forschungsprozess solche Daten zur Grundlage, so spricht man von einer Sekundärdatenanalyse im Sinne eines »Forschungsdesigns, bei dem für sozialwissenschaftliche Forschungen bereits vorliegende Datenbestände genutzt werden. Während im Idealfall die Gewinnung von Daten durch die verfolgten Fragestellungen oder die zu prüfenden Hypothesen gesteuert wird, wird bei Sekundäranalysen ein Datenbestand genutzt, der sich für die zu untersuchenden Themen am besten eignet« (Weischer 2015, S. 361).

In diesem Beitrag werden zum einen Datenquellen für Sekundäranalysen vorgestellt; zum anderen auf Besonderheit eingegangen, die sich im Forschungsprozess und speziell bei der Auswertung im Rahmen der Verwendung von Sekundärdaten ergeben. Am Ende des Beitrages wird noch kurz die Metaanalyse vorgestellt, die sich eignet, um verschiedene bereits vorliegende Forschungsergebnisse zu einer Forschungsfrage gemeinsam auszuwerten.

Die Ausführungen in diesem Beitrag beziehen sich auf quantitative Sekundärdaten, da diese den Schwerpunkt im Bereich der Sekundärdatenanalyse bilden. Allerdings gibt es auch im Bereich der qualitativen Sozialforschung eine Entwicklung, qualitative Daten für Sekundäranalysen aufzubereiten. Einen Überblick über die Sekundärdatenanalyse mit qualitativen Daten gibt Medjedovic (2014) im Handbuch Methoden der empirischen Sozialforschung.

Die Nutzung von Sekundärdaten hat den Vorteil, dass eine oft aufwendige Datenerhebung nicht nötig ist und damit eine Einsparung von zeitlichen und finanziellen Ressourcen erfolgt. Zudem können bevölkerungsrepräsentative Daten für Deutschland im Rahmen eigener Praxisforschungsprojekte nicht oder nur sehr aufwendig erhoben werden. Einen Nachteil der Sekundäranalyse kann die Tatsache darstellen, dass keine geeigneten Daten für die eigene Fragestellung vorliegen.

Einige Forscher vertreten auch die Auffassung, dass nur dann eine Erhebung eigener Daten stattfinden soll, wenn keine geeigneten Sekundärdaten vorliegen. Dies wird u. a. damit begründet, dass dadurch eine übermäßige Beanspruchung von Umfrageteilnehmern und der Bevölkerung verhindert wird (vgl. Häder 2015, S. 127).

Praxisbeispiel
In der Praxis kann zum Beispiel folgender Sachverhalt mithilfe einer Sekundärdatenanalyse untersucht werden: Im Rahmen eines Forschungsprojektes soll herausgefunden werden, welche Chancen die berufliche Eingliederung für Jugendliche im Rahmen der arbeitsweltbezogenen Jugendsozialarbeit hat. Die zentrale Fragestellung ist, ob Jugendliche, die an Angeboten der arbeitsweltbezogenen Jugendsozialarbeit teilnehmen, eine bessere Chance auf einen Ausbildungsplatz haben oder nicht. Da aus zeitlichen Gründen keine umfangreiche Datenerhebung durchgeführt werden kann, soll auf bereits vorliegende Daten zurückgegriffen werden.

4.3.1 Vorgehen bei einer Sekundärdatenanalyse

Das Vorgehen bei einer Sekundärdatenanalyse kann in vier Schritten erfolgen:

1. In einem ersten Schritt müssen geeignete Sekundärdaten zu der formulierten Forschungsfrage recherchiert und (hoffentlich) gefunden werden.
2. In einem nächsten Schritt steht das Sichten und Explorieren der Daten im Vordergrund. Hier ist es wichtig, ein »Gefühl« für die Daten zu bekommen und abzuschätzen, ob die gefundenen Sekundärdaten auch wirklich den Sachverhalt messen, der mit der gestellten Forschungsfrage im eigenen Projekt untersucht werden soll.
3. In manchen Fällen ist es auch notwendig, mehrere Datensätze zusammenzufügen, wenn die Variablen, die zur Beantwortung der Forschungsfrage benötigt werden, nicht in einem Datensatz vorhanden sind.
4. In einem letzten Schritt werden die Daten ausgewertet.

In den nachfolgenden Abschnitten wird näher darauf eingegangen, welche Punkte bei den einzelnen Schritten bedacht werden sollen.

Schritt 1: Sekundärdaten finden

Bevor die eigentliche Analyse der Daten durchgeführt werden kann, müssen in einem ersten Schritt geeignete Daten gefunden werden. Wichtig bei der Suche nach Sekundärdaten ist, dass man eine genaue Forschungsfrage definiert hat und damit auch entscheiden kann, ob vorliegende Daten geeignet sind, diese Frage zu beantworten.

Hierbei können sowohl Daten herangezogen werden, die in der Organisation schon vorliegen, als auch Daten, die von externen Organisationen zur Verfügung gestellt werden. Beispiele für interne Daten sind Informationen aus Abrechnungsprogrammen oder Rohdaten aus vorherigen Forschungsprojekten. Datensätze, die von externen Organisationen zur Verfügung gestellt werden, können nach folgenden Merkmalen unterschieden werden:

- *Betrachtungsebene:* Hier wird zwischen Individualdaten und Aggregatdaten unterschieden. Eine Datenmatrix mit *Individualdaten* erhält für jede Person, die befragt wurde, einen eigenen Datensatz. *Aggregatdaten* sind auf eine bestimmte höhere Ebene aggregiert, zum Beispiel für eine Stadt oder einen Stadtteil. Man hat dann nicht für jede befragte Person einen Datensatz, sondern nur noch für die definierte Ebene, für die die aggregierten Daten vorliegen. In Aggregatdaten werden für diese Einheiten oft Mittelwerte oder Anteilswerte ausgewiesen. Für das eingangs dargestellte Beispiel wären Daten über den Anteil der arbeitslosen Jugendlichen in den Bundesländern Aggregatdaten, die in die Analyse einfließen können.

  Eine besondere Art von Daten sind *prozessproduzierte Daten.* Diese entstehen häufig in einem Verwaltungsprozess, werden also nicht primär für eine Statistik erhoben. Im Rahmen des Praxisbeispiels könnten dies beispielsweise Daten über arbeitslose Jugendliche sein, die im Rahmen der Dokumentation der Arbeitsvermittlung erhoben wurden. Diese Daten können sowohl als Individual- wie auch als Aggregatdaten veröffentlicht werden.

- *Nutzungsbeschränkung:* Die Nutzung von Sekundärdaten ist in den meisten Fällen auf einen bestimmten Personenkreis beschränkt. In der Praxis werden Sekundärdaten vor allem als *Scientific Use File* oder *Public Use File* veröffentlicht. Daten, die als Scientific Use File veröffentlicht werden, dürfen nur im Rahmen von wissenschaftlichen Forschungsarbeiten eingesetzt werden, z.B. im Rahmen einer Abschlussarbeit oder eines Forschungsprojekts. Eine Verwendung im Rahmen von Projekten, die keinen wissenschaftlichen Hintergrund haben, ist nicht möglich. In den meisten Fällen muss man sich bei der Nutzung solcher Daten registrieren und darlegen, für welches wissenschaftliche Projekt man diese benötigt. Demgegenüber sind Public Use Files für alle Interessierten zugänglich und dürfen von allen verwendet werden.

Nach Sekundärdaten für das eigene Forschungsprojekt kann man z.B. im Datenarchiv der GESIS recherchieren. Der Datenbestandskatalog ist unter www.¬gesis.org/dbk erreichbar. Die GESIS ist das Leibniz-Institut für Sozialwissenschaften und die größte Infrastruktureinrichtung für diesen Wissenschaftsbereich in Deutschland. In diesem Datenarchiv ist eine Vielzahl von bestehenden Datensätzen verzeichnet, die nach bestimmten Schlagwörtern durchsucht werden können. Weiterhin wird auch aufgeführt, wer diese Daten nutzen darf und wie man Zugang zu diesen erhält.

Weiterhin gibt es in Deutschland große sozialwissenschaftliche Bevölkerungsumfragen, deren Daten für wissenschaftliche Zwecke genutzt werden können. Eine weitere Quelle für Sekundärdaten sind öffentliche Organisationen wie die Rentenversicherung oder die Bundesagentur für Arbeit, die eigene Daten und Datensätze zur Verfügung stellen. Nachfolgend soll auf die wichtigsten kurz eingegangen werden, die hauptsächlich im Rahmen von wissenschaftlichen Forschungsprojekten im Bereich der Sozialen Arbeit genutzt werden können:

- *Mikrozensus:* Der Mikrozensus ist eine Haushaltsbefragung der amtlichen Statistik, bei der 1 % aller Haushalte befragt wird. Der Mikrozensus wird als Scientific Use File, der 70 % der Fälle der Original-Stichprobe enthält, zur Verfügung gestellt. Themen der Befragung sind neben Strukturdaten zur Bevölkerung auch »Fragen zum Familien- und Haushaltszusammenhang sowie zur Erwerbstätigkeit, zum Einkommen und zur schulischen und beruflichen Ausbildung«. An dieser Stelle sei darauf hingewiesen, dass es eine Reihe von Vor- und Nachteilen von amtlichen Daten, zu denen der Mikrozensus zählt, im Vergleich gegenüber Umfragedaten gibt. Diese können im Beitrag von Hartmann und Lengerer (2014, S. 909ff.) nachgelesen werden und sollten bei der Analyse und Interpretation des Mikrozensus mitgedacht werden (mehr Informationen unter http://www.forschungsdatenzentrum.de/bestand/mikrozen¬sus/, Zugriff am 01.12.2015).
- *Sozio-ökonomisches Panel (SOEP):* Das Sozio-ökonomische Panel ist eine sozialwissenschaftliche Bevölkerungsumfrage, die vom Deutschen Institut für Wirtschaftsforschung (DIW) jährlich durchgeführt wird. Die repräsentative Befragung erhebt Daten »über Einkommen, Erwerbstätigkeit, Bildung oder Gesundheit«. Mit den Daten des SOEP können auch Längsschnittauswertungen durchgeführt werden, da jedes Jahr die gleichen Personen befragt werden (mehr Informationen unter http://www.diw.de/de/soep, Zugriff am 01.12. 2015).
- *Allgemeine Bevölkerungsumfrage der Sozialwissenschaften (ALLBUS):* Der ALLBUS ist die allgemeine Bevölkerungsumfrage der Sozialwissenschaften, die von der GESIS durchgeführt wird. Die repräsentative Befragung wird alle zwei Jahre mit bestimmten Themenschwerpunkten durchgeführt. Neben diesem Themenschwerpunkt werden auch Fragen gestellt, die bei jeder Erhebung konstant wie zuvor bleiben (mehr Informationen unter http://www.gesis.org¬/allbus/allbus-home/, Zugriff am 01.12.2015).
- *Nationales Bildungspanel (NEPS):* Das Nationale Bildungspanel untersucht Bildungsprozesse, Bildungsentscheidungen, Bildungsrenditen und Kompetenzentwicklung in Deutschland. Das besondere hierbei ist, dass von Kleinkindern bis zum Erwachsenen alle Altersgruppen berücksichtigt werden. Gerade für Forschungsprojekte im Bildungsbereich bietet dieses Panel eine Vielzahl an Daten, die genutzt werden können (mehr Informationen unter https://www.¬neps-data.de/, Zugriff am 01.12.2015).
- *Beziehungs- und Familienpanel (pairfam):* Das Beziehungs- und Familienpanel pairfam erforscht »partnerschaftliche und familiäre Lebensformen in Deutschland«. Jährlich werden von über 12.000 zufällig ausgewählten Personen der Geburtsjahrgänge 1971–1973, 1981–1983 und 1991–1993 Daten erhoben. Weiterhin werden auch deren Partner, Eltern und Kinder befragt (mehr Informationen unter http://www.pairfam.de/, Zugriff am 01.12.2015).
- *Forschungsdaten des Deutschen Zentrums für Altersfragen:* Das Deutsche Zentrum für Altersfragen führt in regelmäßigen Abständen den Freiwilligensurvey und den Alterssurvey durch. Im Freiwilligensurvey wird eine repräsentative Stichprobe mit Personen ab 14 Jahren zum Thema freiwilliges Engagement befragt. Der Alterssurvey ist als Langzeitstudie angelegt und nimmt den

Wandel der Lebenssituationen und Alternsverläufe in den Blick. Befragt werden Menschen, die sich in der zweiten Lebenshälfte befinden (mehr Informationen unter http://www.dza.de/fdz/, Zugriff am 01.12.2015).

Neben diesen hier dargestellten großen Befragungspanels stehen für Sekundäranalysen noch weitere Daten aus Forschungsdatenzentren zu Verfügung. So veröffentlicht z. B. auch die Deutsche Rentenversicherung Daten, die im Rahmen von Forschungsprojekten genutzt werden können. Eine Übersicht über alle akkreditierten Forschungsdatenzentren findet man auf der Homepage des Rats für Sozial- und WirtschaftsDaten (RatSWD) unter www.ratswd.de/forschungsdaten¬/fdz/ (Zugriff am 01.12.2015).

Weiterhin stehen Datenangebote der Statistischen Ämter der Länder und des Bundes sowie die Statistikabteilungen von Behörden wie der Bundesagentur für Arbeit zur Verfügung. Zu beachten ist hier allerdings, dass es sich meistens um sogenannte aggregierte Datensätze handelt, was bei der Interpretation der gefunden Ergebnisse berücksichtigt werden muss (nähere Ausführungen hierzu im Abschnitt »Daten auswerten«). Das Datenangebot der Statistischen Ämter der Länder und des Bundes ist unter www.forschungsdatenzentrum.de (Zugriff am 01.12.2015) einsehbar. Die Statistiken der Bundesagentur für Arbeit, die sich hauptsächlich mit den Themen Beschäftigung und Arbeitslosigkeit befassen, sind unter http://statistik.arbeitsagentur.de (Zugriff am 01.12.2015) abrufbar. Neben diesen nationalen Statistiken können auch statistische Daten von internationalen Behörden wie der Europäischen Union (http://ec.europa.eu/eurostat/de¬/home, Zugriff am 01.12.2015), der OECD (http://stats.oecd.org/, Zugriff am 01.12.2015), der Weltbank (http://data.worldbank.org/, Zugriff am 01.12.2015) oder der UNO (http://unstats.un.org/unsd/default.htm, Zugriff am 01.12.2015) für Analysen herangezogen werden.

Sekundärdaten werden meistens in verschiedenen Dateiformaten zur Verfügung gestellt. Das am häufigsten anzutreffende Format ist sicherlich das Excel-Format sowie SPSS-Datendateien. Gerade letztere haben den Vorteil, dass hier die entsprechenden Variablen- und Wertelabel bereits hinterlegt sind und nicht mehr selbst vergeben werden müssen.

Im dargestellten Beispiel könnte etwa das Datenarchiv der GESIS auf Forschungsprojekte im Bereich der arbeitsweltbezogenen Jugendsozialarbeit hin durchsucht werden, für die auch Sekundärdaten vorliegen. Neben dieser Suche könnte man überlegen, ob im Rahmen der eigenen Auswertung auch Daten aus allgemeinen Bevölkerungsumfragen, die das Thema »Einstellung zu Beruf und Arbeit« mit abdecken, verwendet werden könnten. Bei diesen Datensätzen wäre dann eine spezielle Auswertung für die Zielgruppe der arbeitsweltbezogenen Jugendsozialarbeit möglich.

Schritt 2: Daten kennenlernen

Wurden geeignete Daten gefunden, muss man diese in einem zweiten Schritt zunächst näher kennenlernen. Dies ist im Rahmen einer Sekundärdatenanalyse sehr wichtig, um herauszufinden, ob die gefundenen Daten wirklich für die eigene Fragestellung genutzt werden können.

Auf den Internetseiten des jeweiligen Datenangebotes wird auch der dazugehörige Fragebogen, mit dessen Hilfe die Daten erhoben wurden, bereitgestellt. Aus diesem können die genauen Fragestellungen und Antwortmöglichkeiten entnommen werden. Weiterhin wird für die meisten Datensätze ein sogenanntes Codebook bereitgestellt. Aus diesem kann zusätzlich ersehen werden, wie die Variablen im vorliegenden Datensatz »vercodet« wurden (siehe zum Thema Datenmatrix und Codierung auch die Ausführungen in Kapitel 5). Weiterhin sollte man sich auch das methodische Vorgehen im Rahmen der Erhebung genauer anschauen. Für die meisten Sekundärdatensätze werden entsprechende Informationen mit veröffentlicht.

Neben dem Kennenlernen der Fragestellungen des vorliegenden Datensatzes können auch schon erste deskriptive Auswertungen von interessanten demografischen Merkmalen hilfreich sein. Bezieht man z. B. seine Forschungsfrage auf eine bestimmte Teilpopulation (beispielsweise nur männliche Erwachsene zwischen 18 und 25 Jahren aus Westdeutschland) muss in den vorliegenden Daten überprüft werden, ob genügend Datensätze zu dieser Gruppe enthalten sind, um aussagekräftige Ergebnisse zu erhalten.

Für den Prozess des Daten-Kennenlernens sollte man auf jeden Fall genug Zeit im Forschungsprozess einplanen. Denn nur wer die vorliegenden Daten gut kennt, kann diese sinnvoll analysieren und interpretieren. Auch kann es passieren, dass beim Kennenlernen der Daten festgestellt wird, dass diese für die vorliegende Forschungsfrage doch nicht geeignet sind und man sich auf die Suche nach weiteren Sekundärdaten machen muss.

Schritt 3: Daten zusammenfügen

Bei der Analyse von bereits vorliegenden Daten kann es immer wieder vorkommen, dass nicht alle Variablen, die zur Beantwortung der Forschungsfrage benötigt werden, im gefundenen Datensatz vorliegen. Möchte man in dem eingangs dargestellten Beispiel die gesundheitlichen Auswirkungen bei den Jugendlichen untersuchen, die durch Probleme bei der Ausbildungsplatzsuche entstehen, wird man wahrscheinlich einen weiteren Datensatz benötigen. Man hätte dann einen Datensatz mit Variablen, mit denen man Aussagen treffen kann, welche Chancen Jugendliche auf dem Arbeitsmarkt haben, die eine Maßnahme der arbeitsweltbezogenen Jugendsozialarbeit durchlaufen haben. Weiterhin bräuchte man einen Datensatz, in dem untersucht wurde, welche gesundheitlichen Probleme durch das Nichtfinden eines Ausbildungsplatzes entstehen.

Möchte man nun beide Datensätze gemeinsam analysieren, um zum Beispiel Korrelationen berechnen zu können, muss man diese beiden Datensätze zusammenfügen. Hierzu gibt es zwei Methoden, das sogenannte Record-Linkage (die Datenintegration) und die Datenfusion.

Beim *Record-Linkage* ist in beiden Datensätze eine Variable vorhanden, mit der man jeden Fall eindeutig identifizieren kann, und in beiden Datensätzen gibt es Fälle, die an beiden Befragungen teilgenommen haben. Die Identifikationsvariable kann zum Beispiel der Name, das Geburtsdatum oder die Sozialversicherungsnummer sein. Ist eine solche Variable vorhanden, können die beiden Datensätze so zusammengefügt werden, dass nur die Antworten der Personen einfließen, die an beiden Umfragen teilgenommen haben. In der Praxis zeigt sich allerdings, dass aus Gründen der Anonymität oft keine eindeutige Identifikationsvariable vorhanden ist. Ist dies der Fall, muss auf die sogenannte Datenfusion zurückgegriffen werden.

Auch bei der *Datenfusion* werden zwei Datensätze zusammengefügt. Allerdings sind in den Ausgangsdatensätzen nicht die gleichen Personen befragt worden. Es wird nun jedem Fall des Empfängerdatensatzes derjenige Fall aus dem weiteren Datensatz (Spenderdatensatz) zugeordnet, der ihm am ähnlichsten ist. Es wird sozusagen ein statistischer Zwilling gesucht. Das Zusammenfügen der Datensätze erfolgt über ein sogenanntes statistisches Matching (vgl. Bacher 2002), bei dem zur Identifikation von statistischen Zwillingen oft demografische Daten, wie z. B. das Geschlecht, das Alter oder der Schulabschluss, herangezogen werden.

Eine ausführlichere Beschreibung beider Methoden ist im Beitrag von Cielebak und Rässler (2014) zu finden. Es sei darauf hingewiesen, dass vor allem die Datenfusion mit statistischem Matching ein weitergehendes statistisches Verständnis voraussetzt. Im eigenen Forschungsprojekt sollte man deshalb gegebenenfalls den Rat von entsprechenden Experten hinzuziehen.

Schritt 4: Daten auswerten

Wurden geeignete Sekundärdaten gefunden und – falls nötig – zusammengefügt, können diese analysiert werden. Im Rahmen der Sekundäranalyse von Individualdaten, also von Datensätzen, bei denen für jede befragte Person ein Datensatz vorliegt, können alle bekannten statistischen Methoden eingesetzt werden. Auch gibt es hier keine Einschränkung im Rahmen der Interpretation der Ergebnisse, sofern die Daten für die untersuchte Fragestellung und Zielgruppe geeignet sind und die Voraussetzungen des jeweiligen Analyseverfahrens erfüllen.

Wertet man bereits vorliegende Aggregatdaten aus, so muss bei der Interpretation der Daten und Ergebnisse besonders darauf geachtet werden, sie nicht auf Individualebene zu interpretieren. Erfolgt eine Interpretation von Aggregatdaten auf Individualebene spricht man von einem *ökologischen Fehlschluss*. Ein Beispiel: Es liegen Aggregatdaten über Teilnehmende an Maßnahmen der arbeitsweltbezogenen Jugendsozialarbeit für ein Bundesland vor. Aus diesen kann herausgelesen werden, dass 60 % der Teilnehmer männlich sind und 60 % der Teilnehmer einen Ausbildungsplatz erhalten haben. Aufgrund dieser Ergebnisse auf der aggregierten Ebene (Bundesland) kann nun nicht die Interpretation erfolgen, dass alle männlichen Teilnehmer einen Ausbildungsplatz erhalten haben. Man kann also die gefundenen Ergebnisse nicht auf die Individualebene übertragen. Viel eher ist davon auszugehen, dass nicht alle männliche Personen einen Ausbildungsplatz erhalten haben, sondern unter den 60 % auch weibliche Personen enthalten sind. Aufgrund des ökologischen Fehlschlusses ist es daher nahezu unmöglich, mit Daten, die auf aggregierter Ebene vorliegen, individuelles Handeln zu erklären (vgl. Schnell et al. 2011, S. 245). Durch die Entwicklung von sogenannten Mehrebenenmodellen, mit denen gleichzeitig Aggregat- und Individualdaten analysiert werden können, wurde die Möglichkeit der »ökologischen statistischen Schlussfolgerung« jedoch verbessert (vgl. Graeff 2014, S. 921).

Neben diesem Problem des ökologischen Fehlschlusses gibt es bei aggregierten Daten noch weitere methodische Probleme, die bei der Datenanalyse und Interpretation beachtet werden müssen. Eine gute Übersicht gibt hier der Beitrag von Graeff (2014, S. 918ff.).

4.3.2 Metaanalyse: Auswertung vorliegender Forschungsergebnisse

Am Ende dieses Beitrages soll noch auf die Metaanalyse eingegangen werden. Diese ist zwar nicht direkt der Sekundärdatenanalyse zuzuordnen, allerdings werden auch hier bereits vorliegende Daten analysiert. Die Besonderheit der Metaanalyse ist aber, dass nicht die Rohdaten im Mittelpunkt der Datenanalyse stehen, sondern die bereits gefundenen Ergebnisse anderer Studien, wie zum Beispiel Zusammenhänge zwischen verschiedenen Variablen oder Unterschiede zwischen Personengruppen. Für diese Ergebnisse werden sogenannte Effektstärken (eine kurze Erläuterung zu Effektstärken ist in Kapitel 5 in diesem Buch zu finden) berechnet. Weiterhin werden auch wichtige Merkmale des Forschungsdesigns bei der Analyse berücksichtigt. Ziel ist es zu untersuchen, ob die Studien zu ähnlichen Ergebnissen kommen, bzw. welche Erklärungen es für unterschiedliche Ergebnisse gibt.

Da auch in der Sozialen Arbeit eine Vielzahl von Forschungsergebnissen publiziert wird, kann mithilfe der Metaanalyse eine Zusammenfassung und Interpretation dieser Ergebnisse erfolgen. Im eingangs dargestellten Beispiel könnte man etwa Forschungsarbeiten suchen, die die Chancen derjenigen Jugendlichen auf dem Arbeitsmarkt untersucht haben, die an Angeboten der arbeitsweltbezogenen Jugendsozialarbeit teilgenommen haben. Die Ergebnisse dieser Untersuchungen können dann mithilfe einer Metaanalyse genauer betrachtet werden.

Eine kurze Einführung in das Verfahren der Metaanalyse bietet der Beitrag von Wagner und Weiß (2014). Eine tiefergehende Darstellung dieser Form der Datenanalyse, in einem aber immer noch gut lesbaren Umfang, bietet das Buch von Eisend (2014) in der Reihe Sozialwissenschaftliche Forschungsmethoden.

4.4 Narrative Interviews und Leitfadeninterviews

Karl-Hermann Rechberg

Dieses Unterkapitel stellt mehrere Interviewformen vor und ist deshalb etwas umfangreicher als die weiteren Kapitel zu Methoden der Datengewinnung in diesem Buch. Es werden zunächst allgemeine Prinzipien der qualitativen Interviewführung dargelegt und ein Praxisbeispiel eingeführt, das alle folgenden Ausführungen veranschaulicht. Anschließend werden einige Interviewformen vorgestellt, die aus der umfangreichen Entwicklungsgeschichte qualitativer Interview-forschung hervorgegangen sind und für die Praxisforschung als besonders geeignet gelten können. Schließlich wird das praktische Vorgehen eines Forschungs-prozesses mit qualitativen Interviews geschildert. Die Auswertung wird im 6. Kapitel behandelt.

4.4.1 Allgemeine Prinzipien

Alle in diesem Kapitel vorgestellten Interviewformen lassen sich der qualitativen Sozialforschung zuordnen. Diese Interviews verlaufen unter zwei Prinzipien (vgl. Hoffmann-Riem 1980):

- *Offenheit*: Anders als in der quantitativen Forschung steht die Struktur der Daten erst am Ende der Auswertung fest. Während in der quantitativen For-schung z. B. ein Fragebogen von Anfang an festlegt, welche Fragen in welcher Reihenfolge mit welchen Antwortmöglichkeiten gestellt werden, bleibt in der qualitativen Forschung all dies bis zu einem gewissen Grad offen. Führt man beispielsweise narrative Interviews, so steht am Anfang nur ein Thema fest, über das eine Person erzählen sollte. Weitere Fragen entwickeln sich dann im Laufe des Gesprächs. Leitfadeninterviews werden durch einen Fragenkatalog stärker strukturiert.
- *Kommunikation*: Die Daten kommen im Rahmen eines Gesprächs zustande. Gespräche folgen bestimmten Besonderheiten, welche die Daten beeinflussen. Sie können beispielsweise Erzählungen produzieren. Diese enthalten andere Informationen als Beschreibungen oder Argumentationen. Hierauf wird wei-ter unten genauer eingegangen. Das Prinzip der Kommunikation geht zudem davon aus, dass sich die Bedingungen der Kommunikation auf ihre Inhalte niederschlagen. Ein Schüler, der in seinem Klassenraum von der Schule er-zählt, wird alltagsnäher von der Schule berichten, als wenn er an einem Pal-menstrand von der Schule erzählt. Eine gewisse Natürlichkeit der Situation ist also für die Alltagsnähe der Kommunikation förderlich.

Das Prinzip der Offenheit ermöglicht dem Forscher, möglichst viel Neues zu er-fahren. Wenn er einen Jugendlichen beispielsweise nur bittet: »Erzähl mir von der Schule«, so ist dem Gesprächspartner überlassen, ob er von Mitschülern, vom Unterricht oder vielleicht von etwas völlig Unerwartetem erzählt, wie ei-nem Schulbesuch im Planetarium, der den Schüler für das Fach Physik begeistert hatte und dazu führte, dass er sich im Planetarium einen Ferienjob gesucht hat. Der Forscher kann sich vor dem Interview Gedanken machen, welche Aspekte er zum Thema in Erfahrung bringen möchte. Er kann nach dem Einfluss von Prüfungen auf das Wissen in Physik fragen. Damit grenzt er jedoch die Möglich-keiten dessen ein, worüber sein Gesprächspartner berichtet, und erfährt vermut-lich weniger Neues. Offenheit reduziert sich also, je mehr sich der Forscher selbst in den Forschungsprozess einbringt. Selbst wenn er sich nicht einbringt, beeinflusst er das Gespräch: Wenn er seinem Gegenüber nicht ab und zu mit Kopfnicken oder einem kurzen »hmm« signalisiert, dass er zuhört, kann es passieren, dass der Gesprächspartner verunsichert ist und weniger erzählt. Der Forscher ist also selbst Teil der Ergebnisse – unabhängig davon, wie er sich verhält.

Man kann mit Interviews gezielt an Daten wie Meinungen, Einstellungen, Erlebnisse oder Wissen des Gegenübers gelangen. Sie eignen sich jedoch nicht, tatsächliches Verhalten zu erfassen. Verhalten erfasst man z. B. mit Beobachtungen, während Interviews *Erinnerungen über* oder *Bedeutungen von* Verhalten erforschen können (vgl. Reinders 2012; Flick 2012). Man kann mit Daten aus qualitativen Interviews auch nicht wie in der quantitativen Forschung Rückschlüsse auf Grundgesamtheiten ziehen. Würde man beispielsweise eine Schulklasse von 20 Schülern in 20 Interviews offen über ihre Lehrer erzählen lassen, könnte es sein, dass fünf von ihnen nichts Negatives erzählen. Dies bedeutet jedoch nicht, dass 25 % der Schüler aus dieser Klasse nichts an ihren Lehrern zu beanstanden hätten. Es ist denkbar, dass sie dies einfach nicht erzählt haben, weil es nicht explizit erfragt wurde. Außerdem reichen die Mengen erhobener Personen für repräsentative Stichproben i. d. R. nicht aus. Man kann mithilfe von Interviews jedoch die Lehrerbeurteilung von Schülern in anderer Hinsicht erforschen. Aus den Schüleraussagen lassen sich Typen davon bilden, wie Schüler Lehrer sehen, beispielsweise den »Helfer«, den »Tyrannen«, den »Fachidioten« und den »Kumpel«. Außerdem gehört zur qualitativen Forschung auch das Untersuchen von Zusammenhängen, wie beispielsweise der Frage, welche Situationen dazu beitragen, dass Lehrer einem dieser Typen zugeordnet werden: Unterricht, Klassenarbeiten, Pausenaufsicht usw. Bei solchen Fragestellungen werden Hypothesen und Theorien gebildet. Ob sie wirklich zutreffen, wird in erster Linie mit quantitativen Methoden untersucht, wenngleich auch qualitative Instrumente, wie das problemzentrierte und das fokussierte Interview, zum Teil hypothesenüberprüfend genutzt werden.

Es wurde schon gesagt, dass in Interviews verschiedene Textsorten entstehen, die ganz unterschiedliche Daten liefern. Mühlfeld und Kollegen (1981) unterscheiden drei Arten:

- *Erzähltexte:* Sie erzählen davon, wie ganz bestimmte Prozesse und Ereignisse abgelaufen sind, und erlauben so einen unmittelbaren Zugang zu dem, was die Befragten erlebt haben (»Der Prüfer kam an diesem Tag zwei Minuten zu spät und hat trotzdem ganz in Ruhe die Tür zum Klassenraum aufgesperrt. Dann haben sich alle reingedrängelt und versucht, einen guten Platz zu ergattern.«).
- *Beschreibungstexte:* Diese Texte schildern Szenen, Prozesse und Ereignisse in abstrahierter, allgemeiner Form. Sie beziehen sich oft auf Dinge wie immer wiederkehrende Abläufe, von denen man nicht jedes einzelne Ereignis erzählt, sondern deren Gemeinsamkeit man beschreibt (»Prüfungen sind eine Quälerei und man ist ständig unter Druck. Unter Schülern entsteht z. B. Konkurrenz um die besten Plätze und so.«).
- *Argumentationstexte:* Hierunter versteht man Texte, die auf abstrakter Ebene versuchen, Zusammenhänge zu erklären oder Sachverhalte zu legitimieren (»In der Prüfung ist sich jeder selbst der Nächste. Darum kämpfe ich natürlich auch um meinen Platz.«).

Alle diese Textsorten beinhalten unterschiedliche Informationen, weshalb der Forscher sich genau überlegen muss, welche Arten von Texten er benötigt und wie er an sie gelangt:

- Erzählungen sind besonders hilfreich, wenn es sich um Stegreiferzählungen handelt. Das sind spontane, unvorbereitete Erzählungen, die der Erzähler in dem Moment konstruiert, in dem er erzählt. Das Gesagte kann zwar an anderer Stelle schon einmal erzählt worden sein, wird aber der neuen Situation spontan angepasst. Stegreiferzählungen können sogenannte Zugzwänge entwickeln, die den Erzähler dazu bringen, Dinge zu erzählen, die er sonst eher zurückgehalten hätte. Hierauf wird im Abschnitt über narrative Interviews genauer eingegangen. Erzählungen sind oft sehr umfangreich und aufwendig in der Auswertung (vgl. Schütze 1987; Kallmeyer und Schütze 1977).
- Beschreibungen fassen ganze Abläufe oder Veränderungen stärker zusammen (vgl. Lamnek 2010) als Erzählungen und sind daher kompakter. Will man sich zu spezifischen Themen informieren, sind sie zielgerichteter. Außerdem lassen sie sich im Vergleich zu Erzählungen mit weniger Aufwand auswerten.
- Argumentationen richten den Fokus direkt auf Erklärungen und Bedeutungen aus Sicht der Gesprächsperson (vgl. Schütze 1987).

Der Forscher sollte durch bewusste Impulse das Gespräch so steuern, dass in einzelnen Phasen eher Erzählungen, Beschreibungen oder Argumentationen entstehen, aber nicht im »Schemasalat« (Schütze 1987, S. 256) durcheinandergehen. In so einem Schemasalat ist z. B. schwerer zu trennen, ob eine Aussage eher frei den Hergang einer Situation beschreibt oder durch die argumentative Legitimation des eigenen Handelns geleitet ist. Betrachtet man diese Details, so wird deutlich, dass ein geplantes Interview etwas völlig anderes ist als ein ungeplantes Alltagsgespräch z. B. im Café.

Praxisbeispiel

Ein großes Jugendwerk betreibt schon seit Jahrzehnten Jugendbildungsarbeit. Jugendliche treffen sich in Gruppen, unternehmen zusammen Ausflüge, werden als Ehrenamtliche selbst aktiv, führen z. B. Freizeiten durch usw. Dieses Jugendwerk hat mehrere Standorte, davon einen, das Haupthaus, an dem die Arbeit zentral zusammenfließt: Hier findet man die Verwaltung, die Büros aller Hauptamtlichen und zudem ist es der zentrale Treffpunkt für alle Ehrenamtlichen, denn hier finden alle Gremien und Fortbildungen statt. Das Haus ist jedoch veraltet und baufällig und man möchte einen neuen Standort suchen. Ein bestimmtes Gebäude würde sich aus finanziellen Gründen gut eignen: das ungenutzte Nebengebäude einer Privatschule. Nun entsteht im Verband eine lebhafte Debatte darüber, ob dieser neue Standort »der Richtige« ist. Ein Forschungsprojekt soll klären, welches die wichtigsten Aspekte eines guten Standorts wären und ob diese in dem Schulgebäude ausreichend erfüllt sind. Um sie zu ermitteln, werden Interviews geführt. Anhand dieses Beispiels werden im Folgenden verschiedene Interviewformen sowie die Leitfadenerstellung und der Prozess um die Interviews selbst veranschaulicht.

4.4.2 Interviewform ohne Leitfaden: Das narrative Interview

Das narrative Interview wurde von Schütze (1983) entwickelt. Es soll im Wesentlichen Erzähltexte generieren. In unserem Forschungsprojekt könnten beispielsweise langjährige Ehrenamtliche gebeten werden, ihre Geschichte mit dem Jugendwerk zu erzählen, um zu erfahren, auf welche Weise ehrenamtliche Mitarbeiter mit der Organisation verbunden sind. Die Erzählungen würden vermutlich häufig mit dem ersten Kontakt beginnen, wie es anschließend dazu kam, dass man gezielt Veranstaltungen besucht hat usw. Da das narrative Interview es ermöglicht, durch sogenannte Zugzwänge auch an sonst eher zurückgehaltene Informationen zu gelangen, wird es bei manchen Fragestellungen ganz gezielt verwendet. Es stellt sich beispielsweise die Frage, ob die Schule bestimmte Schwierigkeiten aus strategischen Gründen nicht offensiv benennt. Eine Narration (Erzählung) des Schulleiters über die zurückgehende Nutzung des Gebäudes bis zur Verkaufsabsicht könnte Problembereiche identifizieren. Wie dies geschieht, wird im Folgenden beschrieben.

Erzählungen werden nur verständlich, wenn sie bestimmte Elemente besitzen (vgl. Kallmeyer und Schütze 1977). Dazu gehören neben Ereignisträger und thematischer Geschichte auch Ereignisketten und Situationen:

- *Ereigniskette:* Der erzählte Prozess lässt sich in Phasen unterteilen. Die Narration über das Schulgebäude könnte beispielsweise bestehen aus: Errichtung des Gebäudes, Nutzung durch die Schule, Entstehen von Gründen für den Verzicht auf Nutzung usw.
- *Situationen:* Der Gesprächspartner wird i. d. R. bestimmte Situationen aus der Erzählung herausheben, die er für besonders wichtig hält. Zu ihnen berichtet er besonders viele Details oder wechselt von indirekter in direkte Rede.

Weil der Erzähler diese Elemente bei einer Stegreiferzählung entwickeln muss, kommt er in Zugzwänge:

- *Zwang zur Detaillierung:* Er muss die berichteten Ereignisse in einem schlüssigen Zusammenhang erzählen: Wie kam es, dass die Schule ursprünglich ohne das Gebäude arbeitete, sich aber dann zu dessen Bau entschloss? Damit dieser Übergang verständlich wird, muss er alle dafür wesentlichen Details erwähnen: das Fehlen bestimmter Räume, das brachliegende Gelände neben der Schule usw.
- *Zwang zur Gestaltschließung:* Der Erzähler muss das Geschehen so berichten, dass die Zusammenhänge plausibel werden. Hierfür muss er zuweilen Hintergrundinformationen einbauen. Diese können auch aus Details bestehen, die er anderenfalls zurückgehalten hätte: Der Schulleiter erzählt, dass das Nebengebäude, welches das Jugendwerk interessiert, schon seit drei Jahren leersteht. Weil dadurch Kosten entstehen, versucht er seitdem, es zu verkaufen. Das wirft die Frage auf, warum er bislang nicht erfolgreich war, obwohl das Gebäude recht neu und überlegt gebaut ist. So gibt er die Hintergrundinformation, dass das Haus leersteht, weil die Nachbarn angeblich Drogen an Schüler verkauft haben. Das Thema wurde zum Politikum im Stadtbezirk, man konn-

te die Nachbarn jedoch nicht überführen. Also räumte man das Gebäude. Als die Nachbarn auszogen, hatten sich in der Schule andere Raumstrukturen etabliert. Das Nebengebäude wurde fast nicht mehr gebraucht. Bisherige Interessenten wollten sich mit der Erinnerung an die Drogengeschichte vor drei Jahren nicht »beflecken«, aber der Schulleiter beteuert, dass ja »inzwischen Gras über die Sache gewachsen« sei. Es stellt sich jedoch die Frage, ob diese »alte Geschichte« noch zu einem Problem für das Jugendwerk werden kann. All dies wäre womöglich nicht zur Sprache gekommen, wenn man nur gefragt hätte: »Was gibt es vom dem leerstehenden Gebäude zu berichten?«, und der Schulleiter im Berichtsstil Aspekte aufgezählt hätte, die seinem Interesse dienen, das Gebäude loszuwerden.

• *Zwang zur Relevanzfestlegung und Kondensierung:* Man könnte theoretisch eine unendliche Menge an Einzelheiten zum Schulgebäude berichten. Damit aus diesen Details eine Erzählung entsteht, werden einzelne auswählt, die der Erzähler als relevant erachtet. Darin zeigt sich, welchen Aspekten er Bedeutung zumisst und welchen nicht.

Zugzwänge entstehen also nicht dadurch, dass der Forscher Druck auf den Gesprächspartner ausübt – im Gegenteil: Es ist notwendig, dass der Erzähler sich wohlfühlt und den Eindruck erhält, dass der Forscher großes Interesse an seiner Lebenswelt hat, sodass er ihm diese auch möglichst nahebringen will. Hat er den Eindruck, dass er nur als »Auskunftsperson« dient, wird seine Bereitschaft zu einer »runden« Erzählung vermutlich schwinden.

Darüber hinaus bedingt eine Reihe von Faktoren den Gehalt eines narrativen Interviews:

• Das zu erzählende Geschehen muss einen Prozesscharakter haben, sich also von einem (gesetzten) Anfang über einen Prozess bis zu einem (vorläufigen) Endzustand entwickeln.
• Das Erzählthema darf nicht so intim und problematisch sein, dass es die Beziehung der Gesprächspartner überfordert.
• Der Erzähler selbst muss so stark handelnd oder »erleidend« in das zu Erzählende eingebunden gewesen sein, dass sich seine Erfahrungen für eine Erzählung eignen.
• Der Erzähler muss den kognitiven Anforderungen einer Stegreiferzählung gewachsen sein (Gedächtnis, Wortschatz, Ausdrucksfähigkeit, Strukturierungsfähigkeit, Konzentrationsfähigkeit).
• Der Erzähler sollte für eine Erzählung ausreichend offen und motiviert sein.
• Die Situation sollte dazu beitragen, dass der Erzähler sich frei fühlt, eigenständig zu erzählen. Dies hängt in erster Linie von den anwesenden Personen ab.

Nicht alle Personen sind gleich gut als Gesprächspartner für ein narratives Interview geeignet. Warum Schüler beispielsweise als Erzähler nicht unproblematisch sind, ist bei Reinders (2012) ausführlich nachzulesen.

Von Erzähltexten nimmt Schütze (1987) an, dass sie einen besonders starken Zusammenhang mit dem ursprünglichen Erleben des Erzählers haben. Wenn ein ehemaliger Ehrenamtlicher seine Geschichte mit dem Jugendwerk erzählt, wird er vermutlich die Dinge erzählen, die entscheidend dafür waren, dass er sich eingebracht hat und wie er sich eingebracht hat. Bei der Auswertung solcher Erzählungen haben Forscher zwei Sorten von Informationen im Blick:

- *Was:* Welche Elemente erinnert die befragte Person? Die Teilnehmer an Jugendwerksveranstaltungen? Gesungene Lieder? Das Haus, in dem man sich getroffen hat?
- *Wie:* Wie werden diese Elemente von der befragten Person konstruiert und strukturiert? Welche Aspekte tauchen wiederholt auf? Welche Bedeutungen werden ihnen implizit – also unausgesprochen – zugeschrieben? Spielen z. B. die letztjährigen Reparaturarbeiten am Haupthaus des Jugendwerks nur am Rande eine Rolle oder zeigt sich daraus, wie sie erzählen, dass die Ehrenamtlichen dem Haus dadurch »ihren Stempel aufgedrückt« haben?

Welcher Aspekt hierbei im Fokus steht, hängt auch von der jeweiligen Auswertungsmethode ab. Während inhaltsanalytische Verfahren eher das »Was« betonen, steht bei rekonstruktiven Verfahren eher das »Wie« im Vordergrund. Auf diese verschiedenen Ansätze wird im 6. Kapitel noch genauer eingegangen werden, das jedoch seinen Fokus auf die qualitative Inhaltsanalyse legt.

In der Praxisforschung werden narrative Interviews häufig nicht in Reinform geführt, sondern innerhalb von Leitfadeninterviews narrative Phasen eingebaut.

Zuletzt soll der Aufbau eines narrativen Interviews dargestellt werden. Es kann nach Lamnek (2010) in fünf Phasen differenziert werden:

1. *Erklärungsphase:* Der Forscher erklärt, was mit »Erzählung« gemeint ist, klärt die Rahmenbedingungen des Gesprächs (z. B. Audioaufnahme) und versucht dabei, eine gewisse Vertrautheit herzustellen, damit sich der Gesprächspartner entspannt und für eine Erzählung öffnet. Hierzu sollte der Forscher weniger als distanzierter Experte auftreten, sondern als interessierter Gesprächspartner.
2. *Einleitungsphase:* Hier erhält der Gesprächspartner einen erzählungsgenerierenden Impuls (»Erzähl doch mal deine Geschichte mit dem Jugendwerk«), der möglichst offen ist, sodass der Erzähler eigenmächtig erzählen, beschreiben und argumentieren kann.
3. *Erzählphase:* Hier spricht nur das Gegenüber und darf nicht unterbrochen werden. Der Forscher unterstützt die Erzählung mit Kopfnicken, ab und zu einem kurzen »hm« und ähnlichem. Er notiert seine Rückfragen für später. Dieses Vorgehen fällt Anfängern schwer, insbesondere wenn längeres Schweigen entsteht. Aber auch diese Momente sollte der Forscher aushalten. Oft wird das Schweigen vom Erzähler zum Nachdenken genutzt.
4. *Nachfragephase:* Nun stellt der Forscher Rückfragen, thematisiert entdeckte Lücken, Widersprüche und ähnliches. Dabei wird darauf geachtet, dass wieder narrativ geantwortet werden kann (»Wie *kam es*, dass du aus dem Jugendwerk ausgetreten bist?«, anstatt: »*Warum* bist du aus dem Jugendwerk ausgetreten?«). Erst wenn keine Narrationen mehr möglich scheinen, sollten Beschreibungen angestoßen werden (»Was ist dieser Jugendwerksleiter eigentlich für ein Typ?«).

5. *Bilanzierungsphase:* Zum Schluss können Fragen direkt nach Motiven und Ursachen gestellt werden, die den »Sinn« der Erzählung erörtern (»Du hast jetzt deinen Weg mit dem Jugendwerk erzählt. Was ist das Wichtigste für dich an dieser Geschichte?«). Die Antworten sind i. d. R. argumentativ. Spätestens hier entwickelt der Erzähler eigene Theorien über das Erzählte.

Diese Schritte laufen nicht völlig linear ab, sondern können sich z. T. spiralförmig entwickeln. Beispielsweise kann es sein, dass ein Gegenstandsbereich damit schließt, dass ein neues Thema angeschnitten wird. Dann gibt der Interviewer wieder einen erzählgenerierenden Stimulus und wartet mit Nachfragen bzw. Bilanzieren ab.

4.4.3 Grundlagen zu Interviewformen mit Leitfaden

Auch im Leitfadeninterview gilt das Prinzip der Offenheit, jedoch wird das Gespräch auf bestimmte Fragestellungen fokussiert, die der Forscher sich vorher überlegt und im Leitfaden festlegt.

Hopf (1978) nennt mit Rückgriff auf Merton, Fiske und Kendall vier Anforderungen des qualitativen Interviews, die auf Leitfadeninterviews angewendet werden sollten:

* *Reichweite:* Der Gesprächspartner soll eine möglichst breite Auswahl an Reaktions- und Antwortmöglichkeiten haben, auch solche, die der Forscher nicht vorhersehen kann.
* *Spezifität:* Spezifischer als im narrativen Interview sollen ganz bestimmte Aspekte erfragt werden. So wird beispielsweise nicht nur allgemein um »deine Geschichte mit dem Jugendwerk« gebeten, sondern: »Erzähl doch mal, wie du davon erfahren hast, dass das Haupthaus umziehen soll und wie du dann mit dem Thema weiter umgegangen bist«.
* *Tiefe:* Der Gesprächspartner soll dazu gebracht werden, nicht nur das Geschehene zu erzählen oder zu beschreiben, sondern auch die dahinterliegenden Mechanismen und Bedeutungen (»Warum hat dich das geschockt, als über den Umzug des Haupthauses geredet wurde?«).
* *Personaler Kontext:* Bei der Interpretation der Daten sollte immer mit einbezogen werden, in welchem Zusammenhang der Befragte zum jeweiligen Thema steht. Dabei kann z. B. deutlich werden, dass der Umzug in die Privatschule umso kritischer gesehen wird, desto länger die Befragten schon im Jugendwerk engagiert sind. Dies kann vor verkürzten Fehlschlüssen schützen (»Je stärker sich ein Mitarbeiter an das Haupthaus gewöhnt hat, desto kritischer sieht er den Umzug«, statt: »Die meisten lehnen den Umzug ab«).

Unter diesen gemeinsamen Anforderungen beleuchten die folgenden Interviewformen ihre Themengebiete nach sehr unterschiedlichen Gesichtspunkten.

4.4.4 Leitfadeninterviewform 1: Das problemzentrierte Interview

Das problemzentrierte Interview wurde von Witzel (1982, 1985) als komplexes Instrumentarium, bestehend aus mehreren Teilelementen, entworfen. An dieser

Stelle soll nur das Element des qualitativen Interviews beschrieben werden. Das problemzentrierte Interview hat zum Ziel, ein bestimmtes Problem zu untersuchen, wie beispielsweise, wonach das Jugendwerk entscheiden soll, ob es in das Nebengebäude der Privatschule umziehen wird oder nicht.

Das problemzentrierte Interview versucht wie das narrative Interview, den Gesprächspartner zum Erzählen zu bewegen, ist jedoch nur an bestimmten Inhalten interessiert. Welche Inhalte das sind, richtet sich nach dem jeweiligen Problem. Im problemzentrierten Interview gibt es daher nicht wie im narrativen Interview eine ausführliche Erzählphase, in welcher der Gesprächspartner nicht unterbrochen werden darf. Stattdessen darf der Interviewer sich von Anfang an am Gespräch aktiv beteiligen, um gezielt an Informationen zu seiner Problemstellung zu gelangen. Diese Rückfragen ergeben sich zum Teil durch das Gespräch selbst, zum Teil sind sie vorbereitet und stehen auf dem Leitfaden. Aufgrund der stärkeren Strukturierung des Interviews durch den Forscher können auch Personen interviewt werden, die mit einer Stegreiferzählung überfordert wären.

Das Interview ist in einen umfassenderen Forschungsansatz aus drei Schritten eingebettet:

1. *Problemanalyse:* Hierbei wird das zu erforschende Problem einer vorbereitenden Untersuchung unterzogen. Ideal ist es, wenn der Forscher schon über einen gewissen Überblick verfügt. Er verschafft sich nun einen genaueren Kenntnisstand zum jeweiligen Problem. Hierzu kann er Literaturrecherche und explorative Methoden einsetzen (siehe Kap. 4.7). In unserem Beispiel wäre es z. B. sinnvoll, Literaturrecherche zum Thema »Orte der Jugendarbeit« vorzunehmen, Haupthaus, Schulgebäude und deren Umgebung zu besichtigen, schriftliches Informationsmaterial über Jugendwerk und Privatschule zu beschaffen, deren Webseiten einzusehen usw. Im Anschluss an die Analyse werden erste Hypothesen aufgestellt, die im weiteren Verfahren verifiziert und ergänzt werden.
2. *Leitfadenkonstruktion:* Aus den Ergebnissen des ersten Schritts wird ein Leitfaden entwickelt. Er umfasst die wichtigsten Problemfelder. Diese Phase wird von Pilotierungsprozessen begleitet: Gruppendiskussionen können helfen, Fragen aus verschiedenen Blickwinkeln zu entwickeln, Probeinterviews dienen dazu, den Leitfaden zu testen und nötigenfalls zu verbessern.
3. *Interviewdurchführung:* Mithilfe des Leitfadens werden nun Interviews geführt. Dabei teilt der Forscher seine Vorüberlegungen nicht mit, um das Gespräch nicht zu beeinflussen. Die Interviews werden einzeln ausgewertet (s. Kap. 6), und auf der Basis ihrer Ergebnisse kann der Leitfaden für weitere Interviews abgewandelt werden.

Jedes Interview läuft in mehreren Schritten ab:

1. *Ausfüllen eines Kurzfragebogens:* Dies wird vom Befragten oder von beiden Gesprächspartnern gemeinsam durchgeführt. Der Bogen enthält kurze Fragen zu Sozialdaten des Gesprächspartners (Name, gehört zu Schule/Jugendwerk usw.) und zum Thema. Er dient dazu, das Gespräch von eindimensionalen Aspekten zu entlasten, den Gesprächspartner zu aktivieren und den Prozess zum folgenden Gespräch hinzuführen.

2. *Einstiegsfrage:* Sie bezieht sich auf das Problemthema, sollte aber sehr offen gehalten sein, um viele spätere Anknüpfungspunkte zu generieren (»Die Schule hat das Gebäude ja gebaut und will es wieder verkaufen. Ich würde mich freuen, wenn Sie mir die Geschichte des Gebäudes erzählen würden.«). Sie soll das Gespräch in Gang setzen und eine gewisse Vertrautheit herstellen. Meist soll sie Narrationen erzeugen, kann aber auch auf Berichte abzielen (»Es geht also um das Schulnebengebäude. Was sollte man alles über dieses Gebäude wissen?«)

3. *Sondierungsfragen:* Während der Gesprächspartner auf die Einstiegsfrage eingeht, kann der Forscher erste Rückfragen stellen. Diese können aus dem Gesprächsverlauf neu entstanden sein oder sich mit denen aus dem Leitfaden decken. Zudem kann der Forscher Themen aus dem Leitfaden einbringen, sofern sie zum Gesprächsverlauf passen. Der Leitfaden kann dabei helfen, ein stockendes Gespräch am Laufen zu halten oder ihm eine neue Wendung zu geben. Priorität hat, dass der natürliche Gesprächsfluss erhalten bleibt. Daher ist die Reihenfolge der Impulse und Fragen auf dem Leitfaden völlig irrelevant. Hierbei ist die Flexibilität des Forschers gefordert. Um die Übersicht zu behalten, sollte er beantwortete Fragen auf dem Bogen abhaken.

4. *Ad-hoc-Fragen:* Irgendwann geht der natürliche Gesprächsverlauf seinem Ende zu. Sollten immer noch Themen des Leitfadens nicht besprochen sein, können diese nun noch nacheinander besprochen werden.

5. *Postskript:* Hier hält der Interviewer nach dem Gespräch Einzelheiten zum Interviewverlauf fest: Aufgeschlossenheit des Gesprächspartners, Mimik, Gestik, Störungen usw.

Mithilfe der gewonnen Daten werden die in der Problemanalyse entwickelten Hypothesen überprüft. Wurde beispielsweise angenommen, dass sich für das Jugendwerk die Chance bietet, den Ganztagsunterricht der Privatschule mitzugestalten, könnte ein Gespräch mit dem Schulleiter zeigen, dass dieser Unterricht durch andere Träger gestaltet wird und kein Interesse an derartiger Kooperation besteht. Außerdem können neue Hypothesen entstehen. So könnte sich zeigen, dass das Jugendwerk für den Bedarf der Schule an Stellen für Schulpraktika Praktikumsplätze anbieten könnte. Auf diese Weise wird das Problemthema nach und nach inhaltlich angereichert und ausdifferenziert.

4.4.5 Leitfadeninterviewform 2: Das fokussierte Interview

Das Standardwerk zum fokussierten Interview ist aus der Zusammenarbeit insbesondere von Paul F. Lazarsfeld, Robert K. Merton und Patricia Kendall entstanden. Dieses bald vergriffene Manual wurde von Merton und Mitarbeitern (1956) ein zweites Mal aufgelegt. Die Methode dient dazu, subjektive Sichtweisen von sozialen Gruppen auf bestimmte Fokussituationen zu untersuchen. Beispielsweise könnten Mitarbeiter des Jugendwerks nach einem Probebesuch des Schulgebäudes dazu befragt werden, wie sie die Umgebung dort empfunden haben. Der Besuch wäre hierbei die Fokussituation. Diese Interviewmethode bezieht sich nur auf natürliche Begebenheiten und nicht auf experimentelle Laborsituationen.

Ein wichtiger Teil dieser Methode ist, dass die Fokussituation kurz vor dem Interview in irgendeiner Form durch einen Reiz dargebracht wird. Wenn das Interview also nicht gleich nach dem Besuch des Gebäudes durchgeführt wird, wäre es denkbar, dem Gesprächspartner Fotos oder Filmaufnahmen von seinem Besuch im Gebäude zu zeigen. Die Reaktion auf diesen Reiz wird zunächst analysiert und auf Hypothesen hin ausgewertet, die im Interview überprüft bzw. ergänzt werden. Den Gesprächspartner in der konkreten Fokussituation der Gebäudeführung zu beobachten, hat gegenüber Fotos und Filmen den Vorteil, dass die Situation natürlicher ist und nicht die Frage entsteht, ob die Ergebnisse eher Aufschluss über die Reaktion auf das Gebäude selbst bringen oder nur über Reaktionen auf Fotos bzw. Filme zum Gebäude.

Reinders (2012) stellt den gesamten Forschungsvorgang nach folgenden fünf Schritten gegliedert dar:

1. *Vorbereitungsphase:* Die zu untersuchende Fokussituation wird bestimmt und hergestellt.
2. *Beobachtungsphase:* Die Person wird beim Erleben der Fokussituation beobachtet.
3. *Auswertungsphase 1:* Es werden Hypothesen über die Wirkung der Fokussituation aufgestellt und ein Leitfaden erarbeitet, um diese Hypothesen zu überprüfen bzw. zu ergänzen.
4. *Interviewphase:* Das Interview wird durchgeführt, indem die Gesprächspartner zu ihrem Erleben der vergangenen Situation befragt werden. Der Vorgang, bei dem sich die Gesprächspartner an die Fokussituation erinnern, wird retrospektive Introspektion genannt.
5. *Auswertungsphase 2:* Die Hypothesen werden als bestätigt bzw. verworfen angesehen, bzw. durch weitere Erkenntnisse ergänzt.

Wird die Beobachtungsphase in der realen Situation durchgeführt, muss bedacht werden, ob nur eine oder mehrere Personen beobachtet werden. Im zweiten Fall sind möglicherweise auch mehrere Beobachter nötig.

Während der Interviewphase sind verschiedene Aspekte zu beachten:

- Hypothesen des Forschers werden nicht genannt, um das Gegenüber nicht zu beeinflussen.
- Ähnlich wie beim problemzentrierten Interview handelt es sich um ein möglichst natürliches Gespräch, in das der Forscher nach und nach die Themen seines Leitfadens einbaut. Gegen Ende des Interviews bringt er die Themen ein, die noch nicht behandelt wurden.
- Die Frageformen sollten zwar konkret auf den zu untersuchenden Gegenstand bezogen sein, aber zunächst möglichst offen formuliert werden (»Was haben Sie bei dem Besuch des Gebäudes empfunden?«). Hierdurch soll der Gesprächspartner möglichst unbeeinflusst sein eigenes Erleben mitteilen können und somit möglicherweise neue Aspekte erarbeitet werden.

- Nach und nach sollten die Frageformen »trichterartig« immer strukturierter werden, um die Erfahrungen zu spezifizieren.
- Das Gespräch sollte möglichst offen starten (»Erzählen Sie mal, wie der Besuch für Sie war.«).
- Anschließende halbstrukturierte Fragen können in zwei Formen gestellt werden:
  – Der Gegenstand ist vorgegeben und die Reaktionsweise wird offen gelassen (»Wie haben Sie die Größe der Räume empfunden?«).
  – Eine Reaktionsweise wird vorgegeben und der Gegenstand wird offen gelassen (»Wo haben Sie sich unwohl gefühlt?«).
- Um eine genaue Hypothesenüberprüfung vorzunehmen, werden auch geschlossene Fragen gestellt (»Fanden Sie die Räume insgesamt eher angenehm oder eher unangenehm?«).
- Der Forscher lässt sich die geschilderten Affekte möglichst genau beschreiben (»Ich fand die Eingangshalle unangenehm.« – »In welcher Hinsicht?« – »Ich fand sie beklemmend.«).
- Der Forscher arbeitet darauf hin, nicht nur das Erleben des Gegenübers beschrieben zu bekommen, sondern auch zu erfahren, was *hinter* diesem Erleben steckt (»Was hat Ihnen dieses Gefühl der Beklemmung vermittelt?« – »Naja, da gab es ja gar keine Fenster.«).

Ein besonderer Vorteil dieser Methode ist, dass der Reiz kurz vor dem Interview eingesetzt wird und die Fokussituation hierdurch gut erinnert werden kann.

4.4.6 Leitfadeninterviewform 3: Das Experteninterview

Experteninterviews können sowohl qualitativ als auch quantitativ gestaltet werden. Für dieses Kapitel ist jedoch der qualitative Ansatz grundlegend, wie er beispielsweise im richtungsweisenden Artikel von Meuser und Nagel (1991) beschrieben ist.

Auch Experteninterviews liefern keine objektiven Informationen, sondern Wissen über einen bestimmten Wirklichkeitsausschnitt aus der spezifischen Perspektive des befragten Experten.

Das Experteninterview unterscheidet sich von den anderen beschriebenen Interviewformen nicht durch seinen Ablauf oder seine Gesprächsimpulse. Das Besondere des Experteninterviews liegt in der Rolle des Gesprächspartners, der für den Forscher nicht als Person mit bestimmten Eigenarten von Interesse ist, sondern als »Medium«, über das er an ein ganz bestimmtes Expertenwissen gelangen kann. Würde in unserem Beispiel der Forscher ein fokussiertes Interviews mit dem Jugendwerksleiter nach einem Besuch im Schulgebäude führen, um herauszubekommen, wie er auf dieses Gebäude reagiert, so wäre dies kein Experteninterview, da hier der Jugendwerksleiter als Person im Fokus des Interesses steht. Interviewt man ihn jedoch, weil er über maßgebliches Hintergrundwissen darüber verfügt, warum ein Umzug notwendig ist, so kann dieses Interview als Experteninterview bezeichnet werden.

Da der Experte dem Zugang zu besonderem Wissen dienen soll, stellt sich die Frage, auf welche Weise die Fundiertheit dieses Wissens gesichert werden kann, d. h. wer überhaupt als Experte dienen kann. Meuser und Nagel (1991, S. 443) sind der Ansicht: »*Als Experte wird angesprochen,*

- *wer in irgendeiner Weise Verantwortung trägt für den Entwurf, die Implementierung oder die Kontrolle einer Problemlösung oder*
- *wer über einen privilegierten Zugang zu Informationen über Personengruppen oder Entscheidungsprozesse verfügt.*«

Verantwortung oder privilegierten Zugang zu Informationen haben nicht nur Angestellte, sondern oft auch ehrenamtliche Mitarbeiter. Ob auch Personen ohne diese Merkmale als Experten dienen können, liegt in der Einschätzung des Forschers. Es wäre beispielsweise denkbar, dass neben dem Sprecher der Ehrenamtlichen (Verantwortung als Vertretung der Ehrenamtlichen) und dem Jugendwerksleiter (Verantwortung für die gesamte Arbeit, Zugang zu den meisten Informationen) auch ein langjähriger Teilnehmer der Jugendwerkscamps befragt wird, der zwar nie als Mitarbeiter Verantwortung übernommen hat, aber die Arbeit des Jugendwerks länger erlebt hat als die beiden anderen. Seine Expertise gründet sich auf ein Erfahrungswissen aus einem besonders langen Zeitraum, das die Daten um eine weitere Perspektive ergänzt: die des reinen Nutzers.

Die ersten beiden Beispiele verfügen jedoch über ein Spezialwissen, das dem reinen Nutzer wenn überhaupt nur in geringerer Form zur Verfügung steht:

- Faktenwissen, das über Ausbildung und besondere Einsicht in die Arbeit erworben wurde:
  - fachliche und evtl. technische Kenntnisse über ihr Verantwortungsgebiet (welche Standort-Voraussetzungen gehören zu den Vorgaben des Trägers?)
  - Organisationsabläufe und Prozesse (beispielsweise: Welche Tätigkeiten werden im Jugendwerk ausgeführt und müssen auch am neuen Standort wieder möglich sein?)
- Deutungswissen, das sie über Erfahrung innerhalb ihrer verantwortlichen Position und häufig auf dem Hintergrund von bestimmter Vorbildung erworben haben (welchen Einfluss kann es auf ein Jugendwerk haben, wenn es mit einer Schule kooperiert?)

Das Spezialwissen eines Experten kann also sowohl aus systematisch reflektiertem Wissen bestehen, wie es in Fachbüchern und Ausbildungen vermittelt wird, als auch aus Praxis- und Handlungswissen, das noch nicht systematisiert wurde. Ob auch der reine Nutzer »nur« aufgrund seines Erfahrungswissens als Experte gelten kann, ist davon abhängig, welche Rolle seine Perspektive für das Ziel des Forschers spielt. In unserem Beispiel werden die Forschungsergebnisse als Grundlage für die Entscheidung über den Umzug des Haupthauses dienen. Findet der Forscher heraus, dass auch die reinen Nutzer des Jugendwerks von dieser Entscheidung betroffen sind, kann dies ein Grund sein, auch deren Perspektive einzubeziehen.

Experteninterviews werden nach Bogner und Menz (2005) zu verschiedenen Zwecken eingesetzt:

- *Exploration:* Zum Einstieg in ein Themenfeld können Experteninterviews helfen, sich einen Überblick über die wichtigsten Teilaspekte bzw. Probleme eines Themas zu verschaffen. So kann es als wichtige Ergänzung zu Recherchearbeit dienen, sollte diese jedoch nicht völlig ersetzen. Dies wird später genauer erklärt. In der Explorationsphase dienen Experteninterviews oft auch der Fallauswahl für weitere Forschungsschritte und der Herstellung von Kontakten.
- *Systematisierung:* In der Interviewauswertung können Daten systematisiert werden, z. B. nach den Perspektiven der Befragten. Hierbei werden Expertenaussagen mit denen anderer Experten verglichen, aber auch mit denen von »Betroffenen«. Es könnte sich zeigen, dass die Ehrenamtlichen-Sprecher betonen, dass Ehrenamtliche überwiegend mit öffentlichen Verkehrsmitteln anreisen, mit diesen der Standort Schule jedoch schlecht zu erreichen ist. Konträr dazu könnten die Hauptamtlichen betonen, dass die Schulräume ideale Bedingungen für ihre Büroarbeit schaffen. Solche generellen Aussagen können dazu dienen, eine weitere Forschungsphase vorzubereiten, in der beispielsweise mittels Fragebogen abgefragt wird, wie entscheidend die jeweiligen Aspekte für die jeweiligen Mitarbeiterschaften sind.
- *Theoriegenerierung:* Aussagen von Experten können wichtiges Spezialwissen enthalten, das für die Entwicklung von Theorien verwendet wird, welche die Funktionsweise eines Handlungsfeldes beschreiben. Theoriegenerierung ist jedoch i. d. R. ein der Praxisforschung vorausgehender Prozess (vgl. Stöckli 2001).

Um zu den gewünschten Informationen zu gelangen, muss auch der Interviewer ausreichend kompetent sein (vgl. Pfadenhauer 2009). Anderenfalls wird er eher unwesentliche Fragen stellen oder vom Experten als inkompetenter Gesprächspartner eingeschätzt, dem er nicht die erwünschte Auskunft erteilt. Daher sollte das Experteninterview nicht als allein ausreichender Ersatz für eine gute Recherche verstanden werden. Letztere dient dem Forscher, sich eine Grundlage zu schaffen, um das komplexe Expertenwissen verstehen und geeignete Leitfragen entwickeln zu können. Weiterhin hilft die Entwicklung des Leitfadens selbst, Orientierung bei der Vorbereitung auf ein Themengebiet zu bekommen und sich nicht in Randthemen zu verlieren. Im Idealfall sollte der Forscher während seines Projekts in den folgenden Schritten nach und nach selbst zum Quasiexperten werden:

1. Vorabrecherchen machen den Forscher zum »kompetenten Laien«.
2. In den ersten Interviews wird der Forscher von Experten als kompetent eingeschätzt und ernstgenommen, sodass er Zugang zu Spezialwissen erhält. Dadurch, dass der Forscher sein Themengebiet überblickt, kann er gezielt Fragen zu seinen Wissenslücken stellen und dadurch den Forschungsprozess steuern.
3. Der Forscher wird nach und nach zum Quasiexperten, da er über seine Gesprächspartner mehrmals Zugang zu privilegiertem Expertenwissen erhalten hat, und kann nun spezifische Fragestellungen weiter vertiefen.

Vor dem ersten Interview müssen geeignete Gesprächspartner gefunden werden (vgl. hierzu Mayer 2013; Meuser und Nagel 1991). Experten findet man entweder durch Medien (Fachliteratur, Medienberichte), Gespräche mit bereits bekannten Experten (z. B. aus der Praxis) oder während der Exploration des Forschungsfeldes (Recherche von Broschüren, Webseiten, Organigrammen usw.). In Organisationen findet man fachliche Experten häufig nicht in der ersten, sondern eher in der zweiten oder dritten Ebene, da dort Entscheidungen vorbereitet werden und daher mehr Kontextwissen vorhanden ist.

Da auch Experten nicht alles über ein Gebiet wissen, sondern ihr Wissen perspektivisch geprägt ist, sollte bei der Auswahl der Experten beachtet werden, möglichst alle wesentlichen Perspektiven einzubinden. Experten stellen dabei immer Stellvertreter von ganzen Personengruppen dar. In unserem Beispiel wären zumindest die Sicht der Schule (z. B. durch den Schulleiter) und die des Jugendwerks zu erforschen. Innerhalb des Jugendwerks wären mindestens die Perspektive der Hauptamtlichen und der Ehrenamtlichen (z. B. durch den Sprecher der Ehrenamtlichen) zu berücksichtigen. Die Hauptamtlichen könnten sich noch unterteilen in eine Leitungsebene (z. B. vertreten durch den Jugendwerksleiter) und eine operative Ebene (z. B. durch den Sprecher der Mitarbeitervertretung).

Die Beispiele der verschiedenen Experten machen deutlich, dass sich ihre Beteiligung im zu erforschenden Prozess voneinander unterscheidet. Daher macht es Sinn, je nach Experten auch unterschiedliche Leitfäden zu erstellen (vgl. Gläser und Laudel 2010).

Häufig erhält man von einem Gesprächspartner nicht alle relevanten Informationen. Daher ist es von Nutzen, zu einem bestimmten Thema mehrere Personen zu befragen. Kann ein Experte zu sehr vielen Themen etwas beitragen, mag dies dazu verführen, ein besonders langes Interview zu planen. Jedoch haben gerade Experten oft einen sehr knappen Zeitplan und stehen selten für lange Interviews zur Verfügung. Es macht daher mehr Sinn, je nach Experten zu überlegen, welche Fragen zwingend von genau dieser Person beantwortet werden sollten.

Wenn verschiedene Experten zum gleichen Thema unterschiedliche Aussagen machen, muss nicht zwingend davon ausgegangen werden, dass einer von ihnen unwahr berichtet hat. Unterschiede ergeben sich oft durch verschiedene Perspektiven auf ein Gebiet. Manchmal hilft eine weitere (übergeordnete) Perspektive, um Widersprüche aufzuklären. Da die Themen von Experteninterviews i. d. R. die professionelle Funktion des befragten Experten betreffen, neigen diese nicht selten dazu, sich in Interviews zu profilieren. Darauf sollte sowohl bei der Interviewführung als auch bei der Auswertung geachtet werden.

4.4.7 Wahl der Interviewform(en)

Forschungsprojekte sind von unterschiedlichen Zielen und Ressourcen geprägt. Die Wahl der Interviewform sollte hierzu passend gewählt sein. Es können mehrere Formen kombiniert werden. Problemzentrierte Interviews mit Nutzern bestimmter Maßnahmen in Kombination mit Experteninterviews kommen häufig vor. Wenn Experteninterviews auch sehr problemzentriert sind, so können sie insbesondere am Anfang eines Forschungsprozesses auch narrativ sein, sodass der Experte beim Erzählen zunächst nicht unterbrochen wird, um unbeeinflusst seine Sicht der Dinge wiederzugeben.

Folgende Tabelle fasst verschiedene Inhalte der vorangegangenen Textabschnitte zusammen und zeigt, auf welche Weise die verschiedenen Interviewformen bestimmte Kriterien ausfüllen.

Tab. 5: Vergleich von Interviewformen

	Narratives Interview	Problemzentriertes Interview	Fokussiertes Interview	Experteninterview
Gegenstand	Erleben eines Prozesses	Wissen und Erleben zu einem Problem	Erleben einer Situation	Wissensbestände
Strukturiertheit	Offen	Natürlich strukturierend	Natürlich strukturierend	Natürlich strukturierend
Tiefe/Weite	Je nach Erzählung und Auswertung	Je nach Fragen des Interviewers	Je nach Fragen des Interviewers	Je nach Fragen des Interviewers
Vorwissen des Forschers	Unerheblich	Vorwissen erleichtert Vorabrecherche	Findet als Problemanalyse statt	Sollte vor erstem Interview vorhanden sein
Rolle des Gesprächspartners	Träger von Erfahrungen	Träger problemspezifischer Erfahrungen	Träger situationsbezogener Erfahrungen	Träger von Wissen
Narrationskompetenz	Unerlässlich	Hilfreich, wird aber durch Leitfaden unterstützt	Nicht erforderlich	Je nach Untersuchungsziel
Aufwand	Aufwendige Auswertung	Auswertung konzentriert auf Problem; Zusatzaufwand: Vorabrecherche	Auswertung konzentriert auf Situation; Zusatzaufwand: Reiz und Beobachtung	Auswertung konzentriert auf Wissensgebiet; Zusatzaufwand: Vorabrecherche
Nutzen für den Forschungsprozess	Überblick über Prozesse; Vertiefung konkreten individuellen Erlebens	Konzentration auf bestimmte Probleme	Konzentration auf bestimmte Situationen	Überblick über bzw. Systematisierung von Themengebiet; Expertise zu vertiefenden Fragen
Besonderheiten	Zugzwänge	Möglichkeit der Hypothesenüberprüfung	Möglichkeit der Hypothesenüberprüfung	Spezialwissen des Experten

4.4.8 Entwicklung von Leitfäden

Das Interview hängt maßgeblich von der Kooperation des Gesprächspartners ab. Daher ist der Leitfaden auf ihn »zuzuschneiden«: Welche Fragen kann er beantworten? Auf welchen Sprachstil muss man sich einstellen (förmlich, umgangssprachlich usw.)? Es kann passieren, dass zwei Personen Fragen gestellt bekommen, die sich inhaltlich gleichen, aber unterschiedlich formuliert sind. Trotz aller Vorarbeit müssen die vorformulierten Fragen im Interview selbst der Situation anpassbar sein, weil das Gespräch von seiner Natürlichkeit lebt.

Zudem müssen häufig im Laufe des Forschungsprozesses immer wieder neue Leitfäden entwickelt werden, weil sich der Kenntnisstand ändert.

Neben dem forschungsethischen Grundsatz, dass dem Teilnehmer durch eine Untersuchung »*kein Schaden entstehen darf*« (Gläser und Laudel 2010, S. 145), gibt es kaum eindeutige methodische Richtlinien bei der Übersetzung des Forschungsinteresses in konkrete Leitfragen. Dennoch können einige hilfreiche Prinzipien in diesem Abschnitt vorgestellt werden, die bei der Entwicklung individueller Leitfäden helfen.

Der Leitfaden muss nicht nur aus Fragen bestehen. Gesprächsimpulse können auch aus Aufforderungen bestehen, wie: »Erzählen Sie einfach mal«. Einige grundlegende Arten und Dimensionen von Fragen bzw. Gesprächsimpulsen wurden schon im Rahmen bestimmter Interviewformen vorgestellt: erzählungsgenerierende Impulse (narratives Interview), offene Einstiegsfragen (problemzentriertes Interview), un- bzw. halbstrukturierte und geschlossene Fragen (fokussiertes Interview). Im Folgenden werden einige weitere Fragedimensionen und Fragearten aufgelistet und dargelegt, welche Arten von Informationen durch sie erlangt werden können:

- *Erfahrungsorientierte Fragen:* Da Erfahrungen die empirische Grundlage für hypothetische Annahmen bilden, sollten Fragen nach konkreten Erfahrungen (»Welche Punkte sind beim letzten Jugendwerks-Umzug als beachtenswert aufgefallen?«) den Vorrang haben gegenüber Fragen nach Hypothesen und Einschätzungen (»Was denken Sie, was für den Jugendwerks-Umzug wichtig sein wird?«). Letztere sind zugelassen, wenn es für sie einen Grund gibt (vgl. Meuser und Nagel 1999).
- *Fragen zur Untersuchung einer »subjektiven Theorie«:* Scheele und Groeben (1988) gehen davon aus, dass jeder Gesprächspartner eine komplexe »subjektive Theorie« vom jeweiligen Untersuchungsgegenstand hat. Diese besteht aus expliziten Wissensbeständen, die er spontan auf Fragen hin formulieren kann, und impliziten Wissensbeständen, die ihm kaum bewusst sind, da sie ihm beispielsweise so selbstverständlich erscheinen. Für ihre Formulierung benötigt er Unterstützung. Der Forscher muss daher zum Wissensbestand passende Fragen wählen:
  - *Offene Fragen:* Diese helfen, explizierbare Annahmen zu ermitteln. Beispiel: »Was glauben Sie, welche Schwierigkeiten es bei dem Umzug geben könnte?«
  - *Theoriegeleitete, hypothesengerichtete Fragen:* Diese entwickelt der Forscher aus der Vorabrecherche, um das implizite Wissen zu bestimmten Nebenthe-

men auszuloten, die vermutlich nicht vom Gesprächspartner selbst angesprochen werden. Beispielsweise recherchiert der Forscher, dass es in der Schule eine Gruppe von Lehrern gibt, die sich eine KiTa als Nutzer für die Räume wünschen, dies dem Schulleiter aber noch nicht bekannt ist. Es entsteht die Theorie, dass ein Vorbringen dieses Wunsches Auswirkungen auf den Prozess haben könnte. Der Forscher könnte also den Schulleiter fragen: »Was wäre, wenn eine größere Gruppe von Lehrern plötzlich einen Wunsch vorbringen würde, wer die Räume anstatt des Jugendwerks nutzen sollte?«

- *Konfrontationsfragen:* Diese entwickelt der Forscher, um die Antworten auf die theoriegeleiteten Fragen in die Tiefe abzuklopfen, indem er sie mit konkreten Alternativen konfrontiert: Der Schulleiter könnte beispielsweise obenstehende Frage damit beantworten, dass die Sonderwünsche von Lehrern hinter wirtschaftlichen Zwängen zurückstehen müssen. Der Forscher testet nun, wie weit diese Antwort reicht, indem er konfrontiert: »Würde das auch gelten, wenn die Lehrergruppe nicht nur einen Wunsch, sondern konkrete weitere Interessenten nennen könnte?« Konfrontationsfragen müssen in inhaltlicher Konkurrenz zu den Aussagen des Gesprächspartners stehen. Daher sollte eine Auswahl für unterschiedliche Aussagen des Gegenübers auf dem Leitfaden stehen. Damit die Konfrontationen nicht irritieren, sollten sie behutsam eingeführt werden.

- *Fragen nach Zeiträumen:* Beschränkt man das Gespräch auf Aussagen über das Hier und Jetzt, besteht die Gefahr, wichtige Informationen nicht zu erhalten (vgl. Reinders 2012). Daher sollte der Forscher auch nach der Vergangenheit (z. B. der Geschichte des Haupthauses) und der Zukunft fragen. Die Frage danach, welche weiteren Veränderungen neben einem möglichen Umzug für das Haupthaus anstehen, könnte z. B. zu der Antwort führen, dass bald zwei hauptamtliche Stellen abgebaut werden und daher im neuen Gebäude weniger Büros gebraucht werden.

- *Fragen nach Aushandlungsprozessen:* Der symbolische Interaktionismus geht davon aus, dass Bedeutungen in Auseinandersetzung mit anderen Personen oder Kulturen entstehen (Reinders 2012). Diese Prozesse können von großer Wichtigkeit für das Forschungsziel sein. Wenn beispielsweise ein Schüler erzählt, dass das Haupthaus heute im Gegensatz zu früher eine viel größere Bedeutung für ihn hat, kann man fragen: »Wie ist das denn gekommen?« Die Antwort könnte lauten: »Das Haus hat im Jugendwerk Kultcharakter. Das merkt man daran, dass alle darüber reden, was sie da schon erlebt haben. Irgendwann findet man das Haus auch irgendwie kultig.«

- *Heikle Fragen:* Dies können Fragen nach Fehlern, persönlichen Schwächen, Tabuthemen oder ähnlichem sein. Sie können das Gespräch belasten. Dem Gegenüber sollte deutlich gemacht werden, dass er für die Beantwortung Zeit hat. Manchmal hilft es, wenn man (ohne Namensnennung) erwähnen kann, dass auch andere auf diese Frage geantwortet haben. Diese und weitere Umgangsmöglichkeiten mit heiklen Fragen behandeln beispielsweise Gläser und Laudel (2010) oder Scholl (2009) ausführlich.

- *Assoziationsfragen:* Eine assoziative Frage wie: »Was fällt dir zum Umzug des Haupthauses ein?«, kann je nach Prämisse des Gegenübers das Thema vertiefen (»Dass das Jugendwerk damit sein Image aufgibt, denn das hängt mit dem Haupthaus zusammen. Viele Mitglieder werden sich nach dem Umzug nicht mehr mit dem Werk identifizieren.«) oder erweitern (»Dass man vieles bedenken muss: Zeitpunkt des Umzugs, wie man diesen den Mitarbeitern vermittelt, wie man Leute zum Helfen motivieren kann usw.«) (vgl. hierzu Reinders 2012).

- *Dilemma-Fragen:* Dilemmata sind Wahlen zwischen zwei Übeln. Sie können Personen dazu bringen, Gründe für ihr Verhalten zu nennen. Wenn beispielsweise eine Gruppe von Lehrern das Jugendwerk als Käufer ablehnt, könnte man ihren Sprecher fragen: »Was würden Sie machen, wenn sich als einziger weiterer Interessent ein Transportunternehmen interessieren würde, das viel Müll und Lärm produziert?« Eine mögliche Antwort könnte lauten: »Die machen vielleicht Dreck, aber sie wollen nichts von unseren Schülern. Demgegenüber will das Jugendwerk doch sicher, dass die zu ihren Veranstaltungen kommen. Da hat dann der Träger für unsere Nachmittagsveranstaltungen Konkurrenz – und das wollen wir nicht« (vgl. Reinders 2012).

Viele dieser Frageformen kann man neben einer fixen Formulierung im Leitfaden natürlich auch spontan im Interview selbst einbauen, wenn dies sinnvoll erscheint.

Manche Fragen werden sozial erwünscht beantwortet. Soziale Erwünschtheit bedeutet, dass der Gesprächspartner seine Antwort danach wählt, was der Forscher als sozial angemessen beurteilen könnte. Hierdurch werden Informationen verzerrt. Dieses Problem tritt unter anderem bei heiklen Fragen auf. Strategien, wie man sozial erwünschte Antworten zwar nicht ausschließen, aber ihnen vorbeugen kann, können bei Scholl (2009) nachgelesen werden.

Für die gute Frageformulierung können diverse Prinzipien genannt werden (vgl. Faulbaum et al. 2009). Einige wesentliche werden im Folgenden genannt:

- Fragen sollten kurz und leicht verständlich formuliert sein (z. B. Fremdworte durch Alltagssprache ersetzen).
- Fragen dürfen nicht suggestiv formuliert sein.
- Der Forscher sollte eher nach der Lebenswelt des anderen fragen (»Warum engagierst du dich im Jugendwerk und nicht woanders?«) als nach Kategorien (»Wonach entscheidest du, in welcher Einrichtung du dich engagierst?«).
- Der Interviewer sollte eine Balance in der Sprachwahl finden: Einerseits die Sprache des Gegenübers treffen, andererseits nichts imitieren, das nicht zu ihm passt und dadurch aufgesetzt wirkt.
- Menschen sprechen anders, als sie schreiben. Auch wenn es zunächst ungewohnt erscheint, hilft es, Leitfäden in gesprochener Sprache zu formulieren, um sie im Gespräch nicht übersetzen zu müssen.
- Der Interviewer sollte aufpassen, dass sich nicht zwei Teilfragen in einer Frage verbergen. Die Frage »Wie wichtig findest du den Umzug, sodass du bei ihm mithelfen würdest?« enthält eine Frage nach der Relevanz des Umzuges und der Bereitschaft nach Engagement.

Wenn auch Leitfadeninterviews spontan der Entwicklung des Gesprächs folgen sollen, so legen sie doch einen gewissen Rahmen für das Interview fest. Dieser wird im Aufbau des Leitfadens festgehalten:

1. *Einstiegsphase:* Hier werden rasch und in wenigen Sätzen verschiedene Dinge abgeklärt:
   - Info: Was ist Inhalt des Forschungsprojekts? Was ist Zweck dieses Gesprächs?
   - Info: Warum wurde diese Person als Gesprächspartner gewählt?
   - Klärung: Gehen beide Gesprächspartner von der gleichen Interviewdauer aus?
   - Vor dem Interview sollte bedacht werden, ob der Gesprächspartner irgendwelche Vorbehalte gegenüber dem Interview haben könnte. Diese sollten hier angesprochen und möglichst ausgeräumt werden.
   - Info: Das Gespräch bleibt vertraulich. Daten werden für die Auswertung anonymisiert.
   - Info: Die Notizen, die sich der Forscher macht, dienen zu seiner Orientierung.
   - Evtl. für Vielredner dem »Worst Case« vorbeugen, dass man ihn unterbrechen muss: »Ich werde Sie möglicherweise unterbrechen. Nicht weil das, was sie sagen, nicht interessant wäre, sondern weil ich in begrenzter Zeit gezielt an bestimmte Informationen gelangen muss. Bitte verzeihen Sie mir, wenn es dazu kommt.«
   - Klärung: Ist das Gegenüber mit eventuellen Zitaten im Bericht (anonym) einverstanden?
   - Klärung: Ist der Gesprächspartner mit dem Mitschnitt des Interviews einverstanden? Dies wird erst am Schluss der Einstiegsphase geklärt, damit die Zeit, in der man sich aneinander gewöhnt hat, zu einer erhöhten Bereitschaft des Gesprächspartners führt.
2. *Warm-up-Phase:* Siehe auch Einstiegsfrage beim problemzentrierten Interview.
   - Die ersten Fragen sollten die Redefreiheit des Gesprächspartners sowie das große Interesse des Forschers an ihm und seinen Beiträgen deutlich machen.
   - Mit den ersten Fragen kann man das angestrebte Kompetenz- und Kommunikationsniveau signalisieren. Im Experteninterview kann man beispielsweise eine Eingangsfrage stellen, die eine gewisse Kompetenz deutlich macht.
   - Die Anwärmfrage sollte leicht zu beantworten sein und sich auf einen angenehmen Gegenstand beziehen, um das Gegenüber auf das Interview einzustimmen. Ideal ist, mit ihr schon Leitfragen zu klären. Wenn das nicht möglich ist, sollte sich der Forscher noch vor der Leitfrage Zeit für eine Anwärmfrage nehmen.
   - Die erste themenrelevante Frage sollte so offen sein, dass ihre Beantwortung viele Anknüpfungspunkte für weitere Leitfragen hergibt.

3. *Hauptphase:* Siehe Sondierungsfragen und Ad-Hoc-Fragen im problemzentrierten Interview.
   – Die Fragen für diese Phase werden aus den vorausgehenden Recherchen bzw. aus den Zwischenergebnissen des Forschungsprojekts entwickelt.
4. *Ausklang:* Die letzte Frage sollte angenehm sein, damit dies den verbleibenden Eindruck des Interviews bestimmt. Der Klassiker »Gibt es etwas, das Sie gerne noch loswerden möchten?« gibt der Gesprächsperson Raum für sich selbst und erhöht die Offenheit.

Ob er seine Fragen ausformuliert oder stichpunktartig setzt, sollte der Forscher selbst entscheiden. Um über gute Frageformulierungen nachzudenken, sollte er alle Fragen jedoch auf jeden Fall einmal ausformuliert haben. Diese Formulierungen auch auf den Leitfaden zu übernehmen hat Vorteile (der Interviewer fühlt sich sicherer, Gesprächspartner bekommen eher die gleichen Fragen und Interviews werden dadurch vergleichbarer) und Nachteile (Gefahr des »Festklebens« an den Formulierungen des Leitfadens, zu lange Fragen machen den Bogen lang und unübersichtlich).

Die Menge der Fragen richtet sich nach dem Bedarf des Forschers, der Komplexität der Fragen (komplexe Fragen brauchen mehr Zeit für die Beantwortung), der Redemotivation des Gesprächspartners und dem ausgehandelten Zeitbudget.

Die Reihenfolge der Fragen kann grundsätzlich nach Prioritäten sortiert werden. Jedoch sollten auch die folgenden Aspekte bedacht werden (vgl. Gläser und Laudel 2010):

- *Ausstrahlungseffekte:* Fragt der Forscher beispielsweise gleich zu Anfang danach, wie der Gesprächspartner den Umzugsplan bewertet, werden weitere Einschätzungen eher die Tendenz dieser Bewertung verfolgen und weniger differenziert sein.
- *Fragen nach Themen oder Zeiten clustern:* Dabei sollte man große inhaltliche Sprünge vermeiden, um das Gespräch vertiefen zu können.
- *Heikle Fragen:* Diese sollten erst am Schluss des Interviews gestellt werden, wenn eine gewisse Vertrautheit eingetreten ist.

Das Layout sollte möglichst übersichtlich sein und möglichst nicht über zwei Seiten hinausgehen. Einstiegsfragen bzw. Erzählanregungen zu einem Thema sollten fett markiert und Anschlussfragen normal gedruckt darunter platziert werden.

Jeder Leitfaden sollte nach Erstellung überprüft werden:

- Welche Fragen sind eigentlich nicht (mehr) relevant und können gestrichen werden?
- Welche Fragen sind noch unverständlich/uneindeutig und müssen umformuliert werden?
- Welche Fragen sind nicht wirklich ergiebig und sollten umformuliert oder weggelassen werden?
- Ist die Reihenfolge wirklich sinnvoll?

Schließlich sollte er in einem Probeinterview mit einem »Rollenspielpartner« erprobt werden. Ist dies nicht möglich, sollte man ihn auf der Basis des ersten Interviews nötigenfalls überarbeiten.

4.4.9 Vorbereitung von Interviews

Für die Auswahl der Datenaufzeichnung gibt es mehrere Optionen. Man kann sich für eine entscheiden oder auch mehrere auswählen (vgl. Reinders 2012; Gläser und Laudel, 2010):

- *Feldnotizen:* Hierbei notiert sich der Forscher die wesentlichen Antworten des Gesprächspartners bzw. den Gesprächsverlauf während des Gesprächs. Im Idealfall beherrscht er Stenografie. Probleme: Es geht verloren, *wie* etwas gesagt wurde. Außerdem ist der Forscher durch die Gesprächsführung stark gefordert. Er sollte jedoch nicht zusätzlich belastet werden.
- *Audioaufnahme:* Gegenüber Feldnotizen gehen hier weniger Informationen verloren und der Forscher kann sich besser auf das Gespräch konzentrieren. Zwar verändert die Aufnahme die Gesprächssituation etwas. Erfahrungsgemäß vergessen beide Gesprächspartner jedoch bald, dass ein Aufnahmegerät mitläuft.
- *Videoaufnahme:* Die Informationen werden hier durch die Erfassung von Mimik, Gestik und Motorik aller Gesprächspartner erweitert und auch die Raumbedingungen werden zum Teil erfasst. Jedoch wird die Interviewsituation erfahrungsgemäß noch stärker beeinflusst als bei der Audioaufnahme. Die Verschriftlichung ist zudem wesentlich aufwendiger.

Bei der Auswahl der Gesprächspartner sind weitere Dinge zu berücksichtigen (vgl. Gläser und Laudel 2010):

- Zu einem bestimmten Thema bzw. Nebenthema kann i. d. R. nicht eine einzelne Person ausgewogen antworten. Daher sollten mehrere Personen ausgewählt werden.
- Unabdingbar ist, dass ein guter Gesprächspartner Zeit für ein Interview hat und Offenheit mitbringt. Er sollte zudem über das notwendige Wissen sowie ausreichend Fähigkeit zu Reflexion und Artikulation verfügen.
- Bekommt er Kontakte zu Gesprächspartnern überwiegend über vorausgehende Kontakte, sollte der Forscher darauf achten, sich nicht nur innerhalb eines begrenzten Netzwerks zu bewegen und dadurch einseitige Informationen zu erhalten.
- Einen Gesprächspartner über dessen Vorgesetzten zu akquirieren hat zwar den Vorteil, dass der Zugang erleichtert wird, kann jedoch auch zu Misstrauen führen (»Warum muss ich das Interview führen? Was sagt der Forscher meinem Vorgesetzten?«).
- Kennt man potenzielle Gesprächspartner persönlich, so hat das zwar den Vorteil, dass der Zugang zu ihnen leichter ist, jedoch ist man gegenüber befreundeten Personen i. d. R. unkritischer und fragt weniger nach bis dahin, dass man heikle Fragen mitunter vermeidet.

- Die Menge der Interviewpartner hängt auch davon ab, wie viel Zeitressourcen man für die Auswertung der Interviews zur Verfügung hat.
- Ist es angemessener, den Gesprächspartner mit »Sie« oder »du« anzusprechen? Beispielsweise sind Menschen mit Behinderung zum Teil gewohnt, geduzt zu werden, weshalb ein »du« der natürlichen Gesprächsbeziehung förderlich sein könnte. Andererseits gebietet das Prinzip der Gleichstellung, fremde Menschen mit Behinderung zunächst mit »Sie« anzusprechen, wie nichtbehinderte Menschen auch.

Ist die Entscheidung für einen Interviewkandidaten gefallen, muss der Erstkontakt hergestellt werden. Gläser und Laudel (2010) schildern sehr praxisbezogen eine Reihe von Aspekten, die hierbei zu beachten sind. Auch wenn sie diese auf Experteninterviews beziehen, sind ihre Hinweise grundsätzlich sehr zu empfehlen. Beispielsweise geben sie auch Anregungen, wie latenten Verweigerungshaltungen des Gegenübers begegnet werden kann.

Der Forscher ist selbst kein Neutrum, sondern ein persönliches Gegenüber für den Gesprächspartner. Auf welche Weise dieser sich auf das Gespräch einlässt, hängt von der Rolle ab, die der Interviewer einnimmt. Manchmal wird er situationsbedingt schon in eine Rolle gezwungen. Beispielsweise könnte der Interviewer vom Vorgesetzten des Gesprächspartners geschickt werden und dadurch wie ein Komplize wirken. In diesem Fall sollte er sich darüber im Klaren sein. Oft hat er aber auch mehrere Möglichkeiten, zwischen denen er diejenige wählen sollte, die zu der Art der gesuchten Informationen und zu seiner Interviewmethode am besten passt. Diese sollte jedoch auch authentisch sein. Im Folgenden werden einige Möglichkeiten aufgeführt (vgl. Flick 2012; Bogner und Menz 2001):

- *Der professionelle Fremde*: Er darf auch Selbstverständliches infrage stellen und erhält oft Informationen zu Themen, die bisher nicht reflektiert wurden, weil sie z. B. nicht bewusst waren.
- *Der Laie*: Der Forscher darf sich je nach Kontext auch als »Neuling« im Themengebiet outen und darf dadurch auch scheinbar Selbstverständliches er- und hinterfragen. Jedoch sollte er darauf achten, ob ein Laie willkommen ist, und sicherstellen, sein Handwerk zu verstehen, um nicht wie ein »dummer Laie« zu wirken.
- *Der Vertraute*: Er bekommt Informationen, die einem Fremden verwehrt bleiben.
- *Der Komplize eines Dritten*: Je nachdem, ob er Komplize von »Freund« oder »Feind« ist, bekommt der Forscher mehr oder weniger Informationen.
- *Der (Co-)Experte*: Er wird zwar von anderen Experten eher akzeptiert, sollte sich jedoch auch entsprechend auskennen.

Es kann sein, dass der Forscher selbst zum Milieu des Gesprächspartners gehört. Beispielsweise könnte es sein, dass auch er in einem großen Jugendwerk arbeitet. Dies kann Folgen haben:

- Vorteil: Er kennt die Milieusprache und es wirkt nicht aufgesetzt, wenn er diese verwendet.

- Nachteil: Weiß der Gesprächspartner um die Gemeinsamkeit, kann dieser dazu verleitet werden, bestimmte Informationen vorauszusetzen und auszusparen (»Naja, das kennen Sie ja …«). Hierdurch entgeht dem Forscher ein Aspekt der Sicht des Gegenübers. Dieser kann versuchen, durch die Bitte um ein Beispiel doch noch an Daten zu gelangen. Die Antwort kann jedoch knapper ausfallen als gegenüber einem Milieufremden. Daher kann es hilfreich sein, dass der Forscher die Milieugemeinsamkeit verschweigt.
- Nachteil: Es ist anzunehmen, dass der Forscher durch seine eigene Rolle im Milieu sogenannte »blinde Flecken« in seiner Wahrnehmung hat, die ihn dazu führen, bestimmte Aspekte stärker zu fokussieren und andere auszublenden. Hierdurch können ihm wichtige Details entgehen. Daher kann es sinnvoll sein, eine milieufremde Person in die Forschung zumindest mit einzubinden und die Forschungsfragen und -daten ständig zu reflektieren.

Die Rückfahrt vom Interview sollte nicht zu knapp geplant sein, falls das Gespräch länger dauert. Einige Tage vor dem Interviewtermin sollte sich der Forscher beim Gesprächspartner melden, um an den Termin zu erinnern und zu fragen, ob es dabei bleibt, damit er ausschließen kann, dass das Gegenüber den Termin vergisst und er umsonst zum Interviewort fährt. Am Tag des Interviews sollten die folgenden Vorbereitungen abgeschlossen sein:

- Der Forscher ist im Umgang mit dem Aufzeichnungsgerät vertraut.
- Das Aufzeichnungsgerät wurde auf Funktionsfähigkeit getestet (volle Batterien, ausreichend Speicherplatz, Mikroprobe vor jedem Interview).
- Der Forscher beherrscht den Leitfaden. Er muss ihn nicht auswendig können, sollte aber die Anwendung geprobt haben. Dies ist auch alleine mit einem fiktiven Gegenüber möglich.
- Der Forscher hat sich, wenn möglich, mit dem Ort des Interviews schon vertraut gemacht, um Störquellen auszuschließen und das Gefühl der Fremdheit schnell überwinden zu können.
- Spezifische Bedingungen der Interviewsituation wurden bedacht (Beispiel: Ort ist ein Jugendtreff, es muss vor Ort spontan ein möglichst störungsfreier Raum gesucht werden).
- Der Forscher hat sich für eine Kleidung entschieden, die einerseits die soziale Distanz zum Gegenüber reduziert (bequem, förmlich, …), in der er andererseits noch »er selbst« sein kann.
- Alle Hilfsmittel wurden eingepackt: Leitfaden (evtl. inkl. Kurzfragebogen und Bögen für ein Postskript), leere Zettel für eventuelle grafische Unterstützung des Gesprächs, Stift, Aufnahmegerät, Kontaktdaten des Gesprächspartners, Wegbeschreibung, Fahrtzeitenübersicht, Handy für unvorhergesehene Probleme, Uhr, ein Dankeschön für den Gesprächspartner.

4.4.10 Durchführung von Interviews

Man sollte rechtzeitig vor Ort sein, um das Fremdheitsgefühl zu reduzieren, unvorhergesehenen Störquellen (Baustellen etc.) auszuweichen und wenn nötig einen idealeren Interviewort zu finden.

Alles Weitere steht unter der Priorität, dem Gegenüber den Weg zum Gespräch zu ebnen. Beim Finden einer Sitzposition sollte der Forscher beispielsweise darauf achten, eine Art »distanzierte Nähe« aufbauen zu können. Ideal ist dafür, über Eck zu sitzen.

Eine kleine Hürde stellt für ungeübte Interviewer manchmal die Einführung des Audiogerätes dar (vgl. Hermanns 2012). Dieses sollte auf keinen Fall herausgehoben dargestellt werden, da dies auch eine herausgehobene Reaktion des Gegenübers provozieren kann. Es sollte eher völlig selbstverständlich angesprochen und schon nebenbei angeschaltet werden, sodass es bei der Frage, ob das Gegenüber der Aufnahme zustimmt, bereits läuft. In diesem Fall kann die Antwort aufgezeichnet und damit festgehalten werden. Wenn der Forscher anschließend fragt, ob anonymisierte Zitate in den Bericht einfließen dürfen, wird die Antwort ebenfalls festgehalten.

Im Interview selbst hat der Forscher zwar seinen Leitfaden dabei, sollte jedoch nicht zu sehr an diesem »kleben«, um ein natürliches Gespräch herzustellen. Dieses »Kleben« am Leitfaden kann ungeübten Interviewern leicht passieren, da ein Interview sehr große Anforderungen an den Forscher stellt. Dabei ist durch viel Üben und nachträgliches Reflektieren eine gute Balance zwischen den Polen zu entwickeln, zwischen denen der Interviewer agiert:

- Einerseits will er vieles vom Gegenüber wissen – andererseits dessen Grenzen respektieren.
- Einerseits muss er selbst genug Vorwissen haben, um Rückfragen stellen zu können – andererseits darf er nicht zu viel davon preisgeben, um das Interview nicht zu beeinflussen.
- Einerseits muss er stets auf gutes Klima bedacht sein – andererseits muss er auf Launen seines Gesprächspartners reagieren, ihm evtl. heikle Frage stellen oder gar mittels Provokationen und Zugzwängen versuchen, ihm Antworten zu entlocken.
- Einerseits muss er dem Gespräch einen natürlichen Verlauf geben – andererseits muss er Antworten auf bestimmte Fragen finden und darf das Gespräch nicht zu sehr ausufern lassen.

Folgende Tabelle stellt einige Beispiele gelungener und problematischer Interviewführung anschaulich gegenüber.

Tab. 6: Vergleich von gelungener und problematischer Interviewführung

Gelungene Interviewführung	Problematische Interviewführung
Der Moderator hält sich zurück und der Befragte bestimmt das Gespräch.	Der Moderator strukturiert stark, redet viel und der Befragte »unterliegt«.
»Erzählen Sie mal, wie das da war!« (Sprechsprache)	»Erläutern Sie Ihre Erfahrungen!« (Schriftsprache)
»Sagen Sie doch mal, wie Sie das finden!« (Abtönungspartikel wie »doch«, »mal«, »so« und »eigentlich« verwendet)	»Sagen Sie Ihre Meinung!« (Knapp, direkt und dadurch offensiv formuliert)
»Erzählen Sie mal ...!« (Forciert Generierung von Text)	»War das okay für Sie?« (Forciert ein knappes »Ja/Nein«)
»Wie kam es eigentlich, dass ...?« (Lässt einen Prozess schildern)	»Warum haben Sie das gemacht?« (Bringt Befragte zu Rechtfertigungen)
»Was fällt Ihnen sonst noch ein?« (Hält ein Thema aufrecht)	»Sind Sie im Jugendwerk geblieben?« (Schließt ein Thema mit »Ja/Nein« ab)
»Erläutern Sie das doch genauer!« »Geben Sie mir mal ein Beispiel!« »Wie haben Sie das gemeint?« (Fragt offen nach)	»Jugendwerksarbeit ist ja sehr aufwendig. Erzählen Sie mir davon!« »Gehen Sie eigentlich gerne dahin?« (Fragen sind suggestiv)
Faktenfragen am Ende des Interviews schließen das Gespräch ab.	Faktenfragen zu früh gestellt blockieren den Gesprächsfluss.

Wenn die ersten Interviews noch etwas holprig sind, sollte man sich nicht verunsichern lassen. Es braucht häufig einige Versuche, mit der Methode vertraut zu werden. Manchen Forschern hilft es, zur Unterstützung ein paar Blatt Papier und einen Stift dabei zu haben, auf denen sie abstrakte Themen grafisch versinnbildlichen können. Diese sollten in die Auswertung einbezogen werden.

Nach dem Gespräch sollte sich der Forscher bedanken. Es kann die Offenheit für weitere Gespräche unterstützen, ein Feedback einzuholen. Außerdem kann der Forscher nötigenfalls die Gelegenheit nutzen, einen Folgetermin zu vereinbaren und sich bei Bedarf zusätzliche Dokumente zu verschaffen.

Manche Gesprächspartner bitten um Zusendung des Transkriptes. Dies kann man nicht ablehnen. Wenn man das Transkript korrigiert zurückbekommt, sollte man die Korrekturen als zweiten Datensatz verstehen, der im Vergleich mit der ersten Version ausgewertet werden kann.

Postskripts sollte man möglichst bald nach dem Interview anfertigen, um genügend Details erinnern zu können. Diese per Audio aufzuzeichnen geht schneller und regt die Erinnerung stärker an. Alle Audioaufnahmen sollten so bald wie möglich nach dem Interview überprüft werden. Sollte eine Aufnahme missglückt sein, so besteht noch die Möglichkeit, aus der »frischen« Erinnerung zumindest die wichtigsten Inhalte des Interviews zu notieren.

Bei aller Vorbereitung muss man zugestehen, dass Interviewführung nicht ausreichend durch ein Lehrbuch zu vermitteln ist, sondern nur in der Umsetzung gelernt werden kann. Daher ist sie als Kunst zu bezeichnen, die man üben muss. Gläser und Laudel (2010) raten als Lernmethode zudem, Interviews in den Medien auf folgende Fragen hin zu untersuchen:

- Stimmen Fragen und wahrscheinliches Informationsinteresse überein?
- Welche Reaktion hat eine Frage ausgelöst?
- Wie hätte man besser fragen können?

Zudem ist es lehrreich, seine eigenen Interviewaufnahmen auf Fehler hin zu analysieren. Nach und nach kennt der Forscher seine »Lieblingsfehler« und kann gezielt Strategien dagegen entwickeln.

4.4.11 Besondere Settings

Neben klassischen face-to-face-Interviews bestehen auch andere Settings wie Interviews über computergesteuerten Bildschirmkontakt oder Telefoninterviews. Diese reduzieren zwar den Aufwand der Fahrt, sparen dadurch Zeit und Kosten und sind flexibler. Computergesteuerte Interviews sind jedoch nur sinnvoll bei Gesprächspartnern, die mit den üblichen technischen Problemen nicht schnell überfordert sind. Und selbst dann stören technische Probleme den Interviewverlauf immer wieder sehr. Nachteile von Telefoninterviews (vgl. Scholl 2009):

- Die viel unpersönlichere Beziehung hält das Gespräch oberflächlicher und erschwert das Motivieren des Gesprächspartners sowie das Stellen heikler Fragen.
- Der Forscher kann die Situation des Gesprächspartners nicht sehen und dadurch weder in die Interpretation mit aufnehmen noch sie kontrollieren (z. B. das Auftauchen dritter Personen).
- Der Forscher erhält keine Informationen über Gestik, Mimik und Motorik des Gegenübers.

Da andere Stimuli wegfallen, kommt im Telefoninterview der Stimme des Forschers eine immense Bedeutung zu. Sie transportiert für den Gesprächspartner relevante Persönlichkeitseigenschaften wie Selbstbewusstsein, Vertrauenswürdigkeit und Kompetenz. Einen kompetenten, vertrauenswürdigen Eindruck erreicht ein Interviewer vor allem durch eine entspannte Stimmlage, gute Modulation, relativ schnelle Sprechgeschwindigkeit und eine angemessene Lautstärke. Um Irritationen auszuschließen, sollte die Stimme klar, verständlich und möglichst akzentfrei sein (vgl. Buchwald 2006).

📖 Literaturempfehlungen

- Faulbaum et al. (2009): Die Autoren geben viele Hinweise und Beispiele für gute Frageformulierungen.
- Bogner et al. (2005): Dieser Sammelband gibt einen sehr ausführlichen Überblick über das Thema Experteninterviews.
- Gläser und Laudel (2010): Neben einer ausführlichen Behandlung von Experteninterviews und den schon genannten Aspekten bietet dieses Werk weitere

detaillierte Hinweise zur allgemeinen Durchführung von Leitfadeninterviews, wie beispielsweise:
- Umgang mit Störungen am Interviewort
- Allgemeine Regeln der Gesprächsführung im Interview
- Umgang mit verschiedenen Typen von Gesprächspartnern
- Umgang mit speziellen Reaktionen des Interviewpartners

- Hermanns (2012): Der Autor beschreibt in diesem Aufsatz das »Drama« des Interviews und wie der Forscher dies gezielt gestalten kann.
- Baur und Blasius (2014): In diesem Herausgeberband finden sich unter anderem Artikel zur empirischen Datenerhebung bei besonderen Gruppen wie (sehr) jungen oder alten Menschen, Menschen mit Migrationshintergrund und weiteren speziellen Populationen. Dabei werden auch wertvolle Hinweise zur Interviewführung bei diesen Menschengruppen gegeben.
- Reinders (2012): Dieses Werk gibt eine ausführliche Anleitung für Interviews mit Jugendlichen.
- Trautmann (2010): Dieses Werk gibt eine ausführliche Anleitung für Interviews mit Kindern.
- Deinert (2010): Dieser Artikel gibt hilfreiche Informationen für Interviews mit Kindern.

4.5   Dokumentenanalyse

Dietmar Maschke

Bei den meisten Methoden werden zunächst Daten erhoben, die anschließend einer Analyse unterzogen werden sollen. Dies ist – wie in den anderen Kapiteln beschrieben – mit einem häufig nicht unwesentlichen Aufwand verbunden. Dokumentenanalysen stellen eine Möglichkeit zur Begrenzung oder Reduzierung des Erhebungsaufwands dar – insbesondere bei kleinen zeitlichen oder finanziellen Budgets. Sie nutzen in der Einrichtung bereits vorhandene Daten, die in verschiedensten Dokumenten, z. B. Sachberichten, Protokollen oder Zeitungsberichten, enthalten sein können. Anhand von zuvor festgelegten Kriterien werden diese Dokumente durchsucht, die relevanten Informationen gesammelt und anschließend quantitativ oder qualitativ analysiert. Lamnek zählt Dokumentenanalysen zu den quantitativen inhaltsanalytischen Techniken (vgl. Lamnek 2010, S. 455ff.).

Bei der Dokumentenanalyse handelt es sich um eine indirekte Beobachtungsmethode (vgl. Schaffer 2009, S. 97ff.). Sie gehört zur Gruppe der nonreaktiven Verfahren. Das »sind Datenerhebungsmethoden, die keinerlei Einfluss auf die untersuchten Personen, Ereignisse oder Prozesse ausüben, weil a) die Datenerhebung nicht bemerkt wird oder b) nur Verhaltensspuren betrachtet werden« (Bortz und Döring 2006, S. 326). Im Blick auf die bekannten Verzerrungseffekte bei der Erhebung von Daten kann das von großem Vorteil sein (vgl. Kap. 3.7.4).

Im Grunde stellt zwar jede empirische Auswertung eine Dokumentenanalyse dar. Der Unterschied liegt aber darin, dass die Dokumente – also die Daten – bei anderen Methoden eigens für diesen Zweck verfasst bzw. erhoben wurden, während hier auf vorhandenes Material zurückgegriffen wird.

Im folgenden Abschnitt wird exemplarisch dargestellt,

- was bei der Planung und Durchführung von Dokumentenanalysen besonders zu berücksichtigen ist,
- welche Funktionen sie im Rahmen der Praxisforschung in der Sozialen Arbeit übernehmen können,
- wie eine methodische Umsetzung beispielhaft aussehen könnte.

Praxisbeispiele
- Ein großer Träger von Jugendhilfeeinrichtungen möchte seine pädagogische Arbeit in den 1950er und 1960er Jahren aufarbeiten. Zu diesem Zweck werden in den einzelnen Einrichtungen bereits vorliegende Sachberichte zum aktuellen Aufarbeitungsstand erfasst und von der damit beauftragten Fachstelle dokumentarisch zusammengestellt.
- Ein großes Modellprojekt zur Armutsprävention soll evaluiert werden. Dazu werden am Ende des Projekts die Mitarbeitenden in den beteiligten Einrichtungen anhand eines Fragebogens befragt. Um die zusätzliche Belastung der Mitarbeitenden möglichst gering zu halten, werden die bereits erstellten Sachberichte analysiert und im Fragebogen lediglich diejenigen Aspekte zusätzlich abgefragt, die zuvor noch nicht erhoben waren.
- In einer Bachelorarbeit soll die Geschichte und der pädagogische Ansatz der Kinder- und Jugenderholung der Diakonie analysiert werden. Da es sich um einen Zeitraum von 90 Jahren handelt und es nur für die mittleren und späteren Jahre Zeitzeugen gibt, werden für die Anfänge Dokumente herangezogen.
- Auswertung von Protokollen: Ein Träger sozialpädagogischer Familienhilfe möchte den Verlauf, die Themen und die Effekte seiner Teamsitzungen analysieren. Hierzu werden die standardisierten Protokolle des vergangenen Jahres herangezogen und ausgewertet.

4.5.1 Methodische Grundlagen

In der Umsetzung hängt das konkrete Vorgehen vom thematischen Setting und von der Vorfindbarkeit der Dokumente ab. Grundsätzlich können Dokumente jeglicher Art herangezogen werden. Man denkt zunächst schnell an schriftliche bzw. gedruckte Dokumente. Denkbar sind grundsätzlich natürlich auch digitale Dokumente (z. B. Ton-, Bild- oder Videoaufnahmen) und neben klassischen Sachdokumenten (z. B. Berichte) können auch Kunstwerke (z. B. Zeichnungen, Bilder, Gedichte) als Grundlage für eine solche Analyse verwendet werden.

Bei der Auswahl der Dokumente sollte sich der Praxisforscher seiner Kriterien bewusst sein. Dazu gehören (vgl. Mayring 2002, S. 46f.):

- die Art des Dokuments (Akten gelten als zuverlässiger als Zeitungsartikel),
- äußere Merkmale (Zustand des Materials, z. B. Lesbarkeit),
- innere Merkmale (Inhalt bei schriftlichen Quellen und Aussagekraft bei Gegenständen),
- Intendiertheit (Was war die ursprüngliche Funktion des Dokuments? Absichtlich geschaffene Dokumente enthalten möglicherweise Fehlerquellen),
- die Dokumentation der Gegenstandsnähe (zeitlich, räumlich, sozial),
- die Herkunft des Dokuments (Wo wurde es gefunden? Woher stammt es? Wie erfolgte die Überlieferung?).

Die entscheidende methodische Herausforderung liegt in der Auswahl, Definition und Beschränkung des Dokumentenmaterials hinsichtlich der konkreten Fragestellung, die im Rahmen der Untersuchung bearbeitet werden soll. Andernfalls könnte der Aufwand ausufern und es droht ein Abdriften auf thematische Nebengleise. Hierbei sind vier Schritte notwendig:

- Wie bei allen Forschungsprojekten sollten anfangs die Fragestellungen klar formuliert werden.
- Es folgt die genaue Definition, welche Dokumente herangezogen werden sollen (und welche nicht) und die Bestimmung des Ausgangsmaterials.
- In der Quellenkritik wird anhand der oben genannten Kriterien der Aussagewert der Dokumente im Hinblick auf die Fragestellungen eingeschätzt.
- Danach erfolgt die Interpretation und Analyse des Materials.

Zwei entscheidende Schritte kommen noch hinzu und verlaufen parallel bzw. quer zum Auswahlprozess:

- Die Sammlung des Materials: Für das Zusammentragen der Dokumente, die Recherche in Archiven und das Durchsuchen von Materialkisten sollte ausreichend Zeit eingeplant werden.
- Datenerfassung: Wo das Material nur in gedruckter oder materieller Form vorliegt, ist eine Datenerfassung nötig, um es für die Auswertung zugänglich zu machen. Das Spektrum ist vielfältig, z. B. Zusammentragen von Texten in einem Textverarbeitungsprogramm, Eingabe in strukturierte Datentabellen (wie bei der Eingabe von Fragebögen), Erfassung in einem Literaturverwaltungsprogramm (z. B. Citavi), Kopieren, Einscannen und Fotografieren.

Die Vorteile des Verfahrens liegen auf der Hand:

- Der zu betreibende Aufwand ist gegenüber einer eigenen Erhebung verhältnismäßig niedrig.
- Die Durchführung ist unproblematischer und niederschwelliger als bei teilnehmenden Beobachtungs- und direkten Befragungsmethoden.
- Es können auch Gegenstände erfasst und beschrieben werden, die anderweitig nicht (mehr) über Messungen, Befragungen und Beobachtungen zugänglich sind.

Diesen Vorteilen stehen aber auch einige Nachteile gegenüber, die bei der Auswertung zu bedenken bleiben:

- Womöglich sind die vorliegenden Daten nicht aktuell genug oder die Situation hat sich inzwischen verändert.
- Häufig sind die aufgefundenen Daten nicht ganz passgenau oder unvollständig, sodass der Gegenstand nicht exakt getroffen wird oder Fragen offen bleiben.
- Einen möglicherweise vorhandenen Interpretationsspielraum bei den Daten gilt es methodisch aufzufangen, indem das Vorgehen genau beschrieben und anhand von Gütekriterien überprüfbar gemacht wird. Zu den Gütekriterien gehören auch Plausibilität und Nachvollziehbarkeit bei der Gliederung des verwendeten Materials und bei der Einstufung der Relevanz eines Dokuments.

Die Auswertung kann quantitativ und qualitativ erfolgen. Einfache quantitative Formen der Auswertung sind beispielsweise das Zählen von auffindbaren Berichten zum Thema und das Auszählen von bestimmten Schlagwörtern innerhalb der Dokumente. Qualitativ kommen alle Verfahren der Inhaltsanalyse infrage (vgl. Kap. 5).

4.5.2 Funktionen und Nutzen

Auch wenn bei der Dokumentenanalyse keine eigenen Daten erhoben werden, kann sie innerhalb eines Praxisforschungsdesigns zu den in den vorangegangenen Abschnitten beschriebenen Nutzen von Evaluation (vgl. Kap. 3.4) beitragen:

- In einem mehrphasigen Forschungsdesign könnte die Dokumentenanalyse zu Beginn eine explorative Funktion wahrnehmen, um sich einen Forschungsgegenstand zu erschließen oder um sich neu in ein Themengebiet einzuarbeiten.
- Das Verfahren kann der Kontrolle und Validierung dienen: Die in einer Befragung erhobenen Informationen können anhand von Dokumenten (z. B. Sachberichte oder Pressespiegel) überprüft und validiert werden.
- Im Hinblick auf die legitimatorische Funktion von Evaluation kann das Heranziehen externer Dokumente (z. B. Anzahl und Gehalt der Medienberichterstattung) einen objektiven Beitrag leisten, um die öffentliche Resonanz eines zu evaluierenden Angebots zu dokumentieren.
- Im Sinne von Triangulation und Perspektivenvariation können die im Rahmen einer Dokumentenanalyse gesammelten Informationen zur Vervollständigung von bisher noch unvollständig vorhandenen Daten beitragen.

4.5.3 Methodisches Vorgehen

Abschließend soll anhand der eingangs kurz eingeführten Beispiele gezeigt werden, wie eine methodische Umsetzung aussehen könnte und worin der eigenständige Mehrwert von Dokumentenanalysen für die Praxis liegen kann.

- *Aufarbeitung der pädagogischen Arbeit in Jugendhilfeeinrichtungen:* Ziel des Projektes war die Dokumentation des aktuellen Aufarbeitungsstandes in den einzelnen Einrichtungen. Da hierzu keine Dokumente öffentlich zugänglich sind, wurden die Einrichtungsleitungen direkt angefragt und um Zusendung der Berichte gebeten. Die daraufhin eingereichten Berichte wurden im Originalwortlaut zu einem Gesamtdokument zusammengestellt. Bei einzelnen längeren Dokumenten war seitens der Verfasser keine wortwörtliche Wiedergabe gewünscht. Hier wurde eine Zusammenfassung der wichtigsten Aspekte erstellt. Ergänzend wurden – soweit vorhanden – auch Zeitungsberichte recherchiert und in der Dokumentation ergänzt. Der Auftrag für die Dokumentation kam direkt vom Träger. Dies war ein sehr entscheidender Faktor, da es sich um ein sensibles Thema handelt, bei dem Vertraulichkeit gewahrt und der Verwendungszusammenhang der Materialen genau definiert werden musste.
- *Evaluation von Modellprojekten zur Armutsprävention:* Im Verlauf der mehrjährigen Projekte mussten zahlreiche und umfassende Sach-, Verlaufs- und Abschlussberichte verfasst werden. Deren Erstellung hatte bereits sehr viele zeitliche Ressourcen gebunden. In den Berichten liegt ein breiter Fundus an Material vor, der für die Evaluation genutzt werden kann, ohne dass nochmals alle Beteiligten in kompletter Breite befragt werden müssten. Dies trägt stark zur Entlastung der Mitarbeitenden bei. Wo rechtzeitig die Möglichkeit besteht, empfiehlt es sich, die für die Evaluation bedeutsamen Fragestellungen bereits in die Berichtsvorlage einzubauen, damit diese schon bei der Verfassung der Berichte mit beantwortet werden können und kein zusätzlicher Aufwand notwendig wird. Die Grenze des Verfahrens liegt hier allerdings bei sensiblen Fragestellungen, z.B. bezüglich Konflikten im Verlauf und in der Zusammenarbeit. Um offene und ehrliche Antworten auf diese Fragen zu bekommen, war eine weitere, anonyme Befragung nötig, in deren Rahmen Datenschutz gegenüber Leitung und Projektpartnern ausdrücklich gewahrt war.
- *Bachelorarbeit zur Geschichte der Kinder- und Jugenderholung der Diakonie:* Die 90-jährige Geschichte dieses Angebots wurde in drei Zeitabschnitte eingeteilt: Während für die Zeit ab 1950 und die aktuelle Arbeit ab der Jahrtausendwende Interviews und schriftliche Befragungen mit früheren Mitarbeitenden (Zeitzeugen) und aktuellen Mitarbeitenden möglich waren, musste für die Anfänge in den 1920er Jahren ein anderer Zugang gewählt werden. Zunächst wurden die im Archiv des Diakonischen Werks Bayern erhaltenen Jahresberichte (»Blätter für Innere Mission in Bayern«) durchsucht. Darüber hinaus erfolgte eine umfangreiche Recherche im Landeskirchlichen Archiv der Evang.-Luth. Kirche in Bayern nach dort archivierten Dokumenten, u.a. zu den Stichworten »Kindererholung«, »Landverschickung« und »Ferienheim«. Neben Statistiken wurden dort auch zahlreiche Berichte und Aktennotizen gefunden. Bei dieser Recherche war die Eingrenzung und Strukturierung von großer Bedeutung, da unerwartet viel Material vorhanden war und zahlreiche interessante Überraschungsfunde die Arbeit beinahe thematisch gesprengt hätten. Bei den alten Archivmaterialien war einiger zusätzlicher Aufwand nötig, etwa zur Entzifferung von vergilbten Schreibmaschinen-Durchschlägen und

von Notizen in altdeutscher Handschrift. Im Nachhinein hat sich der betriebene Aufwand als angemessen erwiesen, weil aus dem Material trotz der zeitlichen Ferne ein lebendiges und authentisches Bild der Arbeit in den Anfangsjahren und in der NS-Zeit rekonstruiert werden konnte.

- *Auswertung von Protokollen, z. B. in der sozialpädagogischen Familienhilfe:* Auch hier werden die bereits vorhandenen Materialien genutzt, ohne dass die Mitarbeitenden zusätzlich belastet werden. Aus den Protokollen können Verlauf, Themen und Effekte der Teamsitzungen abgeleitet werden. Nicht nur im Hinblick auf eine spätere Analyse ist die Verwendung einer einheitlichen und gut gegliederten Vorlage für Protokolle und Fallarbeit empfehlenswert. Dadurch werden die Verläufe vergleichbar und die Informationen können später einfacher gefunden und weiterverarbeitet werden.

4.6 Untersuchung von Einzelfällen

Joachim König

Auch als Fallstudien oder Case Studies bezeichnet sind Untersuchungen von Einzelfällen immer dann angeraten, wenn es um die intensive, an Detailtreue interessierte Darstellung der komplexen Einzigartigkeit und Charakteristik von Personen, Personengruppen, Organisationen oder anderen sozialen Gebilden wie Parteien, Verbänden oder Gesellschaften geht. Man könnte sagen, Einzelfallstudien sind die Form von Praxisforschung, bei der dem Gegenstand größte Bedeutung und gegenüber allen Methodenentscheidungen die höchste Priorität eingeräumt wird. Umgekehrt behauptet Lamnek (2005, S. 298), dass die inzwischen häufig beobachtbare »Dominanz der Methode vor dem Gegenstand und die einhergehende Favorisierung und zum Teil Fetischisierung quantitativer Forschung in Daten und Befunden [...] die Einzelfallstudie über Jahrzehnte hinweg zu einem Mauerblümchendasein degradiert« hat.

Streng genommen stellen Einzelfalluntersuchungen zunächst keine von anderen Methoden (Befragung, Beobachtung ...) abgrenzbare Form der Datenerhebung dar. Es handelt sich bei der Untersuchung von Einzelfällen eher um eine Vorgehensweise oder eine Strategie. Witzel (1982, S. 78) bezeichnet sie als »approach«, der, je nach Fragestellung, verschiedene Methoden einsetzt, um schließlich das Besondere dieses Falls insgesamt und auch in Abgrenzung zu anderen Fällen und zu seiner Umgebung beschreiben und in seiner spezifischen Eigenart charakterisieren zu können. Gerade die Unterschiedlichkeit der verschiedenen im Sinne einer Triangulation eingesetzten Erhebungsmethoden bringt zum Ausdruck, dass es Einzelfalluntersuchungen um eine möglichst vollständige, adäquate und differenziert aussagekräftige Erfassung des jeweiligen Gegenstandes, nämlich des Falles, geht und die Methodenentscheidungen vor diesem Hintergrund immer wieder neu zu treffen sind, jedenfalls nicht systematisch regelhaft vorgegeben werden können.

Im folgenden Abschnitt wird dargestellt,

- was bei der Planung und Durchführung von Fallstudien besonders zu berücksichtigen ist,
- welche Funktionen sie im Rahmen der Praxisforschung in der Sozialen Arbeit übernehmen können und welche Vorteile sie gegenüber anderen Strategien der Praxisforschung deshalb haben,
- wie eine methodische Umsetzung beispielhaft aussehen könnte.

Praxisbeispiele
- *Ein Jugendlicher in der stationären Jugendhilfe,* dessen Resilienz trotz massiver sozialer Benachteiligung sowie biografischer und familiärer Belastungen besonders auffällig ausgeprägt erscheint, soll ausführlich befragt und auch im Hinblick auf seine Biografie untersucht werden. Ziel dieser Fallstudie ist es, Erkenntnisse darüber zu gewinnen, welche Faktoren für die Entstehung und Aufrechterhaltung von Resilienz bei ihm die entscheidenden gewesen sein könnten und wie solche Befunde möglicherweise zu generalisieren wären.
- *Eine Clique Jugendlicher* und junger Erwachsener im Alter zwischen 15 und 22 Jahren, die seit einiger Zeit durch ihr extrem provokantes und oft auch kriminelles Verhalten im Rahmen der stadtteilbezogenen Arbeit des Allgemeinen Sozialdienstes (ASD) auffällig geworden ist, soll näher untersucht werden. Im Fokus stehen neue Zugangswege zu solchen Jugendlichen und Handlungsansätze im Rahmen der niedrigschwelligen Arbeit des ASD in diesem Stadtteil. Aus den Erkenntnissen sollen Präventionsangebote auch für andere, vergleichbare Stadtteile und Arbeitsfelder entwickelt werden.
- Ein stark *unterschichtsgeprägter Stadtteil,* in dem die Beteiligung der BewohnerInnen an der Gestaltung eines neuen Wohngebietes samt Bürgerzentrum besonders gut gelungen ist, soll differenziert beschrieben werden. Daraus sollen Erkenntnisse abgeleitet werden, wie die Teilhabe von benachteiligten Jugendlichen und Erwachsenen verbessert und damit Selbst- und Mitverantwortung, aber auch Mitbestimmung bei ähnlichen Zielgruppen gefördert und entwickelt werden können.

4.6.1 Methodische Grundlagen

Im Prinzip ist die Vielfalt an Methoden, die im Rahmen von Fallstudien eingesetzt werden, beinahe so groß wie das Repertoire der empirischen Sozialforschung insgesamt. Trotzdem lässt sich feststellen, dass eher selten standardisierte und quantitativ orientierte Verfahren zum Einsatz kommen, dagegen sehr häufig narrative, Tiefen- oder halbstrukturierte Interviews im Mittelpunkt des methodischen Ansatzes stehen. Oft werden auch Gruppeninterviews oder teilnehmende Beobachtungsmethoden eingesetzt, Briefe, Protokolle, Gerichtsakten oder anderen Dokumente werden analysiert, Zeitungsartikel, Statistiken oder auch bereits vorhandenes Bild- oder Videomaterial einer sekundären Analyse unterzogen. Der Phantasie der ForscherInnen sind da zunächst eigentlich keine Grenzen gesetzt. Trotzdem gilt es, auch beim Einsatz einzelfallanalytischer Methoden regelgeleitet vorzugehen und dabei vor allem die folgenden Grundgedanken zu beachten und in die verschiedenen Entscheidungen bei der Planung mit einzubeziehen:

- In einem ersten Schritt muss die *Untersuchungseinheit* definiert werden: Um welche Person, welche Gruppe, welches Gemeinwesen handelt es sich bei dieser Untersuchung genau? Wie lässt sich dieser Fall, zunächst möglicherweise vorläufig aber doch eindeutig, von anderen Einheiten abgrenzen, die dann auch nicht Gegenstand der Betrachtung sein werden? Mehr als auf Detailtreue in der Beschreibung sollte es bei dieser Definition um den Fall als Ganzes, in seiner Totalität zu Erfassendes und Abzugrenzendes gehen.
- Im Verlauf der Untersuchung selbst kann es sehr hilfreich sein, gerade zur Erfassung der Besonderheiten und spezifischen Eigenarten eines Falles auch seine *Beziehungen zur Umwelt* kontrastierend mit einzubeziehen. Das macht die Sache natürlich komplexer und komplizierter, der Aufwand wird größer, der in empirischer Hinsicht betrieben werden muss.
- Gerade weil es bei Einzelfallanalysen keine expliziten Vorgaben für die Auswahl der Methoden zur Datenerhebung gibt, ist die transparente *Erstellung eines Untersuchungsplans* wichtig. Nur wenn nachvollziehbar bleibt, wie, also mit welchen Methoden und in welchen Schritten, die Daten und Informationen zustande gekommen sind, um die Komplexität eines Falles umfänglich darzustellen, lassen sich diese Befunde sinnvoll interpretieren und vor allem mit Blick auf ihre inhaltliche Validität beurteilen.
- Natürlich kann, ja muss es im Laufe einer Studie, vor allem wenn sie stark explorativ ausgerichtet ist, aber möglich bleiben, diesen *Untersuchungsplan* zu ergänzen, zu *verändern* oder zu revidieren. Wichtig und entscheidend ist dabei deshalb eine regelgeleitete Dokumentation des gesamten Forschungsprozesses, um solche Entscheidungen im Verlauf des Verfahrens nachvollziehbar begründen zu können und am Ende intersubjektiv kontrollierbar und kritisierbar zu machen.

Standardisierung, Strukturiertheit und Objektivität der Untersuchung stehen bei solchen Vorgaben als Gütekriterien zur Beurteilung der Qualität einer Einzelfallanalyse natürlich nicht im Vordergrund. Daher sind die Ergebnisse von Fallstudien nur selten, nie jedoch ohne Weiteres verallgemeinerbar und auch kaum als reliabel im strengen Sinne quantitativer Sozialforschung zu betrachten. Wichtiger mit Blick auf Qualität, Belastbarkeit und Verwertbarkeit der Ergebnisse erscheinen methodisch gesehen dagegen eher die inhaltliche Validität, aber auch Prinzipien wie Ideenreichtum bei der Methodenwahl und der Methodenentwicklung, Detailtreue in der Darstellung und der »inhaltliche Tiefgang«, der eine für Außenstehende und vor allem für die Adressaten der Ergebnisse nachvollziehbare Darstellung und ein Verständnis von Komplexität in diesem Fall ermöglicht.

4.6.2 Funktionen und Nutzen

Als eine von Neugier geprägte Exploration und sich in kleinteiliger Detektivarbeit Schritt für Schritt annähernde *Erkundung von Neuland* könnte das Vorgehen bei Fallstudien kurz charakterisiert werden. Wichtig ist dabei das einerseits gegenstandsbezogen vorbehaltlose, andererseits trotzdem methodisch systematische Erfassen der sozialen Wirklichkeit dieses Falles, um daraus, Stück für Stück, immer wieder neue Entscheidungen treffend, »den Ursachen auf den Grund zu kommen«. Leitend für das jeweilige Vorgehen bei solchen Entscheidungen ist natürlich die Absicht, die hinter einer solchen Untersuchung steckt, also der erwartete Nutzen, letztlich die intendierte Funktion, die eine Fallanalyse übernehmen soll. Auch hier ist vieles denkbar und auch mit einfachen, aber eben praktisch passgenauen Methoden möglich:

- In vielen Situationen dient die systematische Untersuchung von Einzelfällen der *Hypothesengenerierung*. Dieser klassische Nutzen qualitativer Sozialforschung könnte z. B. darin bestehen, Anhaltspunkte dafür zu gewinnen, welches die entscheidenden Erfahrungen, Eigenschaften und Persönlichkeitsmerkmale sind, die Jugendliche stark im Umgang mit Belastungen, Benachteiligungen und Gewalterfahrungen machen, welche Resilienzfaktoren bei dieser Zielgruppe also letztlich maßgeblich sein könnten. Dafür könnte zunächst ein einzelner Jugendlicher in der stationären Jugendhilfe mit halbstrukturierten, biografisch orientierten Interviews zu mehreren Zeitpunkten detailliert und differenziert befragt werden. Im Anschluss an eine solche Fallstudie könnten dann im Rahmen einer breit angelegten, repräsentativen Befragung von Jugendlichen anhand eines Fragebogens diese Hypothesen überprüft und möglicherweise bestätigt (oder auch widerlegt) werden.
- Umgekehrt oder auch in diesem Sinne darauf aufbauend wäre es genauso denkbar, dass Fallstudien die Aufgabe bekommen, bereits formulierte *Hypothesen* zunächst, etwa anhand neuer Einzelfälle, weiter zu *plausibilisieren* und zu erhärten oder eben auch, vor dem Hintergrund anderer Rahmenbedingungen in neuen Fällen, gezielt zu *widerlegen*. Solche Erkenntnisse aus der Untersuchung von Einzelfällen hätten dann die Aufgabe, das Wissen über Phänomene wie etwa Resilienz an der Realität zu überprüfen und gleichzeitig weiter auszudifferenzieren und zu vertiefen.
- Methodisch völlig anders gelagert, jedoch ebenso als Vorstufe einer großen quantitativen Untersuchung gedacht, könnten Fallstudien auch dazu dienen, Wissen auf dem Weg zu einer möglichst validen, praxisadäquaten *Operationalisierung* eines zu untersuchenden Gegenstandes zu generieren. Die Aufgabe bestünde in diesem Fall z. B. darin, zu erkunden, mit welchen Kriterien die erfolgreiche Entstehung von Selbsthilfegruppen in Stadtteilen am besten beschrieben und bewertet werden kann. Es geht also um die Auswahl und um die möglichst genaue Formulierung von validen Indikatoren, die erst anschließend in einer größeren Untersuchung Verwendung finden.
- Auch dann, wenn im Verlauf großer empirischer Untersuchungen bereits Ergebnisse vorliegen, können Situationen entstehen, in denen, gewissermaßen als Abrundung, Datenmaterial aus Fallstudien zur *Plausibilisierung und Ver-*

anschaulichung von bereits verallgemeinerten Ergebnissen verwendet werden kann. Angenommen, es hat sich in einer groß angelegten Evaluation der Implementierung eines Bürgerzentrums im Stadtteil ergeben, dass die Angebote der Fachkräfte dort gut geeignet sind, Bildungsprozesse vor allem bei Jugendlichen und Erwachsenen aus benachteiligten Familien zu initiieren und zu begleiten. In so einem Fall könnten biografisch angelegte Einzelfallanalysen mit einigen ausgewählten BesucherInnen verschiedenen Alters dazu dienen, im Rahmen der Berichtlegung und der Präsentation der Ergebnisse dieser Untersuchung deutlich zu machen, worin der zuvor quantitativ festgestellte Gewinn solcher Angebote etwa für einen jungen Menschen genau liegt und welche Konsequenzen sich für ihn im Hinblick auf seine weitere berufliche und persönliche Entwicklung ergeben können.

- Genauso ist es aber auch denkbar, dass sich im Anschluss an eine solche große Untersuchung aus den vorliegenden Befunden weitere Fragen, ungeklärte Widersprüche oder auch bisher unerklärbare Phänomene ergeben. In einem solchen Fall können Einzelfalluntersuchungen der *abschließenden Vertiefung* sowohl im Sinne der Bestätigung oder der Begründung bereits vorliegender Ergebnisse als auch der Klärung solcher noch offener Fragen dienen: Warum etwa, könnte eine solche offene Frage lauten, gelingt die berufliche Eingliederung von »schwierigen Jugendlichen« dann besser, wenn diese Jugendlichen parallel dazu die niedrigschwelligen Angebote im Stadtteil angenommen haben? Wie ist es zu erklären, dass vor allem Mädchen diese Angebote häufiger und mit mehr Gewinn für ihre eigene berufliche und persönliche Entwicklung wahrnehmen als männliche Jugendliche?

4.6.3 Methodisches Vorgehen

Abschließend soll anhand der drei bereits eingeführten Beispiele noch einmal deutlich gemacht werden, wie eine methodische Umsetzung aussehen könnte und worin der eigenständige Mehrwert von Einzelfallanalysen für die Praxis liegen kann, obwohl – oder vielleicht gerade weil – solche Studien keine einheitliche, eigenständige empirisch-methodische Logik verfolgen, sondern eben auf sehr unterschiedliche empirische Zugänge zu diesen Fällen zurückgreifen können und müssen.

- *Resilienzfaktoren bei benachteiligten Jugendlichen in der stationären Jugendhilfe*: Hier können Fallstudien dazu beitragen, mehr über die wichtigsten Prädiktoren für den Erfolg stationärer Jugendhilfe zu erfahren, d. h. sie können u. a. versuchen die Frage zu klären, welche Faktoren für die Entstehung und Aufrechterhaltung von Resilienz bei bestimmten Jugendlichen entscheidend gewesen sind. Einzelne Jugendliche könnten im Rahmen ihres Aufenthalts in einer Jugendhilfeeinrichtung über einen längeren Zeitraum hinweg begleitet, beobachtet und befragt werden. Dabei sind zum einen Verlaufsdaten interessant, die sich auf die aktuelle Entwicklung des Jugendlichen mit Blick auf seine persönliche schulische und berufliche Entwicklung sowie auf seine sozialen Kompetenzen beziehen. Zum anderen ist es aber möglicherweise noch interessanter, diesen Jugendlichen auch retrospektiv nach seinen biografischen Hintergründen und Erfahrungen zu befragen. Beide Perspektiven miteinander und im Rahmen einer gemeinsamen Analyse aller Befunde aufeinander bezogen, ergeben dann ein möglicherweise sehr aufschlussreiches Bild von den Bedingungen, die für die Entwicklung von Haltungen und Einstellungen, aber auch von protektiven Faktoren im Sinne von Resilienz verantwortlich sein könnten. Zentrale Voraussetzung für das Gelingen einer solchen Untersuchung ist eine vertrauensvolle Beziehung zu dem Jugendlichen, die wiederum Bedingung für dessen Commitment und damit für valide Ergebnisse darstellt. Aus diesem Grund spricht auch viel dafür, dass Fachkräfte an der Datenerhebung, also z. B. bei der Durchführung von Interviews, zumindest maßgeblich beteiligt werden oder diese sogar selbstständig – nach einer methodischen Einführung in die Interviewtechnik – durchführen. Nicht nur in der Jugendhilfe, auch in der Sonder- und Heilpädagogik sind solche Fallanalysen weit verbreitet. Denn auch dort geht es häufig um die systematische Darstellung von seltenen, unerwarteten, oft auch fachlich schwer klärbaren Ereignissen, die sich im Rahmen anderer Formen der Untersuchung, bei denen etwa die Ziehung von Stichproben oder die Definition von Grundgesamtheiten Voraussetzung ist, schlicht nicht »auf die Schnelle« erfassen lassen.

- *Zugänge zu Cliquen in der niederschwelligen Arbeit des ASD:* Immer dann, wenn Praxisforschung Pilotcharakter hat, sind Fallstudien geeignet, erste Erkenntnisse schnell und unkompliziert zu erlangen, auf denen dann jederzeit in weiteren Untersuchungen aufgebaut werden kann. Auch weil methodische Vorarbeiten bei großen quantifizierenden Untersuchungen oft sehr aufwendig und nicht zuletzt deshalb auch teuer sind, eignen sich einfache Fallstudien gerade in der Praxis der Sozialen Arbeit dort besonders gut, wo es um spezifisch auf die jeweilige Praxis bezogene Generierung von Befunden geht. Diese müssen ja nicht ohne Weiteres den Anspruch der Verallgemeinerbarkeit und die üblichen Gütekriterien in vollem Umfang erfüllen.

  Ein klassisches Einsatzgebiet ist hier z. B. die Kleingruppenforschung im Rahmen des »social group work«. In diesem Zusammenhang könnte eine systematische und über einen längeren Zeitraum (z. B. zwei bis drei Monate) angelegte Untersuchung einer Gruppe von Jugendlichen im Stadtteil, zu der bereits Kontakte und teilweise auch tragfähige Beziehungen aus der Sicht der Streetworker bestehen, durchgeführt werden. Abendliche Sportangebote etwa, die diese Jugendlichen regelmäßig wahrnehmen, könnten zum Anlass genommen werden, die Jugendlichen zu einem Gespräch einzuladen und dabei ein halbstrukturiertes Gruppeninterview durchzuführen, um mehr über deren Wahrnehmungen, Einschätzungen, Perspektiven und Wünsche zu erfahren. Auch in Einzelgesprächen könnte bei Gelegenheiten, die sich im Rahmen der Stadtteilarbeit spontan ergeben, nach subjektiven Eindrücken und Begründungszusammenhängen aus der Sicht dieser Jugendlichen gefragt werden. Falls es darüber hinaus noch gelingen würde, die Clique zur Teilnahme an einer Stadtteilversammlung zu bewegen, könnte dort eine Gruppendiskussion mit ihnen und auch gleichzeitig mit den politisch und fachlich Verantwortlichen stattfinden. Deren Ergebnisse könnten mit den Befunden aus der

Inhaltsanalyse der Interviews kontrastiert und zu einem Gesamtblick auf die Perspektiven neuer Formen der Sozialen Arbeit mit diesen Jugendlichen integriert werden. Diese Ergebnisse wären möglicherweise eine gute Basis, auf der ein Konzeptionsentwicklungsprozess für das kommunale Streetwork aufgebaut werden könnte.

- *Bürgerbeteiligung in benachteiligten Stadtteilen:* Auch dies ist ein klassisches Einsatzfeld für Fallstudien, weil sie eine differenzierte Erhebung und Darstellung von solchen Sachverhalten in der Praxis ermöglichen, die sich in der Sozialen Arbeit sehr häufig als enorm komplex erweisen und nur selten mit einfachen Ergebnissen vollständig beschrieben und erklärt werden können. Deshalb ist bei einer solchen Untersuchung zunächst ein sehr breites, exploratives, von der schlichten Neugier der ForscherInnen geprägtes Vorgehen sinnvoll: Exkursionen im Stadtteil, besonders in der Nähe des neuen Bürgerzentrums, Gespräche mit Passanten, Verhaltensbeobachtungen, Hospitationen im Alltagsgeschäft des Bürgerzentrums, also bei Veranstaltungen, aber auch im offenen Betrieb der Caféteria oder bei Beratungsangeboten. All diese Erfahrungen werden dokumentiert und anschließend im Rahmen einer qualitativen Analyse zusammengefasst und interpretiert – immer bezogen auf die Ausgangsfragestellung, wie die Teilhabe von benachteiligten Jugendlichen und Erwachsenen verbessert und damit Selbst- und Mitverantwortung, aber auch Mitbestimmung bei ähnlichen Zielgruppen gefördert und entwickelt werden können.

Auf einem solchen qualitativen Datenmaterial und den ersten Ergebnissen (z. B. in Form von Hypothesen) aufbauend, könnte dann eine standardisierte Befragung anhand eines kurzen, einfach bearbeitbaren und leicht verständlichen Fragebogens erfolgen. Diese könnte Erkenntnisse im Hinblick auf Ideen, Wünsche und Perspektiven, sowohl auf der Seite der BewohnerInnen als auch der Fachkräfte dahingehend erbringen, wie konkrete Maßnahmen zur Verbesserung der Bürgerbeteiligung in der nächsten Zeit in diesem Stadtteil aussehen könnten und was dazu politisch zu tun wäre. Ein abschließender Bericht, der sowohl die Erkenntnisse als auch alle Empfehlungen oder Forderungen enthält, könnte dann im Rathaus präsentiert und an die Presse weitergeleitet werden.

4.7 Exploration

Anne-Sophie Köhler

In diesem Kapitel geht es um eine explorativ ausgerichtete Praxisforschung, im Speziellen um die Methode der empirisch-qualitativen Exploration. Nach einem Überblick über explorative Forschung im Allgemeinen sowie die Methode und ihre Einordnung innerhalb der qualitativen Sozialforschung wird ihre Umsetzung im Rahmen der Praxisforschung anhand von drei Schritten detailliert beschrieben. Um dies zu verdeutlichen, werden immer wieder Rückschlüsse auf ein Beispiel aus der Praxis gezogen. Das Kapitel schließt mit konkreten Hinweisen zur Umsetzung der Methode bei der Bearbeitung von sozialwissenschaftlichen Fragestellungen.

Praxisbeispiel
Das für Jugendsozialarbeit zuständige Team in einem Jugendamt stellt fest, dass ein Teil der Zielgruppe innerhalb der bisherigen Hilfestrukturen schwer, kaum oder nicht mehr erreicht wird. Diese jungen Menschen sind gesellschaftlich entkoppelt, weil sie sich nur noch teilweise oder überhaupt nicht mehr innerhalb der regulären Erwerbs-, Bildungs- und Sozialsysteme bewegen. Dies ist zum Beispiel der Fall, wenn sie die Schule nicht mehr besuchen, sich nicht arbeitslos melden oder sonstige Unterstützungen im Rahmen des sozialen Sicherungssystems nicht mehr wahrnehmen.

Die Kolleginnen und Kollegen möchten nun zuerst mehr über diese Zielgruppe im »Dunkelfeld« herausfinden: Was sind zentrale Problemlagen dieser jungen Menschen? In welchen Lebenswelten agieren sie? Welche Prozesse haben zu ihrer gesellschaftlichen Entkopplung geführt? Mit den Antworten auf diese Fragen soll dann ein neues Konzept für die Jugendsozialarbeit der Kommune entwickelt werden. Dazu soll auch ein Überblick über Zugänge, Methoden und Praxisansätze erarbeitet werden, die in anderen Feldern der Sozialen Arbeit verwendet werden. Hier werden vorhandene Möglichkeiten des fachlichen Austausches und der Vernetzung bisher kaum genutzt.

Zur Datenerhebung wird vor dem Hintergrund dieser Herausforderung ein explorativer Zugang gewählt: Es werden Fachkräfte aus unterschiedlichen Feldern der Sozialen Arbeit in Form von Fokusgruppen und Experteninterviews befragt. Aus der Untersuchung werden Hypothesen generiert, die in nachfolgenden Untersuchungen in Form einer Befragung der Zielgruppe quantitativ überprüft und in Interviews mit der Zielgruppe qualitativ vertieft werden sollen.

4.7.1 Grundsätzliche Überlegungen zur Exploration

Exploration ist eine Strategie zur Hypothesengewinnung und Theoriebildung. Explorieren (lat. explorare) meint zunächst nichts anderes, als Sachverhalte zu erkunden, zu erforschen und ausfindig zu machen. Im Alltag passiert diese Auseinandersetzung ungeplant, während sie sich im wissenschaftlichen Kontext auf konkrete Fragestellungen, Gegenstände und Probleme bezieht. So bezeichnen Bortz und Döring die Explorationsphase als »einen unverzichtbaren Teil des wissenschaftlichen Erkenntnisprozesses [...], ohne die das Aufstellen und Prüfen von Hypothesen nicht möglich wäre« (2006, S. 353). Exploration dient also dazu, Zusammenhänge, Fragestellungen und Phänomene zu untersuchen, die bis dato nicht erforscht wurden oder in der Forschung vernachlässigt wurden. Im Gegensatz zur Exploration im Alltag besteht das Ziel der Exploration innerhalb der Wissenschaft darin, Informationen über einen Untersuchungsgegenstand zu sammeln, sodass Theorien und Hypothesen nicht intuitiv, sondern transparent, reflektiert und systematisch generiert werden.

Explorationsforschung ist daher zunächst für die Grundlagenforschung relevant, wird aber genauso in der Praxis- und Evaluationsforschung gewinnbringend eingesetzt. Im Zuge von Veränderungsprozessen in der Berufspraxis entstehen gerade hier immer wieder neue Fragestellungen, zu denen grundsätzliche Informationen und Annahmen fehlen, um daraus entsprechende Handlungsansätze abzuleiten (vgl. Bortz und Döring 2006, S. 354). So entstand auch im Praxisbeispiel die Fragestellung der Untersuchung aus der unmittelbaren Wahrnehmung der Fachkräfte der Jugendsozialarbeit, dass sie eine bestimmte Gruppe von jungen Menschen mit vorhandenen Strukturen und Methoden der Jugendsozialarbeit nicht oder kaum noch erreichen.

So kann Exploration zum einen ganz grundsätzlich als Untersuchungstyp oder Untersuchungsdesign verstanden werden. Zum anderen wird sie aber in der Praxisforschung häufig als Form der Datenerhebung eingesetzt – sozusagen als Methode oder sogar Methodenset im Forschungsprozess. Ein solcher Einsatz der Exploration ist insbesondere relevant in Untersuchungen, in denen subjektive Sachverhalte eruiert werden sollen, wie Einstellungen, kritische Lebensereignisse oder Werte (vgl. Bortz und Döring 2006, S. 356f.).

Ob Exploration als Untersuchungstyp oder Methode verstanden wird, hängt von Forschungsziel und Forschungsprozess ab. Oft geht auch beides ineinander über. So formuliert Lamnek das Zusammenspiel aus Design und Methode: »Zu Beginn einer explorativen Untersuchung stellt man also keine Hypothesen auf, sondern wählt die Zielsetzung sehr breit, um durch die Verfahren der Exploration zu engeren Fragestellungen, Erkenntnisinteressen und Hypothesen zu gelangen« (2010, S. 83). Das Zusammenspiel aus Design und Methode wird auch im Praxisbeispiel deutlich, in dem ja zum einen grundsätzliches Wissen und neue Hypothesen über die Zielgruppe gesellschaftlich entkoppelter junger Menschen gesammelt werden soll, welches in den nachfolgenden Stufen durch Fragebögen und Interviews weiter überprüft wird. Zum anderen werden in der ersten Stufe der Untersuchung bewusst explorative Methoden eingesetzt.

Eine weitere wichtige Unterscheidung liegt in der qualitativen oder quantitativen Ausrichtung explorativer Forschung. In der empirisch-quantitativen Exploration werden schon vorhandene quantitative Daten genutzt, um daraus neue Hypothesen abzuleiten. Dabei handelt es sich zumeist um deutlich umfangreichere Datenanalysen und die Verwendung von mehr Variablen als bei normalen quantitativen Untersuchungen. So sollen unberücksichtigte und unentdeckte Muster und Regelläufigkeiten in den Messwerten sichtbar gemacht werden. Quantitative Untersuchungen können damit vor- und nachbereitet werden. Dahingegen ermöglichen es empirisch-qualitative Explorationsstrategien durch ihren offenen Charakter, in der Datenerhebung auf völlig neue Gesichtspunkte zu treffen, neue oder bisher vernachlässigte Fragestellungen zu berücksichtigen und durch die Nutzung qualitativer Daten darzustellen und aufzubereiten (vgl. Bortz und Döring 2006, S. 380). Dabei können unterschiedliche Verfahren genutzt werden, die in diesem Kapitel dargestellt werden. Zur Vertiefung empirisch-quantitativer Exploration sei auf Bortz und Döring (2006, S. 369–379) verwiesen.

4.7.2 Umsetzung der Exploration

Im Folgenden wird die Umsetzung der empirisch-qualitativen Exploration in drei Schritten anhand des aufgeführten Praxisbeispiels erläutert.

Schritt 1: Konkretisierung des Untersuchungsgegenstandes durch Nutzung vorhandener Daten

Um sich der Fragestellung anzunähern, wird zunächst in vorhandenen Daten recherchiert, um den Untersuchungsgegenstand zu konkretisieren und zu ersten bedeutungsvollen Aspekten, Komponenten und Facetten zu gelangen. In der Recherche sollte nicht nur einschlägige Literatur zu Rate gezogen werden, sondern auch unveröffentlichte Quellen, Zeitschriften, Zeitungen, Internetquellen usw.

Im Praxisbeispiel wurden bei diesem Schritt Informationen über die Zielgruppe der gesellschaftlich entkoppelten jungen Menschen in Fachzeitschriften, anderen Studien sowie im Internet, in Foren und Tageszeitungen gesucht. Diese Informationen wurden tabellarisch erfasst und grob kategorisiert. So entstand ein Katalog an Informationen über die Zielgruppe, aus dem erste Vorannahmen formuliert werden konnten. Dieser Merkmalskatalog konnte dann im weiteren Verlauf der Untersuchung kontinuierlich ergänzt und weiterentwickelt werden.

Schritt 2: Eigene Datenerhebung zur Hypothesengenerierung

An die Nutzung vorhandener Daten schließt sich im zweiten Schritt eine eigene Datenerhebung an, deren Ziel die Generierung von Hypothesen und die Bildung von Theorien ist. Dazu können ganz verschiedene Verfahren qualitativer Forschung eingesetzt werden, von denen einige für die Praxisforschung besonders geeignete in Kapitel 4 dieses Buches genauer erläutert werden. Im Folgenden wird ein erster Überblick gegeben:

- *Qualitative Befragungen:* Sie können in Form von Einzel- oder Gruppenbefragungen durchgeführt werden. Einen guten Überblick zu diesen Verfahren geben Bortz und Döring (2006, S. 308–320). In unserem Beispiel wurden Leitfadeninterviews (vgl. Kap. 4.4) mit Fachkräften durchgeführt, die mit der Zielgruppe aktuell arbeiten. Außerdem wurden Gruppen von Fachkräften im Rahmen von Fokusgruppen befragt, die sich besonders für explorative Untersuchungsdesigns eignen und deshalb unten genauer beschrieben werden.
- *Qualitative Beobachtungen:* Diese Verfahren arbeiten mit »offenen Kategorien bzw. Fragestellungen, erfassen größere Einheiten des Verhaltens und Erlebens und finden im natürlichen Lebensumfeld bei meist aktiver Teilnahme des Beobachters statt« (Bortz und Döring 2006, S. 322). Beobachtungstechniken sind zum Beispiel die Feldbeobachtung, die Beobachtung von Rollenspielen, die Einzelfallbeobachtung und die Selbstbeobachtung. Zur Vertiefung sei auf Bortz und Döring (2006, S. 322–324) verwiesen.
- *Methoden explorativ-qualitativer Analyse:* Während die vorherigen Verfahren die Beschaffung qualitativer Daten im Allgemeinen beschreiben, gibt es eine Reihe von Methoden der explorativen qualitativen Analyse, die insbesondere zur Bildung neuer Hypothesen beitragen. Dazu gehören Inventare, Ty-

pen und Strukturen, Verläufe, Ursachen und Systeme. Diese werden im Folgenden genauer erläutert.

Schritt 3: Auswertung der Daten

Nach der Datenerhebung erfolgt die Datenauswertung. Welches Verfahren zur Auswertung der Daten genutzt wird, orientiert sich an dem vorher genutzten Instrument der Datenerhebung. Einen sehr guten Überblick zu unterschiedlichen qualitativen Auswertungsmethoden geben Bortz und Döring (2006, S. 328–333). Im Praxisbeispiel wurde zur Auswertung der Leitfadeninterviews und Fokusgruppen die qualitative Inhaltsanalyse nach Mayring (2015) gewählt. Diese wird in Kapitel 6 dieses Buches beschrieben. Sie eignet sich für Praxisforschung, weil sie gleichzeitig effektiv und leicht anwendbar ist.

Fokusgruppen

Eine für explorative Untersuchungsdesigns mit qualitativer Ausrichtung sehr gut geeignete Möglichkeit zur Datenerhebung ist die Fokusgruppe. Der Einsatz von Fokusgruppen als Instrument der Gruppenbefragung ist ein »relativ ressourcenschonendes qualitatives Erhebungsinstrument, um eine Gruppe von Personen in eine thematische Diskussion einzubinden« (Schulz et al. 2012, S. 9). Nach Dürrenberger und Behringer (1999, S. 12) kann sie als Kombination zweier sozialwissenschaftlicher Instrumente beschrieben werden, dem fokussierten Interview und der Gruppendiskussion. Besonders an der Fokusgruppe ist ihr interaktiver Aspekt: »Das Kennzeichen von Fokusgruppen ist die explizite Nutzung der Gruppeninteraktion, um Daten und Einsichten zu produzieren, die ohne [...] die in einer Gruppe stattfindende Interaktion weniger zugänglich wären« (Morgan 1988, S. 12; Übersetzung Schulz et al. 2012). Sie kann als eigenständige Methode eingesetzt werden oder in Kombination mit anderen Methoden wie Umfragen, Beobachtungen oder Interviews. Eine Fokusgruppe ermöglicht eine erste Orientierung im Feld, die Generierung von Hypothesen oder eine Einschätzung der Untersuchungsfrage für unterschiedliche relevante Forschungsfelder. Mithilfe von Fokusgruppen können für weiterführende qualitative oder quantitative Verfahren der Datenhebung auch Interviewleitfäden oder Fragebögen entwickelt werden oder Interpretationen von Ergebnissen früherer Studien durch die Teilnehmer vorgenommen werden (vgl. Morgan 1988, S. 11).

Wie eine Fokusgruppe abläuft, lässt sich anhand des Praxisbeispiels darstellen: In der ersten Phase wird die Fragestellung konkretisiert, das heißt in unserem Fall, dass die beteiligten Akteure der Abteilung Jugendsozialarbeit das Problem der entkoppelten, nicht mehr erreichbaren jungen Menschen definieren, die Zielgruppe konkretisieren und die Forschungsfragen formulieren: Wie können diese jungen Menschen hinsichtlich ihrer Problemlagen und Lebenswelten beschrieben werden? Wo sind Prozesse und Strukturen, die zu gesellschaftlicher Entkopplung führen? Welche neuen Konzepte braucht die Jugendsozialarbeit der Stadt, um diese junge Menschen besser zu erreichen? Zur Umsetzung der Fokusgruppen werden zwei Moderatoren sowie der Personenkreis der zu Befragenden ausgewählt. Eine empfohlene Gruppengröße beträgt dabei sechs bis zwölf Personen, die in der Regel nicht per Zufallsauswahl, sondern bewusst nach bestimmten Kriterien, wie Beruf, Geschlecht o. a. ausgewählt wird. Dabei sollte die Gruppe möglichst nicht aus Personen bestehen, die sich gut kennen, da im Diskurs Aspekte nicht angesprochen werden könnten, die als selbstverständlich genommen werden (vgl. Morgan 1988, S. 73). Kriterium im Praxisbeispiel ist dabei die fachliche Expertise der Teilnehmenden aus unterschiedlichen Arbeitsfeldern der Sozialen Arbeit, die mit der Zielgruppe zu tun haben.

Fokusgruppen können in jeweils zwei unterschiedlichen Formaten durchgeführt werden: Sie können entweder mit unterschiedlich zusammengesetzten Gruppen von Teilnehmern zur gleichen Fragestellung stattfinden oder es werden mit gleichen Teilnehmern mehrere Durchläufe der Fokusgruppe gemacht, um jeweils unterschiedliche Aspekten der Fragestellung zu untersuchen, z. B. zur Vertiefung oder Erweiterung der Fragestellung. Im Beispiel wurden drei Fokusgruppen mit jeweils zehn Fachkräften aus unterschiedlichen Feldern der Sozialen Arbeit gebildet. Dazu wurde ein Leitfaden erarbeitet, der den Ablauf der Fokusgruppe strukturiert. Der Leitfaden stellt, ähnlich wie in qualitativen Einzelfallinterviews, eine Orientierungshilfe für die Moderatoren dar, um alle relevanten Aspekte im Verlauf der Diskussion anzusprechen. Zudem ermöglicht er die Vergleichbarkeit der Ergebnisse (vgl. Schulz et al. 2012, S. 10).

Tab. 7: Ablaufplan einer Fokusgruppe als Erhebungsinstrument explorativer Forschungsdesigns

Zeit	Inhalt	Material
10 min	*Begrüßung und Vorstellung:* Einführung in Problematik, Entstehungshintergrund, Forschungsfragen, Ziel der Untersuchung, Hinweise zu Ablauf und Datenschutz	Schaubilder, Handouts, Flipchart mit Workshop-Ablauf
10 min	Vorstellungsrunde der Beteiligten	
50 min	*Diskussionsphase:* Flipcharts mit verschiedenen Kategorien zur Diskussion	Plakate, Eddings
15 min	Pause	
10 min	Bündelung der Ergebnisse durch Punkte-Ranking	Punkte
50 min	*Diskussion im Plenum:* Ranking kommentieren, Schwerpunkte diskutieren	
5 min	Zusammenfassung der Ergebnisse, Dank, Feedback, Verabschiedung	

Die zweite Phase umfasst die Durchführung der Diskussion. Diese war auf zweieinhalb Stunden angesetzt (üblich sind 1,5–3 Stunden). Nach einer Vorstellungsrunde und einem kurzen inhaltlichen Einstieg in Bezug auf die zu untersuchende Fragestellung folgte eine strukturierte Diskussion der Teilnehmenden, welche mithilfe von Flipchart-Präsentationen und Moderationskarten visualisiert wurde. Durch offene Impulsfragen konnten Meinungen und Einstellungen Einzelner und der ganzen Gruppe erkundet werden. Dabei setzten die Diskutanten selbst die inhaltlichen Schwerpunkte, während die Moderatoren lediglich eingriffen, um den Fokus wieder auf die erkenntnisleitenden Fragestellungen zu lenken. Schließlich wurden die Teilnehmenden gebeten, die Diskussionsergebnisse nach ihrer Wichtigkeit zu priorisieren und die Relevanz der so verdichteten Ergebnisse für die Praxis am Ende zu diskutieren.

Die dritte Phase der Fokusgruppe beinhaltet die Datenanalyse, Interpretation und Präsentation der Ergebnisse. Grundlage dafür sind die Mitschnitte durch Diktiergeräte, Protokolle und Visualisierungen. Für die Auswertung von Fokusgruppen gibt es kein einheitliches Verfahren. Vielmehr können ganz unterschiedliche sozialwissenschaftliche Auswertungsmethoden genutzt werden (vgl. Schulz et al. 2012, S. 17). Außerdem wurde in dieser Phase ein weiterer Termin angesetzt, um die Endergebnisse einer fachlichen Öffentlichkeit zu präsentieren und hinsichtlich weiterführender Fragestellungen und Handlungsanweisungen für die Praxis zu diskutieren.

Während die Fokusgruppe sich sowohl für explorative Untersuchungsdesigns als auch für die Beschaffung qualitativer Daten im Allgemeinen eignet, werden im Folgenden einige spezielle Methoden der empirisch-qualitativen Exploration beschrieben.

Inventare

Inventare dienen am Anfang einer Untersuchung dazu, das Thema einzugrenzen und zentrale Aspekte herauszuarbeiten, die für die Fragestellung bedeutsam sind. Darin werden wichtige Elemente des zu untersuchenden Gegenstandes aufgelistet. Im Praxisbeispiel wurden mit Fachkräften aus der Jugendsozialarbeit Leitfadeninterviews mit offenen Fragen geführt, um einen ersten Einblick in die Problematik der Zielgruppe zu erhalten. Bei einer Kategorisierung der daraus entstandenen Inventare wurde deutlich, dass zur Erfassung der Zielgruppe die Bereiche »Peergroup, Soziales, Freizeit«, »Schule, Ausbildung, Beruf« und »Persönlichkeit und Familie« wesentliche Kategorien sind, nach denen sie strukturiert beschrieben werden kann.

Zur Aufstellung von Inventaren können auch Gruppenbefragungen genutzt werden. Will man beispielsweise herausfinden, wie sich Hilfsangebote verschiedener sozialer Dienste besser miteinander vernetzen lassen, um für die Jugendlichen etwa Übergänge zu erleichtern, können Fachkräfte zu dieser Frage an einen Tisch geholt werden. Durch ein Brainstorming können dann Problemstellungen gesammelt und Optimierungsperspektiven entwickelt werden. Danach kann das Probleminventar zusammen mit den Befragten weiter strukturiert werden, um zu einem systematisierten Konzept der Vernetzung innerhalb einer Kommune zu gelangen (vgl. Bortz und Döring 2006, S. 381f.).

Typen und Strukturen

Aus solchen Inventaren können in einem nächsten Schritt Einzelaspekte zusammengefasst und übergeordnete Typen und Strukturen gebildet werden. So findet man beispielsweise heraus, dass sich Jugendliche der Zielgruppe nicht nur in Einzelmerkmalen ähneln, sondern auch in der Kombination von Merkmalen, z. B. von ähnlichen Konfliktlagen betroffen sind oder ähnliche Entwicklungsprozesse durchlaufen. Dabei wird beispielsweise deutlich, dass gesellschaftlich entkoppelte junge Menschen in der Kindheit häufig kritische Lebensereignisse durchlaufen haben, die dazu führten, dass die Beziehung zu Bezugspersonen als unsicher erlebt wurde (vgl. Bortz und Döring 2006, S. 382f.).

So können die in den Einzelinterviews oder Gruppenbefragungen gemeinsam mit den Befragten zusammen getragenen Inventare immer weiter abstrahiert werden, etwa indem Oberbegriffe auf Karten geschrieben, gemäß der ermittelten Struktur angeordnet und immer wieder umsortiert werden, bis am Ende über den Inventaren bestimmte Typen und Strukturen stehen.

Zu empfehlen ist dazu die Moderationsmethode. Die Teilnehmer/innen werden selbst aktiv in den Forschungsprozess einbezogen und beteiligt. Die Gruppe kann dabei eigene Schwerpunkte in den Themen und Fragestellungen entwickeln, Arbeitsschritte können gemeinsam strukturiert und visualisiert werden. Eine Vielzahl von Visualisierungstechniken, die mit wenigen Materialien einfach angewendet werden können, ist denkbar: Plakate, Stellwände, Flipcharts, Klebepunkte, unterschiedlich farbige Moderationskarten und Eddings. Farbe und Anordnung der Karten unterstützen den Prozess der Strukturierung, Gliederung und Diskussion der thematischen Schwerpunkte. Zudem können mit der Moderationsmethode ganz unterschiedliche Elemente vereint werden: Diskussion im Plenum, Kleingruppenarbeit, Vortrag, Befragung, Rollenspiele, Brainstorming, Punktabfrage, Marktplatz usw.

Eine gute und an der Praxis orientierte Einführung über verschiedene Moderationsmethoden geben Klebert und Mitarbeiter (2002), Knoll (2007) und Quilling und Nicoline (2007).

Ursachen und Gründe

Um Hypothesen zu generieren, bedarf es der Erforschung von Zusammenhängen, Ursachen und Gründen von Ereignissen und Phänomenen. Was sind beispielsweise Ursachen dafür, dass junge Menschen Schule oder Ausbildung abbrechen oder in Obdachlosigkeit geraten? Dazu helfen folgende Fragen, die das Auffinden kausaler Hypothesen in qualitativ-explorierenden Untersuchungen erleichtern (vgl. Bortz und Döring 2006, S. 383):

- Unter welchen Umständen tritt das Verhalten auf? Wann bleibt es aus?
- Gab es in dem Verhalten Veränderungen aufgrund besonderer Ereignisse?
- Ist die Verhaltensweise durch besondere Begleitumstände bedingt?
- Welche Erklärungen gibt der Betroffene selbst und inwiefern passen diese Erklärungen mit den Wahrnehmungen anderer Personen oder Aussagen anderer Daten zusammen?

- Finden sich Ursachen der zu klärenden Verhaltensweisen in der Lebensgeschichte der Betroffenen?
- Welche Lösungsansätze haben die Betroffenen selbst, um eine Veränderung der Verhaltensweise herbeizuführen?

Verläufe und Systeme

Da Explorationen häufig mit sehr komplexen sozialpädagogischen Fragestellungen konfrontiert sind, können auch ganze Verläufe, etwa Teile von Biografien, rekonstruiert werden, die zu dem jeweiligen Sachverhalt führen. Schließlich kann man den Untersuchungsgegenstand in seinen vielfältigen Erscheinungsformen und Wechselwirkungen am komplexesten in der Einordnung in Systeme erforschen, z. B. in Familien, Peergroups, Subkulturen oder Institutionen. Allerdings sind diese Verfahren qualitativ-explorierender Datenanalyse sehr aufwendig in ihrer Umsetzung und bedürfen einer hohen forscherischen Expertise. Diese würde in der Regel im Rahmen eines Praxisforschungsprojektes zu weit führen. Daher sei hier lediglich auf die Überblicksliteratur bei Bortz und Döring (2006, S. 384–389) verwiesen.

4.7.3 Abschließende Hinweise zur Anwendung

Explorative Forschung ermöglicht es, Wissen über sozialpädagogische Fragestellungen und Phänomene zu generieren, welche bis dato wenig oder gar nicht erforscht sind. Es ist damit ein Verfahren, das nicht nur für die Grundlagenforschung, sondern auch für die Praxisforschung hoch relevant ist. Allerdings bedarf es mit Blick auf die Komplexität des Verfahrens entsprechender Ressourcen. Zudem ist zu empfehlen, eine Anschlussuntersuchung zu planen, um die im Rahmen der Exploration generierten Hypothesen überprüfen zu können. In der Regel wird ein Team zur Umsetzung benötigt, zu dem auch wissenschaftliche Hilfskräfte gehören, etwa zur Recherche vorhandener Daten, zur praktischen Unterstützung der Datenerhebung, der Transkription von Interviews, der Kodierung von Texten usw. Hier müssen die Beteiligten genau eingewiesen und entsprechend methodisch, rechtlich und ethisch, z. B. im Hinblick auf den Datenschutz, geschult werden.

Insbesondere die Fokusgruppe stellt ein für die explorativ ausgerichtete Praxisforschung sehr geeignetes Instrument dar, weil neue Hypothesen generiert werden können und die Ergebnisse schnell zur Verfügung stehen, weil weniger Ressourcen für die Durchführung benötigt werden als für Einzelfallinterviews bei ähnlicher Teilnehmerzahl, und nicht zuletzt auch weil die Methodik der Fokusgruppen leicht umzusetzen ist. Da es sich um ein interaktives, hoch kommunikatives Verfahren handelt, ergeben sich schließlich auch viele positive Nebeneffekte des Kennenlernens, der Neugier und der Vernetzung der Teilnehmenden untereinander, was für zukünftige Kooperationen durchaus von Nutzen sein kann.

4.8   Erklärende quantitative Verfahren

Joachim König & Karl-Hermann Rechberg

Die meisten quantitativen Verfahren, die bisher vorgestellt werden, können als beschreibend gelten. In diesem Abschnitt werden diesen Methoden die erklärenden Verfahren gegenübergestellt. Eingangs werden die beiden Ansätze (beschreibend vs. erklärend) verglichen und anschließend die erklärenden Verfahren vertieft. Nach einem grundsätzlichen Überblick werden die zwei wesentlichen erklärenden Verfahren beschrieben und schließlich auf Besonderheiten in der Sozialforschung hingewiesen. Alle diese Ausführungen werden wieder an einem Praxisbeispiel illustriert.

Praxisbeispiel
Die Stadtgemeinde Leerhausen hat mit der Abwanderung ihrer jungen Mitbürger zu kämpfen, die fast alle nach dem Schulabschluss die Region verlassen, um anderenorts Arbeit, Ausbildung oder Studium aufzunehmen. Vorhandene Möglichkeiten vor Ort werden kaum genutzt. Der Stadtrat veranlasst eine Kampagne, die Schulabgänger verstärkt dazu bewegen soll, sich vor Ort eine Zukunft aufzubauen. Zur Kampagne gehören neben Werbeplakaten auch Kulturangebote im kommunalen Jugendzentrum, die Stärkung der Kooperation zwischen Schule und Ausbildungsbetrieben und eine theaterpädagogische Kampagne in der Schule. Bei letzterer gestaltet eine Gruppe Schüler freiwillig mit einem Theaterpädagogen ein Theaterstück zum Thema »Zukunft in Leerhausen«. Die Aufführung wird von allen Schülern der Abgangsklassen besucht. In manchen Klassen wird das Stück nachträglich im Rahmen des Unterrichts reflektiert. Der Stadtrat lässt die theaterpädagogische Kampagne evaluieren, um zu entscheiden, ob sie an anderen Schulen bzw. in den folgenden Jahren wiederholt werden soll. Mittelfristig soll die Kampagne zudem auf die Elemente verkürzt werden, die sich besonders bewähren.

4.8.1   Beschreibende vs. erklärende Verfahren

Beschreibende Verfahren beschreiben einen Forschungsgegenstand bzw. eine Personengruppe hinsichtlich bestimmter Merkmale. In Bezug auf das Praxisbeispiel können sie beispielsweise darstellen, wie hoch der Anteil von Jungen und Mädchen ist, die sich das Stück ansehen. Wenn diese vor und nach dem Stück befragt werden, wie sehr sie sich mit ihrer Heimatstadt identifizieren, kann anschließend dargestellt werden, ob die Menge der stark Identifizierten nach dem Stück eher zu- oder abgenommen hat. Beschreibende Verfahren versuchen jedoch nicht, Zusammenhänge zwischen Variablen zu erklären. Dies ist die Aufgabe von erklärenden Verfahren. Wäre der Anteil der stark Identifizierten nach dem Stück gestiegen, würden die erklärenden Verfahren beispielsweise untersuchen, ob dies mit der theaterpädagogischen Maßnahme zu tun haben kann. Diesen Unterschied versucht die Abbildung 8 deutlich zu machen.

Beschreibend:

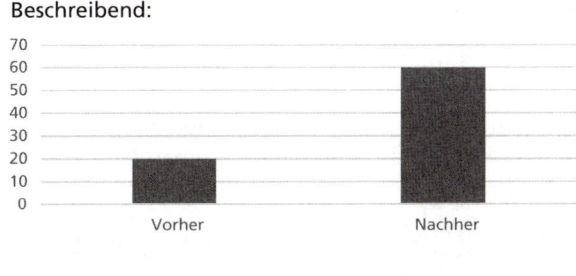

Erklärend:

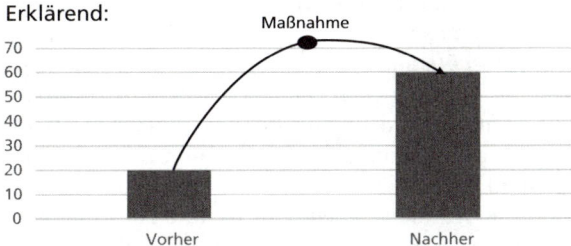

Abb. 8: Beschreiben vs. Erklären

4.8.2 Grundsätzliche Überlegungen zu erklärenden Verfahren

Wenn die Veränderungen von Gruppen z. B. durch eine Maßnahme mit quantitativen Methoden untersucht werden, fallen häufig bestimmte Schlüsselbegriffe (vgl. Garhammer 2012), die im Folgenden erklärt werden:

- *Baseline:* Messbare Ausgangssituation vor der Maßnahme, z. B. Angabe der Identifikation mit dem Ort auf einer vierstufigen Skala.
- *Input:* Die Maßnahmeneingriffe, z. B. nur Theaterstück oder Theaterstück plus Nacharbeit.
- *Output:* Messbare Situation nach der Maßnahme, z. B. erneute Angabe der Identifikation mit dem Ort auf einer vierstufigen Skala.
- *Outcome:* Das Maß, in dem sich Identifikation bei den Befragten verändert hat. Dies ist an sich kaum zu quantifizieren. Es gelingt lediglich zum Teil durch den folgenden Aspekt.
- *Impact:* Messung der über die Maßnahme erzeugten Wirkungen auf die Gruppe, z. B. den faktischen Verbleib in der Heimatgemeinde nach dem Schulabschluss.

In Bezug auf Output und Impact ist einleuchtend, dass nicht allein die theaterpädagogische Maßnahme einen Einfluss auf die Messergebnisse ausüben kann. Vielleicht hat auch eine der anderen Kampagnemaßnahmen Wirkung gezeigt bzw. alle vier Maßnahmen zusammen oder auch ein nicht bedachter Zusatzfaktor: Vielleicht hat ein Bürgerverein zufällig zur gleichen Zeit eine eigene Initiative gestartet? Um den Einfluss weiterer Faktoren auszuschließen, könnte man den Input direkt vor der Maßnahme messen und den Output direkt danach. Es ist jedoch denkbar, dass die Schüler mit Abwehr auf die allzu offensichtliche »Laborsituation« reagieren. Außerdem produzieren Messungen direkt nach einer Maßnahme häufig besonders viele sogenannte »Ausreißerwerte«. Ursache kann z. B. eine gewisse Euphorie sein, die sich jedoch nach ein bis zwei Tagen legt und bei gemäßigten Werten stabil bleibt.

An sozialen Situationen ist also eine schier unüberblickbare Menge an Faktoren beteiligt, die Ergebnisse mitbestimmen. Der Kausalzusammenhang, d. h. was genau die Ursache für eine bestimmte Wirkung war, lässt sich kaum eindeutig identifizieren. Liebig unterscheidet daher die Begriffe Wirkungen und Effekte: *»Es kann also nicht um die exakte Messung von Wirkungen bestimmter und identifizierter Handlungszusammenhänge der sozialen bzw. pädagogischen Arbeit gehen, sondern ausschließlich um die Dokumentation von Effekten, an deren Zustandekommen die sozialen bzw. pädagogischen Institutionen beteiligt waren«* (2006, S. 10). Output und Impact können potenziell als Effekte gemessen werden. Inwiefern sie als Wirkung der Maßnahme gelten können, ist nicht mit absoluter Sicherheit zu sagen. Für den Verbleib in Leerhausen kann ein Jugendlicher eine Vielzahl von Gründen haben. Um weitere Faktoren einzugrenzen, sollten erklärende Verfahren deshalb auch die folgenden Faktoren berücksichtigen:

- *Auswahl der untersuchten Gruppen:* Unterschiede in Merkmalen, die für das untersuchte Verhalten (Verbleib in oder Wegzug aus Leerhausen) wesentlich sind, wie Altersstufe, Geschlechterverteilung usw. allein können zu unterschiedlichen Messergebnissen führen. Daher sollten sich Vergleichsgruppen in wesentlichen Merkmalen mindestens stark ähneln.
- *Kontextfaktoren:* Weitere Aspekte wie Unterricht zum Thema, weitere Kampagnemaßnahmen, Elternaussagen usw. können auf die zu messenden Merkmale bei der Zielgruppe einwirken. Diese sollten zusätzlich gemessen und auf ihren Einfluss hin ausgewertet werden.
- *Zeit:* Im Laufe der Zeit wirken unkontrollierbar verschiedene Aspekte auf die Zielgruppe ein: Medien, Eltern, Peergroup, innere Reflexionsprozesse, Alter usw.
- *Versuchsleiter-Effekt* (»Hawthorne-Effekt«): Es ist denkbar, dass sich die Zielgruppe anders verhält, weil sie registriert, dass ein Versuch gemacht wird. Dies wird allein dadurch offensichtlich, dass ein Fragebogen ausgefüllt wird.

Im Folgenden werden nun die beiden zentralen Verfahren kurz vorgestellt, die der Erklärung von Unterschieden einerseits und von Veränderungen andererseits dienen. Zur weiteren Vertiefung dieser Methoden kann auf die Darstellungen zu beiden Verfahrenstypen in Bortz und Döring (2006, S. 523ff. und 547ff.) verwiesen werden.

4.8.3 Erklärung von Unterschieden: Kontrollgruppen-Design

Im Rahmen einer einmaligen Befragung nach Abschluss der Maßnahme kann geprüft werden, ob sich zwei Gruppen im Hinblick auf ein wichtiges Merkmal erkennbar voneinander unterscheiden. Einmalige Befragungen werden oft auch als

Querschnittuntersuchung bezeichnet. Das zu untersuchende Merkmal ist in unserem Fall die Bereitschaft und das Interesse, im Heimatort Leerhausen zu bleiben und dort eine eigene Zukunft aufzubauen. Um den möglichen Effekt der theaterpädagogischen Maßnahmen prüfen zu können, werden zwei Untersuchungsgruppen gebildet: Eine sogenannte Versuchsgruppe, die an den Maßnahmen teilgenommen hat, und eine, die nicht an den Maßnahmen teilgenommen hat. Diese wird Kontrollgruppe genannt. Diese Anordnung wird als das einfachste Verfahren in diesem Zusammenhang beurteilt. Der Hintergedanke dieses sogenannten »Zweigruppenplans« ist die Erwartung, dass sich bei der Messung Unterschiede zwischen den beiden Gruppen ergeben, die dann als Effekt der Maßnahme zuzuschreiben wären, der die Versuchsgruppe unterzogen worden ist. Die Hypothese, die mit einem solchen Verfahren geprüft werden kann, lautet dann: »Die Mitglieder von Gruppe A, die die theaterpädagogische Maßnahme durchlaufen haben, unterscheiden sich bezüglich ihrer Zukunftspläne in Leerhausen von denen aus Gruppe B, die diese Maßnahme nicht durchlaufen haben.«

Tab. 8: Kontrollgruppendesign

Untersuchungsgruppe	Messergebnis U
Kontrollgruppe	Messergebnis K
	Vergleich U – K

Dass natürlich – wie bereits erwähnt – auch viele andere Einflüsse in den nicht selten komplexen Situationen ihre Wirkung gehabt haben könnten, lässt sich in dieser einfachen Anordnung nicht ausschließen. Es kann also nur – mit einer gewissen Wahrscheinlichkeit verbunden – nahegelegt werden, dass der gefundene Effekt wirklich der Wirkung der theaterpädagogischen Maßnahme zuzuschreiben ist. Je vergleichbarer allerdings die untersuchten Gruppen in wesentlichen anderen Unterscheidungsmerkmalen sind, je klarer der gemessene Unterschied zu Tage tritt, je häufiger er gemessen werden kann und je größer die untersuchten Gruppen sind, als desto höher kann diese Wahrscheinlichkeit betrachtet werden.

Um die gerade erwähnten sogenannten »Störvariablen« möglichst gut kontrollieren oder sogar auszuschalten zu können, sind die folgenden Überlegungen und Maßnahmen hilfreich:

- Bei der Planung und im Verlauf der Datenerhebung sollte darauf geachtet werden, dass störende Einflüsse (auf die Situation insgesamt und auf die befragten Personen im Einzelnen) möglichst ferngehalten oder sogar ausgeschlossen werden können. Dies wäre z. B. der Fall, wenn die Schüler unter Anwesenheit ihrer LehrerInnen mündlich befragt würden.
- Wenn klar wird, dass bestimmte Einflüsse nicht ausgeschlossen werden können, sollte darauf geachtet werden, diese bei allen Befragungen (also für Untersuchungs- und für Kontrollgruppe) konstant zu halten, also z. B. für alle Untersuchungen denselben oder zumindest einen vergleichbaren Raum zu benutzen.

- Manchmal ist weder ein Ausschließen noch ein Konstanthalten störender Einflüsse möglich: Personen betreten z. B. unerwartet den Raum oder der Strom fällt plötzlich aus. Dann sollte zumindest systematisch registriert werden, welche störenden Einflüsse im Verlauf der Untersuchung tatsächlich aufgetreten sind. Sie sollten zugunsten der Seriosität im Forschungsbericht transparent gemacht werden. Es könnte außerdem ja sein, dass später doch noch ihr möglicher Einfluss zu klären ist und ihr Einfluss auf die Interpretation der Ergebnisse korrigiert werden kann.

Neben dem hier dargestellten einfachen Zweigruppenvergleich sind in der relevanten Literatur noch viele andere Verfahren beschrieben, die in der Lage sind, nicht nur mehrere Gruppen in eine solche Unterschiedsanalyse mit einzubeziehen (Mehrgruppenpläne), sondern auch mehrere Faktoren gleichzeitig im Hinblick auf deren Wirkung zu analysieren (mehrfaktorielle Pläne). Diese Ansätze sind sehr differenziert bei Bortz und Döring (2006, S. 530ff.) beschrieben. Allerdings sind die statistischen Verfahren – meistens geht es dabei um Faktoren- und Varianzanalysen – für eine zuverlässige Auswertung der Daten aufwendig und teilweise sehr komplex.

4.8.4 Erklärung von Veränderungen: Panel-Design

In einer gewissen Analogie auf diesen Überlegungen aufbauend, können im Rahmen einer sogenannten Längsschnittuntersuchung zusätzlich Veränderungshypothesen geprüft werden. Um eine möglichst hohe Wahrscheinlichkeit in Bezug darauf zu erlangen, dass die Veränderungen wirklich auf eine bestimmte Maßnahme zurückzuführen sind, sollte auf jeden Fall so vorgegangen werden, wenn dies möglich ist. Dabei findet eine Messung der relevanten Merkmale nicht nur einmal, sondern zu zwei oder mehreren Zeitpunkten statt. Ein dazu passendes Panel-Design ist dadurch gekennzeichnet, dass dieselben Gruppen, in unserem Beispiel also sowohl die Versuchs- als auch die Kontrollgruppe, zunächst vor und dann mindestens einmal nach den theaterpädagogischen Angeboten befragt werden. Es ist jedoch in der Praxis nicht immer möglich, Kontrollgruppen zu bilden. Wenn der Einfluss von Störfaktoren weitgehend ausgeschlossen werden kann, ist in solchen Fällen auch ein einfacheres Forschungsdesign möglich, das auf den Vergleich der Zeitpunkte bei Untersuchungsgruppen reduziert wird. Siehe dazu Vergleich A in Tabelle 9.

Tab. 9: Panel-Design

	Vorher	Nachher	
Untersuchungsgruppe	Messergebnis: U1	Messergebnis: U2	Vergleich A: U1 – U2
Kontrollgruppe	Messergebnis: K1	Messergebnis: K2	Vergleich B: K1 – K2
	Vergleich C: U1 – K1	Vergleich D: U2 – K2	

Aus einem solchen Vorgehen ergeben sich, wie in der Tabelle deutlich wird, wesentlich mehr Vergleichsmöglichkeiten bei der Analyse und Interpretation der Ergebnisse sowie ein zusätzlicher großer Vorteil in Bezug auf die Aussagekraft der Ergebnisse: Weil bei beiden Messungen (vorher und nachher) dieselben Personen befragt werden, kann für jede einzelne Person – und damit für die gesamte Gruppe – im Nachhinein geklärt werden, ob und welche Veränderung sich ergeben hat. Sind die Unterschiede in der Untersuchungsgruppe signifikant größer (zur Beurteilung der Signifikanz siehe Kapitel 5) als in der Kontrollgruppe, kann dies als Beleg für die Aussage verwendet werden, dass die gemessenen Unterschiede Effekte der theaterpädagogischen Maßnahmen zeigen und nicht fast ausschließlich durch andere Einflussfaktoren entstanden sind, denen auch die Kontrollgruppe ausgesetzt war. Wurde keine Kontrollgruppe gebildet, so muss diese Absicherung natürlich entfallen. Dies ist beispielsweise dann gerechtfertigt, wenn der Einfluss von anderen Faktoren weitgehend ausgeschlossen werden kann.

Eine Voraussetzung allerdings muss erfüllt sein, die in der Praxis oft schwierig zu gewährleisten ist: Alle befragten Personen müssen im Hinblick auf die Messergebnisse vor und nach der Maßnahme eindeutig identifizierbar sein. Dies kann z. B. über die Vergabe eindeutiger Codes an jede einzelne Person erfolgen, mit dem jede Messung gekennzeichnet wird. Dies darf aber nicht zu einer möglichen Reidentifizierbarkeit einzelner Personen führen, vor allem, wenn Anonymität bei der Befragung ein wichtiges Kriterium sein soll.

Auch hier kann mit dem Einsatz von aufwendigeren Methoden die Zuverlässigkeit und die Genauigkeit der Ergebnisse optimiert werden. Die Überlegungen bei Bortz und Döring (2006, S. 547ff.) geben dazu ausführliche Hinweise und ermöglichen auch eine Einschätzung, welche Verfahren mit welchem Aufwand bei der Durchführung der Untersuchung und bei der Auswertung der Daten verbunden sein werden.

Übrigens: Erklärende quantitative Verfahren können nicht nur dazu verwendet werden, Effekte von Maßnahmen zu untersuchen. Es könnte beispielsweise auch untersucht werden, aus welchen sozialen Gruppen Jugendliche stammen, die signifikant häufiger den Ort verlassen als andere. Auf diese Weise könnten z. B. bestimmte Risikogruppen identifiziert werden.

4.8.5 Besonderheiten in der Praxisforschung

Sind nun mit den beschriebenen Verfahren aussagekräftige Ergebnisse generiert worden, ist vor allem in der Praxisforschung darauf zu achten, mit der Komplexität von Praxis angemessen umzugehen (vgl. Garhammer 2012):

- Praxisforschung analysiert nicht nur, sondern wirkt oft auf die untersuchten Maßnahmen zurück. Sollten die Ergebnisse eine sehr erfolgreiche Theaterpädagogik identifizieren, so kann das dazu führen, dass die anderen Kampagnemethoden abgeschafft werden. Dabei ist zu reflektieren, welche Zusatznutzen dieser anderen Methoden vielleicht verlorengehen.
- Die Ziele einer Maßnahme sollten ebenfalls reflektiert werden. Anderenfalls entsteht die Gefahr einer sog. Sozialtechnologie (vgl. Habermas und Luh-

mann 1972). Das bedeutet, dass die politischen Entscheidungsträger versuchen, die Gesellschaft gezielt zu formen, und dabei nicht akzeptierte Zwangsstrategien durch eher akzeptierte Erziehungsmaßnahmen ersetzen. Solche Versuche können sich jedoch nachteilig für die einzelnen Gesellschaftsmitglieder auswirken. Beispielsweise ist denkbar, dass die Schüler mittels der vom Stadtrat beschlossenen Methoden zwar erfolgreich dazu gebracht werden, vermehrt am Heimatort zu bleiben, aber später feststellen, dass dies für ihre eigene Zukunft eher kontraproduktiv war.

• Soziale Situationen sind nie zu 100 % vergleichbar. Technische Geräte und Materialien sind i. d. R. standardisiert – wenn ein Gerät einmal am Material funktioniert, kann man diesen Test auf weitere Anwendungen übertragen. Alle Menschen sind jedoch unterschiedlich und soziale Situationen sind es ebenfalls. Daher sind Vergleiche hier nur begrenzt möglich. Dieses sog. strukturelle Technologiedefizit (vgl. Luhmann und Schorr 1982) ist bei der Übertragung von Evaluationsergebnissen auf weitere Gruppen zu berücksichtigen.

4.9   Analyse von Netzwerken

Dietmar Maschke

Der Begriff »Netzwerk« hat in vielen wissenschaftlichen Disziplinen Hochkonjunktur – seit Jahrzehnten. Auch im privaten und im wirtschaftlichen Bereich haben Netzwerke eine enorme Bedeutung. Wo immer wir in Kontakt zu anderen Personen oder Einrichtungen treten, entstehen Beziehungen und jegliches (soziales) Handeln steht in einem Kontext. Oft sind wir uns unserer vielen Kontakte und des vernetzten Miteinanders gar nicht bewusst.

Besonders deutlich wird die enge Vernetzung im digitalen Zeitalter in sozialen Netzwerken wie Facebook. Hier werden alle Kontakte zunächst als »Freunde« bezeichnet. Es liegt jedoch beim einzelnen Nutzer, die Bedeutung der jeweiligen Beziehung einzuschätzen und zu unterscheiden, z. B. zwischen »echten« Freunden und bloßen »Bekanntschaften« oder zwischen privaten und dienstlichen Kontakten. Mit XING gibt es inzwischen auch ein Netzwerk für berufliche Kontakte. Dort werden jeweils auch die Verbindungen zu anderen Mitgliedern des Netzwerkes angezeigt. Dadurch wird das bekannte »Small world«-Phänomen (vgl. Straus 2002, S. 4f.) anschaulich bestätigt. Es besagt, dass zwischen zwei beliebigen Personen dieser Welt eine Verbindung hergestellt werden kann, wobei in dieser Kette aus Freunden oder Bekannten maximal vier Personen dazwischen liegen. Meist sind es sogar deutlich weniger und es zeigt sich insbesondere auch im sozialen Bereich, wie klein die Welt ist – oft fühlt man sich wie in einem Dorf.

Eine umfassende Darstellung der Netzwerkanalyse in ihrer Umsetzung als Methode der empirischen Sozialforschung ist im Rahmen dieses Kapitels nicht möglich. Hierfür wird auf die jeweils passende Literatur verwiesen, insbesondere bereits an dieser Stelle auf die interessante und gut lesbare Einführung von Straus (2002).

In diesem Beitrag beschränken wir uns auf Aspekte bei der Analyse von Netzwerken, die in der Praxis der Sozialen Arbeit hilfreich sein und mit überschaubarem Aufwand bearbeitet werden können. Im folgenden Abschnitt wird deshalb dargestellt,

- was bei der Planung und Durchführung von Netzwerkanalysen besonders zu berücksichtigen ist,
- welche Funktionen sie im Rahmen der Praxisforschung in der Sozialen Arbeit übernehmen können und
- wie eine methodische Umsetzung beispielhaft aussehen könnte.

Praxisbeispiele
- In Modellprojekten zum *Verhältnis von Diakonie und Kirche* wurde das Netzwerk der Akteure im Gemeinwesen vor Ort untersucht, um durch eine gelingende Zusammenarbeit in der Altenarbeit und Altenhilfe die Unterstützungskultur und die Hilfsangebote für älter werdende Menschen zu verbessern.
- In der Studie zur *Ehrenamtlichkeit in der Evang.-Luth. Kirche in Bayern* (vgl. auch Kap. 4.2) waren Netzwerkaspekte an mehreren Stellen von großer Bedeutung: Erhoben wurden alle Tätigkeiten der Ehrenamtlichen innerhalb der Kirche, die außerkirchlichen Tätigkeiten, die Zugangswege und die Grenzen des Engagements.
- Bei der Evaluation von *Modellprojekten zur Armutsprävention* wurde das Netzwerk von Kirche, Diakonie, anderen Sozialverbänden, Kommune, Schulen und Vereinen abgefragt hinsichtlich bereits bestehender und im Rahmen des Projekts neu geknüpfter Kontakte, gemeinsamer Nutzung von Räumlichkeiten, materieller Unterstützung, Sachmitteln und Finanzmitteln.

4.9.1 Methodische Grundlagen

Bei der Betrachtung von Netzwerkbeziehungen können zunächst verschiedene Strukturmerkmale unterschieden werden (vgl. Hollstein 2006, S. 29):

- Die Anzahl der Beteiligten (Handelt es sich nur um zwei Partner oder um eine Gruppe?)
- Besteht Wahlfreiheit hinsichtlich des Partners? (Ja/bedingt/nein)
- Besteht Gleichheit (z. B. hinsichtlich Alter, Geschlecht, Herkunft, Beruf, sozialem Status)?
- Wie hoch ist der Wissensgrad? (Z. B. Wissen, Vertrautheit, Intimität)
- Welcher Institutionalisierungsgrad liegt vor? (Informell/formell, lose/rechtlich geregelt, einseitig/gegenseitig)
- Der Zeitfaktor: Dauer, Häufigkeit und Regelmäßigkeit der Kontakte
- Welcher Art sind die Kontakte? (Z. B. face-to-face, telefonisch, virtuell, räumliche Nähe, bestimmter oder flexibler Ort für die Begegnung)
- Der Raum der Kontakte (Besteht räumliche Nähe? Gibt es einen eigenen Ort dafür?)

Je nach beteiligten Partnern und Gegenüber (z. B. Verwandte, Kinder, Nachbarn, Vereine, Bekanntschaften, Freundschaften, Ehe) ergeben sich unterschiedliche Ausprägungen. Einen weiteren Aspekt bildet der Beziehungsinhalt (z. B. geschäftlich vs. privat), sodass zu den bereits gelisteten Akteuren noch Kollegen, Geschäftspartner, Kunden, Patienten und Klienten hinzukommen können.

Bei der Untersuchung von Netzwerken werden anhand der avisierten Vollständigkeit und der betrachteten Perspektive zwei Möglichkeiten unterschieden: Gesamtnetzwerke und egozentrierte Netzwerke (vgl. Franke und Wald 2006, S. 156ff.).

In *Gesamtnetzwerken* soll zwischen sämtlichen Akteuren eines genau abgegrenzten Bereichs ein möglichst vollständiges Netzwerk dargestellt werden. Um valide erheben zu können, müssen zunächst alle relevanten Akteure identifiziert werden. Außerdem gilt es, diejenigen Beziehungsinhalte zu identifizieren, die für die eigene Forschungsfrage von Relevanz sind. Für die Datenerhebung werden standardisierte Listen verwendet, in denen alle Akteure aufgeführt sind. Die Befragten werden zur Kennzeichnung aller Akteure aufgefordert, zu denen sie im jeweils abgefragten Kontext eine Beziehung haben.

Zur Auswertung stehen zahlreiche quantitative Methoden zur Verfügung. Zunächst lassen sich einfache Maßzahlen berechnen. In Kreuztabellen kann das für den Einzelfall (Codierung: ja/nein, 1/0) oder für mehrere Befragte (Summen oder %-Anteile) dargestellt werden. Daraus kann die Bedeutung oder Zentralität einzelner Akteure ermittelt werden und die Anzahl der Beziehungen. Spezifischere Verfahren beziehen sich auf die Dichte des Netzwerks sowie auf die Analyse von Positionen und Rollen im Netzwerk (vgl. Franke und Wald 2006, S. 158).

In *egozentrierten Netzwerken* werden die Beziehungen lediglich aus der Perspektive des Befragten (Ego) erhoben. Dabei kann auch erfasst werden, wie intensiv die Beziehung zur jeweils genannten Person (Alter) und ggf. auch zwischen den anderen Personen ist und welche Bedeutung die Beziehung hat. Das Erhebungsinstrument ist offener gestaltet. Dadurch wird allerdings die Möglichkeit zur Strukturanalyse eingeschränkt. Anhand einfacher Maße kann aber beschrieben werden, wie groß das Netzwerk ist und wie stark die Beziehungen durchschnittlich sind.

In Interviews oder auf Fragebögen wird zur Erhebung ein »Namensgenerator« (Hollstein 2006, S. 23) als Impulsfrage gesetzt, woraufhin die Namen der für den erfragten Kontext zutreffenden Personen genannt und die Beziehungen bewertet werden sollen.

Ein klassisches Instrument ist die Netzwerkkarte für Gruppen (vgl. Flurer und Jakubek 2014, S. 89f.), über die das Beziehungsnetz einer Person oder Einrichtung in Form von fünf konzentrischen Kreisen dargestellt wird mit der Person/Einrichtung selbst im Zentrum (vgl. Abb. 9). Je enger eine Beziehung ist, desto weiter innen wird sie eingetragen. Die Kreise können wie »Tortenstücke« in Lebens- oder Tätigkeitsbereiche unterteilt werden (z. B. Beruf/Familie/Freunde, kirchlicher/freier/öffentlicher Träger, hauptamtliche/ehrenamtliche Tätigkeit) wobei die Segmente umso größer werden, je höher ihre Bedeutung für die bewertende Person ist. Die Eintragung und Auswertung erfolgt anhand einer Leitfrage: Welche Kontakte bestehen? Welche Zusammenarbeit sollte zukünftig intensiviert werden?

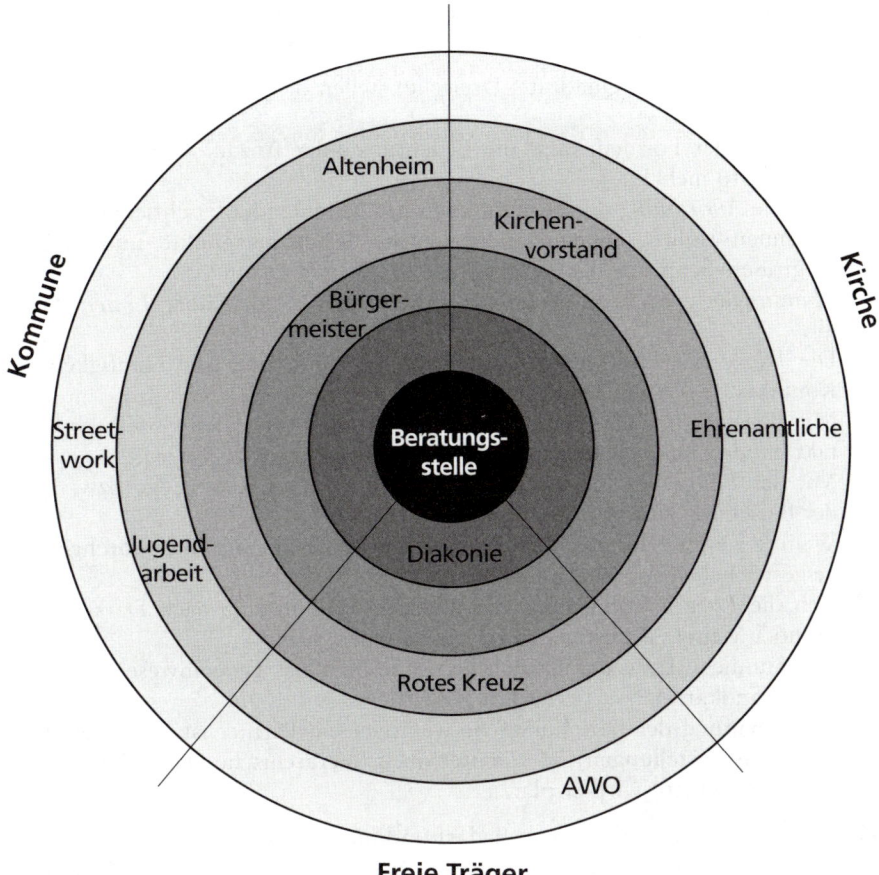

Freie Träger

Abb. 9: Netzwerkkarte für Gruppen (Beispiel)

Bei den qualitativen Methoden lassen sich unterscheiden (vgl. Hollstein 2006, S. 32f.):

- Im *Forschungsdesign*: Triangulation (von qualitativen und quantitativen Methoden), Sampling, Feldzugang, Fallvergleich, Längsschnitt
- Bei der *Erhebung*: Netzwerkkarten, Netzwerktabellen, Interviews (z.B. narrativ, problemzentriert, mit Experten), Beobachtung, Dokumente
- Bei der *Auswertung*: Kategorienbildung, Netzwerkkarten, Netzwerk-Visualisierung, Dokumentenanalyse, interpretative Verfahren (z.B. Inhaltsanalyse)

In qualitativen Studien erfolgt die Visualisierung von Netzwerken häufig in schlichten Netzwerkkarten und Bildern. Zur Erstellung gibt es inzwischen sogar eigene Programme (z.B. VennMaker), die in Textverarbeitungen wie Word zur Verfügung stehenden Funktionen und Formen reichen jedoch in vielen Fällen bereits aus. Die Skizzen können auch relativ einfach per Hand gezeichnet werden. Für die Darstellung gibt es verschiedene Gestaltungselemente:

- *Formen* (z. B. Kreise, Quadrate, Dreiecke) stellen die Akteure und Einrichtungen dar.
- Die *Größe* der Formen kann die Bedeutung oder Anzahl repräsentieren (je größer, desto mehr).
- Durch die *Anordnung* der Formen kann das Miteinander beschrieben werden: Sie können isoliert nebeneinander liegen, Berührungspunkte und kleinere oder größere Schnittmengen aufweisen.
- *Verbindungen* zwischen Akteuren/Einrichtungen werden über *Linien* dargestellt.
  - Die *Dicke* der Linie kennzeichnet die Intensität oder die Häufigkeit des Kontakts (je dicker, desto mehr).
  - Mit *Pfeilen* kann dargestellt werden, ob es sich um einen einseitigen Kontakt handelt oder ob er beiderseitig verläuft bzw. gepflegt wird.
  - Mit der *Länge* des Pfeils kann darüber hinaus auch die Enge bzw. Nähe der Beziehung zum Ausdruck gebracht werden.
  - Weitere Kennzeichnungen sind möglich über Farbe oder über durchgezogene/gestrichelte/gepunktete Linien.
- Durch die *Lage* innerhalb der Netzwerkkarte können je nach Darstellungsform noch weitere Aspekte ausgedrückt werden, z. B.
  - die räumliche Lage der Einrichtung innerhalb des Gemeinwesens (wie bei einer Landkarte),
  - die Bedeutung der Beziehung – je wichtiger ein Partner ist, desto zentraler (bei Kreisdarstellungen) oder weiter oben (hierarchische Darstellung wie in Organigrammen) wird er platziert.

Bei der Erstellung für den eigenen Bedarf und in explorativen Projekten sind der Phantasie fast keine Grenzen gesetzt. Erst wenn ein Vergleich zwischen Netzwerken angestellt werden soll, ist eine gewisse Standardisierung hilfreich und nötig.

4.9.2 Funktionen und Nutzen

In Praxisforschungsprojekten kann die Analyse von Netzwerken zahlreiche Funktionen wahrnehmen. Wo bereits viel Vorwissen vorhanden ist und präzise Fragestellungen formuliert werden können, eignet sie sich einerseits zur *Überprüfung von Hypothesen*. Andererseits ermöglicht ein exploratives Vorgehen auch die *Generierung von Hypothesen* und die Erschließung eines neuen Feldes (vgl. Franke und Wald 2006, S. 156).

In Mixed-Method-Designs lassen sich quantitative und qualitative Zugangswege zu Netzwerken verbinden. In einem sequenziell erklärenden Design wird der quantitative Teil vorangestellt, während in einem sequenziell explorativen Design mit der qualitativen Phase begonnen wird. Beides kann in einem Parallel-Design auch gleichzeitig und integriert durchgeführt werden. Durch Triangulation können die Daten validiert und die Ergebnisse bestätigt werden (vgl. Hollstein 2010, S. 464f.). Sowohl als eigenständiger Forschungsansatz als auch in Kombination mit anderen Methoden kann die Analyse von Netzwerken einen wertvollen Beitrag zur Aufklärung über den Handlungskontext von Institutionen und Einrichtungen leisten. Dadurch können hohe Aufwände für Kommunikation und Abstimmung im Handlungsfeld legitimiert und strukturelle Probleme aufgedeckt werden. Durch die Eröffnung neuer Perspektiven und die Beleuchtung von (Doppel-)Strukturen kann der Einsatz vorhandener Ressourcen optimiert werden.

4.9.3 Methodisches Vorgehen

Abschließend soll anhand der drei bereits eingeführten Beispiele noch einmal deutlich gemacht werden, wie eine methodische Umsetzung in einem Praxisforschungsprojekt aussehen könnte.

Das Verhältnis von Diakonie und Kirche

In mehreren Modellprojekten wurde vor Ort eine explorative Situationsanalyse und Bestandsaufnahme durchgeführt. Am Anfang wurden Überlegungen angestellt, wer die kirchlichen und diakonischen Akteure sind, die sich an den Projektgruppen beteiligen könnten. Diese wurden eingeladen und haben in mehreren Treffen die Konstellation vor Ort (das konnte z. B. eine Kirchengemeinde, ein Dekanat, eine ganze Stadt oder eine Region sein) diskutiert. Dabei kann man sich bewusst machen, wie viel Kooperation bereits – oft unbewusst – geschieht, welche Angebote gegenseitig bekannt und wie kurz die Wege eigentlich sind. Oft gibt es Akteure, an die man zunächst gar nicht denkt, oder man erinnert sich an Traditionen, Kooperationen oder Angebote, die eingeschlafen oder nach Wechseln von Mitarbeitenden in Vergessenheit geraten sind. In den Arbeitsgruppen wurden Fragestellungen entwickelt, die in einem kleinen Projekt bearbeitet werden sollen. Hier wurden u. a. eine Befragung der Gemeindemitglieder durchgeführt, eine neue gemeinsame Gottesdienst- und Veranstaltungsreihe entwickelt und umgesetzt und ein Projekttag zu nachbarschaftlicher Unterstützung vorbereitet.

Die beispielhaften Darstellungen in Abbildung 10 dienten als schematischer Ausgangspunkt, um sich auf einfache Weise an die Situation vor Ort anzunähern und die eigene Konstellation zu reflektieren.

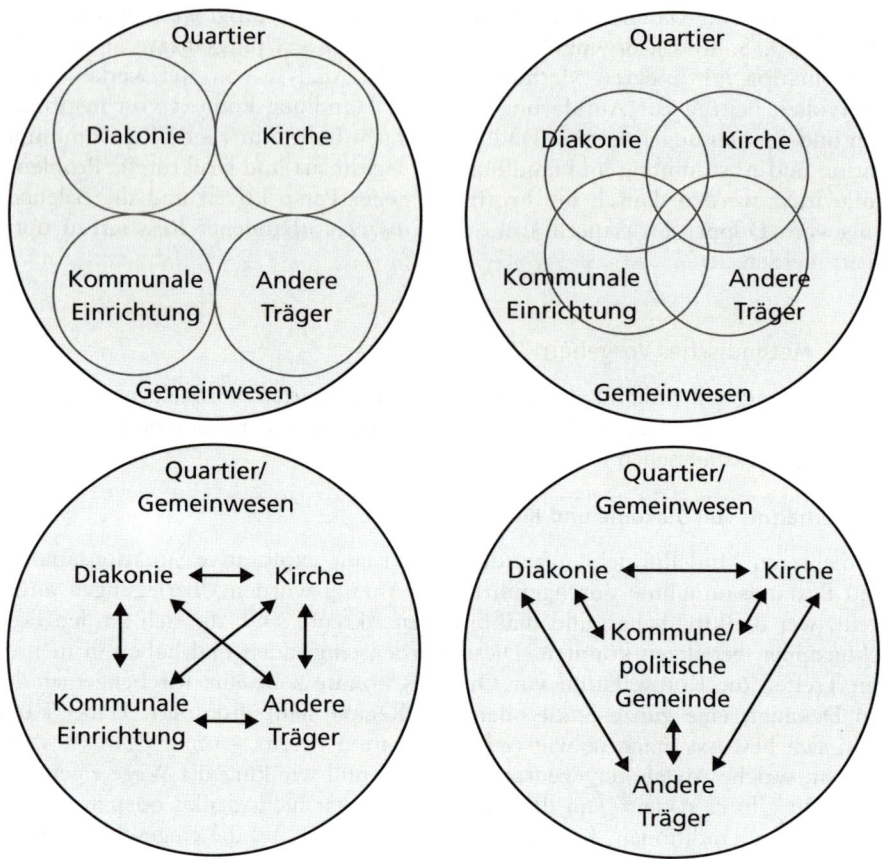

Abb. 10: Situation vor Ort

Ehrenamtlichkeit in der Evang.-Luth. Kirche in Bayern

Diese Studie wurde bereits in Kapitel 4.2 als Beispiel für Zeitbudgetanalysen dargestellt. Aus den vorliegenden Daten zu Aufwand, Dauer und Turnus lassen sich Netzwerke von Ehrenamtlichen abbilden. Die Auswertung zeigt, bei welchen Tätigkeiten die Schwerpunkte liegen, welche Tätigkeiten häufig miteinander einhergehen und wo sich bestimmte Gruppen von Mitarbeitenden identifizieren lassen. Neben Tätigkeiten bei der Kirche wurde auch nach außerkirchlichem Engagement gefragt, z. B. in der Politik, bei Initiativen, in traditionellen Vereinen und Hilfsdiensten, bei anderen Wohlfahrtsverbänden und sozialen Einrichtungen sowie in der Bildung. Aus dem Anteil an anderen Engagementbereichen und dem Zeitaufwand dafür lassen sich einerseits eventuell bestehende Konkurrenzverhältnisse ableiten, da diese zeitlichen Ressourcen dann dort gebunden sind. Andererseits zeigt dies deutlich die vielfache Vernetzung ins Gemeinwesen. Hier bestehen tragfähige Beziehungen und es gibt ein Netz von gegenseitigen Unterstützungsmöglichkeiten.

Hinweise auf die Netzwerke der Ehrenamtlichen geben auch die beiden Fragen nach den Zugangswegen zum Engagement und nach den Grenzen des Engagements (s. Abb. 11):

- Durch welche Bezugsgruppen findet man in das Engagement?
- Welche Beziehungen, Verpflichtungen und Konflikte begrenzen das Engagement?

Diese Netzwerkaspekte liefern allen haupt- und ehrenamtlich Mitarbeitenden in Gemeinden und Einrichtungen wertvolle Hinweise über den Kontext ihres Miteinanders.

Man kann ja in ganz verschiedenen Bereichen ehrenamtlich mitarbeiten.

Engagieren Sie sich neben dem Ehrenamt in der Kirche auch in anderen Bereichen?
☐ Ja   ☐ Nein

Falls ja: Bitte kreuzen Sie die Bereiche an, in denen Sie aktuell ehrenamtlich tätig sind.

	Bereich	Mitarbeit aktuell
Weiteres ehrenamtliches Engagement	**Politik** z. B. Politische Partei, kommunalpolitische Ämter und Mandate, Gewerkschaft/Berufsverband	☐
	Initiativen z. B. Menschenrechtsvereinigung, Natur- oder Umweltschutzvereinigung, Bürgerinitiative, Nachbarschaftshilfe, Frauengruppe, Selbsthilfevereinigungen	☐
	Traditionelle Vereine und Hilfsdienste z. B. Sportverein (z.B. Schützenverein), Kultureller Verein, Heimatverein oder Förderkreis Musikvereine (z.B. Blaskapelle, BigBand, Gesangsverein …), Freiwillige Feuerwehr/THW	☐
	Andere Wohlfahrtsverbände und soziale Einrichtungen z. B. Caritas, Arbeiterwohlfahrt, Rotes Kreuz, Parität	☐
	Bildung z. B. Schulen oder KiTas (Elternbeiräte), Bildungseinrichtungen	☐
	Andere Bereiche Bitte benennen: _____	☐
Zeit	Wie viele Stunden im Durchschnitt engagieren Sie sich dort insgesamt *pro Monat*? _____ Stunden	

Abb. 11: Ehrenamt (Quelle: Studie »Ehrenamtlichkeit in der Evang.-Luth. Kirche in Bayern«, Amt für Gemeindedienst in der ELKB, 2014)

Grenzen	**In welcher Hinsicht stößt Ihr ehrenamtliches Engagement an Grenzen?** *(Mehrfachnennungen möglich)* ☐ Vereinbarkeit mit dem Beruf ☐ Vereinbarkeit mit Schule/Ausbildung/Studium ☐ Vereinbarkeit mit der Familie (Kinder) ☐ Pflegebedürftige Angehörige ☐ Vereinbarkeit mit anderen ehrenamtlichen Tätigkeiten ☐ Konflikte mit anderen Ehrenamtlichen ☐ Konflikte mit Hauptamtlichen ☐ Konflikte mit Gremien, Strukturen ☐ Geld ☐ Gesundheit ☐ Sonstiges: _____
Zungangsweg	**Wie kam es dazu, dass Sie sich ehrenamtlich in der Kirche engagieren?** *(Mehrfachnennungen möglich)* ☐ Von **Hauptamtlichen/Hauptberuflichen** angefragt ☐ Von **anderen Ehrenamtlichen** angesprochen ☐ Durch meine **Familie** (Eltern, Ehepartner) hineingewachsen ☐ Durch **eigene Kinder** dazu gekommen ☐ Von **Freunden** mitgenommen ☐ Über die **kirchliche Jugendarbeit** ☐ **Selbst Initiative ergriffen** ☐ Durch eine **Veranstaltung** aufmerksam geworden ☐ Durch **andere Medien** (Homepage, Gemeindebrief, Zeitung) ☐ Über eine **Ehrenamtsvermittlung** (z.B. Ehrenamtsbörse, -messe, Infostand) ☐ Anderer Weg _____

Abb. 11: Ehrenamt (Quelle: Studie »Ehrenamtlichkeit in der Evang.-Luth. Kirche in Bayern«, Amt für Gemeindedienst in der ELKB, 2014) – Fortsetzung

Modellprojekte zur Armutsbekämpfung

In einer großen Matrix, die aus den Akteuren (Kirche, Diakonie, anderen Sozialverbänden, Kommune, Schule, Vereine und andere) und aus den Aspekten der Zusammenarbeit (bereits bestehende und im Rahmen des Projekts neu geknüpfte Kontakte, gemeinsame Nutzung von Ressourcen, z. B. Räumlichkeiten, materielle Unterstützung, Sachmittel und Finanzmittel) bestand, wurde das Kooperations-Netzwerk im Projekt vor Ort abgefragt (s. Abb. 12). Die einzelnen Projekte konnten sich dabei bereits beim Beantworten die eigene Konstellation vor Ort bewusst machen. Die Gesamtauswertung aller 60 Projekte ermöglichte die Identifizierung von Schwerpunkten und Mustern in der Zusammenarbeit. In Verbindung mit den gleichzeitig erhobenen Strukturdaten (z. B. Trägerschaft des

Projekts, Zielgruppen bzw. Tätigkeitsfeld, Region oder Angaben zur Zielerreichung) lassen sich unterschiedliche Konstellationen und Erfolgsfaktoren herausarbeiten. In der Auswertung wurden die prozentualen Anteile der einzelnen Kooperationsfelder berechnet.

Netzwerk

Manche Projekte und Vorhaben lassen sich gemeinsam leichter umsetzen. Bitte teilen Sie uns mit, ob auch Sie im Projekt neue Kooperationen im sozialen Nahraum eingegangen sind oder bestehende Kooperationen intensivieren konnten.
Dadurch soll das Netzwerk aus entstandenen Kontakten und die Nutzung von Räumlichkeiten abgebildet werden.

Bitte kreuzen Sie in jeder Zeile die jeweils zutreffenden Kooperationspartner an.
Mehrfachnennungen sind möglich.

Kontakte zu/mit	Evang. Kirche	Diakonie	Andere Sozial-verbände	Kom-mune	Schule	Vereine	Sonstige (bitte nennen)
Nutzung von **bereits bestehenden** formellen/informellen Kontakten zu/mit …	☐	☐	☐	☐	☐	☐	
Knüpfung neuer Kontakte zu/mit …	☐	☐	☐	☐	☐	☐	

Gemeinsame Nutzung von Ressourcen bei/von	Evang. Kirche	Diakonie	Andere Sozial-verbände	Kom-mune	Schule	Vereine	Sonstige (bitte nennen)
Räumlichkeiten bei … (z.B. Küche, Gruppenraum)	☐	☐	☐	☐	☐	☐	
Materielle Unterstützung (z.B. Kopierer)	☐	☐	☐	☐	☐	☐	
Sachmittel (z.B. Brot)	☐	☐	☐	☐	☐	☐	
Finanzmittel-Zufluss	☐	☐	☐	☐	☐	☐	

Abb. 12: Kooperations-Netzwerk

5 QUANTITATIVE DATENAUSWERTUNG: ANWENDUNGSWISSEN

Sebastian Ottmann

Was Sie in diesem Kapitel lernen können

In diesem Kapitel

- lernen Sie die Grundlagen der quantitativen Datenauswertung kennen,
- bekommen Sie zentrale Verfahren der deskriptiven und induktiven Statistik erklärt und können Sie diese selbst anwenden,
- erhalten Sie einen Eindruck von weiterführenden Verfahren der multivariaten Datenanalyse.

Für alle, die die dargestellten Methoden der quantitativen Datenanalyse auch in den gängigen Programmen zur Datenauswertung durchführen möchten, hier noch ein Hinweis: Auf der Homepage zum Buch (www.praxisforschung.info/¬ buch) wird ein zusätzliches Skript bereitgestellt, in dem die praktische Umsetzung der dargestellten statistischen Verfahren mit dem Tabellenkalkulationsprogramm Excel sowie den Statistikprogrammen SPSS und R beschrieben wird. Es empfiehlt sich daher, dieses Kapitel mit den Zusatzmaterialien »parallel« zu lesen. Nachdem Sie die einzelnen Verfahren in den Abschnitten theoretisch durchgearbeitet haben, können Sie danach in den Zusatzmaterialien nachschlagen, wie die Umsetzung in Statistikprogrammen erfolgt und der erzeugte Output zu interpretieren ist. Ebenfalls auf der Homepage zum Buch können Sie sogenannte Verteilungstabellen herunterladen, die man zur Berechnung per Hand von Signifikanztests benötigt.

Praxisbeispiel
Mehrere Anbieter im Bereich von Maßnahmen der arbeitsweltbezogenen Jugendsozialarbeit haben einen gemeinsamen Fragebogen entwickelt, um die Effekte der Maßnahmen beurteilen zu können. Es wird eine zufällige Stichprobe aus den Teilnehmern in den Einrichtungen gezogen und diese werden mit dem Fragebogen an zwei Zeitpunkten, nämlich zu Beginn sowie zum Ende der Maßnahme, befragt. Die Auswertung der Daten aus der Befragung erfolgt mit quantitativen Methoden.

5.1 Grundlagen der quantitativen Datenauswertung

Zu den Grundlagen der quantitativen Datenauswertung gehören zunächst die folgenden Überlegungen und Fragen:

- Welche Skalenarten werden unterschieden und welche Konsequenzen hat das für die entsprechende Auswertungsmethode?
- Aus welchen Schritten besteht das Vorgehen bei der Datenanalyse?
- Wie wird eine Datenmatrix erstellt und wie werden Fragebögen kodiert?
- Wie muss mit fehlenden Werten und mit sogenannten »Ausreißern« umgegangen werden?
- Wie können zusätzliche Variablen erstellt werden?

5.1.1 Variablen und Skalenniveaus

Einzelne Fragen, die zum Beispiel mit einem Fragebogen erhoben wurden, werden zur Auswertung in Variablen erfasst. Dabei besitzt jede Variable ein Skalenniveau. Hierbei wird das nominale, ordinale und metrische Skalenniveau unterschieden. Innerhalb des metrischen Skalenniveaus gibt es noch die Unterscheidung zwischen Intervall- und Verhältnisskalen. In den nachfolgenden Abschnitten wird für das metrische Skalenniveau der Begriff intervallskaliert verwendet.

Je nach Skalenniveau können unterschiedliche Aussagen getroffen und Berechnungen durchgeführt werden. Daher ist es für die statistische Datenanalyse wichtig zu wissen, auf welchem Skalenniveau die zu untersuchende Variable gemessen wurde, da davon das jeweilige Verfahren (z. B. bei den Lagemaßen) abhängt.

Das niedrigste und damit einfachste Skalenniveau ist das *nominale Niveau,* mit dem nur Aussagen über Gleichheit oder Verschiedenheit gemacht werden können. Ein Beispiel wäre hier die Frage nach dem Geschlecht, mit den Antwortmöglichkeiten »weiblich« und »männlich«. Mit einem solchen Skalenniveau kann nur dargestellt werden, ob eine Zuordnung einer Person zum jeweiligen Geschlecht erfolgen kann oder nicht.

Erfolgt die Messung einer Variablen auf dem *ordinalen Skalenniveau,* können die Antwortmöglichkeiten in eine größer-kleiner-Reihenfolge gebracht werden. Beispielsweise die Schulnoten. Die Antwortmöglichkeit »sehr gut« ist die beste Antwort, die man geben kann, »ungenügend« die schlechteste. Die Antworten dazwischen kann man in einer größer-kleiner-Reihenfolge anordnen. Allerdings kann nicht definiert werden, wie groß die Abstände zwischen den einzelnen Ausprägungen sind. So kann der Abstand von einer »sehr guten« zu einer »guten« Leistung größer sein als die von einer »befriedigenden« zur »ausreichenden« Leistung.

Das höchste und damit auch »aussagekräftigste« Skalenniveau ist das *Intervallskalenniveau (auch metrisches Skalenniveau),* bei dem Verhältnisse und Differenzen klar benannt werden. Eine Variable mit Intervallskalenniveau wäre zum Beispiel das Einkommen. Hier kann etwa die Aussage getroffen werden, dass eine Person, die 2.000 Euro verdient, doppelt so viel verdient wie eine Person mit einem Verdienst von 1.000 Euro. In der nachfolgenden Tabelle werden die Skalenniveaus mit ihren jeweiligen Aussagen nochmals dargestellt (vgl. Bortz und Döring 2006, S. 69):

Tab. 10: Übersicht über die verschiedenen Skalenniveaus

Skalenniveau	Aussage
Nominalskala	Gleichheit, Verschiedenheit
Ordinalskala	Größer-kleiner-Relationen
Intervallskala	Gleichheit von Differenzen
Verhältnisskala	Gleichheit von Verhältnissen

Weiterhin werden Variablen nicht nur nach ihrem Skalenniveau unterschieden, sondern bei quantitativen Variablen auch nach stetigen und diskreten Variablen. Hierbei sind *stetige Variablen* dadurch gekennzeichnet, dass sie unendlich viele Ausprägungen haben (z. B. das Gewicht oder die Länge). Dem gegenüber haben *diskrete Variablen* nur eine begrenzte Anzahl an Ausprägungen, z. B. die Anzahl der Maßnahmen der arbeitsweltbezogenen Jugendsozialarbeit von denen Teilnehmer befragt wurden. Oft zeigt sich auch, dass bei diskreten Variablen eine gültige Antwort nur in einer Ganzzahl dargestellt werden kann.

Eine weitere Besonderheit stellen die sogenannten *dichotomen Variablen* dar. Dies sind Variablen, die nur zwei Ausprägungen haben, zum Beispiel »ja«/ »nein« oder »angekreuzt«/»nicht angekreuzt«.

Eine weitere Klassifizierung von Variablen, die bei der Anwendung von statistischen Verfahren oft vorgenommen wird, ist die Unterscheidung nach abhängigen und unabhängigen Variablen. Hierbei ist die *abhängige Variable* die Variable, die näher erklärt werden soll und die *unabhängige Variable* die Variable, von der man annimmt, dass sie einen Einfluss auf die abhängige Variable hat. So könnte in unserem Beispiel der Effekt der Stärkung des Selbstvertrauens von Jugendlichen (unabhängige Variable) auf ihren Erfolg bei der beruflichen Eingliederung (abhängige Variable) einer Person untersucht werden.

5.1.2 Vorgehen bei der quantitativen Datenauswertung

Grundlage für den gesamten Prozess der quantitativen Datenauswertung sind immer die theoretische Fragestellung sowie die Hypothesen, die am Anfang des Forschungsprojektes formuliert wurden. In der Praxis hat sich bei der Durchführung von quantitativen Datenauswertungen ein Vorgehen nach folgendem Schema bewährt:

1. In einem ersten Schritt müssen die Daten, die mit einem Print-Fragebogen erhoben wurden, codiert und in einer Datenmatrix erfasst werden. Bei Online-

Umfragen kann die Datenmatrix direkt aus der jeweiligen Befragungssoftware für die Datenauswertung exportiert werden. Der nächste Abschnitt geht genauer auf den Aufbau der Datenmatrix und die Codierung ein.

2. Wurden die Daten erfasst, können Häufigkeitstabellen und Diagramme für die einzelnen Variablen erstellt werden, um einen ersten Überblick über die Daten zu erhalten. Hierbei gilt vor allem Ausreißer-Werten und fehlenden Werten ein besonderes Augenmerk. In den nachfolgenden Abschnitten 5.1.4 und 5.1.5 wird auf die Thematik fehlende Werte und Ausreißer näher eingegangen und dargestellt, warum sie bei der statistischen Datenanalyse problematisch sein können.

3. Nach einem ersten Überblick über die Daten folgt die Berechnung von statistischen Kennwerten. Hierbei stehen fast immer deskriptive Lage- und Streuungsmaße (vgl. Kap. 5.2.3 und 5.2.4) im Vordergrund.

4. In einem weiteren Schritt können die Daten darauf aufbauend tiefergehend analysiert werden, etwa indem eine Analyse von Zusammenhängen zwischen Variablen oder Unterschieden zwischen zuvor definierten Gruppen oder Zeitpunkten erfolgt. Hierbei sollte man sich an den am Anfang aufgestellten Hypothesen orientieren.

5. In einem letzten Schritt können die gefundenen Zusammenhänge und Gruppenunterschiede mit speziellen Tests auf Signifikanz überprüft werden. Dies ist nötig, um sicherzustellen, dass diese Unterschiede bzw. Zusammenhänge nicht zufällig zustande gekommen sind, sondern man davon ausgehen kann, dass sie auch in der Grundgesamtheit vorliegen, d. h. wirklich existieren.

Bei speziellen Fragestellungen kann es zudem sinnvoll sein, nach diesen fünf Schritten noch weiterführende, sogenannte multivariate Analyseverfahren in Betracht zu ziehen. Hier seien die Regressionsanalyse zur detaillierten Analyse von Zusammenhängen oder Verfahren zur Dimensions- und Komplexitätsreduktion wie die Faktoren- oder Clusteranalyse genannt. Allerdings zeigt sich nach aller Erfahrung, dass die Verfahren der deskriptiven Statistik und die Durchführung von Signifikanztests für die Beantwortung der Fragestellungen bei Projekten in der Praxisforschung in den allermeisten Fällen ausreichend sind.

5.1.3 Codierung und Datenmatrix

Bevor die eigentliche Datenanalyse erfolgen kann, müssen die Daten für diese aufbereitet werden. Hierzu wird eine Datenmatrix angelegt und ein Codierplan erstellt. In diesem Codierplan wird für jede Frage eine eindeutige Bezeichnung (Variablenname) vergeben. Die Variablennamen sollten möglichst kurz und eindeutig sein und keine Leerzeichen enthalten. Für die einzelnen Antwortkategorien werden sogenannte Codes vergeben, also Zahlen, die den jeweiligen Ausprägungen zugeordnet werden. Hierbei empfiehlt es sich, ähnlich wie bei Schulnoten, der besten Antwortmöglichkeit die 1 zuzuweisen und der schlechtesten den höchsten Wert. Zu beachten ist, dass bei allen Skalen die Codierung gleich erfolgen soll, also der beste Wert immer den gleichen Code hat.

Eine besondere Codierung erfolgt bei Fragen, bei denen eine Mehrfachantwort möglich ist. Hier muss für jede Antwortmöglichkeit ein eigener Variablenname vergeben werden und die Codes für die Antworten werden beispielsweise mit 0 = »nicht angekreuzt« und 1 = »angekreuzt« codiert. Dies ist nötig, da bei diesen Fragen die Befragten mehrere Antworten abgeben können und deshalb diese auch einzeln erfasst werden müssen. In Abbildung 13 ist ein Auszug aus einem Codierplan dargestellt.

1. Ihr Geschlecht (Geschlecht)
   ☐ männlich (1)   ☐ weiblich (2)
2. Ihr höchster Schulabschluss (Schulabschluss)
   ☐ kein Schulabschluss (1)   ☐ Haupt-/Mittelschulabschluss (2)
   ☐ Mittlere Reife (3)   ☐ Abitur (4)
3. Wie beurteilen Sie Ihre berufliche Aussicht? (Q1)
   Sehr gut ☐ ☐ ☐ ☐ ☐ ☐ Sehr schlecht
            (1) (2) (3) (4) (5) (6)

Abb. 13: Codierter Fragebogen

Danach erfolgt die Eingabe der einzelnen Fragebögen in eine Datenmatrix. Es empfiehlt sich, jedem Fragebogen eine eindeutige Identifikationsnummer zu geben, um diesen auch später noch dem Datensatz in der Matrix zuordnen zu können. In der Datenmatrix stellt jede Zeile einen Datensatz (eine Person, die geantwortet hat) dar und jede Spalte eine Variable. In Tabelle 11 wird ein Auszug aus einer Datenmatrix dargestellt.

Tab. 11 : Datenmatrix

ID	Geschlecht	Alter	Schulabschluss	Q1	Q2	Q3	Q4	Q5
1	1	18	1	2	3	5	1	2
2	2	20	2	1	1	2	1	2
3	1	22	4	2	1	1	2	2

In den gebräuchlichen Programmen für Online-Befragungen ist es möglich, die Datenmatrix aus dem System zu exportieren. Hierzu stehen meistens das Excel-Dateiformat sowie der Export als SPSS-Datensatz zur Verfügung. Daher ist es bei Online-Befragungen wichtig, dass schon beim Anlegen des Fragebogens die richtigen Variablennamen und Codierungen für die Antworten hinterlegt werden.

5.1.4 Fehlende Werte

Bei der Erhebung von Daten kommt es immer wieder vor, dass sogenannte fehlende Werte entstehen, zum einen, wenn der Fragebogen so angelegt wurde, dass bestimmte Fragen nur von bestimmten Personengruppen beantwortet werden sollen (z. B. sollen Personen, die eine Ausbildung absolviert haben, nicht die Fragen über ein absolviertes Studium beantworten). Zum anderen kommt es aber auch immer wieder vor, dass Personen auf bestimmte Fragen nicht antworten können oder möchten (Nonresponse).

Während der erste Fall kein Problem für die Auswertung ist, da ja diese fehlenden Werte so gewollt sind, kann der zweite Fall ein Problem darstellen. Das übliche Vorgehen ist dann der Ausschluss dieser Werte bei der Analyse. Dies kann aber zu Verzerrungen in den Ergebnissen führen, wenn die fehlenden Werte systematisch auftreten, also bestimmte Personengruppen zum Beispiel auf Fragen nicht antworten. Ein Beispiel wären Personen, die eine hohe Bildung und damit wahrscheinlich auch ein hohes Einkommen haben, aber die Frage nach dem Jahreseinkommen nicht beantworten. Fehlen uns allerdings diese Werte, ist das berechnete durchschnittliche Einkommen der Befragten verzerrt.

Innerhalb der Statistik gibt es verschiedene Verfahren, mit denen man das Problem von fehlenden Werten unter bestimmten Voraussetzungen beheben kann. Einen guten Überblick über zwei dieser Verfahren (Gewichtung und multiple Imputation) bietet der Beitrag von Spieß (2010).

Kommen die fehlenden Werte dagegen nur vereinzelt vor, kann in der quantitativen Datenauswertung ein Ausschluss dieser Werte erfolgen. Das heißt, die Anzahl der gültigen Datensätze variiert zwischen den einzelnen Variablen. Hat man insgesamt 200 Datensätze erfasst, aber bei der Frage nach dem Einkommen haben fünf Personen keine Angaben gemacht, bezieht man nur 195 Datensätze in die Auswertung ein.

In den bekannten Statistikprogrammen sind entsprechende Funktionen vorhanden, um fehlende Werte einmalig zu definieren, damit diese dann in allen nachfolgenden Auswertungen ausgeschlossen werden.

5.1.5 Ausreißer

Eine weitere Gruppe von Werten, die zu verzerrten Ergebnissen führen können, sind Ausreißer. Wie bei den fehlenden Werten gibt es auch bei den Ausreißern gewollte und nicht gewollte.

Nicht gewollte Ausreißer sind oft Fehler bei der Beantwortung des Fragebogens oder bei der Dateneingabe. So macht die Antwort 213 auf die Frage nach dem Alter keinen Sinn und weist eher darauf hin, dass bei der Eingabe ein Fehler passiert ist. Bei solchen Ausreißerwerten lohnt es sich in einem ersten Schritt, sofern eine Print-Befragung vorlag, im Fragebogen nochmal zu überprüfen, ob eine richtige Erfassung des Wertes vorliegt. Sollte der Wert richtig erfasst worden sein und es sich weiterhin um einen ungewollten Ausreißer handeln, sollte man eine Codierung als fehlenden Wert in Betracht ziehen.

Gewollte Ausreißer können zum Beispiel bei der Frage nach dem monatlichen Einkommen entstehen, wenn eine Person mit 10.000 Euro antwortet. Da man bei einer solchen Befragung auch hohe Einkommen berücksichtigen möchte, sollte der Wert in die Datenauswertung aufgenommen werden. Allerdings sollten dann statistische Verfahren genutzt werden, bei denen der Einfluss von Ausreißern gering ist. Solche Verfahren sind zum Beispiel der Median bei den deskriptiven Lagemaßen anstatt des arithmetischen Mittels oder die Anwendung von sogenannten robusten Verfahren z. B. bei der Regressionsanalyse (zur robusten Regressionsanalyse vgl. Jann, 2010). Sind in den Daten Ausreißer enthalten, ist es auf jeden Fall zu empfehlen, die Analysen einmal mit Ausreißern zu berechnen und danach diese in der Analyse auszuschließen. So kann überprüft werden, ob die Ergebnisse stark voneinander abweichen und somit die Ausreißer einen starken Einfluss auf die Ergebnisse haben. Ist dies der Fall, sollte überlegt werden, ob eine Herausnahme der Ausreißer aus der Analyse sinnvoll ist.

5.1.6 Erstellen von neuen Variablen

Im Rahmen der quantitativen Datenauswertung ist es immer wieder nötig, neue Variablen für die weitere Analyse zu erstellen. Eine Unterscheidung erfolgt in folgende zwei Arten der sogenannten Variablentransformation: Das Umkodieren von bestehenden Variablen und die Berechnung von neuen Variablen.

Bei der Umkodierung von bestehenden Variablen werden die Antwortausprägungen der bisherigen Variable in neuen Gruppen zusammengefasst. Beispiel hierfür ist die Umkodierung des Alters in Jahren in Altersgruppe oder die Zustimmung auf einer sechsstufigen Skala in die dichotomen Ausprägungen »trifft zu«/»trifft nicht zu«. Diese Art der Variablenerstellung ist oft sinnvoll, um die Informationen in der Variable zu aggregieren und dann mit dieser »kompakteren« Variablen weiterzuarbeiten.

Bei der Berechnung von neuen Variablen werden die neuen Variablen durch eine mathematische Berechnung erstellt. Wurden zum Beispiel das gesamte Haushaltseinkommen und die Anzahl der Personen, die im Haushalt leben, erfasst, kann eine Variable berechnet werden, die das durchschnittliche Haushaltseinkommen pro Mitglied ausgibt. Dieses Verfahren kommt auch zum Einsatz, wenn man sog. Indizes bzw. Scores (vgl. Bortz und Döring 2006, S. 143ff.) berechnen möchte. Dies ist zum Beispiel dann der Fall, wenn man die Einstellung zu einer bestimmten Maßnahme mit mehreren Fragen gemessen hat. Sind die Fragen alle auf der gleichen Skala gemessen, kann man nun einen Einstellungsindex berechnen, indem man die Messwerte der Items, die die Einstellung messen, für die einzelnen Befragten einfach addiert oder den Mittelwert für die einzelnen Befragten über diese Items bildet.

Eine weitere Anwendungsmöglichkeit, bei der die Berechnung von neuen Variablen wichtig ist, ist die Standardisierung. Hat man z. B. Variablen auf unterschiedlichen Maßeinheiten gemessen, müssen diese für weiterführende Analyseverfahren, wie beispielsweise für die Clusteranalyse, standardisiert, d. h. auf die gleiche Maßeinheit gebracht werden. Ein sehr gebräuchliches Verfahren ist hier die z-Transformation, bei der jeder Messwert mit dem Mittelwert subtrahiert wird und dieses Ergebnis durch die Standardabweichung geteilt wird (vgl. Eid et al. 2010, S. 137f.).

In allen Statistikprogrammen gibt es entsprechende Funktionen, um neue Variablen durch Umkodierung oder Berechnung zu erstellen. In den Zusatzmaterialen zum Buch wird das Vorgehen in den Programmen Excel, SPSS und R genauer erläutert.

5.2 Deskriptive Statistik

Die deskriptive Statistik, auch beschreibende Statistik genannt, hat zum Ziel, die erhobenen Daten aufzubereiten, darzustellen und zu beschreiben. In diesem Kapitel wird auf folgende Fragen eingegangen:

- Wie werden Häufigkeits- und Kreuztabellen erstellt?
- Welche Lage-, Streuungs- und Zusammenhangsmaße werden unterschieden und wie erfolgt deren Berechnung?
- Welche Möglichkeiten der grafischen Darstellung von Ergebnissen gibt es?

5.2.1 Häufigkeitstabellen

Häufigkeitstabellen werden für einzelne Variablen erstellt, um darzustellen, wie oft die einzelnen Antwortausprägungen von den befragten Personen angegeben wurden. Die Erstellung einer Häufigkeitstabelle ist für jedes Skalenniveau möglich. Bei intervallskalierten Variablen können diese aber schnell sehr unübersichtlich werden, da viele Antwortausprägungen in die Tabelle einfließen. Bei der Darstellung von Häufigkeitstabellen gibt es keine einheitlichen Standards, allerdings findet man in Publikationen oft eine Darstellung wie in Tabelle 12.

Tab. 12: Häufigkeitstabelle

Item		Häufigkeit	Prozent	Gültige Prozente	Kumulierte Prozente
Gültig	Kein Schulabschluss	16	13,3	14,3	14,3
	Hauptschulabschluss	9	7,5	8,0	22,3
	Qualifizierter Haupt-schulabschluss	28	23,3	25,0	47,3
	Mittlere Reife	15	12,5	13,4	60,7
	Abitur/Fachabitur	44	36,7	39,3	100,0
	Gesamt	112	93,3	100,0	
Fehlend	Keine Angabe	8	6,7		
Gesamt		120	100,0		

In einer Häufigkeitstabelle wird zwischen gültigen und fehlenden Werten unterschieden. Die gültigen Werte sind die Häufigkeiten auf gültige Antwortmöglichkeiten aus dem Fragebogen, fehlende Werte treten dann auf, wenn eine Person auf eine Frage nicht geantwortet hat oder es im Fragebogen z. B. die Möglichkeit gab, anzukreuzen, dass diese Frage auf den Befragten nicht zutrifft.

Als Erstes werden in der Häufigkeitstabelle – wie der Name schon sagt – die absoluten Häufigkeiten ausgegeben. Hierbei wird ausgezählt, wie oft eine Antwortmöglichkeit angekreuzt wurde. In der dargestellten Häufigkeitstabelle (Tab. 12) haben z. B. 16 Befragte angegeben, dass Sie keinen Schulabschluss besitzen.

Danach werden verschiedene Prozentwerte ausgegeben. In der Spalte Prozent werden die Prozentwerte ausgegeben, in denen auch die fehlenden Werte Berücksichtigung finden. Als Grundlage für die Prozentberechnung fließen alle 120 Befragten ein, um dann z. B. zu berechnen, wie hoch der prozentuale Anteil der Personen ist, die angegeben haben, dass Sie keinen Schulabschluss haben. In diesem Fall sind es 13,3 %.

Interessanter für die inhaltliche Interpretation und später auch für die Veröffentlichung in einem Forschungsbericht ist die Spalte »Gültige Prozente«. Bei diesen Prozenten werden als Grundlage für die Berechnung nur die gültigen Fälle berücksichtigt, in der vorangegangenen Tabelle sind dies 112 Personen. Von diesen 112 Personen, die eine gültige Antwort abgegeben haben, haben 14,3 % angegeben, dass sie keinen Schulabschluss besitzen. Es zeigt sich, dass die Differenz zwischen den gültigen Prozenten und den Gesamtprozenten dann sehr groß sein kann, wenn die Anzahl der fehlenden Werte hoch ist. Da im Rahmen der Datenauswertung überwiegend die Befragten, die eine gültige Antwort abgegeben haben, von Interesse sind, sollten in einem Berichtsfließtext und bei Diagrammen immer die gültigen Prozente angegeben werden. Da die Anzahl der gültigen Antworten von Variable zu Variable variieren kann, muss immer eine Nennung dieser Größe erfolgen (durch die Abkürzung für Stichprobe n).

In der letzten Spalte der Tabelle werden die kumulierten Prozente ausgegeben. Durch diese kann man sehr schnell ablesen, wie viele Prozent der Befragten bis zu einer bestimmten Antwortmöglichkeit geantwortet haben. Die Verwendung der kumulierten Prozente ist erst ab einem ordinalen Skalenniveau sinnvoll, da dieses eine sinnvolle Rangfolge der Antwortmöglichkeiten voraussetzt. In der dargestellten Tabelle geben zum Beispiel 22,3 Prozent der Befragten an, dass sie entweder keinen Schulabschluss oder nur einen Hauptschulabschluss haben.

5.2.2 Häufigkeitstabellen bei Fragen mit Mehrfachantworten

Möchte man für Variablen mit der Möglichkeit der Mehrfachantwort eine Häufigkeitsstabelle erstellen, ist ein anderes Vorgehen bei der Darstellung von Prozentwerten üblich. In Tabelle 13 wird eine Häufigkeitstabelle für die Frage Freizeitbeschäftigung, bei der man mehrere Antworten ankreuzen konnte, dargestellt:

Tab. 13: Häufigkeitstabelle für eine Frage mit Mehrfachnennung

	Häufigkeit	Prozent der Nennungen	Prozent der Fälle
Sport	10	9,4 %	10,0 %
Computer spielen	20	18,9 %	20,0 %
Internet surfen	25	23,6 %	25,0 %
Freunde treffen	30	28,3 %	30,0 %
Lesen	10	9,4 %	10,0 %
Basteln	3	2,8 %	3,0 %
Sonstiges	8	7,5 %	8,0 %
Anzahl der Nennungen	*106*	*100,0 %*	
Anzahl der Fälle	*100*		

In der ersten Spalte erfolgt die Ausgabe der Häufigkeiten, also wie oft die jeweilige Ausprägung von den Befragten angekreuzt wurde. Da in der Datenmatrix die Antwortausprägungen jeweils eine eigene Variable sind, muss, bevor die Häufigkeitstabelle erstellt wird, definiert werden, welche Variablen zu der Frage mit Mehrfachantwort gehören und welcher Wert für angekreuzt gezählt werden soll. Bei den Prozentwerten, die in einer Häufigkeitstabelle berichtet werden können, unterscheidet man zwischen den Prozent der Nennungen und den Prozent der Fälle.

Bei den »Prozent der Nennungen« (in Tabelle 13 die mittlere Spalte) ist die Grundlage für die Prozentberechnung die Summe aller Nennungen, die bei dieser Frage abgegeben wurden. In diesem Beispiel wären dies 106 Nennungen. 23,6 % von diesen entfallen z. B. auf die Antwortmöglichkeit »Internet surfen«.

Bei den »Prozent der Fälle« (in Tabelle 13 die rechte Spalte) ist die Grundlage für die Prozentberechnung die Anzahl der gültigen Fälle bei dieser Frage. Wird angenommen, dass in diesem Beispiel 100 Personen auf die Frage geantwortet haben, haben z. B. 20 % der 100 Befragten angegeben, dass sie in ihrer Freizeit Computer spielen.

In Berichten ist es üblich, bei den Häufigkeitstabellen für Mehrfachantworten nur eine Prozentspalte anzugeben. Welche man hier wählt, ist inhaltlich abzuwägen und hängt davon ab, welche Aussagen man bei dieser Frage treffen möchte. Soll dargestellt werden, wie viele Befragte die einzelnen Antwortmöglichkeiten gewählt haben, werden die Prozente der Fälle angegeben. Möchte man dagegen eine Aussage treffen, wie oft eine bestimmte Antwortmöglichkeit angekreuzt wurde, gibt man die Prozente der Nennungen an.

5.2.3 Lagemaße

Lagemaße geben einen schnellen Überblick über den »Schwerpunkt« der Verteilung. Zu unterscheiden sind die drei Lagemaße Modus, Median und Arithmetisches Mittel. Der Modus ist das einfachste Lagemaß, das auf allen Skalenniveaus berechnet werden kann; das arithmetische Mittel ist das differenzierteste Lagemaß. Voraussetzung für die Berechnung sind dafür aber intervallskalierte Variablen.

Modus

Der Modus, der auch Modalwert genannt wird, ist der Messwert in einer Verteilung, der am häufigsten vorkommt. Zur Bestimmung des Modus kann eine Häufigkeitstabelle erstellt und in dieser der Wert abgelesen werden, der die größte Häufigkeit hat. In manchen Fällen kann es vorkommen, dass mehrere Antwortmöglichkeiten eine gleich hohe Häufigkeit haben, dann werden mehrere Modi angegeben. Die Berechnung des Modus kann auf allen Skalenniveaus erfolgen. In Tabelle 14 werden zehn Datensätze, jeweils mit den Antworten auf die Frage nach dem Alter, dargestellt. Hier beträgt der Modus 20 Jahre, da dieser Wert am häufigsten vorkommt.

Tab. 14: Beispielhafte Messwerte von zehn Befragten

x_1	x_2	x_3	x_4	x_5	x_6	x_7	x_8	x_9	x_{10}
20	20	21	18	25	21	20	24	28	30

Median

Der Median ist der »mittlere Wert« einer Verteilung, von ihm aus gesehen liegen 50 % der Messwerte unter und 50 % der Messwerte über diesem Wert. Der Median kann für Variablen, die mindestens auf dem ordinalen Skalenniveau gemessen wurden, berechnet werden, da eine Rangfolge zur Beurteilung notwendig ist, ob ein Messwert ober- oder unterhalb des Medians liegt.

In bestimmten Fällen kann es auch sinnvoll sein, den Median bei Variablen mit einem höheren Skalenniveau zu berechnen, z. B. wenn Ausreißer vorliegen. Da der Median nicht so stark auf Ausreißer reagiert, wird das Ergebnis nicht verzerrt, wie dies zum Beispiel beim arithmetischen Mittel der Fall sein kann.

Bei der Berechnung des Medians wird wie folgt vorgegangen:

1. Beobachtete Werte der Größe nach sortieren.
2. Die Position des mittleren Wertes bestimmen und diesen ablesen.

Die Berechnung der Position des mittleren Wertes gestaltet sich bei Variablen mit einer geraden Anzahl an gültigen Fällen anders, wie bei einer Variablen mit einer ungeraden Anzahl. Wenn die zehn Werte der Tabelle 14 in eine Reihenfolge gebracht werden, erhält man Tabelle 15.

Tab. 15: Sortierte beispielhafte Messwerte von zehn Befragten

x_1	x_2	x_3	x_4	x_5	x_6	x_7	x_8	x_9	x_{10}
18	20	20	20	21	21	24	25	28	30

Bei einer geraden Anzahl an gültigen Werten müssen die Positionen der zwei mittleren Werte in der Verteilung berechnet werden. Die Berechnung der Positionen kann mit folgenden Formeln erfolgen, wobei n die Anzahl der gültigen Fälle in der Variablen ist:

$$\text{Position 1. mittlerer Wert} = \frac{n}{2}, \ \text{Position 2. mittlerer Wert} = \frac{n+2}{2}$$

In Tabelle 15 werden zehn gültige Fälle aufgeführt. Daher ist der erste mittlere Wert an fünfter Position und der zweite mittlere Wert an sechster Position in der Verteilung. Nun können die Werte dieser Positionen abgelesen und der Durchschnitt von diesen gebildet werden:

$$\text{Median} = \frac{\text{Messwert 1. mittlerer Wert} + \text{Messwert 2. mittlerer Wert}}{2}$$

Im dargestellten Beispiel wäre der Median bei der Altersverteilung 21 Jahre.

Liegt eine ungerade Anzahl von gültigen Werten vor, ist die Berechnung des Medians einfacher. Die Werte müssen in einer Reihenfolge vorliegen. Bei der zuvor dargestellten Altersverteilung wurde ein weiterer Datensatz hinzugefügt, sodass in Tabelle 16 elf Werte Berücksichtigung finden.

Tab. 16: Beispielhafte Messwerte von elf Befragten

x_1	x_2	x_3	x_4	x_5	x_6	x_7	x_8	x_9	x_{10}	x_{11}
18	20	20	20	21	21	24	25	28	30	32

Die Position des mittleren Wertes wird nun mit folgender Formel bestimmt, wobei n wieder die Anzahl der gültigen Fälle ist:

$$\text{Position mittlerer Wert} = \frac{n+1}{2}$$

Der Wert, der dann bei dieser Position abgelesen werden kann, ist der Median. In der oben dargestellten Tabelle ist der mittlere Wert der sechste Wert. Daher ist auch bei dieser Verteilung der Median 21 Jahre.

Arithmetisches Mittel

Das arithmetische Mittel, oft auch Durchschnitt oder Mittelwert genannt, ist das bekannteste Lagemaß. Um dieses berechnen zu können, wird eine intervall-

skalierte Variable benötigt. Zur Berechnung werden alle Werte zusammenge-
zählt und durch die Anzahl der Datensätze geteilt:

$$\text{Mittelwert } \bar{x} = \frac{\sum_{i=1}^{n} x_i}{n}$$

x_i = Messwert des i-ten Falls
n = Anzahl der gültigen Fälle

Setzt man die Werte aus Tabelle 14 in die Formel ein ergibt sich folgender Mittelwert:

$$\bar{x} = \frac{20 + 20 + 21 + 18 + 25 + 21 + 20 + 24 + 28 + 30}{10} = 22,7$$

Das arithmetische Mittel beträgt also 22,7 Jahre.

Bei der Berechnung des Mittelwertes ist zu beachten, dass dieser sehr anfällig
auf Ausreißer reagiert. So können diese den Mittelwert verfälschen und man
sollte dann den Median als Lagemaß vorziehen. Weiterhin sollte der Mittelwert
nur bei annähernd symmetrischen Verteilungen berechnet werden, da zum Beispiel bei einer u-förmigen Verteilung (wenn die Verteilung also am Rand sehr
hohe und in der Mitte sehr niedrige Häufigkeiten hat) der Mittelwert wenig
Aussagekraft besitzt.

In der Praxis zeigt sich, dass der Mittelwert auch oft bei Variablen mit ordina-
lem Skalenniveau berechnet wird, z. B. wenn Items auf Skalen (trifft voll und
ganz zu = 1/trifft überhaupt nicht zu = 6) abgefragt oder Schulnoten erhoben
werden. Die ordinalen Skalen werden dann als quasi-metrisch angesehen. Hierbei sollte allerdings darauf geachtet werden, dass die ordinale Variable eine
möglichst hohe Anzahl an Ausprägungen (mind. 4) hat, die Anzahl der gültigen
Fälle hoch ist und der berechnete Mittelwert sinnvoll zu interpretieren ist. Zu
dieser Thematik sei auch auf die Ausführungen von Bortz und Döring (2006,
S. 181f.) verwiesen.

Neben der Berechnung von Lagemaßen sollten immer auch Streuungsmaße
berechnet werden, damit eine gemeinsame Interpretation stattfinden kann.

5.2.4 Streuungsmaße

Die gebräuchlichsten Streuungsmaße sind die Spannweite, die Varianz und die
Standardabweichung. Letztere ist das Streuungsmaß, das in der Praxis am häufigsten eingesetzt wird.

Spannweite

Die Spannweite gibt an, wie groß der Abstand zwischen dem kleinsten und
größten Wert einer Verteilung ist. Angenommen es liegt die in Tabelle 17 gezeig-
te, sortierte Altersverteilung von zehn Personen vor.

Tab. 17: Beispielhafte Altersverteilung

x_1	x_2	x_3	x_4	x_5	x_6	x_7	x_8	x_9	x_{10}
18	20	20	20	21	21	24	25	28	30

Das niedrigste Alter, das angegeben wurde, ist 18 Jahre, das höchste Alter 30 Jahre. Zieht man nun vom maximalen Alter in der Verteilung das niedrigste ab, erhält man die Spannweite von 12 Jahren. Man weiß nun, in welchem Bereich sich die Antworten befinden und kann diesen zum Beispiel mit einer Altersverteilung aus einer anderen Erhebung oder einer anderen Gruppe vergleichen.

Mathematisch wird die Spannweite wie folgt formuliert:

Spannweite $R = x_{max} - x_{min}$

Die Spannweite kann für ordinale und metrisch skalierte Variablen berechnet werden. Da der Maximalwert in die Berechnung mit einbezogen wird, ist die Spannweite allerdings sehr anfällig für Ausreißer.

Perzentile, Quartile und Interquartilsabstand

Die Spannweite gibt an, wie groß der Abstand vom kleinsten zum größten Wert in der Verteilung ist. Möchte man aber nicht diesen gesamten Abstand betrachten, kann man mithilfe von Perzentilen die Verteilung in bestimmte Größen aufteilen. Ein Perzentil kann einen Wert zwischen 1 und 100 annehmen. Wird zum Beispiel das 10. Perzentil berechnet wird die Verteilung so aufgeteilt, dass 10 % der Messwerte unter und die restlichen 90 % über den Wert des 10. Perzentils liegen. In der Praxis zeigt sich, dass vier Perzentile am häufigsten berechnet werden, nämlich das 25., 50., 75. und 100. Perzentil. Diese vier werden auch Quartile genannt und teilen die erhobenen Werte in vier gleich große Gruppen auf, die jeweils 25 % der Messwerte enthalten.

Die Schreibweise von Quartilen ist oft verschieden, in Tabelle 18 erfolgt eine Darstellung der gängigsten Schreibweisen (vgl. Kuckartz et al. 2013, S. 70).

Tab. 18: Schreibweise von Quartilen

1. Quartil	$Q_{.25}$	25. Perzentil
2. Quartil	$Q_{.50}$	50. Perzentil
3. Quartil	$Q_{.75}$	75. Perzentil
4. Quartil	$Q_{.100}$	100. Perzentil

Hat man die Quartile definiert, kann man den sogenannten Interquartilsabstand berechnen. Dieser ist eine verkürzte Spannweite für die mittleren 50 % der Werte. Die Berechnung kann mit folgender Formel erfolgen:

Interquartilsabstand IQR = 3. Quartil-1. Quartil

Der Interquartilsabstand gibt damit an wie groß der Abstand zwischen dem 1. und 3. Quartil ist. In diesem Abstand liegen genau die mittleren 50 % der Messwerte einer Variablen.

Quartile können sehr einfach mit der gängigen Statistiksoftware berechnet werden. Das Vorgehen wird in den Online-Materialen zu diesem Buch genauer beschrieben. Wie beim Median muss auch bei der Berechnung von Quartilen und Perzentilen eine ordinale bzw. metrische Variable vorliegen.

Varianz und Standardabweichung

Die Standardabweichung ist das Streuungsmaß, das in der Praxis am häufigsten zum Einsatz kommt. Sie wird als Quadratwurzel aus der Varianz berechnet. Beide Kennwerte messen, wie stark die einzelnen Werte vom arithmetischen Mittel (nach oben oder nach unten) abweichen. Allgemein formuliert kann man mit der Standardabweichung eine Aussage treffen, ob die Befragten eher homogen (geringe Standardabweichung; »Alle waren ziemlich einer Meinung«) oder heterogen (hohe Standardabweichung; »Die Einschätzungen der Befragten gehen stark auseinander«) auf die Fragestellung geantwortet haben.

Für die Berechnung von Varianz und Standardabweichung wird das arithmetische Mittel benötigt, daher ist die Berechnung theoretisch nur mit einer intervallskalierten Variablen möglich. In der Praxis zeigt sich allerdings immer wieder, dass die Standardabweichung auch bei ordinal skalierten Variablen, die als quasi-metrisch betrachtet werden, Anwendung findet. Für die Entscheidung, ob das bei einer vorliegenden ordinalen Variable möglich ist, sollten die gleichen Entscheidungskriterien angelegt werden, die beim arithmetischen Mittel aufgeführt wurden.

Die Varianz wird berechnet, indem von jedem Messwert der Mittelwert abgezogen und diese Differenz quadriert wird. Die quadrierten Differenzen der einzelnen Messwerte in der Verteilung werden aufsummiert und durch die Anzahl der Fälle minus eins geteilt. Die Abkürzung für die Varianz ist var(x) oder s^2, für die Standardabweichung s oder SD.

Varianz $s^2 = \dfrac{\sum_{i=1}^{n} (x_i - \bar{x})^2}{n-1}$

x_i = Messwerte eines Falls

$\bar{x}$ = Mittelwert

n = Anzahl der gültigen Fälle

Die dargestellte Formel wird im Rahmen der Inferenzstatistik eingesetzt, wenn man von der Stichprobe auf die Grundgesamtheit schließen möchte (eine Einführung in die Inferenzstatistik erfolgt in Abschnitt 5.3). Die gängigen Statistikprogramme berechnen die Varianz mit dieser Formel.

Beim Vorliegen der gesamten Grundgesamtheit (Vollerhebung) erfolgt die Berechnung mit der Varianzformel für die Grundgesamtheit:

$$\text{Varianz } s^2 = \frac{\sum_{i=1}^{n} (x_i - \bar{x})^2}{n}$$

x_i = Messwerte eines Falls

$\bar{x}$ = Mittelwert

n = Anzahl der gültigen Fälle

Zieht man die Wurzel aus der Varianz erhält man die Standardabweichung. Bei der Berechnung der Standardabweichung im Rahmen der Inferenzstatistik sollte die entsprechende Varianz-Formel Berücksichtigung finden (in den Statistikprogrammen wird auch bei der Standardabweichung die Formel für die Inferenzstatistik verwendet):

Standardabweichung $s = \sqrt{s^2}$

Zieht man nun die Werte der Altersverteilung in Tabelle 17 heran, kann man die in Tabelle 19 dargestellten Differenzen zum Mittelwert (22,7 Jahren) berechnen:

Tab. 19: Berechnung von Varianz und Standardabweichung

x_i	$x_i - \bar{x}$	$(x_i - \bar{x})^2$
18	−4,7	22,09
20	−2,7	7,29
20	−2,7	7,29
20	−2,7	7,29
21	−1,7	2,89
21	−1,7	2,89
24	1,3	1,69
25	2,3	5,29
28	5,3	28,09
30	7,3	53,29
$\sum (x_i - \bar{x})^2$		138,10

Setzt man nun diese Summe der quadrierten Abweichungen und die Stichprobengröße ($n = 10$) in die Formel für die Varianz (für die Inferenzstatistik) ein, ergibt sich ein Wert von 15,34 sowie eine Standardabweichung von 3,92.

Bei der Interpretation der Standardabweichung ist die Spannweite der Verteilung zu beachten. Wurde bei einer Befragung das Monatseinkommen abgefragt und es gibt Nennungen zwischen 1.500 und 3.000 Euro ist die Standardabweichung höher als bei einer Spannweite der Angaben von 1.500 bis 2.000 Euro.

Ob daher die Standardabweichung hoch oder niedrig ist, kann daher immer nur mit Blick auf die Spannweite beantwortet werden. Möchte man die Streuung von Variablen, die eine unterschiedliche Skala/Maßeinheit bzw. Spannweite haben, miteinander vergleichen, muss zuvor der Variationskoeffizient berechnet werden. Erläuterungen zu diesem Koeffizienten findet man u. a. bei Kuckartz und Kollegen (2013, S. 76f.).

5.2.5 Kreuztabellen

Bei den bisher dargestellten Verfahren der deskriptiven Statistik wurde immer nur eine Variable genauer untersucht. In der Praxis möchte man aber oft zwei Variablen miteinander vergleichen. Um einen ersten Überblick über die Häufigkeiten zu bekommen, kann eine Kreuztabelle erstellt werden, die auch als Grundlage für weitere Verfahren dient.

Bei einer Kreuztabelle werden zwei Variablen mit ihren Häufigkeiten abgebildet. Als Beispiel wird angenommen, dass bei der zu Beginn dargestellten Befragung das Geschlecht des Befragten (männlich/weiblich) abgefragt wurde und man wissen wollte, ob die Person einen qualifizierten Mittelschulabschluss hat (ja/nein). Um eine Kreuztabelle zu erstellen, wird nun die eine Variable in die Spalten der Tabelle gesetzt und die andere Variable in die Zeilen. Es ergibt sich dadurch Tabelle 20.

Tab. 20: Kreuztabelle

		Geschlecht		
		Weiblich	*Männlich*	*Summe*
Qualifizierter Mittelschulabschluss	*Ja*	48	33	81
	Nein	28	26	54
	Summe	76	59	135

In dieser Kreuztabelle ist in den Spalten die Variable »Geschlecht« und in den Zeilen die Variable »Qualifizierter Mittelschulabschluss« aufgeführt. Prinzipiell gibt es keine Vorgaben, welche Variablen in einer Kreuztabelle in den Spalten und welche in die Zeilen gesetzt werden sollen. Es ist aber zu empfehlen, dass man die Variable mit der höheren Anzahl an Antwortausprägungen in den Zeilen abbildet, da gerade in Berichten die Anzahl der Spalten, die man auf eine DIN-A4-Seite bringen kann, begrenzt ist.

Bei Kreuztabellen werden auch immer die Spaltensumme und die Zeilensumme ausgegeben. Im dargestellten Beispiel zeigt sich, dass 76 Personen weiblich sind und 59 männlich (Spaltensumme) und das 81 Personen angegeben haben, dass sie einen qualifizierten Mittelschulabschluss haben und 54 keinen (Zeilensumme). In den einzelnen Feldern der Kreuztabelle können die Werte für die einzelnen Aussagen abgelesen werden. Man kann zum Beispiel ablesen, dass 48 Personen weiblich sind und einen qualifizierten Mittelschulabschluss haben.

In der rechten unteren Ecke einer Kreuztabelle wird immer die Anzahl der gültigen Fälle angegeben, in unserem Beispiel 135. Zu beachten ist hier, dass bei einer Kreuztabelle nur solche Datensätze Berücksichtigung finden, die bei beiden Variablen einen gültigen Wert haben.

Auch bei der Kreuztabelle ist man nicht nur an den absoluten Häufigkeiten interessiert, sondern auch an den relativen Prozentwerten. Es gibt drei unterschiedliche Arten, Prozentwerte in Kreuztabellen darzustellen, die nachfolgend genauer erläutert werden. Welche die richtige Darstellung ist, hängt immer von der jeweiligen Fragestellung ab, die man genauer betrachten möchte.

Kreuztabellen mit Spaltenprozent

Bei den Spaltenprozent berechnet man die Prozentwerte bezogen auf die Spaltensumme. Mit den Spaltenprozentwerten kann man Aussagen innerhalb der Antwortausprägungen der Variable, die in der Spalte der Kreuztabelle aufgeführt wurde, treffen. Für unser Beispiel bedeutet dies, dass mit den Spaltenprozentwerten die 76 weiblichen Personen bzw. die 59 männlichen Personen näher analysiert werden können. Eine Aussage könnte sein: 63,2 % der weiblichen Befragten haben angegeben, einen qualifizierten Mittelschulabschluss zu besitzen und 36,8 % geben an, dass sie diesen nicht haben.

Tab. 21: Kreuztabelle mit Spaltenprozent

		Geschlecht		
		Weiblich	*Männlich*	*Summe*
	Ja	48	33	81
		63,2 %	55,9 %	60,0 %
Qualifizierter Mittelschulabschluss	*Nein*	28	26	54
		36,8 %	44,1 %	40,0 %
	Summe	76	59	135
		100,0 %	100,0 %	100,0 %

Kreuztabellen mit Zeilenprozent

Bei den Zeilenprozenten werden die Prozentwerte bezogen auf die Zeilensumme berechnet. Mithilfe des Zeilenprozents kann man Aussagen innerhalb der Antwortausprägungen der Variable, die in der Zeile der Kreuztabelle aufgeführt sind, treffen. Für unser Beispiel bedeutet dies, dass mit dem Zeilenprozent genauere Aussagen über die 81 Personen mit und die 54 Personen ohne qualifizierten Mittelschulabschluss möglich sind: Von den 54 Personen ohne qualifiziertem Mittelschulabschluss sind 51,9 % weiblich und 48,1 % männlich.

Tab. 22: Kreuztabelle mit Zeilenprozent

		Geschlecht		
		Weiblich	**Männlich**	**Summe**
	Ja	48	33	81
		59,3 %	40,7 %	100,0 %
Qualifizierter Mittelschulabschluss	**Nein**	28	26	54
		51,9 %	48,1 %	100,0 %
	Summe	76	59	135
		56,3 %	43,7 %	100,0 %

Kreuztabellen mit Gesamtprozent

Eine dritte Möglichkeit der Prozentberechnung in Kreuztabellen ist der Gesamtprozentwert. Bei diesem dient die Anzahl der gültigen Fälle als Grundlage für die Berechnung. Mit dem Gesamtprozentwert kann man Aussagen über alle gültigen Fälle, die in der Kreuztabelle berücksichtigt wurden, treffen, beispielsweise, wie viel Personen männlich sind und keinen qualifizierten Mittelschulabschluss haben (in diesem Fall 19,3 %).

Tab. 23: Kreuztabelle mit Gesamtprozent

		Geschlecht		
		Weiblich	**Männlich**	**Summe**
	Ja	48	33	81
		35,6 %	24,4 %	60,0 %
Qualifizierter Mittelschulabschluss	**Nein**	28	26	54
		20,7 %	19,3 %	40,0 %
	Summe	76	59	135
		56,3 %	43,7 %	100,0 %

Wie schon eingangs erwähnt, sollte man sich vor der Berechnung von Prozentwerten in Kreuztabellen immer überlegen, welche inhaltlichen Aussagen man treffen möchte und überprüfen, welche Variablen in den Zeilen und Spalten aufgeführt sind.

Neben der Darstellung der Häufigkeiten in einer Kreuztabelle ist in der Praxis oft die Frage nach einem Zusammenhang zwischen den Variablen von Interesse. Daher werden im nächsten Abschnitt die wichtigsten Zusammenhangsmaße dargestellt.

5.2.6 Korrelationen und Zusammenhangsmaße

Eine Identifikation von Zusammenhängen kann mit sogenannten Korrelationsanalysen erfolgen. Man untersucht, ob zwei Variablen miteinander in Beziehung stehen. In diesem Abschnitt erfolgt eine Betrachtung von verschiedenen Zusammenhangsmaßen, die man bei Korrelationsanalysen einsetzen kann. Neben der Stärke des Zusammenhangs, die mit Kennzahlen im Rahmen der deskriptiven Statistik berechnet werden können, muss aber immer auch überprüft werden, ob dieser Zusammenhang signifikant ist, also nicht durch Zufall entstanden ist. In Kapitel 5.4 wird näher erläutert, wie ein solcher Signifikanztest bei Korrelationen durchgeführt wird.

An einem Beispiel soll der Zusammenhang zwischen zwei Variablen näher dargestellt werden: Die Teilnehmer einer Maßnahme wurden befragt, wie zufrieden sie mit der kompletten Maßnahme und dem Maßnahmenleiter sind. Ihre Bewertung konnten die Befragten auf einer sechsstufigen Skala angeben, bei der eins den besten Wert darstellt.

Mit einer Korrelationsanalyse kann man nun untersuchen, ob Personen, die die Maßnahme gut bewerten, auch den Maßnahmenleiter gut bewerten. Wenn diese Hypothese durch eine Korrelationsanalyse bestätigt wird, spricht man von einem Zusammenhang zwischen diesen beiden Variablen oder davon, dass die beiden Variablen miteinander korrelieren.

Die Korrelationsanalyse ist ein Verfahren, welches sehr oft in der sozialwissenschaftlichen Forschung eingesetzt wird und daher auch eine wichtige Rolle in der Praxisforschung spielt. Allerdings muss man beachten, dass für die verschiedenen Skalenniveaus unterschiedliche Zusammenhangsmaße vorliegen, die man berechnen kann. In Tabelle 24 werden die Zusammenhangsmaße, die auch Korrelationskoeffizienten genannt werden, für die diversen Skalenniveaus aufgeführt.

Tab. 24: Übersicht über Korrelationskoeffizienten

		Variable x		
		Nominal	*Ordinal*	*Intervall*
Variable y	*Nominal*	Phi-Koeffizient Cramers V		
	Ordinal		Spearmans Rho Kendalls Tau	
	Intervall			Pearsons r

Möchte man zwei Variablen mithilfe einer Korrelationsanalyse untersuchen, die ein unterschiedliches Skalenniveau haben, wählt man immer den Korrelationskoeffizienten des niedrigeren Skalenniveaus.

Bei der Berechnung der Korrelationskoeffizienten erhält man einen Wert zwischen 0 und 1. Eine Interpretation dieses Wertes kann nach folgender Konvention erfolgen:

Tab. 25: Interpretation von Korrelationskoeffizienten

Betrag von r	Interpretation
$0{,}00 \leq r < 0{,}10$	Kein Zusammenhang
$0{,}10 \leq r < 0{,}30$	Geringer Zusammenhang
$0{,}30 \leq r < 0{,}50$	Mittlerer Zusammenhang
$0{,}50 \leq r < 0{,}70$	Hoher Zusammenhang
$0{,}70 \leq r < 1{,}00$	Sehr hoher Zusammenhang

Liegt der Betrag von r bei null, gibt es keinen Zusammenhang zwischen den Variablen. Betrachtet man diese auf einem Streudiagramm, sieht man eine Wolke von Datenpunkten. Bei einem Betrag von 1 gibt es einen sehr hohen Zusammenhang und daher liegen die Datenpunkte auf einem Streudiagramm sehr dicht zusammen. Bei der Interpretation der Stärke wird immer der Betrag herangezogen. Das Vorzeichen gibt bei ordinalen und intervallskalierten Variablen die Richtung des Zusammenhangs an. Ein positiver Zusammenhang (+) bedeutet, dass bei Zunahme der Variablen x auch der Wert der Variablen y zunimmt. Bei einem negativen Zusammenhang (-) nimmt der Wert der Variable y ab, wenn der Wert der Variable x zunimmt. Der Abbildung 14 können die Streudiagramme für ausgewählte Werte von r entnommen werden.

Bei der Durchführung von Korrelationsanalysen sollte immer theoretisch geprüft werden, ob wirklich bei einem gefundenen Zusammenhang eine sinnvolle Beziehung vorliegt. Das bekannteste Beispiel in diesem Zusammenhang ist das Storch-Baby-Beispiel. So wurde bei einer Untersuchung festgestellt, dass es einen positiven Zusammenhang zwischen der Anzahl der Störche in einer Region und der Anzahl der Geburten gibt: Sind in einer Region viele Störche vorhanden, kommen dort auch viele Babys auf die Welt. Allerdings wissen wir, dass es diesen Zusammenhang nicht gibt. Bei der Durchführung der Korrelationsanalyse wurde noch eine weitere Variable, nämlich die Industrialisierung kontrolliert, um zu erklären, wieso es zu diesem Zusammenhang kommt: Es zeigt sich, dass in ländlichen Gebieten mehr Babys auf die Welt kommen, weil z. B. junge Familien auf das Land ziehen und dort auch mehr Störche leben als in Großstädten. Die zuvor gefundene positive Korrelation zwischen der Anzahl der Störche und der Geburten wird daher auch als Scheinkorrelation bezeichnet.

Wenn man innerhalb einer Korrelationsanalyse noch eine Drittvariable kontrolliert, spricht man von einer Partialkorrelation. Bei der Durchführung einer

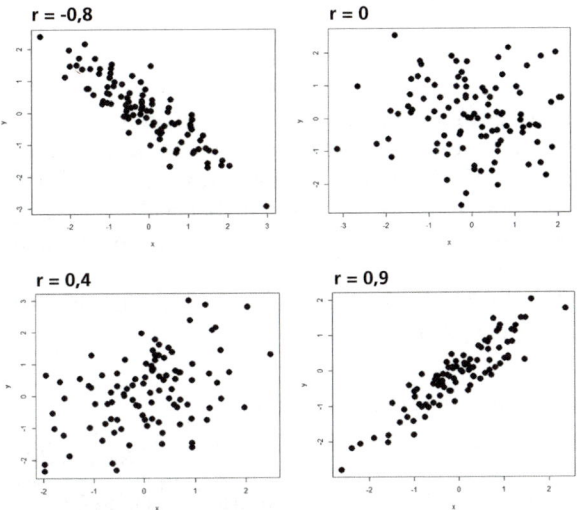

Abb. 14: Streudiagramme von verschieden hohen Korrelationskoeffizienten

Korrelationsanalyse sollte immer gut überlegt werden, ob zwischen den unter-suchten Variablen wirklich ein Zusammenhang besteht oder ob noch eine dritte Variable Einfluss auf diese hat und daher kontrolliert werden muss. Eine tie-fergehende Darstellung der Partialkorrelation findet man bei Eid und Kollegen (2010, S. 587ff.).

Weiterhin sollte man bei der Interpretation von Korrelation beachten, dass eine gefundene Korrelation keinen Ursache-Wirkungs-Zusammenhang (im Sinne von »weil, ... deshalb«) anzeigt. Man kann lediglich die Aussage treffen, dass zwischen den zwei untersuchten Variablen ein Zusammenhang (im Sinne von »wenn, ... dann«) besteht, aber nicht, ob und, wenn ja, wie sich diese Variablen gegenseitig beeinflussen.

Wurden beispielsweise ein positiver Zusammenhang zwischen der Gesamtbe-wertung einer Maßnahme und der Bewertung des Maßnahmenleiters gefunden, kann man mithilfe der Korrelationsanalyse keine Aussagen treffen, ob die Teil-nehmer die Maßnahme deshalb positiv bewerten, weil sie auch den Leiter gut finden, oder ob sie den Leiter positiv bewerten, weil sie die Maßnahme gut fin-den.

Nach diesen einführenden Darstellungen zur Korrelationsanalyse folgen die Erläuterungen zu den wichtigsten Zusammenhangsmaßen für die verschiedenen Skalenniveaus.

Phi-Koeffizient und Cramers V: Zusammenhangsmaße für nominale Variablen

Grundlage für die Zusammenhangsmaße für nominale Variablen ist der soge-nannte Chi-Quadrat-Wert. Dieser vergleicht die beobachteten Häufigkeiten ei-ner Kreuztabelle mit den erwarteten (theoretischen) Häufigkeiten.

Für die beispielhafte Berechnung der Zusammenhangsmaße ziehen wir die Kreuztabelle zwischen Geschlecht und dem qualifizierten Mittelschulabschluss (ja/nein) aus Kapitel 5.2.5 heran. Mit den Zusammenhangsmaßen soll untersucht werden, ob die Variablen miteinander korrelieren, also ob das Geschlecht das Vorhandensein des qualifizierten Mittelschulabschlusses beeinflusst. Möchte man Zusammenhänge in Kreuztabellen näher analysieren, macht es meistens Sinn, die unabhängige Variable, von der man ausgeht, dass diese einen Einfluss auf eine abhängige Variable hat (in unserem Beispiel die Variable Geschlecht), in die Spalten der Kreuztabelle aufzunehmen und dann die Spaltenprozente zu berechnen.

Wir erhalten Tabelle 26 mit den beobachteten Werten und Tabelle 27 mit den erwarteten theoretischen Werten.

Tab. 26: Kreuztabelle mit beobachteten Werten

| | | Geschlecht | | |
		Weiblich	*Männlich*	*Summe*
Qualifizierter Mittelschulabschluss	*Ja*	48	33	81
	Nein	28	26	54
	Summe	76	59	135

Tab. 27: Kreuztabelle mit theoretischen Werten

| | | Geschlecht | | |
		Weiblich	*Männlich*	*Summe*
Qualifizierter Mittelschulabschluss	*Ja*	45,6	35,4	81
	Nein	30,4	23,6	54
	Summe	76	59	135

Die beobachteten Werte sind die Werte, die durch eine Erhebung erfasst wurden. Die theoretisch erwarteten Werte müssen mithilfe der Zeilen- und Spaltensumme der Kreuztabelle berechnet werden. Die Berechnung erfolgt für jedes Feld der Kreuztabelle mit folgender Formel:

$$\text{Erwartete Häufigkeiten } f_e = \frac{\text{Zeilensumme i} * \text{Spaltensumme j}}{n}$$

n = Anzahl der gültigen Fälle

Die erwarteten Häufigkeiten drücken damit aus, welche Werte man erwarten kann, wenn die zwei untersuchten Variablen unabhängig voneinander sind, es also keinen Zusammenhang zwischen diesen gibt.

Ein Beispiel: Im Rahmen der deskriptiven Statistik wurde festgestellt, dass 60 % der befragten Teilnehmer einen qualifizierten Mittelschulabschluss haben und 40 % nicht. Sind die Variablen Geschlecht und qualifizierter Mittelschulabschluss unabhängig, müssten auch 60 % der weiblichen Befragten diesen haben, genauso wie 60 % der männlichen Befragten einen solchen haben und jeweils 40 % in dem jeweiligen Geschlecht nicht über diesen Schulabschluss verfügen.

Wurden die erwarteten Häufigkeiten berechnet, kann in einem nächsten Schritt die Berechnung des eigentlichen Chi-Quadrat-Wertes erfolgen. Dieser wird ermittelt, indem man für jedes Feld in der Kreuztabelle von den beobachteten Häufigkeiten die erwarteten Häufigkeiten abzieht, dieses Ergebnis ins Quadrat setzt und danach durch die erwartete Häufigkeit teilt. Danach summiert man die Werte für die einzelnen Felder zum Chi-Quadrat-Wert:

$$\text{Chi-Quadrat } \chi^2 = \sum_{j=1}^{k} \frac{(f_b - f_e)^2}{f_e}$$

k = Anzahl der Zellen

f_b = beobachtete Häufigkeiten

f_e = erwartete Häufigkeiten

Der Chi-Quadrat-Wert hat allerdings ein Problem: Er ist in der Höhe nicht begrenzt! Umso größer die Anzahl der gültigen Fälle ist, umso höher wird der Chi-Quadrat-Wert und eignet sich daher nicht für einen Vergleich zwischen verschiedenen Korrelationen. Eine eindeutige Aussage kann mit dem Chi-Quadrat nur getroffen werden, wenn dieser 0 beträgt, da dann kein Zusammenhang zwischen den zwei untersuchten Variablen besteht.

Für die Tabellen 26 und 27 kann man daher wie folgt den Chi-Quadrat-Wert berechnen:

Tab. 28: Berechnung des Chi-Quadrat-Wertes

Feld	$f_b - f_e$	$(f_b - f_e)^2$	$(f_b - f_e)^2 / f_e$
Weiblich/Abschluss ja	2,4	5,76	0,126
Weiblich/Abschluss nein	-2,4	5,76	0,189
Männlich/Abschluss ja	-2,4	5,76	0,163
Männlich/Abschluss nein	2,4	5,76	0,244
		$\sum_{j=1}^{k} \frac{(f_b - f_e)^2}{f_e}$	0,722

Es ergibt sich damit ein Chi-Quadrat-Wert von 0,722. Dieser ist sehr gering und nur etwas größer als 0. Dies ist ein Anzeichen, dass zwar ein Zusammenhang vorliegt, dieser aber sehr gering ausfällt.

Für die bessere Interpretation muss eine Normierung des Chi-Quadrat-Wertes stattfinden. Hierzu stehen die Zusammenhangsmaße Phi-Koeffizient und Cramers V zur Verfügung. Der Phi-Koeffizient kann nur bei Kreuztabellen berechnet werden, die eine Vier-Felder-Tafel darstellen, also zwei dichotome Variablen berücksichtigen. Im dargestellten Beispiel wurde eine solche Vier-Felder-Tafel erstellt. Der nachfolgenden Formel kann die Berechnung entnommen werden, wenn bereits ein Chi-Quadrat vorliegt:

$$\text{Phi–Koeffizient } \phi = \sqrt{\frac{\chi^2}{n}}$$

$\chi^2 = $ Chi–Quadrat–Wert

$n = $ Anzahl der gültigen Fälle

Der Phi-Koeffizient kann aber auch berechnet werden, ohne dass zuvor die Berechnung des Chi-Quadrat-Wertes erfolgt. Die Grundlage hierfür bilden die Zellhäufigkeiten a, b, c und d in der Vier-Felder-Tafel. In Tabelle 29 wird dargestellt, an welcher Stelle die einzelnen Häufigkeiten im Beispiel sind.

Tab. 29: Berechnung des Phi-Koeffizienten

		Geschlecht		
		Weiblich	Männlich	Summe
Qualifizierter Mittelschulabschluss	Ja	48 (a)	33 (b)	81
	Nein	28 (c)	26 (d)	54
	Summe	76	59	135

Die Berechnung des Phi-Koeffizienten erfolgt mit folgender Formel:

$$\text{Phi–Koeffizient } \phi = \frac{a * d - b * c}{\sqrt{(a+c) * (b+d) * (a+b) * (c+d)}}$$

Der Phi-Koeffizient kann Werte zwischen 0 und 1 annehmen, wobei eins den höchsten Zusammenhang darstellt. In unserem Beispiel kann folgender Phi-Koeffizient berechnet werden:

$$\phi = \frac{48 * 26 - 33 * 28}{\sqrt{(48+28) * (33+26) * (48+33) * (28+26)}} = 0,07$$

Der Phi-Koeffizient von 0,07 kann nun nach der am Anfang dargestellten Konvention interpretiert werden. Nach dieser gibt es keinen Zusammenhang zwischen dem Geschlecht und dem Erreichen des qualifizierten Mittelschulabschlusses.

Bei der Interpretation ist zu beachten, dass das Vorzeichen nicht mitinterpretiert werden darf. Es wird immer nur der Betrag des Phi-Koeffizienten im Hinblick auf die Stärke des Zusammenhangs interpretiert. Eine inhaltliche Interpretation erfolgt in der Kreuztabelle mit den Spaltenprozent, sofern die unabhängige Variable in den Spalten der Tabelle steht.

Möchte man für eine Kreuztabelle mit mehr als vier Feldern ein Zusammenhangsmaß berechnen, kann auf die Kennzahl Cramers V zurückgegriffen werden. Die Berechnung für diesen Koeffizienten kann bei jeder beliebig großen Kreuztabelle erfolgen. Um Cramers V berechnen zu können, muss zuvor ermittelt werden, ob die Spaltenanzahl oder die Zeilenanzahl der Kreuztabelle kleiner ist (mithilfe der Formel min(i,j) wobei i gleich der Anzahl der Ausprägungen in den Zeilen ist und j gleich der Anzahl der Ausprägungen in den Spalten). Der kleinere Wert wird in die Formel übernommen. Ist die Spalten- und Zeilenanzahl gleich groß, kann einer der beiden Werte übernommen werden. Da auch dieses Zusammenhangsmaß den Chi-Quadrat-Wert normiert, ist dieser Grundlage für die Berechnungsformel:

$$\text{Cramers V} = \sqrt{\frac{\chi^2}{n * (\min(i, j) - 1)}}$$

Cramers V kann auch Werte zwischen 0 und 1 annehmen, wobei wiederrum ein höherer Wert für einen stärkeren Zusammenhang steht und man diesen entsprechend der am Anfang des Kapitels dargestellten Tabelle interpretiert kann. Wie beim Phi-Koeffizienten wird auch bei Cramers V immer nur der Betrag ohne das Vorzeichen interpretiert, da eine Bestimmung der Richtung des Zusammenhanges bei nominalen Variablen mit dem Vorzeichen nicht möglich ist.

Spearmans Rho: Zusammenhangsmaß für ordinale Variablen

Liegen Variablen mit einem ordinalen Skalenniveau vor, die auf einen Zusammenhang untersucht werden sollen, kann die Berechnung mit dem Zusammenhangsmaß Spearmans Rho erfolgen. Spearmans Rho wird auch als Rangkorrelationskoeffizient bezeichnet. Diese Bezeichnung drückt das Berechnungsprinzip der Kennzahl aus: die Berechnung über Ränge.

Folgendes Beispiel verdeutlicht die Berechnung: Die befragten Maßnahmeteilnehmer konnten auf einer sechsstufigen Skala (1 = voll und ganz zufrieden/6 = überhaupt nicht zufrieden) die Zufriedenheit mit der gesamten Maßnahme sowie die Zufriedenheit mit dem Maßnahmenleiter bewerten. Von zehn Teilnehmern liegen die in Tabelle 30 dargestellten Angaben vor.

Tab. 30: Beispielhafte Datenmatrix zur Berechnung von Spearmans Rho

ID	Zufriedenheit gesamte Maßnahme	Zufriedenheit Maßnahmenleiter
1	2	3
2	4	4
3	3	2
4	2	3
5	2	1
6	1	1
7	3	3
8	3	4
9	3	3
10	2	3

Die Berechnung von Spearmans Rho erfolgt mit folgenden Schritten:

1. Bildung der Ränge in den einzelnen Variablen
2. Berechnung der Differenzen der Ränge zwischen den Variablen
3. Berechnung von Spearmans Rho

In einem ersten Schritt findet die Vergabe von Rängen in beiden Variablen statt. Diese muss in den untersuchten Variablen immer gleich durchgeführt werden. Beispielsweise könnte man für den besten Wert (z. B. »voll und ganz zufrieden 1«) den ersten Rang vergeben und für den schlechtesten Wert (z. B. »überhaupt nicht zufrieden 6«) den höchsten Rang.

Abhängig kann man dies auch von der formulierten Hypothese machen. Möchte man untersuchen, ob ein Zusammenhang besteht, dass ein Befragter, der in der einen Variable einen guten Wert angegeben hat, auch in der anderen Variable einen guten Wert angegeben hat, sollte der beste Wert den niedrigsten Rang bekommen. Ist die Hypothese so formuliert, dass man davon ausgeht, dass eine Person, die einen schlechten Wert abgegeben hat, auch einen schlechten Wert bei der anderen Variablen angegeben hat, sollte der schlechteste Wert den ersten Rang bekommen. Wenn man allerdings bei beiden untersuchten Variablen die Ränge nach dem gleichen Prinzip vergibt, ist es für das richtige Ergebnis unerheblich, in welcher Richtung die Vergabe erfolgt.

Zunächst sollen die ersten drei Personen in Tabelle 30 betrachtet werden. Wenn man die Ränge für die Variablen vergibt, erhält man für die ersten drei Befragten die in Tabelle 31 zu sehenden.

Tab. 31: Vergabe von Rängen

ID	Rang Zufriedenheit gesamte Maßnahme	Rang Zufriedenheit Maßnahmenleiter
1	1	2
2	3	3
3	2	1

Die Vergabe der Ränge war hier einfach, denn jede Bewertung ist nur einmal aufgetreten. In der Praxis ist dies aber sehr selten gegeben, da bei einer Befragung mit einer großen Stichprobe die Personen öfters den gleichen Wert als Antwort wählen. So kann auch aus der Beispieltabelle entnommen werden, dass die Bewertung »voll und ganz zufrieden 1« für den Maßnahmenleiter zwei Mal vorkommt.

Liegen zu einer Antwortausprägung mehrere Antworten vor, spricht man bei der Vergabe der Ränge von einer sog. Rangbindung. In diesem Fall wird den einzelnen Befragten der Mittelwert (mittlerer Rang) der eigentlich zu vergebenden Ränge zugeordnet. Für die Bewertung »voll und ganz zufrieden 1« für den Maßnahmenleiter bedeutet dies, dass in der dargestellten Tabelle Rang 1 (für Person 5) und Rang 2 (für Person 6) vergeben wird. Beide Personen erhalten aber jetzt den Mittelwert aus diesen Rängen, also 1,5, da sie die gleiche Antwortausprägung gewählt haben. Tabelle 32 können die Ränge mit Berücksichtigung der Bindungen aller zehn Befragten entnommen werden:

Tab. 32: Vergabe von Rängen

ID	Rang Zufriedenheit gesamte Maßnahme	Rang Zufriedenheit Maßnahmenleiter
1	$\dfrac{2+3+4+5}{4} = 3,5$	$\dfrac{4+5+6+7+8}{5} = 6$
2	10	$\dfrac{9+10}{2} = 9,5$
3	$\dfrac{6+7+8+9}{4} = 7,5$	3
4	$\dfrac{2+3+4+5}{4} = 3,5$	$\dfrac{4+5+6+7+8}{5} = 6$
5	$\dfrac{2+3+4+5}{4} = 3,5$	$\dfrac{1+2}{2} = 1,5$
6	1	$\dfrac{1+2}{2} = 1,5$
7	$\dfrac{6+7+8+9}{4} = 7,5$	$\dfrac{4+5+6+7+8}{5} = 6$

Tab. 32: Vergabe von Rängen – Fortsetzung

ID	Rang Zufriedenheit gesamte Maßnahme	Rang Zufriedenheit Maßnahmenleiter
8	$\dfrac{6+7+8+9}{4} = 7,5$	$\dfrac{9+10}{2} = 9,5$
9	$\dfrac{6+7+8+9}{4} = 7,5$	$\dfrac{4+5+6+7+8}{5} = 6$
10	$\dfrac{2+3+4+5}{4} = 3,5$	$\dfrac{4+5+6+7+8}{5} = 6$

Wurden die Ränge innerhalb der einzelnen Variablen gebildet, muss als nächstes die Differenz zwischen diesen Rängen berechnet werden. In der mathematischen Schreibweise wird die Differenz als d_i bezeichnet. Danach wird diese Differenz ins Quadrat gesetzt (d_i^2) und alle quadrierten Differenzen aufsummiert. Diese Summe der quadrierten Rangdifferenzen fließt dann in die Berechnung von Spearmans Rho ein:

$$\text{Spearmans Rho } r_s = 1 - \frac{6 * \sum_{i=1}^{n} d_i^2}{n * (n^2 - 1)}$$

d_i^2 = quadrierte Differenz der Ränge des i-ten Datensatzes

n = Anzahl der gültigen Fälle

In Tabelle 33 werden nochmal die Ränge der einzelnen Datensätze in den zwei Variablen Zufriedenheit gesamte Maßnahme und Zufriedenheit Maßnahmenleiter dargestellt. Weiterhin werden die Differenzen (d_i = Rang Zufriedenheit gesamte Maßnahme – Rang Zufriedenheit Maßnahmenleiter) und die quadrierten Differenzen (d_i^2) für jeden Datensatz berechnet. Am Ende der Tabelle wird die Summe der quadrierten Rangdifferenzen ausgegeben, die dann in die Formel eingesetzt werden kann.

Es wird ein Spearmans Rho von 0,68 berechnet. Die Interpretation von Spearmans Rho kann nach der am Anfang des Kapitels dargestellten Tabelle für die Interpretation von Korrelationskoeffizienten erfolgen. Der Kennwert kann auch eine positive bzw. negative Richtung (ablesbar am Vorzeichen) einnehmen. Im Beispiel kann daher von einem positiven hohen Zusammenhang zwischen der Zufriedenheit der gesamten Maßnahme und der Zufriedenheit mit dem Maßnahmenleiter bei den zehn befragten Teilnehmern gesprochen werden. Dies bedeutet, dass Personen, die zufrieden mit der Maßnahme sind, in der Tendenz auch zufrieden mit dem Maßnahmenleiter sind.

Zu beachten ist, dass beim Vorliegen von vielen Rangbindungen (d. h. Bindungen haben einen Anteil von mehr als 20 % aller Ränge) die Berechnung von Spearmans Rho mit einer speziellen Formel erfolgen muss, die man u. a. bei Bortz und Schuster (2010, S. 179f.) findet. Berechnet man Spearmans Rho mit dieser angepassten Formel, ergibt sich bei dem dargestellten Beispiel ein etwas niedriger Wert von 0,64. Es liegt aber weiterhin ein positiver, hoher Zusammenhang vor.

Tab. 33: Berechnung von Spearmans Rho

ID	Rang Zufriedenheit gesamte Maßnahme	Rang Zufriedenheit Maßnahmenleiter	d_i	d_i^2
1	3,5	6	-2,5	6,25
2	10	9,5	0,5	0,25
3	7,5	3	4,5	20,25
4	3,5	6	-2,5	6,25
5	3,5	1,5	2	4
6	1	1,5	-0,5	0,25
7	7,5	6	1,5	2,25
8	7,5	9,5	-2	4
9	7,5	6	1,5	2,25
10	3,5	6	-2,5	6,25
Summe d_i^2				52

Neben Spearmans Rho gibt es für ordinale Variablen auch das Zusammenhangsmaß Kendalls Tau. Dieses kommt oft zu ähnlichen Ergebnissen bei der Größe des Zusammenhangs, allerdings zeigt sich, dass Kendalls Tau meist etwas konservativer ist, d. h. den Zusammenhang weniger hoch darstellt als Spearmans Rho. Die Berechnung von Kendalls Tau kann bei Bortz und Lienert (2008, S. 290ff.) nachgelesen werden. Bei der Berechnung von Zusammenhängen zwischen ordinalen Variablen ist es zu empfehlen, sich beide Maßzahlen von Statistikprogrammen berechnen zu lassen und die Stärke des Zusammenhangs zu vergleichen. Gerade bei Werten nahe den Interpretationsgrenzen (z. B. Sprung vom mittleren zum hohen Zusammenhang) kann dann überlegt werden, den niedrigeren Zusammenhangswert für die Veröffentlichung heranzuziehen.

Pearsons r: Zusammenhangsmaß für intervallskalierte Variablen

Wurden die Variablen, zwischen denen der Zusammenhang berechnet wird, auf einem Intervallskalenniveau gemessen, muss der Korrelationskoeffizient nach Pearson (Pearsons r oder auch Produkt-Moment-Korrelation) herangezogen werden. Dieser normiert die Kovarianz und hat daher diese als Grundlage.

Für die nachfolgend dargestellte Berechnung wird angenommen, dass von zehn Personen das Netto-Einkommen pro Monat erhoben wurde sowie der Betrag, den die Personen pro Monat frei zur Verfügung haben. Man möchte nun untersuchen, ob zwischen diesen beiden Beträgen ein Zusammenhang besteht, also ob Personen, die ein hohes Netto-Einkommen haben, auch einen hohen Betrag monatlich zur Verfügung haben. In Tabelle 34 sind die zehn Datensätze dargestellt.

Tab. 34: Beispielhafte Datenmatrix zur Berechnung von Pearsons r

ID	Netto-Einkommen/ Monat	Frei verfügbarer Betrag/ Monat
1	2500	1230
2	3245	1450
3	1755	800
4	1867	1200
5	2545	1445
6	2700	1145
7	4560	2100
8	3454	2450
9	2140	957
10	2450	1320

Um nun zwischen diesen beiden Variablen den Korrelationskoeffizienten nach Pearson zu berechnen, erfolgt in einem ersten Schritt die Ermittlung der Kovarianz. Diese wird berechnet, indem zuerst für jeden Messwert der Variable x und für jeden Messwert der Variable y die Differenz zum jeweiligen Mittelwert berechnet wird. Danach werden für jeden Datensatz diese Differenzen multipliziert, um das sogenannte Kreuzprodukt zu erhalten. Die Kreuzprodukte der einzelnen Fälle werden aufsummiert und dann durch die Anzahl der gültigen Fälle minus eins geteilt. Nachfolgender Formel kann die Berechnung entnommen werden:

$$\text{Kovarianz } cov(x, y) = \frac{\sum_{i=1}^{n}(x_i - \bar{x}) * (y_i - \bar{y})}{n-1}$$

x_i und y_i = Messwert der Variable x und y in einem Fall

$\bar{x}$ und $\bar{y}$ = Mittelwert der Variable x und y

n = Anzahl der gültigen Fälle

In Tabelle 35 wird die Berechnung des Kreuzproduktes für die einzelnen Untersuchungseinheiten dargestellt.

Tab. 35: Berechnung der Kovarianz

ID	x = Netto-Einkommen/ Monat	y = frei verfügbares Einkommen/ Monat	$x_i - \bar{x}$	$y_i - \bar{y}$	$(x_i - \bar{x}) * (y_i - \bar{y})$
1	2500	1230	-221,6	-179,7	39821,52
2	3245	1450	523,4	40,3	21093,02
3	1755	800	-966,6	-609,7	589336,02
4	1867	1200	-854,6	-209,7	179209,62
5	2545	1445	-176,6	35,3	-6233,98
6	2700	1145	-21,6	-264,7	5717,52
7	4560	2100	1838,4	690,3	1269047,52
8	3454	2450	732,4	1040,3	761915,72
9	2140	957	-581,6	-452,7	263290,32
10	2450	1320	-271,6	-89,7	24362,52
Mittelwert	2721,6	1409,7		Summe	3147559,76

Teilen wir nun die errechnete Summe der Kreuzprodukte durch die Anzahl der gültigen Fälle minus eins erhalten wir eine Kovarianz von 349.728,87. An diesem Wert erkennt man das Problem bei der Berechnung der Kovarianz: Der errechnete Wert ist sehr hoch, da die Kovarianz mit hohen Euro-Werten berechnet wurde. Wird die Kovarianz mit dem Einkommen pro Tag berechnet, bei dem die Werte niedriger sind, würde auch der Wert der Kovarianz niedriger ausfallen. Aus diesem Grund kann die Kovarianz nur dahingehend interpretiert werden, dass ein positiver Wert einen positiven Zusammenhang anzeigt und ein negativer Wert eine negativen Zusammenhang. Beträgt dagegen die Kovarianz null, liegt kein Zusammenhang zwischen den Variablen vor. Am Wert der Kovarianz kann allerdings nicht die Stärke des Zusammenhangs abgelesen werden. Daher muss wie schon eingangs dargestellt eine Normierung mit dem Pearson-Korrelationskoeffizienten erfolgen. Hierbei wird die Kovarianz durch die Multiplikation der Standardabweichungen der beiden untersuchten Variablen geteilt (Standardabweichung für das Netto-Einkommen = 839,81 /Standardabweichung für den frei verfügbaren Betrag = 504,72):

$$\text{Pearsons } r = \frac{\text{cov}(x, y)}{s_x * s_y}$$

$\text{cov}(x, y) = $ Kovarianz der Variablen x und y

s_x und $s_y = $ Standardabweichung der Variablen x und y

Mit der dargestellten Formel berechnet sich für die zwei Variablen im Beispiel ein Korrelationskoeffizient nach Pearson von 0,83. Daher liegt zwischen der Variablen Netto-Einkommen/Monat und frei verfügbarer Betrag/Monat ein positiver sehr hoher Zusammenhang vor. Anders ausgedrückt heißt dies, dass Personen die angegeben haben, dass sie ein hohes monatliches Netto-Einkommen haben, auch über einen hohen frei verfügbaren Betrag pro Monat verfügen.

5.2.7 Grafische Darstellung

Nachdem in den vorherigen Abschnitten die wichtigsten Kennzahlen der deskriptiven Statistik und die Erstellung von Häufigkeits- und Kreuztabellen beschrieben wurde, soll nachfolgend noch auf die grafische Darstellung eingegangen werden. Gerade bei der Veröffentlichung der Ergebnisse in Form von Berichten oder Präsentationen spielt die grafische Darstellung eine wichtige Rolle. Denn mit einer guten Grafik kann man die Ergebnisse der Analyse oft viel schneller erfassen als durch eine Tabelle.

Für die Erstellung von statistischen Grafiken gibt es keine einheitlichen Vorschriften. Wichtig bei der Darstellung von statistischen Ergebnissen in Diagrammen ist aber, dass alle wichtigen Informationen, wie z. B. die Anzahl der gültigen Fälle oder eine Legende, vorhanden sind. Auch sollte darauf geachtet werden, dass man nicht mit einer Grafik versucht, Ergebnisse besser oder schlechter darzustellen, als diese eigentlich sind.

In den zwei Grafiken der Abbildung 15 ist ein solcher Effekt dargestellt: Beide Male werden die Anzahl der Maßnahmenteilnehmer der letzten fünf Jahre dargestellt. Bei der linken Grafik beginnt die y-Achse bei 0 Teilnehmern und man erkennt nur eine geringe Zunahme. Bei der rechten Grafik beginnt die y-Achse bei 100 Teilnehmern und man denkt im ersten Moment, dass die Zunahme stärker ist, obwohl die gleichen Zahlen hinterlegt sind.

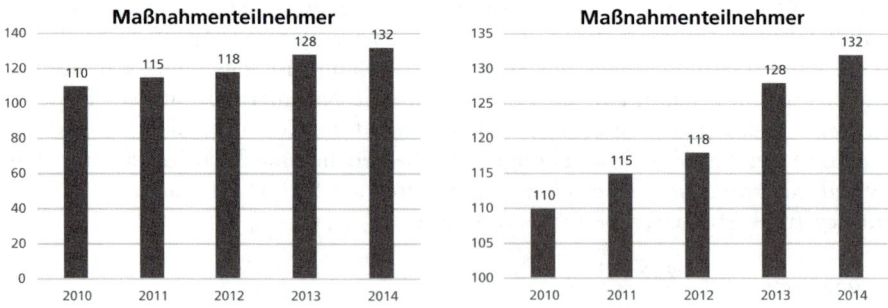

Abb. 15: Säulendiagramme zu Anzahl der Maßnahmenteilnehmer

Anhand dieses Beispiels wird deutlich, dass die Wahrnehmung des Betrachters sehr leicht mit statistischen Abbildungen manipuliert werden kann und man daher bei der Erstellung eigener Grafiken mit Bedacht vorgehen sollte.

Für die Darstellung von Häufigkeitsverteilungen oder Mittelwertübersichten hat sich in der Praxis die Darstellung mit Säulen- oder Balkendiagrammen bewährt. Hierbei empfiehlt es sich, bei Häufigkeiten die relativen Anteilswerte in Prozent darzustellen, da so die Ergebnisse besser vergleichbar sind. Ist die Anzahl der gültigen Fälle sehr klein (unter 15 Fälle) ist es zu empfehlen, die absoluten Häufigkeiten anzugeben. Prozentwerte allein können leicht zu einer Überinterpretation führen, da schon kleine Häufigkeiten einen hohen Prozentwert erhalten. Vereinzelt werden auch für die Darstellung von Häufigkeiten Kreisdiagramme herangezogen. Allerdings sind bei Säulen- oder Balkendiagrammen die Verhältnisse und Unterschiede zwischen den einzelnen Werten leichter zu erfassen. In Abbildung 16 ist eine beispielhafte Altersfrage einmal als Balkendiagramm und einmal als Kreisdiagramm dargestellt.

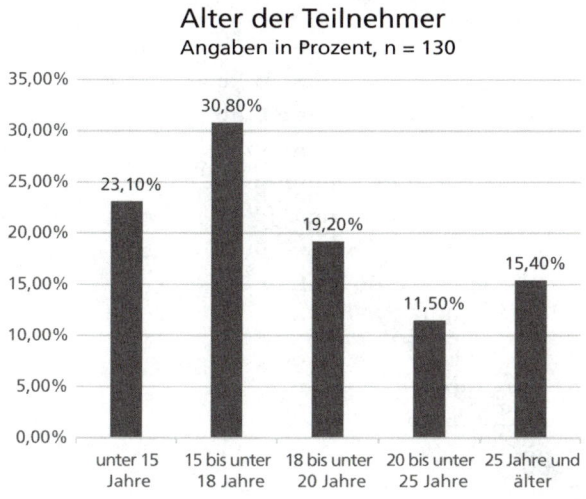

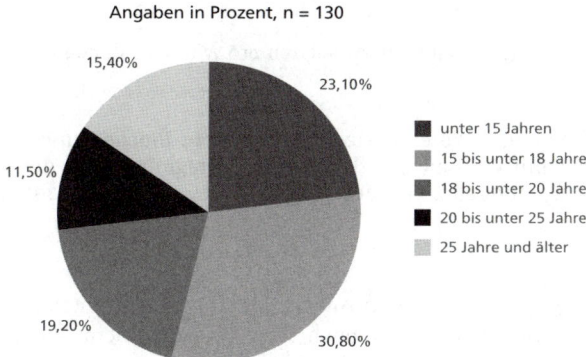

Abb. 16: Säulendiagramm und Kreisdiagramm zur Altersverteilung

Für die Darstellung von Zusammenhängen zwischen Variablen wird das Streudiagramm eingesetzt. Dieses zeichnet die Datenpunkte für jeden Befragten in ein Diagramm ein, bei dem die zwei untersuchten Variablen auf den jeweiligen Achsen abgebildet werden. Umso dichter die Punkte zusammenliegen, umso höher ist der Zusammenhang zwischen den Variablen. Zur leichteren Interpretation wird oft in ein Streudiagramm eine Linie eingezeichnet, die den Zusammenhang visualisiert. Abbildung 17 zeigt ein beispielhaftes Streudiagramm.

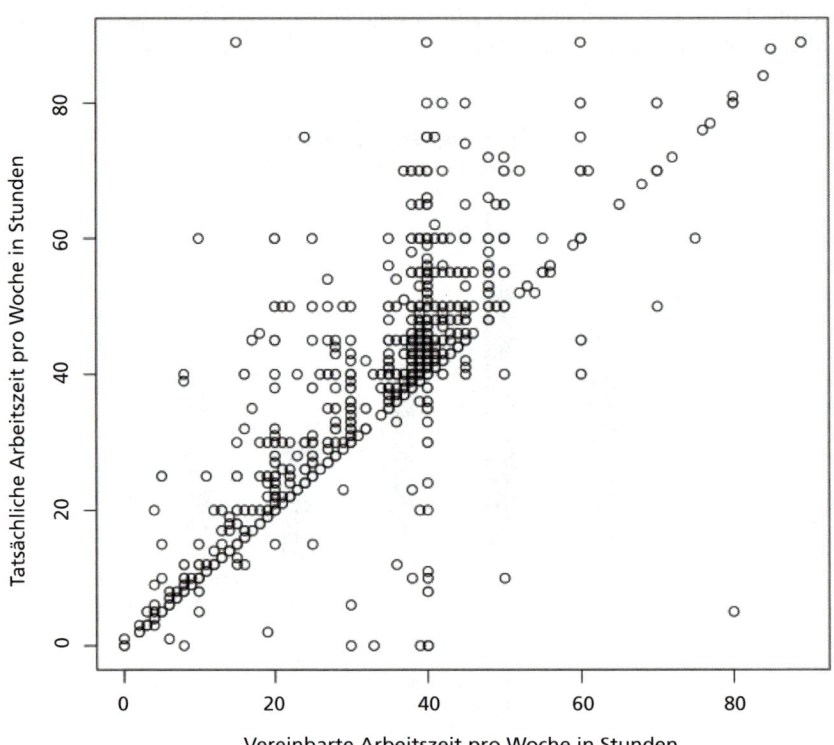

Quelle: European Social Survey Round 4 / German Data

Abb. 17: Streudiagramm »Vereinbarte Arbeitszeit pro Woche« und »Tatsächliche Arbeitszeit pro Woche« aus der vierten Befragungsrunde des European Social Survey (Datenquelle: European Social Survey Data Archiv 2008, deutscher Datensatz)

Es ist erkennbar, dass hier ein positiver linearer Zusammenhang vorliegt, was auch der Korrelationskoeffizient nach Pearson mit einem Wert von 0,84 aussagt.

Für intervallskalierte Variablen gibt es mit dem Boxplot und dem Histogramm zwei spezielle Diagrammformen. Mit diesen beiden Grafikarten kann sehr einfach die Verteilung einer Variablen genauer betrachtet werden.

Der Boxplot stellt verschiedene Kennwerte einer Variable grafisch dar (siehe Abbildung 18 links). Das unterste Ende der Box entspricht dem 1. Quartil, das oberste Ende dem 3. Quartil. Die Linie in der Mitte der Box ist der Median (bzw. das 2. Quartil). Die Striche, die von der Box wegführen, werden auch Whisker genannt und zeigen die Werte, die maximal 1,5-mal den Interquartilsabstand von der Box entfernt liegen. Weiterhin werden Ausreißer über und unter den Whisker-Strichen angezeigt. Mithilfe eines Boxplots kann sehr schnell erkannt werden, ob bei der untersuchten Variable eine Normalverteilung (vgl. Kap. 5.3.1) vorliegt oder ob diese eine schiefe Verteilungsform besitzt. Stellt man sich vor, den Boxplot an der Median-Linie zusammenzuklappen, sollten sich die beiden Hälften des Boxplots komplett aufeinanderlegen. Ist dies so, kann man von einer Normalverteilung ausgehen. Diese ist zum Beispiel bei der Durchführung von Signifikanztest oft eine Voraussetzung (näheres dazu im nächsten Abschnitt).

Eine weitere Grafikform, um die Verteilung einer Variablen darzustellen, ist das sogenannte Histogramm (siehe Abbildung 18 rechts). Auf den ersten Blick ähnelt es einem Balkendiagramm, allerdings ist nicht für jede Antwortausprägung ein eigener Balken dargestellt. Vielmehr stellt ein Balken im Histogramm einen bestimmten Bereich dar, der automatisch von der jeweiligen Statistiksoftware berechnet wurde. In den meisten Programmen kann dieser Bereich auch manuell festgelegt werden. Über ein Histogramm kann man die Normalverteilungskurve legen und damit ablesen, ob die dargestellte Verteilung einer Normalverteilung nahekommt. Dies ist dann der Fall, wenn sich die dargestellten Balken des Histogramms alle innerhalb der Normalverteilungskurve befinden. Umso mehr Balken diese überschreiten, umso mehr weicht die Verteilung der Variable von der Normalverteilung ab. Weiterhin liegt keine Normalverteilung vor, wenn der Gipfel der Kurve nicht in der Mitte angezeigt wird, sondern nach rechts bzw. links tendiert.

Die in diesem Abschnitt dargestellten grafischen Visualisierungen geben nur einen kleinen Einblick in die Möglichkeiten der Grafikerstellung. Einen guten Überblick über Datenvisualisierung bietet das Buch von Rahlf (2014), in dem auch die praktische Umsetzung mit der Statistikumgebung R erläutert wird.

Alle gängigen Statistikprogramme und Microsoft Excel bieten Möglichkeiten zur Erstellung von Grafiken und Diagrammen. In den Zusatzmaterialien zu diesem Buch wird dargestellt, wie die Erstellung von Grafiken mit den Programmen Excel, SPSS und R erfolgen kann.

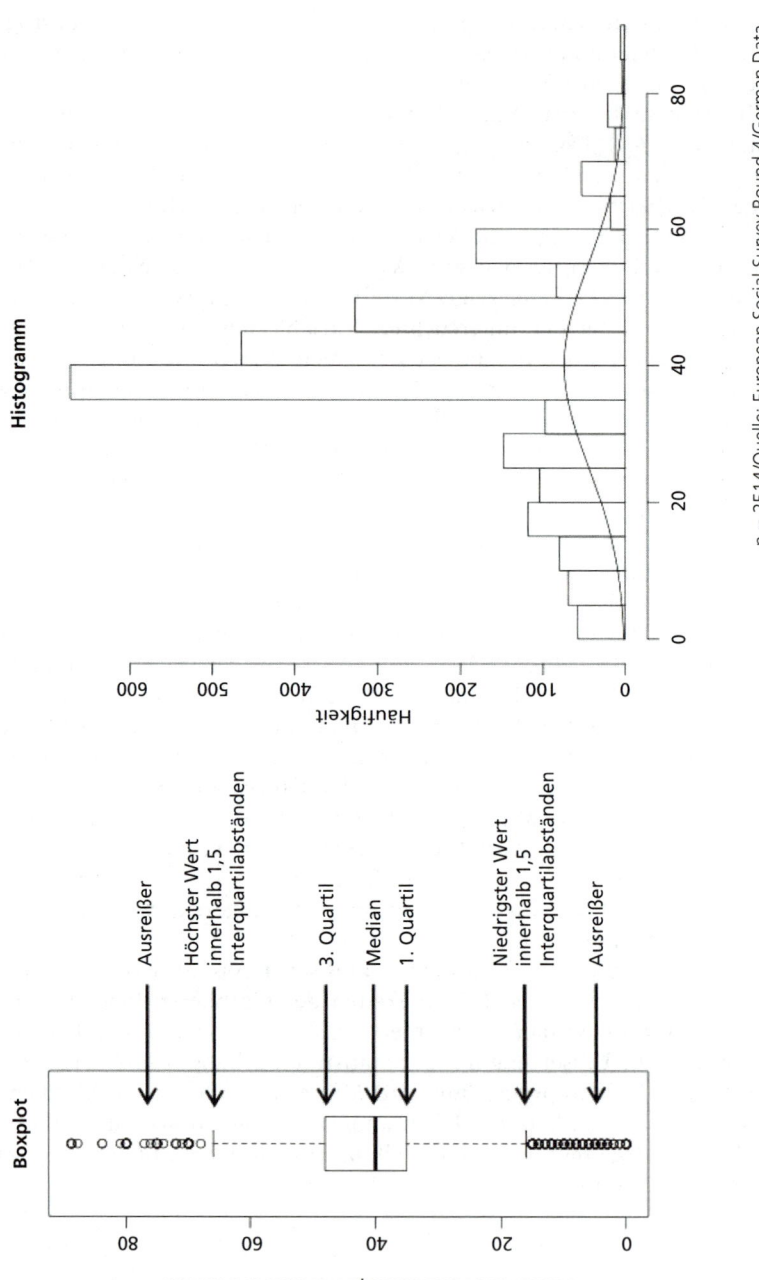

Abb. 18: Boxplot und Histogramm »Tatsächliche Arbeitszeit pro Woche inkl. Überstunden« aus dem deutschen Datensatz der vierten Befragungsrunde des European Social Survey (Datenquelle: European Social Survey Data Archiv 2008)

5.3   Kurze Einführung in die Inferenzstatistik

Im vorherigen Abschnitt wurden die Methoden der deskriptiven Statistik beschrieben. Hierbei geht es um die Beschreibung der erhobenen Daten. Neben der deskriptiven Statistik spielt im Rahmen der quantitativen Datenanalyse die Inferenzstatistik, die auch als schließende Statistik bezeichnet wird, eine wichtige Rolle. Letztere wird vor allem deswegen benötigt, da es nicht immer möglich ist, die komplette Grundgesamtheit zu erfassen und man daher nur eine Stichprobe befragen kann. Mithilfe der Inferenzstatistik kann man nun überprüfen, ob die Ergebnisse, die innerhalb der Stichprobe gefunden wurden, auch verallgemeinerbar sind und auf die Grundgesamtheit übertragen werden können.

In der nachfolgenden Einführung zur Inferenzstatistik werden folgende Überlegungen und Fragen behandelt:

- Welche Grundlagen der Wahrscheinlichkeitstheorie muss man für die Anwendung der Inferenzstatistik kennen?
- Wie können sogenannte Parameter in der Grundgesamtheit geschätzt werden, wenn die Befragung nur mit einer Stichprobe erfolgte?
- Was sind Signifikanztests und aus welchen Schritten besteht das Vorgehen bei diesen?
- Was sind Effektstärken und wie werden diese berechnet?

5.3.1   Kleiner Exkurs in die Wahrscheinlichkeitstheorie

Grundlage für die Inferenzstatistik ist die Wahrscheinlichkeitstheorie. In diesem Abschnitt werden daher kurz deren zentrale Elemente dargestellt (eine ausführlichere und tiefergehende Einführung in die Stochastik bietet Henze 2013). Eine zentrale Rolle im Rahmen dieser Theorie spielen das Zufallsexperiment und das Ereignis. Als Zufallsexperiment wird ein Experiment bezeichnet, bei dem das Ergebnis nicht vorhersehbar und somit zufällig ist (vgl. Bühner und Ziegler 2009, S. 103). Als einfaches Beispiel kann man den Münzwurf nehmen. Der Wurf der Münze ist ein Zufallsexperiment, weil der Zufall entscheidet, ob Kopf oder Zahl angezeigt wird, und man das Ergebnis nicht schon vor dem Wurf bestimmen kann.

Das Ereignis ist als eines von mehreren möglichen Ergebnissen eines Zufallsexperimentes definiert (vgl. Bühner und Ziegler 2009, S. 108). Beim Münzwurf wären daher die Ereignisse entweder »Kopf« oder »Zahl«.

Diese Begriffe haben deswegen eine zentrale Bedeutung für die Inferenzstatistik, weil diese voraussetzt, dass eine Zufallsstichprobe aus der Grundgesamtheit vorliegt. Das Ziehen der Stichprobe wird daher als Zufallsexperiment angesehen und ein Ereignis wäre dann, dass eine konkrete Person in die Stichprobe gezogen wird.

Im Rahmen der Wahrscheinlichkeitstheorie kann die Wahrscheinlichkeit für das Auftreten eines bestimmten Ereignisses berechnet werden. Bei der Berechnung wird zwischen der Wahrscheinlichkeit nach Laplace und der Wahrscheinlichkeit nach Bernoulli unterschieden.

Die Wahrscheinlichkeit nach Laplace lässt sich schon vor der Durchführung des Zufallsexperimentes bestimmen. Diese kann mit folgender Formel berechnet werden:

$$\text{Wahrscheinlichkeit für Ereignis A } p(A) = \frac{\text{Anzahl der günstigen Ereignisse}}{\text{Anzahl der möglichen Ereignisse}}$$

Wie man aus der Formel entnehmen kann, kann man mit dieser nur dann die Wahrscheinlichkeit berechnen, wenn die Anzahl aller möglichen Ereignisse des Zufallsexperimentes bekannt ist. Bei einem Münzwurf wäre dies der Fall, da man weiß, dass nur zwei Ereignisse möglich sind (Kopf oder Zahl). Soll nun die Berechnung der Wahrscheinlichkeit für das Ereignis »Kopf« erfolgen, würde es ein günstiges Ereignis geben (das Ereignis »Kopf« tritt ein). Setzt man diese Werte in die Formel ein, erhält man eine Wahrscheinlichkeit von 0,5 bzw. von 50 %, dass bei einem Münzwurf »Kopf« gezeigt wird. Da die Wahrscheinlichkeit nach Laplace schon vor der Durchführung des Zufallsexperimentes berechnet werden kann, wird diese auch als »A-priori-Wahrscheinlichkeit« bezeichnet.

Ist es nicht möglich, die Anzahl der möglichen Ereignisse schon vor der Durchführung des Zufallsexperimentes zu bestimmen, muss die Wahrscheinlichkeit mit der Formel von Bernoulli berechnet werden (auch »Ex-post-Wahrscheinlichkeit« oder empirische Wahrscheinlichkeit genannt):

$$\text{Wahrscheinlichkeit nach Bernoulli} = \lim_{n \to \infty} \frac{\text{Anzahl der günstigen Ereignisse}}{\text{Anzahl der durchgeführten Zufallsexperimente}}$$

Ein Beispiel, bei dem man nicht schon vor der Durchführung des Zufallsexperimentes die Anzahl der möglichen Ereignisse feststellen kann, ist zum Beispiel die Berechnung, wie wahrscheinlich es ist, dass man einen Jugendlichen findet, der an Maßnahmen der arbeitsweltbezogenen Jugendsozialarbeit teilgenommen und danach eine Berufsausbildung gefunden hat. Hat man eine Zufallsstichprobe von 100 Jugendlichen gezogen, die an Maßnahmen der arbeitsweltbezogenen Jugendsozialarbeit teilgenommen haben (jede Person stellt ein Zufallsexperiment dar), und davon haben 55 Jugendliche nach der Maßnahme eine Berufsausbildung gefunden (Anzahl der günstigen Ereignisse = Jugendlicher hat danach Berufsausbildung gefunden), kann mit der Formel von Bernoulli die empirische Wahrscheinlichkeit von 0,55 bzw. 55 % bestimmt werden. Diese Wahrscheinlichkeit fällt aber je nach Größe der Stichprobe anders aus. Wurden z. B. 1.000 Jugendliche in einer Stichprobe gezogen und untersucht und es wurde festgestellt, dass 600 Jugendliche danach eine Ausbildung gefunden haben, liegt die Wahrscheinlichkeit bei 0,60 bzw. 60 %. Anhand dieses Beispiels kann man sehen: Umso größer die Stichprobe, desto genauer kann man die »wahre« Wahrscheinlichkeit schätzen. Dieses Prinzip wird in der oben dargestellten Formel durch die Bezeichnung $\lim_{n \to \infty}$ symbolisiert, dass den Grenzwert der Wahrscheinlichkeit angibt, wenn n gegen unendlich strebt. Für die Inferenzstatistik bedeutet dies, dass man umso genauere Schätzungen treffen kann, je größer die Stichprobe ist, die man gebildet hat.

Nachdem der Begriff Zufallsexperiment und Ereignis sowie die Berechnung von Wahrscheinlichkeiten näher erläutert wurden, soll am Ende dieses Abschnittes noch auf Wahrscheinlichkeitsverteilungen eingegangen werden. Die Wahrscheinlichkeitsverteilungen werden im Rahmen des Signifikanztests (siehe Kap. 5.3.3) herangezogen, um zu entscheiden, ob ein Ergebnis signifikant ist, d. h. dass ein gefundener Unterschied bzw. Zusammenhang nicht durch Zufall entstanden ist.

Anhand einer Wahrscheinlichkeitsverteilung kann man ablesen, wie wahrscheinlich es ist, dass ein bestimmtes Ereignis auftritt. Natürlich ist es auch möglich, die kennengelernten Lage- und Streuungsmaße auf eine solche Verteilung anzuwenden, um Aussagen über die zentrale Tendenz und die Streuung zu erhalten. Bei den Lagemaßen ist zu beachten, dass hier nicht das arithmetische Mittel berechnet wird, sondern der sogenannte Erwartungswert, der allerdings die gleichen Eigenschaften wie das arithmetische Mittel hat.

Eine der bekanntesten und wichtigsten Wahrscheinlichkeitsverteilungen ist die sogenannte Normalverteilung. In Abbildung 19 wird die sogenannte Standardnormalverteilung dargestellt, die eine Normalverteilung mit dem Erwartungswert = 0 und der Standardabweichung = 1 ist.

Da die Normalverteilung eine stetige Wahrscheinlichkeitsverteilung ist, liest man an dieser immer die Wahrscheinlichkeiten für einen bestimmten Ereignisbereich ab (z. B. die Wahrscheinlichkeit, dass die Körpergröße zwischen 1,70 und 1,75 m liegt) und nicht für ein konkretes Ereignis. Bei der Normalverteilung gibt es nur einen Wert, der am häufigsten vorkommt (der sog. Modalwert), der genau in der Mitte liegt und somit auch gleichzeitig der Median sowie der Erwartungswert ist. Ein weiterer Vorteil der Normalverteilung ist, dass man mit dieser sehr gut Aussagen treffen kann, wie viele Personen in einem bestimmten Bereich liegen. Ist eine Variable normalverteilt, liegen ca. 68 % der Befragten in dem Bereich von plus/minus einer Standardabweichung vom Mittelwert. Im Be-

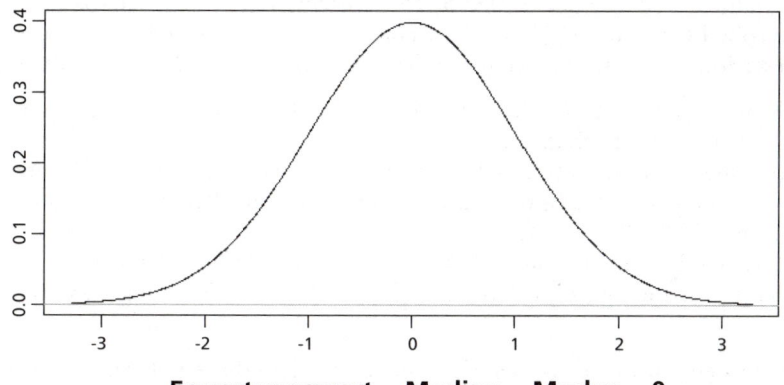

Standardnormalverteilung

Erwartungswert = Median = Modus = 0

Abb. 19: Standardnormalverteilung

reich plus/minus zwei Standardabweichungen vom Mittelwert liegen ca. 95,5 % der Befragten. Die Normalverteilung ist in der Statistik deswegen eine der wichtigsten Wahrscheinlichkeitsverteilungen, da in vielen statistischen Verfahren angenommen wird, dass die Werte einer Variable normalverteilt sind.

Neben der Normalverteilung gibt es noch weitere Wahrscheinlichkeitsverteilungen, die im Rahmen der Inferenzstatistik wichtig sind, beispielsweise die t-Verteilung, die Chi-Quadrat-Verteilung und die F-Verteilung. Nähere Ausführungen zu Wahrscheinlichkeitsverteilungen sind bei Eid und Kollegen (2010, S. 163ff.) zu finden. Auf der Homepage zu diesem Buch können die Verteilungstabellen für die wichtigsten Wahrscheinlichkeitsverteilungen heruntergeladen werden. Diese kommen bei der »händischen« Berechnung von Signifikanztests zum Einsatz.

Nach einem kurzen Exkurs durch die Wahrscheinlichkeitstheorie sollen nun die zwei zentralen Verfahren der Inferenzstatistik, das Schätzen und der Signifikanztest, näher betrachtet werden.

5.3.2 Schätzen und der zentrale Grenzwertsatz

Im Rahmen von empirischen Erhebungen wird meistens nur eine Stichprobe erhoben. Dies ist darin begründet, dass die Erhebung einer kompletten Grundgesamtheit in vielen Fällen zu aufwendig ist. Allerdings interessieren den Forscher hauptsächlich die Werte in der Grundgesamtheit, also wie hoch z. B. die durchschnittliche Zufriedenheit aller Maßnahmenteilnehmer ist. Die Inferenzstatistik bietet ein Konzept, mit dem die Schätzung von Werten in der Grundgesamtheit erfolgen kann. Das bedeutet, dass es damit möglich ist, aufgrund von Werten in der Stichprobe den »wahren« Wert in der Grundgesamtheit zu bestimmen.

Unterschieden wird hier zwischen den Begriffen Parameter und Schätzer. Parameter sind solche Größen, die sich auf die Grundgesamtheit beziehen, und Schätzer sind Schätzwerte dieser Größen, die man aus Stichproben ermittelt (vgl. Bühner und Ziegler 2009, S. 155). Zieht man einen Schätzer aus einer Stichprobe heran, um den Parameter einer Grundgesamtheit zu bestimmen, sollte dieser folgende Eigenschaften erfüllen (vgl. Bühner und Ziegler 2009, S. 156):

- *Erwartungstreue:* Der Schätzer soll den Populationsparameter genau und damit nicht verzerrt schätzen.
- *Konsistenz:* Ist ein Schätzer konsistent, bedeutet dies, dass der Schätzer sich bei zunehmender Stichprobengröße dem »wahren« Parameter in der Grundgesamtheit annähert.
- *Effizienz:* Es sollten solche Schätzer gewählt werden, die bei wiederholter Stichprobenziehung und Berechnung des Schätzers die geringste Varianz aufweisen.

Um nun den Parameter in der Grundgesamtheit mithilfe von Stichprobendaten zu schätzen, gibt es zwei Verfahren, die nachfolgend genauer betrachtet werden sollen: die Punkt- und die Intervallschätzung.

Bei der Punktschätzung bzw. Parameterschätzung wird ein Kennwert aus der Stichprobe für die entsprechende Variable herangezogen und es wird davon ausgegangen, dass dieser Schätzer auch dem Parameter in der Grundgesamtheit entspricht. In den meisten Fällen ist dies das arithmetische Mittel, also der Mittelwert.

Ein Beispiel: In der Untersuchung der Maßnahmen der beruflichen Jugendsozialarbeit wurde abgefragt, wie die Teilnehmer ihre Berufsaussichten beurteilen. Sie konnten hier auf einer sechsstufigen Skala eine Einstufung vornehmen, bei der eins der positivste Wert und sechs der negativste Wert war. In der Stichprobe ergibt sich bei dieser Variablen ein Mittelwert von 2,2. Da nicht alle Teilnehmer befragt werden konnten, ist nun die Frage, welche Bewertung bei der Berufsaussicht in der Grundgesamtheit vorliegt. Nach der Parameterschätzung würde man nun davon ausgehen, dass der Mittelwert von 2,2 der Schätzer ist und man davon ausgehen kann, dass alle Jugendlichen in der Grundgesamtheit die Berufsaussichten im Durchschnitt mit 2,2 bewerten.

Kritisch muss man aber nun anmerken, dass die Aussage über den Parameter in der Grundgesamtheit anhand eines Wertes und nur einer Stichprobe vorgenommen wird. Würden wir eine neue Stichprobe ziehen, fällt mit ziemlicher Sicherheit der Mittelwert anders aus und weicht von dem bisherigen Wert von 2,2 ab. Dies ist damit zu erklären, dass in einer neuen Stichprobe andere Personen enthalten sind oder die gleichen Personen den Gegenstand nun anders einschätzen. Aus diesem Grund enthält die Schätzung einen Fehler. Für den Mittelwert kann daher der Standardfehler des Mittelwertes mit folgender Formel berechnet werden:

Standardfehler des Mittelwertes $SE_M = \dfrac{\hat{\sigma}}{\sqrt{n}}$

$\hat{\sigma} = $ Standardabweichung der Stichprobe als Schätzer

für die Standardabweichung der Grundgesamtheit

$n = $ Stichprobengröße

Anhand des Standardfehlers des Mittelwertes kann man nun ablesen, wie genau der Parameterschätzer den Parameter in der Grundgesamtheit schätzen kann. Es wird die Standardabweichung aus der Stichprobe (als Schätzer für die Standardabweichung in der Grundgesamtheit) durch die Wurzel der Stichprobengröße geteilt. Je geringer der Standardfehler ausfällt, desto genauer ist die Schätzung des Mittelwertes in der Grundgesamtheit, je größer der Standardfehler ist, desto ungenauer ist die Schätzung.

Der Standardfehler des Mittelwertes sollte daher nach Möglichkeit gering ausfallen. Hier zeigt sich: Je größer die Stichprobe ist, desto geringer der Standardfehler, da sich der Schätzer mit einer zunehmenden Stichprobengröße dem »wahren« Wert in der Grundgesamtheit annähert. Dieser Sachverhalt wird in der Statistik als das »Gesetz der großen Zahlen« beschrieben. Anhand eines Beispiels kann dies nochmal deutlich gemacht werden: Wenn man eine Grundgesamtheit mit 1.000 Maßnahmeteilnehmern hat, ist natürlich der Schätzer genauer, wenn von diesen 1.000 Teilnehmern 900 in einer Stichprobe befragt werden als wenn die Stichprobe nur 100 Personen enthält.

Die Stichprobengröße hat auch einen Einfluss auf die Verteilungsfunktion der untersuchten Werte. Im vorherigen Abschnitt haben wir als eine zentrale Verteilung in der Wahrscheinlichkeitstheorie die Normalverteilung kennengelernt. Im Rahmen der Inferenzstatistik gibt es das Prinzip des zentralen Grenzwertsatzes. Dieser sagt vereinfacht aus, dass sich die Verteilung eines Kennwertes aus der Stichprobe mit zunehmender Stichprobengröße der Normalverteilung annähert. Dabei ist es unerheblich, ob das Merkmal in der Grundgesamtheit auch normalverteilt ist oder nicht. Der zentrale Grenzwertsatz ist in der Inferenzstatistik deswegen so wichtig, da einige Verfahren die Normalverteilung voraussetzen. Ist nun die Stichprobengröße groß genug, können diese Tests auch durchgeführt werden, wenn in der Grundgesamtheit der Parameter nicht normalverteilt ist. Genauere Ausführungen zum zentralen Grenzwertsatz sind bei Eid und Kollegen (2010, S. 210f.) zu finden.

Wie wir gesehen haben, schätzt die Parameterschätzung nicht immer den Parameter in der Grundgesamtheit genau und dieser Schätzer kann von Stichprobe zu Stichprobe unterschiedlich ausfallen. Aus diesem Grund wird in den meisten Forschungsarbeiten auch nicht nur die Parameterschätzung berechnet, sondern zusätzlich eine *Intervallschätzung* durchgeführt und veröffentlicht. Bei der Intervallschätzung wird ein Bereich berechnet, in dem der wahre Parameter in der Grundgesamtheit liegt. Dieser Bereich heißt Konfidenzintervall bzw. Vertrauensintervall und die Berechnung erfolgt mit folgender Formel:

Konfidenzintervall $KI = \bar{x} \pm SE_M * z_{1-\frac{\alpha}{2}}$

$\bar{x}$ = Mittelwert der Stichprobe

SE_M = Standardfehler des Mittelwertes

$z_{1-\frac{\alpha}{2}}$ = z-Wert der z-Wertverteilung für $1-\frac{\alpha}{2}$ Prozent

Bei der Berechnung des Konfidenzintervalls werden der Mittelwert der Stichprobe, der Standardfehler des Mittelwertes sowie ein sog. z-Wert berücksichtigt. Der z-Wert unterscheidet sich je nachdem, welche Irrtumswahrscheinlichkeit man ansetzt. Setzt man die Irrtumswahrscheinlichkeit von 5 % (zweiseitig) an und erhält damit den Bereich, in dem mit einer Wahrscheinlichkeit von 95 % der wahre Mittelwert der Grundgesamtheit liegt, beträgt der z-Wert 1,96 (dieser kann auf der z-Wertverteilung abgelesen werden, die man auf der Homepage zum Buch herunterladen kann). In den meisten Untersuchungen werden die Konfidenzintervalle mit einem Wahrscheinlichkeitsbereich von 95 % berechnet. Natürlich kann man diesen auch erhöhen, man muss dann nur den entsprechenden z-Wert in die Formel einsetzen.

Betrachten wir die Berechnung des Konfidenzintervalls anhand des Beispiels für die Parameterschätzung: Der Mittelwert in der Stichprobe beträgt 2,2 und der Standardfehler 0,12, weiterhin möchten wir das 95 %-Konfidenzintervall berechnen, d. h. unser z-Wert liegt bei 1,96. Die Werte können nun in die entsprechende Formel eingesetzt werden:

$$KI = 2,2 \pm 0,12 * 1,96 = 2,0\text{–}2,4$$

Das berechnete Konfidenzintervall wird in der Praxis nun wie folgt interpretiert: Mit einer Wahrscheinlichkeit von 95 % liegt der »wahre« Mittelwert der Grundgesamtheit im Bereich zwischen 2,0 und 2,4. Es sei darauf hingewiesen, dass diese Interpretation, die in der Praxis oft verwendet wird, nicht hundertprozentig statistisch korrekt ist. Die statistisch korrekte Interpretation wäre, dass bei der Ziehung von 100 Stichproben und der Schätzung von 100 Konfidenzintervallen, in 95 Konfidenzintervallen der wahre Wert in dem berechneten Bereich liegt (vgl. Bühner und Ziegler 2009, S. 164).

Anhand des Konfidenzintervalls kann auch abgelesen werden, ob sich z. B. die Mittelwerte zweier Gruppen signifikant voneinander unterscheiden. Hat man zum Beispiel den Mittelwert einmal für die weiblichen Befragten und einmal für die männlichen Befragten berechnet, kann man für beide Gruppen das Konfidenzintervall bestimmen. Überschneiden sich die Konfidenzintervalle nicht, ist dies ein Zeichen, dass die beiden Mittelwerte aus zwei getrennten Grundgesamtheiten stammen (einmal aus der Grundgesamtheit der männlichen Befragten und einmal aus der Grundgesamtheit der weiblichen Befragten). Ist dies der Fall, kann man von einen signifikanten Unterschied sprechen, da die Wahrscheinlichkeit, dass die Mittelwerte doch aus einer Grundgesamtheit stammen und es keinen Unterschied in dieser gibt, geringer als die definierte Irrtumswahrscheinlichkeit bei der Berechnung des Konfidenzintervalls ist (vgl. Bühner und Ziegler 2009, S. 164)

Die Überprüfung mithilfe von Konfidenzintervallen stellt eine Möglichkeit der Signifikanzprüfung dar. Eine weitere Möglichkeit sind die sogenannten Signifikanztests, die in der Praxis öfters zur Feststellung von signifikanten Ergebnissen zum Einsatz kommen. Im nächsten Abschnitt erfolgen daher eine grundlegende Darstellung und Beschreibung des Vorgehens bei Signifikanztests.

5.3.3 Signifikanztest

Mithilfe eines Signifikanztests kann überprüft werden, ob gefundene Unterschiede, Veränderungen bzw. Zusammenhänge in einer Stichprobe auch auf eine Grundgesamtheit übertragbar sind. Die Begriffe Signifikanztest und Hypothesentest finden synonym Verwendung. Im vorherigen Abschnitt wurde dargestellt, dass Schätzer, z. B. der Mittelwert, unterschiedlich ausfallen, wenn wir mehrere Stichproben ziehen und bei diesen einen Mittelwert berechnen. Daher kann es auch bei einem gefundenen Unterschied oder einem gefundenen Zusammenhang sein, dass dieser nur zufällig in der Stichprobe entstanden ist. Mithilfe von Signifikanztests kann man feststellen, ob die Wahrscheinlichkeit, dass der

Unterschied bzw. Zusammenhang zufällig entstanden ist, so gering ist, dass man davon ausgeht, dass dieser nicht zufällig entstanden ist, sondern auch in der Grundgesamtheit vorliegt.

Ein Beispiel: Im Rahmen der Effektestudie in der Jugendhilfe konnte nur ein Teil der Teilnehmer befragt werden. Weiterhin wurde am Anfang die Hypothese aufgestellt, dass es bei den Teilnehmern der Maßnahme einen Unterschied zwischen den Geschlechtern bei der Bewertung der Berufsaussichten gibt. Bei der deskriptiven Auswertung der erhobenen Daten zeigte sich, dass dies genau der Fall ist. Der Mittelwert bei der Variable »Bewertung der Berufsaussichten« liegt bei den weiblichen Befragten bei 1,7 und bei den männlichen bei 3,2 auf einer sechsstufigen Skala, bei der eins der beste Wert ist. Allerdings wurde nur eine Stichprobe an Teilnehmern befragt und nicht die komplette Grundgesamtheit. Es stellt sich daher die Frage, ob der gefundene Unterschied auf die Grundgesamtheit übertragen werden kann, also ob alle weiblichen Maßnahmenteilnehmer ihre Berufsaussichten besser bewerten als die männlichen. Die Beantwortung genau dieser Fragestellung kann mithilfe von Signifikanztests erfolgen.

Dabei ist allerdings zu beachten, dass das hier dargestellte Verfahren nur dann richtig funktioniert, wenn die Stichprobe mithilfe einer Zufallsauswahl zustande gekommen ist. (Es gibt auch Verfahren, die das Vorliegen einer Zufallsstichprobe nicht voraussetzen, wie z. B. Müller und Konradt [2013] anhand des Randomization-Tests aufzeigen.)

Bei der Stichprobenziehung mit einer Zufallsauswahl hat jede Person in der Grundgesamtheit die gleiche Chance, in die Stichprobe zu gelangen. Dieser Vorgang kann als Zufallsexperiment angesehen werden. Wurde die Stichprobe mit Verfahren gebildet, bei denen die Aufnahme von Personen in die Stichprobe nicht zufällig erfolgt, muss dies bei der Interpretation der Ergebnisse der Tests beachtet werden. Denn es besteht die Gefahr, dass durch die nicht zufällige Aufnahme von Personen in die Stichprobe die Ergebnisse verzerrt sind, also z. B. nur männliche Personen in die Stichprobe aufgenommen wurden, bei den weiblichen Personen sich das Ergebnis allerdings anders darstellt. Verfahren der Stichprobenbildung werden in diesem Buch in Kapitel 3.7.1 näher erläutert.

Bei der Durchführung eines Signifikanztests sind folgende Arbeitsschritte nötig:

1. Formulierung der Hypothesen
2. Entscheidung für ein Testverfahren
3. Festlegung von Entscheidungsregeln im Hinblick auf das Signifikanzniveau
4. Berechnung der Prüfgröße
5. Interpretation der Prüfgröße und Entscheidung für eine der aufgestellten Hypothesen

Schritt 1: Formulierung der Hypothesen

Das hier dargestellte Verfahren des Signifikanztests beruht auf dem binären Entscheidungskonzept, das Neyman und Pearson entwickelten (vgl. Eid et al. 2010,

S. 196ff.). Dieses Konzept sieht vor, dass bei jedem Signifikanztest eine Nullhypothese und eine Alternativhypothese formuliert werden und man sich zwischen diesen beiden entscheiden muss.

Die für den Forscher interessante Hypothese ist die sogenannte Alternativhypothese, weil in dieser das vermutete Ergebnis festgeschrieben ist. Für das oben dargestellte Beispiel würde die Alternativhypothese wie folgt lauten: Es gibt einen Unterschied in der Grundgesamtheit zwischen Männern und Frauen bei der Bewertung der Berufsaussichten. Eine Alternativhypothese wird daher immer so formuliert, dass es einen Unterschied, eine Veränderung oder einen Zusammenhang in der Grundgesamtheit gibt.

Dem wird die Nullhypothese gegenübergestellt: Diese soll das Gegenstück darstellen, welches das komplette Gegenteil der Alternativhypothese formuliert. In unserem Beispiel wäre dies: Es besteht kein Unterschied in der Grundgesamtheit zwischen Männern und Frauen bei der Bewertung der Berufsaufsichten.

Die Null- und Alternativhypothese kann man wie folgt mit Formeln darstellen (als Schätzer wird hier der Mittelwert herangezogen):

Nullhypothese $H_0 : \mu_1 = \mu_2$

Alternativhypothese $H_1 : \mu_1 \neq \mu_2$

$\mu_1 =$ **Mittelwert der Gruppe 1 in der Grundgesamtheit**

$\mu_2 =$ **Mittelwert der Gruppe 2 in der Grundgesamtheit**

Bei der Formulierung der Null- und Alternativhypothese sollten folgende wichtige Punkte Beachtung finden:

- Die Formulierung der Hypothesen bezieht sich immer auf die Grundgesamtheit, da mithilfe der Signifikanztests eine Überprüfung stattfindet, ob ein Unterschied bzw. Zusammenhang in der Stichprobe auf die Grundgesamtheit übertragbar ist.
- Die Hypothesen sollen immer als Aussagen formuliert werden. Man geht also von einem Unterschied oder Zusammenhang aus und formuliert dies in der Alternativhypothese.
- Die Formulierung der Null- und Alternativhypothese muss immer vor der Durchführung des Signifikanztests erfolgen. Meist können diese schon vor der Datenerhebung formuliert werden, da man sie aus der Forschungsfrage ableiten kann, bzw. am Anfang der Forschung aus der Theorie schon Hypothesen entwickelt hat, die man überprüfen möchte.

Im Rahmen der Signifikanztests gibt es drei verschiedene Hypothesenarten, die genauer betrachtet werden können:

- *Unterschiedshypothesen* betrachten einen Unterschied, z. B. zwischen Gruppen oder Geschlechtern.
- *Zusammenhangshypothesen* betrachten einen Zusammenhang zwischen zwei Variablen.
- *Veränderungshypothesen* betrachten eine Veränderung zwischen verschiedenen Messzeitpunkten.

Im oben dargestellten Beispiel wurde daher eine Unterschiedshypothese formuliert, da der Unterschied zwischen Männern und Frauen bei der Bewertung der Variable »Berufsaussicht« untersucht werden soll.

Neben dieser inhaltlichen Unterscheidung der Hypothesen unterscheidet man bei der Formulierung noch zwischen gerichteten und ungerichteten Hypothesen. *Ungerichtete Hypothesen* sind solche, bei denen in der Alternativhypothese keine Richtung angegeben wird. Bei der formulierten Hypothese im Beispiel wurde eine solche ungerichtete Hypothese formuliert. Denn wir haben nur festgelegt, dass es einen Unterschied zwischen Männern und Frauen gibt, nicht aber welche Richtung dieser hat.

In manchen Fällen möchte man aber überprüfen, ob ein Unterschied, eine Veränderung oder ein Zusammenhang eine bestimmte Richtung hat. Zum Beispiel soll mithilfe eines Tests überprüft werden, ob Frauen einen besseren Wert als Männer bei der Bewertung der Berufsaussicht haben und ob dieser signifikant ist. Dies kann man mithilfe *gerichteter Alternativhypothesen* formulieren. Die Alternativhypothese wäre dann: Frauen bewerten die Berufsaussicht in der Grundgesamtheit besser als Männer. Es wird also eine Richtung in die Hypothese mit aufgenommen. Dem wird die Nullhypothese gegenübergestellt: Frauen bewerten die Berufsaussichten in der Grundgesamtheit gleich oder schlechter als Männer.

Verallgemeinert werden gerichtete Hypothesen wie folgt dargestellt:

$$H_0 : \mu_1 \geq \mu_2 \text{ und } H_1 : \mu_1 < \mu_2$$

$$\text{bzw. } H_0 : \mu_1 \leq \mu_2 \text{ und } H_1 : \mu_1 > \mu_2$$

Nachdem die Null- und Alternativhypothese aufgestellt wurde, muss man sich im nächsten Schritt für ein geeignetes Testverfahren entscheiden.

Schritt 2: Entscheidung für ein Testverfahren

Im Rahmen der Signifikanzprüfung gibt es eine Vielzahl von Tests, die zum Einsatz kommen können. Wie bei den Korrelationskoeffizienten hängt es zum einen vom Skalenniveau der abhängigen Variable ab, welcher Test zur Anwendung kommt. Weiterhin muss aber auch berücksichtigt werden, wie viele Ausprägungen die untersuchten Gruppen haben, bzw. an wie vielen Messzeitpunkten eine Variable gemessen wurde. Daher wird in diesem Abschnitt dargelegt, welches Testverfahren bei welcher Fragenstellung und welchem Skalenniveau herangezogen werden kann.

Eine zentrale Unterscheidung ist die in parametrische und nonparametrische bzw. verteilungsfreie Tests. Bei einem *parametrischen Test* ist eine Voraussetzung, dass die abhängige Variable einer bekannten Verteilung folgen muss (vgl. Eid et al. 2010, S. 252). Weiterhin wird auch bei den sog. parametrischen Tests die Prüfgröße mithilfe des Mittelwertes bestimmt, was ein intervallskaliertes Skalenniveau voraussetzt (bzw. eine ordinale Variable, die als quasi-metrisch angesehen wird).

Um parametrische Verfahren anwenden zu können, muss daher zuvor oft eine Überprüfung stattfinden, ob die abhängige Variable normalverteilt ist. Dies kann zum einen mit einer grafischen Überprüfung erfolgen (vgl. die Ausführungen in Kapitel 5.2.7. In dem dort dargestellten Histogramm ist die Verteilung nicht normalverteilt). Neben diesen grafischen Möglichkeiten kann man auch anhand von statistischen Kennwerten ablesen, ob eine Variable normalverteilt ist oder nicht, nämlich an der Schiefe und der Kurtosis (auch Exzess genannt). Durch die Schiefe bekommt man einen Eindruck, ob eine Verteilung links- bzw. rechtsschief ist und damit von der Kurve der Normalverteilung abweicht. Anhand der Kurtosis kann man Informationen über die Wölbung der Verteilung erhalten (ob diese schmal- oder breitgipflig ist). Ergibt sich bei beiden Kennzahlen ein Wert 0 für die untersuchte Variable, ist die Variable 100 % normalverteilt. Weichen die Werte von Null ab (sowohl positiv als auch negativ) ist dies ein Zeichen dafür, dass die Verteilung nicht der Normalverteilung entspricht. Weitere Informationen über die Kennzahlen können auch bei Eid und Kollegen (2010, S. 136f.) nachgeschlagen werden.

Weiterhin können auch die Lagemaße arithmetisches Mittel, Median und Modus zur Beurteilung herangezogen werden. Wie in Kapitel 5.3.1 dargestellt, sind bei einer Normalverteilung diese Werte alle gleich. Sollten die Kennzahlen daher in der untersuchten Variablen stark voneinander abweichen, ist dies ein Zeichen, dass die Variable nicht normalverteilt ist. Liegen die Kennzahlen dagegen nah beieinander oder sind sogar gleich, kann man davon ausgehen, dass die Variable normalverteilt ist. Abschließend sei empfohlen, die Entscheidung über eine vorliegende Normalverteilung nicht allein anhand der grafischen Verfahren bzw. der Kennzahlen zu treffen, sondern sich beides anzuschauen und gemeinsam zu interpretieren.

Demgegenüber sind die *nonparametrischen Verfahren* verteilungsfrei. Das heißt, hier muss die Verteilung der Variable, die genauer untersucht wird, nicht bekannt sein (vgl. Eid et al. 2010, S. 252). Da die Parameter der Grundgesamtheit, wie der Mittelwert, nicht direkt in die Berechnung einfließen, können diese Verfahren auch angewendet werden, wenn die abhängige Variable ordinal bzw. nominal skaliert ist.

Weiterhin wird bei Signifikanztests noch zwischen sogenannten exakten und asymptotischen Tests unterschieden. Eine Erläuterung dieser beiden Arten findet man bei Eid und Kollegen (2010, S. 252).

Um die Entscheidung für das richtige Testverfahren zu vereinfachen, wird in Abbildung 20 ein Entscheidungsbaum dargestellt. An diesem kann man ablesen, bei welchem Sachverhalt man welches Verfahren heranziehen muss. In dem Entscheidungsbaum werden nur Verfahren zur Überprüfung von Unterschieden und Veränderungen aufgeführt. Die *Verfahren zur Überprüfung von Unterschieden* werden in diesem Beitrag näher in Kapitel 5.5 beschrieben. Eine kurze Erläuterung zu den *Verfahren zur Überprüfung von Veränderungen* und Verweise zu weiterführender Literatur sind in Kapitel 5.6 zu finden. Auf die Auswahl des Korrelationskoeffizienten bei der Überprüfung von Zusammenhangshypothesen wurde schon in Kapitel 5.2.6 eingegangen und in Kapitel 5.4 wird dargestellt, wie diese Koeffizienten auf Signifikanz überprüft werden können.

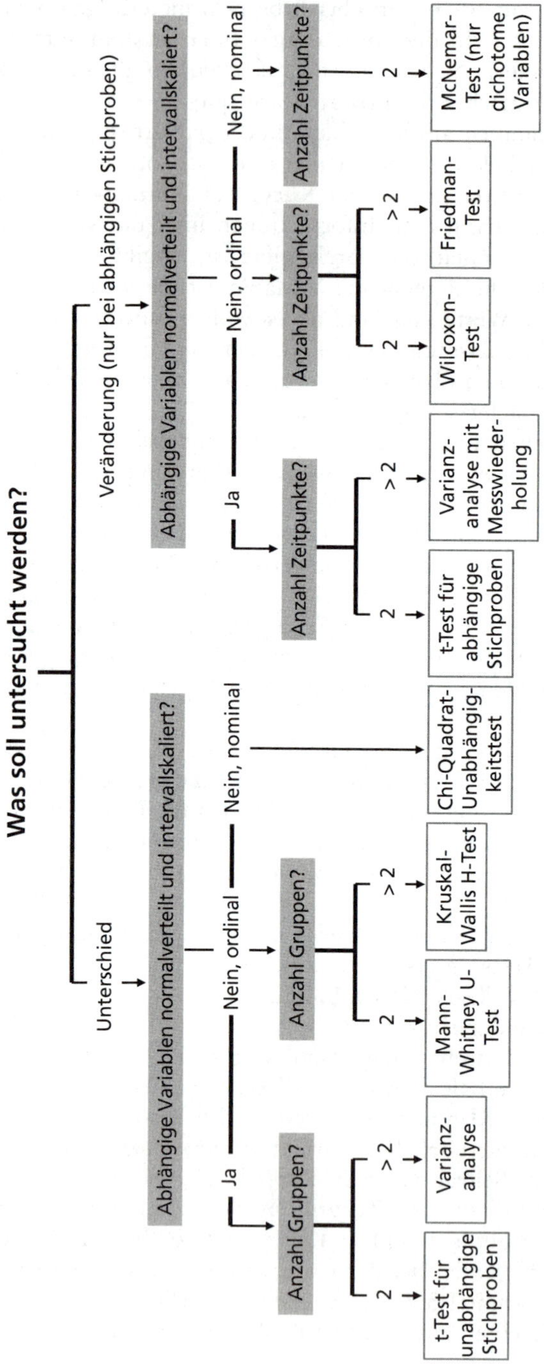

Abb. 20: Entscheidungsbaum Signifikanztests

Nachdem man sich für ein Testverfahren entschieden hat, muss man im nächsten Schritt festlegen, wann man sich für oder gegen die Alternativhypothese entscheidet.

Schritt 3: Festlegung von Entscheidungsregeln im Hinblick auf das Signifikanzniveau

Wir haben gesehen, dass man beim Signifikanztest eine Null- und eine Alternativhypothese aufstellt. Im Rahmen des Signifikanztests kann man sich nur für eine der beiden entscheiden. Es gibt nicht die Möglichkeit, dass man sich für keine der beiden aufgestellten Hypothesen entscheidet. Insofern sind genau vier Entscheidungen möglich, wie Tabelle 36 zeigt (Bühner und Ziegler 2009, S. 147).

Tab. 36: Arten von Entscheidungen beim Signifikanztest

		In der Grundgesamtheit gilt ...	
		... die Nullhypothese H_0	... die Alternativhypothese H_1
Entscheidung aufgrund der Stichprobe	**für Nullhypothese H_0**	$1-\alpha$ Sicherheitswahrscheinlichkeit	β-Fehler bzw. Fehler 2. Art
	für Alternativhypothese H_1	α-Fehler bzw. Fehler 1. Art	$1-\beta$ Teststärke (Power)

Aus Tabelle 36 ist ersichtlich, dass es zwei richtige Entscheidungen gibt. Dies ist dann der Fall, wenn man sich aufgrund der Stichprobe für die Nullhypothese entschieden hat und diese auch in der Grundgesamtheit gilt (links oben). Der zweite positive Fall ist, wenn man sich aufgrund der Stichprobe für die Alternativhypothese entschieden hat und diese in der Grundgesamtheit vorliegt (rechts unten), dieses kann man mit der Teststärke überprüfen.

Im Rahmen des Signifikanztests sind nun vor allem die zwei Entscheidungen interessant, bei denen man falsche Entscheidungen treffen kann. Der erste Fall ist der sogenannte Fehler 1. Art, der auch α-Fehler genannt wird. Dieser Fehler liegt vor, wenn man aufgrund der Stichprobe die Alternativhypothese für richtig hält, obwohl in der Grundgesamtheit die Nullhypothese gilt. Für unser Beispiel würde dies bedeuten, dass wir aufgrund des Signifikanztests annehmen, dass es einen Unterschied zwischen den Geschlechtern bei der Beurteilung der Berufsaussicht in der Grundgesamtheit gibt (Entscheidung für die Alternativhypothese), obwohl ein solcher Unterschied in der Grundgesamtheit gar nicht vorliegt.

Um diesen α-Fehler zu vermeiden, muss vor der Durchführung die Festlegung einer Irrtumswahrscheinlichkeit, die man zu akzeptieren bereit ist, erfolgen. Die Irrtumswahrscheinlichkeit gibt an, wie hoch die Wahrscheinlichkeit ist, dass der überprüfte Unterschied bzw. die überprüfte Veränderung doch durch Zufall entstanden ist und damit in der Grundgesamtheit nicht vorkommt. Die Festlegung der Irrtumswahrscheinlichkeit ist nötig, da man bei der Durchführung eines Signifikanztestes nie eine hundertprozentige Sicherheit hat, ob man sich für die Alternativhypothese entscheiden kann oder diese ablehnen muss, da man immer nur einen Teil der Grundgesamtheit (die Stichprobe) für diese Entscheidung betrachtet. Daher legt man eine so geringe Irrtumswahrscheinlichkeit fest, dass es äußerst unwahrscheinlich ist, dass man eine falsche Entscheidung trifft.

Es haben sich die in Tabelle 37 dargestellten Irrtumswahrscheinlichkeiten (auch Signifikanzniveaus) mit den eben dort genannten Bezeichnungen in der Praxis durchgesetzt, die man zur Entscheidung heranzieht.

Tab. 37: Irrtumswahrscheinlichkeiten

Irrtumswahrscheinlichkeit < 5 %	signifikant	*
Irrtumswahrscheinlichkeit < 1 %	eindeutig signifikant	**
Irrtumswahrscheinlichkeit < 0,1 %	hoch signifikant	***

Die Festlegung der Irrtumswahrscheinlichkeit, die man bereit ist, zu akzeptieren, muss vor der Durchführung des Signifikanztests erfolgen. Stellt sich bei der Durchführung eines Signifikanztests heraus, dass die Irrtumswahrscheinlichkeit im untersuchten Fall unter 5 % liegt, kann man von einem signifikanten Ergebnis sprechen und die Alternativhypothese annehmen. Der gefundene Unterschied bzw. die gefundene Veränderung in der Stichprobe kann daher auf die Grundgesamtheit übertragen werden.

An dieser Stelle sei angemerkt, dass man von einer niedrigen Irrtumswahrscheinlichkeit nicht auf ein bedeutsames Ergebnis schließen kann. Vielmehr sollte man eine geringere Irrtumswahrscheinlichkeit ansetzen, wenn mit der Entscheidung für die Alternativhypothese weitreichende Konsequenzen verbunden sind, z. B. wenn eine signifikant bessere Methode eingesetzt werden soll, die aber höhere Kosten verursacht.

Weiterhin empfiehlt es sich, die Irrtumswahrscheinlichkeit bei sehr großen Stichproben geringer anzusetzen. Dies ist darin begründet, dass bei sehr großen Stichproben schon kleine Unterschiede bzw. Veränderungen auf dem 5 %-Niveau signifikant werden.

In Abbildung 21 wird noch einmal das Prinzip des Signifikanztests und der Irrtumswahrscheinlichkeit gezeigt. Weicht der Mittelwert in der Stichprobe sehr stark vom Mittelwert der Grundgesamtheit ab und erreicht damit den Ablehnungsbereich, der durch die Irrtumswahrscheinlichkeit definiert wurde, wird die Nullhypothese abgelehnt. Es zeigt sich auch, dass bei einer einseitigen Alternativhypothese (Abb. 21, links) »schneller« ein signifikantes Ergebnis entsteht als bei einer zweiseitigen Alternativhypothese (Abb. 21, rechts). Diesen Effekt gibt es, da bei einer zweiseitigen Alternativhypothese die Irrtumswahrscheinlichkeit auf beide Seiten aufgeteilt wird und somit die Fläche des Ablehnungsbereiches unter 2,5 % und über 97,5 % liegt. Hier muss der Mittelwert stärker abweichen als bei einem einseitigen Test, bei dem die Fläche 5 % ausmacht.

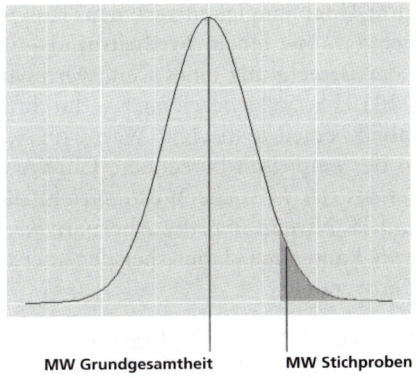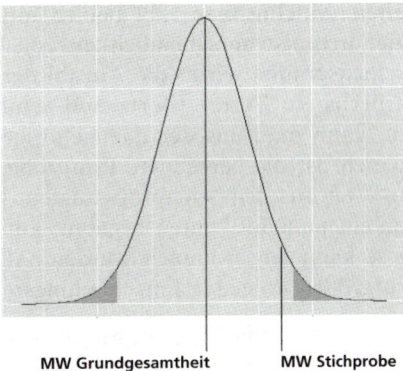

MW Grundgesamtheit   MW Stichproben   MW Grundgesamtheit   MW Stichprobe

Abb. 21: Darstellung des Ablehnungsbereiches

Neben dem dargestellten Fehler 1. Art gibt es auch noch den Fehler 2. Art, wie man der vorherigen Tabelle entnehmen kann. Dieser Fehler 2. Art entsteht dann, wenn man aufgrund der Stichprobe sich für die Nullhypothese entscheidet, in der Grundgesamtheit aber die Alternativhypothese gilt. Um diesen Fehler nicht zu machen, kann man den β-Fehler kontrollieren.

Da in der Praxis vor allem der α-Fehler berichtet wird, wird auf eine detaillierte Darstellung des β-Fehlers an dieser Stelle verzichtet. Eine gute Erläuterung zum β-Fehler findet man bei Bühner und Ziegler (2009, S. 188ff.).

Wurde die Irrtumswahrscheinlichkeit für den Fehler 1. Art festgelegt, erfolgt im nächsten Schritt die Durchführung des Signifikanztests mit der Berechnung der Prüfgröße.

Schritt 4: Berechnung der Prüfgröße

Bei der Durchführung eines Signifikanztests steht die Berechnung einer sogenannten Prüfgröße im Mittelpunkt. Beim Chi-Quadrat-Unabhängigkeitstest, der überprüft, ob zwei nominale Variablen unabhängig voneinander sind, wird z. B. als Prüfgröße der Chi-Quadrat-Wert berechnet. Wie die Prüfgrößen für die einzelnen Signifikanztests berechnet werden, wird in den nachfolgenden Abschnitten bei den Vorstellungen der einzelnen Tests ausgeführt.

Wurde die jeweilige Prüfgröße berechnet, muss diese interpretiert werden und mithilfe der zuvor festgelegten Entscheidungsregeln entschieden werden, ob ein signifikantes Ergebnis vorliegt oder nicht.

Schritt 5: Interpretation der Prüfgröße und Entscheidung für eine der aufgestellten Hypothesen

Zu jeder Prüfgröße gibt es eine sogenannte Verteilungstabelle. Für den bereits erwähnten Chi-Quadrat-Wert gibt es z. B. die Chi-Quadrat-Verteilung. Diese Verteilungstabellen sind auf der Homepage zu diesem Buch zu finden.

Anhand der Tabellen kann ein sogenannter kritischer Wert abgelesen werden, der erreicht werden muss, um eine bestimmte Irrtumswahrscheinlichkeit zu erhalten. Möchte man z. B. beim Chi-Quadrat-Unabhängigkeitstest den Test mit einer Irrtumswahrscheinlichkeit von kleiner 5 % bei einem Freiheitsgrad – mit Freiheitsgraden wird »die Anzahl der bei der Berechnung eines Kennwertes frei variierbaren Werte« (Bortz und Schuster 2010, S. 581) bezeichnet – durchführen, kann man aus der dazugehörigen Tabelle einen kritischen Wert von 3,84 ablesen. Ist die berechnete Prüfgröße, also der empirisch berechnete Chi-Quadrat-Wert aus den Stichprobendaten, größer als der kritische Wert, spricht man von einem signifikanten Ergebnis auf dem 5 %-Niveau und die Alternativhypothese kann angenommen werden. Allgemein kann man daher, bei den meisten Prüfgrößen, folgende Entscheidungsregeln anwenden:

$$\text{Prüfgröße}_{\text{empirisch berechnet}} > \text{Prüfgröße}_{\text{kritisch}} = \text{signifikantes Ergebnis,}$$
$$\text{Alternativhypothese } H_1 \text{ wird angenommen}$$

$$\text{Prüfgröße}_{\text{empirisch berechnet}} \leq \text{Prüfgröße}_{\text{kritisch}} = \text{kein signifikantes Ergebnis,}$$
$$\text{Alternativhypothese } H_1 \text{ wird abgelehnt}$$

An dieser Stelle soll noch kurz auf die Bedeutung eines signifikanten Ergebnisses eingegangen werden: Bei der Darstellung von Ergebnissen in Berichten und Artikeln spielt die Signifikanz eine wichtige Rolle. Oft hat man das Gefühl, dass eine Studie, die keine signifikanten Ergebnisse aufweist, nicht berichtenswert ist. Schnell kann es passieren, dass dann signifikante Ergebnisse als bedeutende bzw. wichtige Ergebnisse aufgefasst werden oder ein kausaler Ursache-Wirkungs-Zusammenhang aufgrund des signifikanten Ergebnisses hergestellt wird. Dieser Schluss ist so aber nicht immer richtig! Ein signifikantes Ergebnis bedeutet nur, dass die Wahrscheinlichkeit, dass ein Unterschied, ein Zusammenhang oder eine Veränderung durch Zufall entstanden ist, kleiner 5 % ist (wenn eine Irrtumswahrscheinlichkeit von 5 % festgelegt wurde). Es wird aber keine Aussage darüber getroffen, ob dieses Ergebnis statistisch oder inhaltlich bedeutend ist oder durch das signifikante Ergebnis eine kausale Wirkungskette begründet werden kann.

Wurde zum Beispiel festgestellt, dass die Gruppe Jugendlicher, die an einer neuen innovativen Maßnahme teilnehmen, eine signifikant bessere Einschätzung bei der Berufsaussicht haben als eine Kontrollgruppe mit der bisherigen Maßnahme, heißt dies noch nicht, dass diese bessere Einschätzung kausal auf die neue Maßnahme zurückzuführen ist. Vielmehr können noch weitere Faktoren einen Einfluss auf diese haben, z. B. dass zufällig in der Gruppe mit der neuen Maßnahme solche Jugendliche waren, die schon immer ihre Berufsaussichten positiv beurteilen. Um wirklich kausale Wirkungen aufzeigen zu können, sind tiefergehende statistische Verfahren oder spezielle Forschungsdesigns, wie das Experiment (vgl. Eifler 2014), nötig.

Weiterhin stellt sich die Frage, ob in der Sozialen Arbeit eine Wirkung hundertprozentig kausal auf eine Maßnahme zurückgeführt werden kann. Vielmehr wird es aufgrund der vielen »Störfaktoren«, die nicht alle kontrolliert werden können, eher so sein, dass man versuchen muss, der Wirkung, die kausal auf die Maßnahme zurückzuführen ist, sehr nahe zu kommen. Aber man wird diese Aussage nie mit hundertprozentiger Wahrscheinlichkeit treffen können.

Neben der fehlerhaften Interpretation im Hinblick auf die Kausalität wird oft auch davon ausgegangen, dass ein signifikantes Ergebnis ein bedeutendes oder wichtiges Ergebnis ist. Um allerdings eine Aussage über die Bedeutsamkeit von signifikanten Unterschieden, Zusammenhängen und Veränderungen treffen zu können, sollten diese zum einen inhaltlich betrachtet und daraufhin überprüft werden, ob die gefundenen signifikanten Ergebnisse einen wichtigen Beitrag zur formulierten Forschungsfrage leisten, bzw. ein zuvor definiertes Kriterium (z. B. Verbesserung um mind. 2 Punkte) erfüllen. Zum anderen ist eine Beurteilung der Bedeutsamkeit von signifikanten Ergebnissen mithilfe von sogenannten Effektstärken möglich. Die inhaltliche Interpretation der Bedeutsamkeit eines Effektes sowie die Berechnung von Effektstärken sollte immer durchgeführt werden, da z. B. bei sehr großen Stichproben schon sehr kleine Unterschiede und Veränderungen zu einem signifikanten Ergebnis führen. Daher wird im nächsten Abschnitt auf die Berechnung und Interpretation von Effektstärken eingegangen.

5.3.4 Effektstärke

Im vorherigen Abschnitt wurde ausgeführt, dass ein signifikantes Ergebnis lediglich bedeutet, dass die Wahrscheinlichkeit, dass ein gefundener Unterschied oder Zusammenhang durch Zufall entstanden ist, so gering ist, dass man davon ausgeht, dass dieser auch in der Grundgesamtheit vorliegt. Die Signifikanz macht aber keine Aussagen über die Bedeutung oder Wichtigkeit des Ergebnisses. So kann es bei dem dargestellten Beispiel einen signifikanten Unterschied zwischen den Geschlechtern bei der Bewertung der Berufsaussicht geben, der Unterschied beträgt aber nur 0,5 Punkte. Ist dies nun ein bedeutender Unterschied? Eine Möglichkeit, dies zu bewerten, gibt es mit der Berechnung von Effektstärken (auch Effektgrößen genannt). Die Berechnung von Effektstärken sollte bei jedem Signifikanztest durchgeführt und bei jeder Veröffentlichung von Forschungsergebnissen berichtet werden.

Bei der Berechnung von Effektstärken erfolgt eine Normierung der gefundenen Unterschiede, Zusammenhänge oder Veränderungen, um sie damit vergleichbar zu machen. Beim t-Test für unabhängige Stichproben (eine unabhängige Stichprobe liegt dann vor, wenn die Messwerte der beiden Gruppen nicht zusammenhängen, also von unterschiedlichen Personen bzw. Einheiten erhoben wurden), mit dem überprüft werden kann, ob es einen signifikanten Unterschied zwischen zwei Gruppen gibt, wird zum Beispiel die Effektstärke Cohens d berechnet. Für jedes Testverfahren gibt es festgelegte Effektstärken, die berechnet werden können. In den jeweiligen Abschnitten zu den einzelnen Tests werden die dazugehörigen Effektstärken dargestellt.

Der zentrale Vorteil von Effektstärken ist, dass diese über verschiedene Fragestellungen, die z. B. auf unterschiedlichen Skalen gemessen wurden, und über verschiedene Studien hinweg vergleichbar sind.

Eine Beurteilung von Effektstärken kann nach einer Konvention von Cohen (1988) erfolgen:

0,2 kleiner Effekt
0,5 mittlerer Effekt
0,8 großer Effekt

Wurde z. B. eine Effektstärke von 0,8 berechnet, kann man von einem großen Effekt sprechen. Liegt der Wert zwischen den Stufen, sollte als Bezeichnung immer die Stufe herangezogen werden, die übersprungen wurde. Bei einer Effektstärke von 0,4 kann man daher von einem kleinen Effekt sprechen mit der Tendenz zu einem mittleren Effekt.

Bei der Beurteilung, ob ein gefundenes signifikantes Ergebnis bedeutsam ist, empfiehlt es sich, sowohl die inhaltliche als auch die statistische Perspektive über die Effektstärke heranzuziehen, im Zweifel aber die inhaltliche Begründung für die Bedeutsamkeit stärker zu gewichten. Denn auch ein signifikantes Ergebnis mit einer hohen Effektstärke muss keine inhaltliche Bedeutung im Hinblick auf die zu untersuchende Forschungsfrage haben.

Nachdem eine Einführung in die wichtigsten Grundlagen der Inferenzstatistik erfolgte, werden in den nächsten Abschnitten Signifikanztests vorgestellt, um zu überprüfen, ob signifikante Zusammenhänge, Unterschiede und Veränderungen vorliegen.

5.4 Zusammenhänge auf Signifikanz überprüfen

In diesem Abschnitt wird dargestellt, wie überprüft werden kann, ob Korrelationskoeffizienten signifikant sind. Es wird auf die in Kapitel 5.2.6 dargestellten Koeffizienten Cramers V, Phi-Koeffizient, Spearmans Rho und Pearsons r eingegangen. Am Ende wird ein Ausblick auf die Regressionsanalyse gegeben, mit der man Zusammenhänge genauer analysieren kann.

5.4.1 Signifikanztest bei Cramers V und Phi-Koeffizient

Eine Überprüfung auf Signifikanz eines Zusammenhangs auf nominalen Skalenniveaus kann mit dem Chi-Quadrat-Unabhängigkeitstest erfolgen. Dies ergibt sich daraus, dass die Korrelationskoeffizienten Cramers V und Phi-Koeffizient als Grundlage den Chi-Quadrat-Wert haben und diesen normieren. Die genauen Signifikanzberechnungen werden in Kapitel 5.5.1 beim Chi-Quadrat-Unabhängigkeitstest dargestellt. Eine Effektstärke muss nicht berechnet werden, da Cramers V und der Phi-Koeffizient bereits als solche interpretiert werden können.

5.4.2 Signifikanztest bei Spearmans Rho

Bei der Überprüfung einer Rangkorrelation nach Spearman wird eine t-verteilte Prüfgröße (bzw. bei Stichproben größer als 20 eine z-verteilte Prüfgröße) berechnet. Im Folgenden wird die Überprüfung der Signifikanz mit dem Beispiel aus Kapitel 5.2.6 (Korrelation zwischen Zufriedenheit mit der gesamten Maßnahme und Zufriedenheit mit dem Maßnahmenleiter) durchgeführt.

Hypothesen

Die Null- und Alternativhypothese für einen ungerichteten Zusammenhang lauten wie folgt:

$H_0 : \rho_\sigma = 0$

$H_1 : \rho_s \neq 0$

$\rho_s =$ Wert von Spearmans Rho

Für die Beispielberechnung von Spearmans Rho würden die Hypothesen wie folgt lauten:

H_0 : Zusammenhang zwischen Zufriedenheit mit gesamter Maßnahme

und Zufriedenheit mit Maßnahmenleiter = 0

H_1 : Zusammenhang zwischen Zufriedenheit mit gesamter Maßnahme

und Zufriedenheit mit Maßnahmenleiter ≠ 0

Wird ein gerichteter Zusammenhang untersucht, werden die Null- und Alternativhypothese wie folgt formuliert:

$H_0 : \rho_s \geq 0$ und $H_1 : \rho_s < 0$

$H_0 : \rho_s \leq 0$ und $H_1 : \rho_s > 0$

Berechnung der Prüfgröße

Bevor überprüft werden kann, ob die berechnete Korrelation zwischen den zwei untersuchten Variablen signifikant ist, muss die t-verteilte Prüfgröße berechnet werden. Berechnen kann man diese mit folgender Formel:

$$t = \frac{r_s}{\sqrt{\frac{1 - r_s^2}{n-2}}}$$

$n =$ Anzahl der gültigen Fälle

$r_s =$ Wert von Spearmans Rho

Bei einer Stichprobengröße größer als 20 kann die Signifikanz auch mit einer z-verteilten Prüfgröße überprüft werden. Die Prüfgröße z wird mit folgender Formel bestimmt:

z–Wert $= r_s * \sqrt{n-1}$

$n =$ Anzahl der gültigen Fälle

$r_s =$ Wert von Spearmans Rho

Wir berechneten in Kapitel 5.2.6 (Korrelation zwischen Zufriedenheit mit der gesamten Maßnahme und Zufriedenheit mit dem Maßnahmenleiter) zwischen den beiden Variablen einen Rangkorrelationskoeffizienten von 0,68. In der Stichprobe waren zehn Teilnehmer. Mit diesen Werten kann folgender t-Wert berechnet werden:

$$t = \frac{r_s}{\sqrt{\frac{1-r_s^2}{n-2}}} = \frac{0,68}{\sqrt{\frac{1-0,68^2}{10-2}}} = 2,62$$

Durch Einsetzen der beiden Werte in die Formel für den z-Wert erhält man folgende Prüfgröße (normalerweise dürfte bei der genannten Stichprobengröße kein z-Wert berechnet werden, als Beispiel wird diese Berechnung hier aber trotzdem durchgeführt):

$$z\text{-Wert} = r_s * \sqrt{n-1} = 0,68 * \sqrt{10-1} = 2,04$$

Interpretation der Prüfgröße

Um eine endgültige Aussage darüber treffen zu können, ob die berechnete Rangkorrelation signifikant ist oder nicht, muss ein Vergleich der berechneten Prüfgröße mit dem dazugehörigen kritischen Wert erfolgen.

Wurde die z-verteilte Prüfgröße berechnet und wird ein zweiseitiger (ungerichteter) Signifikanztest durchgeführt, muss der kritische z-Wert für $1-\alpha_{/2}$ in der entsprechenden statistischen Tabelle abgelesen werden. Bei einem einseitigen Signifikanztest wird der kritische Werte für $1-\alpha$ abgelesen. Ist nun der Betrag des berechneten z-Wertes kleiner oder gleich des kritischen Wertes, wird die Nullhypothese beibehalten. Ist der Betrag des berechneten z-Wertes größer als der kritische Wert, wird die Alternativhypothese angenommen und die berechnete Korrelation ist auf dem ausgewählten Signifikanzniveau signifikant.

Die Berechnung des z-Wertes ergab 2,04. Da eine ungerichtete Hypothese untersucht wird, muss für eine Irrtumswahrscheinlichkeit von 5 % der z-Wert für $1-\frac{0,05}{2} = 0,975$ aus der Tabelle der Standardnormalverteilung abgelesen werden. Dieser beträgt 1,96. Da der Betrag des berechneten z-Wertes größer als der theoretische z-Wert ist, ist der Zusammenhang zwischen der Bewertung der Zufriedenheit mit der gesamten Maßnahme und der Zufriedenheit mit dem Maßnahmenleiter signifikant. Wir nehmen daher die Alternativhypothese an, lehnen die Nullhypothese ab und können davon ausgehen, dass der gefundene Zusammenhang auch in der Grundgesamtheit vorliegt.

Bei der t-verteilten Prüfgröße wird ebenfalls der Betrag des berechneten t-Werts mit dem kritischen t-Wert aus der entsprechenden t-Verteilung verglichen. Hierbei ist es wichtig, die t-Verteilung für die berechneten Freiheitsgrade heranzuziehen. Die Freiheitsgrade kann man mit n-2 berechnen. Liegt der Betrag des berechneten t-Wertes unter dem kritischen t-Wert bzw. ist gleich groß, wird die Nullhypothese beibehalten. Überschreitet der Betrag des berechneten t-Wertes den kritischen t-Wert, wird die Alternativhypothese angenommen.

Im Beispiel erhält man auch ein signifikantes Ergebnis, wenn man den t-Wert überprüft: Der Betrag des berechneten t-Wertes lag bei 2,62. In der t-Verteilung müssen wir den kritischen t-Wert für 8 Freiheitsgrade (ergibt sich wie oben be-

schrieben aus n-2, in unserem Beispiel 10-2 = 8) und einer Irrtumswahrscheinlichkeit von 5 % für eine ungerichtete Hypothese ablesen. Dieser beträgt 2,31.
Es zeigt sich auch hier, dass der Betrag des berechneten t-Wertes größer als der
theoretische ist und daher ein signifikanter Zusammenhang vorliegt.

Eine Effektstärke muss nicht berechnet werden, da der Rangkorrelationskoeffizient bereits die Stärke des Zusammenhangs angibt.

5.4.3 Signifikanztest bei Pearsons r

In Kapitel 5.2.6 wurde für intervallskalierte Variablen der Korrelationskoeffizient nach Pearson (Pearsons r) vorgestellt (Beispiel hierfür war der Zusammenhang zwischen dem Netto-Einkommen und dem frei verfügbaren Betrag pro
Monat). Mit der Prüfgröße t kann berechnet werden, ob der Zusammenhang signifikant ist.

Hypothesen

Die Null- und Alternativhypothese für einen ungerichteten Zusammenhang lauten wie folgt:

$H_0 : \rho = 0$

$H_1 : \rho \neq 0$

$\rho =$ Wert von Pearsons r

Für die Beispielberechnung von Pearsons r würden die Hypothesen wie folgt
lauten:

$H_0 :$ Zusammenhang zwischen Netto-Einkommen pro Monat

und frei verfügbarem Betrag pro Monat = 0

$H_1 :$ Zusammenhang zwischen Netto-Einkommen pro Monat

und frei verfügbarem Betrag pro Monat ≠ 0

Wird ein gerichteter Zusammenhang untersucht, werden die Null- und Alternativhypothese wie folgt formuliert:

$H_0 : \rho \geq 0$ und $H_1 : \rho < 0$

$H_0 : \rho \leq 0$ und $H_1 : \rho > 0$

Berechnung der Prüfgröße

Die t-verteilte Prüfgröße erhält man, indem man die entsprechenden Werte in
nachfolgende Formel einsetzt:

$$t = \frac{r * \sqrt{n-2}}{\sqrt{1-r^2}}$$

n = Anzahl der gültigen Fälle

r = Wert von Pearsons r

In Kapitel 5.2.6 (Zusammenhang zwischen dem Netto-Einkommen und dem frei verfügbaren Betrag pro Monat) wurde ein Pearsons r von 0,83 ermittelt. Die Stichprobengröße lag bei zehn Personen. Diese Werte können in die Formel für den t-Wert eingesetzt werden:

$$t = \frac{r * \sqrt{n-2}}{\sqrt{1- r^2}} = \frac{0,83 * \sqrt{10-2}}{\sqrt{1- 0,83^2}} = 4,21$$

Interpretation der Prüfgröße

Um anhand der berechneten Prüfgröße t ablesen zu können, ob der Zusammenhang signifikant ist oder nicht, muss der kritische t-Wert bestimmt werden. Diesen kann man in der Verteilungstabelle für eine t-Verteilung mit den berechneten Freiheitsgraden nachschlagen. Die Berechnung der Freiheitsgrade erfolgt mit der Formel n-2. Weiterhin muss festgelegt werden, auf welchem Signifikanzniveau getestet werden soll.

Ist der Betrag des berechneten t-Wertes kleiner oder gleich dem kritischen, wird die Nullhypothese beibehalten und der gefundene Zusammenhang ist nicht signifikant. Überschreitet der Betrag des berechneten t-Wertes den kritischen t-Wert, wird die Alternativhypothese angenommen, was bedeutet, dass die gefundene Korrelation signifikant ist.

Im Beispiel wurde ein t-Wert von 4,21 berechnet. Der kritische t-Wert bei 8 Freiheitsgraden, einer Irrtumswahrscheinlichkeit von 5 % und einer ungerichteten Hypothese liegt bei 2,31. Der Betrag des berechneten t-Wertes ist größer als der kritische t-Wert. Aus diesem Grund wird die Alternativhypothese angenommen und die Nullhypothese verworfen. Der Zusammenhang ist signifikant und die Annahme, dass dieser auch in der Grundgesamtheit vorliegt, ist zulässig.

Eine Effektstärke muss nicht berechnet werden, da Pearsons r bereits die Stärke des Zusammenhangs angibt.

5.4.4 Ausblick: Zusammenhänge mit Regressionen analysieren

Mit den dargestellten Korrelationskoeffizienten und den dazugehörigen Signifikanzprüfungen können Zusammenhänge zwischen zwei Variablen identifiziert werden. Hat man diese erkannt, kann man sie mithilfe der Regressionsanalyse genauer analysieren.

In der dargestellten Effektestudie wurde zum Beispiel ein signifikanter negativer mittlerer Zusammenhang zwischen dem Alter in Jahren und der beurteilten Berufsaussicht gefunden: Wenn das Alter zunimmt, wird die beurteilte Berufsaussicht geringer. Mithilfe der Regressionsanalyse kann nun festgestellt werden, welchen Effekt das Alter auf die beurteilte Berufsaussicht hat. Eine mögliche

Aussage könnte sein, dass mit jedem Jahr, das der Teilnehmer älter wird, die bewertete Berufsaussicht um 0,25 Einheiten sinkt.

Innerhalb der Regressionsanalysen gibt es verschiedene Verfahren, die zur Anwendung kommen. Die einfachste ist die lineare bivariate Regression, bei der eine abhängige Variable (Berufsaussicht) mit einer unabhängigen Variablen (Alter) erklärt wird. Allerdings gibt es in der sozialen Wirklichkeit oft viel mehr Faktoren, die einen Einfluss auf eine abhängige Variable haben, weshalb sehr oft die multiple Regression zum Einsatz kommt. Mit dieser kann man eine Analyse der Effekte von mehreren unabhängigen Variablen auf die abhängige Variable durchführen. Zu beachten ist, dass bei der einfachen linearen und der multiplen linearen Regressionsanalyse die abhängige Variable intervallskaliert sein muss. Ist diese nicht intervallskaliert, kann auf die logistische Regressionsanalyse zurückgegriffen werden, bei der die abhängige Variable dichotom ist. Eine beispielhafte Fragestellung für eine logistische Regressionsanalyse ist z. B., welche Effekte auf die abhängige Variable »erfolgreiche Ausbildungssuche« (mit den Ausprägungen 1 = »erfolgreich«/0 = »nicht erfolgreich«) wirken.

Möchte man sich näher mit der Regressionsanalyse beschäftigten oder in einem Praxisforschungsprojekt einsetzen, kann die gute Einführung von Urban und Mayerl (2011) herangezogen werden. Einen Überblick über die logistische Regressionsanalyse bieten Best und Wolf (2010).

5.5   Unterschiede untersuchen

Forschungshypothesen können sich auf Unterschiede zwischen Gruppen beziehen. Beispielsweise ob sich der Erfolg beim Durchlaufen einer sozialpädagogischen Maßnahme zwischen männlichen und weiblichen Teilnehmern unterscheidet. Möchte man solche Unterschiede zwischen zwei Gruppen auf Signifikanz überprüfen, stehen mit dem Chi-Quadrat-Unabhängigkeitstest für nominale Variablen, dem U-Test für ordinale Variablen und dem t-Test für intervallskalierte Variablen die entsprechenden Tests zur Verfügung.

5.5.1   Chi-Quadrat-Unabhängigkeitstest

Die Chi-Quadrat-Testfamilie umfasst mehrere Tests, die bei unterschiedlichen Fragestellungen Anwendung finden. In diesem Abschnitt wird der sogenannte Chi-Quadrat-Unabhängigkeitstest dargestellt. Mit diesem kann überprüft werden, ob zwei nominale Variablen unabhängig voneinander sind oder sich gegenseitig beeinflussen. Ein Beispiel für die Anwendung dieses Tests wäre zum Beispiel die Fragestellung, ob es im Rahmen der eingangs dargestellten Effekteevaluierung signifikante Unterschiede zwischen dem Geschlecht (unabhängige nominale Variable) und dem Vorhandensein des qualifizierten Mittelschulabschlusses (abhängige nominale Variable) gibt. Im Zusammenhang mit dem Chi-Quadrat-Unabhängigkeitstest wird entweder davon gesprochen, dass man einen

Unterschied zwischen den Gruppen untersuchen möchte oder den Zusammenhang zwischen den zwei nominalen Variablen. Diese Begriffe werden bei diesem Test synonym verwendet, was mit dem untersuchten Skalenniveau begründet werden kann. Wird ein Unterschied z. B. zwischen dem Geschlecht festgestellt, kann man auch formulieren, dass es einen entsprechenden Zusammenhang gibt, also dass z. B. weibliche Personen eher zu einem qualifizierten Mittelschulabschluss tendieren. So kann auch mit dem Chi-Quadrat-Unabhängigkeitstest berechnet werden, ob die Koeffizienten Phi und Cramer V signifikant sind, da beide eine Normierung des Chi-Quadrat-Wertes darstellen.

Hypothesen

Die Null- und Alternativhypothese beim Chi-Quadrat-Unabhängigkeitstest für einen ungerichteten Zusammenhang bzw. Unterschied lauten wie folgt:

H_0: Beide Variablen sind in der Grundgesamtheit unabhängig voneinander.

H_1: Beide Variablen sind in der Grundgesamtheit abhängig voneinander.

Wie bei den Korrelationskoeffizienten für nominale Variablen schon dargelegt, können bei Zusammenhängen mit diesem Skalenniveau keine Richtungen definiert werden. Daher ist es auch in den meisten Fällen so, dass man für den Chi-Quadrat-Unabhängigkeitstest keine gerichtete Hypothese formulieren kann.

Für das oben dargestellte Beispiel würden die Untersuchungshypothesen wie folgt lauten:

H_0: Die Variablen Geschlecht und Vorhandensein qualifizierter Mittelschulabschluss sind in der Grundgesamtheit unabhängig voneinander.

H_1: Die Variablen Geschlecht und Vorhandensein qualifizierter Mittelschulabschluss sind in der Grundgesamtheit abhängig voneinander.

Berechnung der Prüfgröße

Im Rahmen des Chi-Quadrat-Unabhängigkeitstests wird, wie der Name schon vermuten lässt, der Chi-Quadrat-Wert als Prüfgröße berechnet. In der Berechnung erfolgt ein Vergleich der beobachteten Häufigkeiten in einer Kreuztabelle mit den theoretisch erwarteten Häufigkeiten. Wie der Chi-Quadrat-Wert genau berechnet wird, wurde schon im Kapitel 5.2.6 vorgestellt. Aus diesem Grund wird an dieser Stelle nicht nochmals darauf eingegangen.

Zu beachten ist, dass der Chi-Quadrat-Unabhängigkeitstest die Voraussetzung hat, dass nicht mehr als 20 % der Zellen eine erwartete Häufigkeit kleiner als 5 haben dürfen. Wird diese Voraussetzung verletzt, gibt es folgende Lösungsmöglichkeiten:

- Hat die Kreuztabelle sehr viele Felder, sollten in einem ersten Schritt, sofern möglich, die Ausprägungen der Variablen zusammengefasst werden (z. B. eine sechsstufige Skala in die Antwortmöglichkeiten »Zustimmung«/»keine Zustimmung« umkodieren).
- Ist danach weiterhin in mehr als 20 % der Zellen die erwartete Häufigkeit kleiner als 5, sollte das Ergebnis des Chi-Quadrat-Unabhängigkeitstests sehr

vorsichtig interpretiert werden. Es empfiehlt sich auch in diesem Fall, den sogenannten »Fishers exakten Test« zu rechnen. Die Darstellung des Tests ist u. a. bei Bortz und Lienert zu finden (2008, S. 84ff.).

Interpretation der Prüfgröße

Um eine Entscheidung treffen zu können, ob die formulierte Alternativhypothese angenommen werden kann, muss nun der berechnete Chi-Quadrat-Wert mit einem kritischen Chi-Quadrat-Wert verglichen werden, den man aus der Chi-Quadrat-Verteilung ablesen kann. Zuvor muss aber noch die Anzahl der Freiheitsgrade berechnet werden. Hierzu kann folgende Formel angewendet werden:

Freiheitsgrade df = (Spaltenanzahl–1) * (Zeilenanzahl–1)

Es muss also ermittelt werden, wie viele Spalten und Zeilen die untersuchte Kreuztabelle enthält. Von dieser Anzahl wird jeweils eins abgezogen und die beiden Werte multipliziert. Bei einer 4-Felder-Tafel ergibt sich immer ein Freiheitsgrad von eins.

In der Chi-Quadrat-Verteilungstabelle, die auf der Homepage zu diesem Buch abgerufen werden kann, kann nun der kritische Chi-Quadrat-Wert für die jeweiligen Freiheitsgrade und die zuvor definierte Irrtumswahrscheinlichkeit abgelesen werden. Ist der berechnete Chi-Quadrat-Wert größer als der kritische Wert, kann die Alternativhypothese angenommen werden und das Ergebnis ist auf dem gewählten Niveau signifikant. Wird festgestellt, dass der berechnete Wert kleiner oder gleich dem kritischen Wert ist, nimmt man die Nullhypothese an und lehnt die Alternativhypothese ab. Damit liegt kein signifikantes Ergebnis vor.

Im Beispiel in Kapitel 5.2.6 (Unterschiede zwischen den Geschlechtern beim Erreichen des qualifizierten Mittelschulabschlusses) haben wir einen Chi-Quadrat-Wert von 0,722 berechnet. Der kritische Chi-Quadrat-Wert für eine Irrtumswahrscheinlichkeit von 5 % und einem Freiheitsgrad (df = (2-1) * (2-1) = 1) liegt bei 3,84. Da der berechnete Chi-Quadrat-Wert kleiner als der kritische Chi-Quadrat-Wert ist, wird die Alternativhypothese abgelehnt. Es liegt kein signifikantes Ergebnis vor. Dies bedeutet, dass es keinen Unterschied zwischen den Geschlechtern bei der Frage nach dem Vorhandensein des qualifizierten Mittelschulabschlusses gibt.

Berechnung der Effektstärke

Für den Chi-Quadrat-Unabhängigkeitstest wird die Effektstärke w berechnet. Hierzu wird folgende Formel angewendet:

$$w = \sqrt{\frac{\chi^2}{n}}$$

χ^2 = Chi–Quadrat–Wert

n = Anzahl der gültigen Fälle

Bei einer Vier-Felder-Tafel entspricht die Effektstärke w dem Phi-Koeffizienten. Die Effektstärke kann nach folgender Konvention interpretiert werden:

0,10 = kleiner Effekt
0,30 = mittlerer Effekt
0,50 = starker Effekt

Neben der Effektstärke w gibt es für den Chi-Quadrat-Unabhängigkeitstest auch noch andere Effektstärken, z. B. Odds-Ratio. Eine Übersicht hierzu findet man bei Eid, Gollwitzer und Schmitt (2010, S. 335f.).

Für das Beispiel aus Kapitel 5.2.6 ergibt sich damit folgende Effektstärke:

$$w = \sqrt{\frac{\chi^2}{n}} = \sqrt{\frac{0,722}{135}} = 0,07$$

Es zeigt sich, dass die Effektstärke sehr gering ist und die Grenze für einen kleinen Effekt nicht überschritten wird.

5.5.2 t-Test für unabhängige Stichproben

Mit dem t-Test für unabhängige Stichproben wird untersucht, ob Unterschiede im Mittelwert einer abhängigen Variablen zwischen zwei Gruppen signifikant sind. (Eine unabhängige Stichprobe liegt dann vor, wenn die Messewerte der beiden Gruppen nicht zusammenhängen, also von unterschiedlichen Personen bzw. Einheiten erhoben wurden.) Zum Beispiel kann untersucht werden, ob sich das Alter von weiblichen und männlichen Maßnahmenteilnehmern signifikant unterscheidet. Weiterhin kann mit dem Test auch ein gerichteter Unterschied untersucht werden, also zum Beispiel die Frage, ob das Alter von Männern signifikant höher ist als das von Frauen.

Möchte man einen t-Test für unabhängige Stichproben durchführen, muss zuvor überprüft werden, ob die Annahme der Normalverteilung der abhängigen Variable vorliegt und diese intervallskaliert ist. Sind diese Voraussetzungen nicht erfüllt, kann auf den U-Test ausgewichen werden, der diese Bedingungen nicht voraussetzt.

Hypothesen

Die Null- und Alternativhypothese für einen ungerichteten Unterschied lauten wie folgt:

$H_0 : \mu_1 = \mu_2$

$H_1 : \mu_1 \neq \mu_2$

$\mu_1 =$ Mittelwert der Gruppe 1 in der Grundgesamtheit

$\mu_2 =$ Mittelwert der Gruppe 2 in der Grundgesamtheit

Für das dargestellte Beispiel würde die Null- und Alternativhypothese wie folgt formuliert:

H_0 : Mittelwert Alter männliche TN in der Grundgesamtheit =
Mittelwert Alter weibliche TN in der Grundgesamtheit

H_1 : Mittelwert Alter männliche TN in der Grundgesamtheit $\neq$
Mittelwert Alter weibliche TN in der Grundgesamtheit

Wird ein gerichteter Unterschied untersucht, werden die Null- und Alternativhypothese wie folgt formuliert:

$H_0 : \mu_1 \geq \mu_2$ und $H_1 : \mu_1 < \mu_2$

$H_0 : \mu_1 \leq \mu_2$ und $H_1 : \mu_1 > \mu_2$

Berechnung der Prüfgröße

Bei der Durchführung des t-Tests findet in einem ersten Schritt die Berechnung der Prüfgröße t statt. Diese wird dann mit dem kritischen t-Wert der t-Verteilung verglichen. Bei der Berechnung der Prüfgröße t wird die Differenz der Mittelwerte durch den Standardfehler der Mittelwertdifferenz dividiert:

$$\text{Prüfgröße t} = \frac{\overline{x}_1 - \overline{x}_2}{\hat{\sigma}_{(\overline{x}_1 - \overline{x}_2)}}$$

$\overline{x}_1$ = Mittelwert der Gruppe 1

$\overline{x}_2$ = Mittelwert der Gruppe 2

$\hat{\sigma}_{(\overline{x}_1 - \overline{x}_2)}$ = geschätzter Standardfehler der Mittelwertdifferenz
in der Grundgesamtheit

Der geschätzte Standardfehler für die Mittelwertdifferenz muss in einem extra Schritt berechnet werden, bevor man die Prüfgröße t ermitteln kann. Dies kann mit folgender Formel geschehen, die im ersten Moment kompliziert aussieht, in die man aber die Werte sehr einfach einsetzen kann:

$$\hat{\sigma}_{(\overline{x}_1 - \overline{x}_2)} = \sqrt{\frac{(n_1 - 1) * s_1^2 + (n_2 - 1) * s_2^2}{(n_1 - 1) + (n_2 - 1)}} * \sqrt{\frac{1}{n_1} + \frac{1}{n_2}}$$

n_1 = Anzahl der gültigen Fälle in Gruppe 1

n_2 = Anzahl der gültigen Fälle in Gruppe 2

s_1^2 = Varianz der Gruppe 1

s_2^2 = Varianz der Gruppe 2

Im Rahmen des t-Tests für unabhängige Stichproben muss überprüft werden, ob die Varianz der Gruppen homogen ist oder nicht. Die Überprüfung kann mit dem Levene-Test für Varianzhomogenität erfolgen (die Darstellung des Tests ist u. a. bei Eid und Kollegen [2010, S. 329ff.] zu finden). Dieser Test muss vor der Durchführung des t-Tests durchgeführt werden. Liegen die Varianzen zwischen den zwei untersuchten Gruppen sehr weit auseinander, gelten diese als heterogen. Die Berechnung der Prüfgröße t muss dann korrigiert werden und wird nach folgender Formel berechnet:

$$\text{Prüfgröße t bei Varianzheterogenität} = \frac{\bar{x}_1 - \bar{x}_2}{\sqrt{\frac{s_1^2}{n_1} + \frac{s_2^2}{n_2}}}$$

$n_1 = $ Anzahl der gültigen Fälle in Gruppe 1

$n_2 = $ Anzahl der gültigen Fälle in Gruppe 2

$\bar{x}_1 = $ Mittelwert der Gruppe 1

$\bar{x}_2 = $ Mittelwert der Gruppe 2

$s_1^2 = $ Varianz der Gruppe 1

$s_2^2 = $ Varianz der Gruppe 2

Mit folgendem Beispiel soll die Berechnung der Prüfgröße erfolgen: Es wurden 50 männliche und 50 weibliche Teilnehmer an Maßnahmen der beruflichen Jugendsozialarbeit befragt. Bei den männlichen Befragten ergibt sich ein Durchschnittsalter von 21,4 Jahren (Varianz 4,73/Standardabweichung 2,17) und bei den weiblichen Befragten ein Durchschnittsalter von 20,2 Jahren (Varianz 6,08/ Standardabweichung 2,47). Es wird davon ausgegangen, dass die Varianzen homogen sind und daher die Berechnung der Prüfgröße t nicht korrigiert werden muss.

Mit diesen Werten wird in einem ersten Schritt der geschätzte Standardfehler für die Mittelwertdifferenz berechnet:

$$\hat{\sigma}_{(\bar{x}_m - \bar{x}_w)} = \sqrt{\frac{(n_m - 1) * s_m^2 + (n_w - 1) * s_w^2}{(n_m - 1) + (n_w - 1)}} * \sqrt{\frac{1}{n_m} + \frac{1}{n_w}}$$

$$= \sqrt{\frac{(50-1) * 4,73 + (50-1) * 6,08}{(50-1) + (50-1)}} * \sqrt{\frac{1}{50} + \frac{1}{50}} = 2,3249 * 0,2$$

$$= 0,46498$$

Diesen Wert und den Mittelwert der beiden Gruppen kann man dann in die Formel für die Prüfgröße t einsetzen:

$$t = \frac{\bar{x}_{männlich} - \bar{x}_{weiblich}}{\hat{\sigma}_{(\bar{x}_{männlich} - \bar{x}_{weiblich})}} = \frac{21,4 - 20,2}{0,46498} = 2,58$$

Interpretation der Prüfgröße

Nach der Berechnung der Prüfgröße t erfolgt der Vergleich mit dem kritischen t-Wert. Diesen kritischen t-Wert kann man an der t-Verteilung ablesen. Hierzu müssen aber die Freiheitsgrade bekannt sein. Diese kann man mit folgender Formel errechnen:

Freiheitsgrade df $= n_1 + n_2 - 2$

Neben der Korrektur der Prüfgröße wie oben dargestellt werden bei Varianzheterogenität auch die Freiheitsgrade nach der sog. Welch-Korrektur korrigiert. Die entsprechende Formel kann bei Eid und Kollegen (2010, S. 311) nachgeschlagen werden.

Den kritischen t-Wert kann man nun mit den Freiheitsgraden und dem gewünschten Signifikanzniveau in einer Tabelle der t-Verteilung ablesen. Eine solche Tabelle kann unter den Online-Materialien zum Buch heruntergeladen werden. Werden die berechneten Freiheitsgrade in der Verteilungstabelle nicht aufgeführt, zieht man den t-Wert des nächst niedrigeren Freiheitsgrades heran.

Wurde ein ungerichteter Unterschied untersucht, also nur die Frage, ob sich das Alter zwischen Männern und Frauen unterscheidet, wird überprüft, ob der Betrag der berechneten Prüfgröße t größer ist als der kritische t-Wert. Ist dies der Fall, wird die Nullhypothese verworfen und die Alternativhypothese angenommen. Der Unterschied ist auf dem untersuchten Signifikanzniveau signifikant. Ist der Betrag der berechneten Prüfgröße t kleiner oder gleich dem kritischen t-Wert, wird die Nullhypothese beibehalten und die Alternativhypothese verworfen. Es wird von keinem signifikanten Unterschied ausgegangen.

Bei der Überprüfung des Unterschiedes im dargestellten Beispiel wird die Irrtumswahrscheinlichkeit auf 5 % festgelegt. Weiterhin ergeben sich 98 Freiheitsgrade (df = 100 – 2). Da wir eine ungerichtete Hypothese untersucht haben, liegt der kritische t-Wert bei ca. 2,00. Der Betrag des berechneten t-Werts ist mit 2,58 höher. Aus diesem Grund kann die Alternativhypothese angenommen werden und die Nullhypothese wird verworfen. Der Altersunterschied zwischen den männlichen und weiblichen Teilnehmern an der Maßnahme ist signifikant und damit übertragbar auf die Grundgesamtheit.

Untersucht man einen gerichteten Unterschied, muss in der entsprechenden Tabelle der t-Verteilung der kritische t-Wert für einen einseitigen Test abgelesen werden. Die Prüfung, ob das empirische Ergebnis signifikant ist oder nicht, erfolgt nach den gleichen, gerade vorgestellten Entscheidungsregeln.

Berechnung der Effektstärke

Zum Schluss muss noch die Effektstärke für den gefundenen Unterschied berechnet werden. Beim t-Test für unabhängige Stichproben kann die Effektstärke Cohens d berechnet werden. Bei gleich großen Gruppen findet folgende Formel Anwendung:

$$\text{Cohens d bei gleich großen Gruppen} = \frac{\overline{x}_1 - \overline{x}_2}{\sqrt{\frac{s_1^2 + s_2^2}{2}}}$$

$\overline{x}_1$ = Mittelwert Gruppe 1

$\overline{x}_2$ = Mittelwert Gruppe 2

s_1^2 = Varianz Gruppe 1

s_2^2 = Varianz Gruppe 2

Das Ergebnis von Cohens d kann nach der Konvention von Cohen interpretiert werden (siehe hierzu Kapitel 5.3.4). Sind die Gruppen unterschiedlich groß, muss die Formel abgeändert werden, indem die Varianz der jeweiligen Gruppe mit der Größe der Gruppen gewichtet wird (vgl. Sedlmeier und Renkewitz 2013, S. 282). Neben Cohens d können als Effektstärke für den t-Test für unabhängige Stichproben auch Hedges g oder Glass' Delta berechnet werden.

In unserem Beispiel ergibt sich für die männlichen Befragten eine Varianz von 4,73 (Mittelwert 21,4 Jahre, n = 50) und bei den weiblichen Befragten von 6,08 (Mittelwert 20,2 Jahre, n = 50). Setzen wir diese zusammen mit den Mittelwerten in die Formel für gleich große Gruppen ein, ergibt sich folgende Effektstärke:

$$\text{Cohens d bei gleich großen Gruppen} = \frac{\overline{x}_m - \overline{x}_w}{\sqrt{\frac{s_m^2 + s_w^2}{2}}} = \frac{21,4 - 20,2}{\sqrt{\frac{4,73 + 6,08}{2}}} = 0,52$$

Damit ist der gefundene signifikante Unterschied im Alter, nach der Konvention von Cohen (s. Kap. 5.3.4), ein mittlerer Effekt.

5.5.3 U-Test

Erfüllt die abhängige Variable nicht die Voraussetzungen für den t-Test bzw. hat diese ein ordinales Skalenniveau, können die Unterschiede mit dem non-parametrischen U-Test (auch Mann-Whitney-U-Test bzw. Wilcoxon-Rangsummen-Test) untersucht werden. Natürlich ist es auch möglich, mit dem U-Test intervallskalierte Variablen, die normalverteilt sind, auf einen signifikanten Unterschied zwischen zwei Gruppen zu testen. Allerdings sollte, wenn die Voraussetzungen erfüllt sind, immer der t-Test für unabhängige Stichproben gerechnet werden.

Mit einem U-Test kann man zum Beispiel untersuchen, ob es einen signifikanten Unterschied zwischen der Gruppe der Jugendlichen, die eine Maßnahme mit einem neuen Konzept besuchten, und der Gruppe der Jugendlichen, die die Maßnahme mit dem alten Konzept besuchten, bei der Beurteilung ihrer Berufschancen gibt. Die Beurteilung der Berufschancen wurde auf einer ordinalen sechsstufigen Skala gemessen.

Ähnlich wie der Rangkorrelationskoeffizient werden auch beim U-Test Ränge vergeben, die zu einer Rangsumme aufsummiert werden. Betrachtet man nun die Fälle in der ersten Gruppe und die zugeordneten Ränge, kann festgestellt werden, wie viele Ränge es in der zweiten Gruppe gibt, die kleiner oder größer ausfallen. Im Rahmen des U-Tests wird dann von Rangplatzüberschreitung und -unterschreitung gesprochen.

Hypothesen

Da der U-Test schon ab einem ordinalen Skalenniveau gerechnet werden kann, werden die Null- und die Alternativhypothese mit dem Median formuliert. Für einen ungerichteten Unterschied ergeben sich damit folgende Hypothesen:

$H_0 : Md_1 = Md_2$

$H_1 : Md_1 \neq Md_2$

$Md_1 =$ Median der Gruppe 1

$Md_2 =$ Median der Gruppe 2

Für das dargestellte Beispiel würden die Null- und Alternativhypothese wie folgt formuliert:

H_0 : Md Berufschancen Jugendliche Konzept neu in der Grundgesamtheit
= Md Berufschancen Jugendliche Konzept alt in der Grundgesamtheit

H_1 : Md Berufschancen Jugendliche Konzept neu in der Grundgesamtheit
$\neq$ Md Berufschancen Jugendliche Konzept alt in der Grundgesamtheit

Wird ein gerichteter Unterschied untersucht, werden die Null- und Alternativhypothese wie folgt formuliert:

$H_0 : Md_1 \geq Md_2$ und $H_1 : Md_1 < Md_2$

$H_0 : Md_1 \leq Md_2$ und $H_1 : Md_1 > Md_2$

Berechnung der Prüfgröße

Um die Prüfgröße für den U-Test berechnen zu können, kann wie folgt vorgegangen werden:

- Vergabe der Ränge
- Ermittlung der Rangplatzüberschreitungen und Rangplatzunterschreitungen in den Gruppen
- Berechnung der Prüfgröße

Bei der Vergabe der Ränge wird so vorgegangen, dass der niedrigste Messwert aller Fälle immer den ersten Rang erhält. Die Ränge werden über die Gruppen hinweg vergeben. Bei Rangbindungen wird wie beim Rangkorrelationskoeffizienten der mittlere Rang ermittelt. Die Messwerte und die vergebenen Ränge für die Jugendlichen in der Maßnahme mit neuem Konzept und die Jugendlichen in der Maßnahme mit altem Konzept des eingangs dargestellten Beispiels können Tabelle 38 entnommen werden. Weiterhin erfolgt am Ende der Tabelle die Berechnung der Rangsummen für die jeweiligen Gruppen.

Tab. 38: Vergabe von Rängen beim U-Test

ID	Werte TN altes Konzept	Werte TN neues Konzept	Rang TN altes Konzept	Rang TN neues Konzept
1	4	1	$\dfrac{10+11+12+13}{4}=11,5$	1
2	4	3	$\dfrac{10+11+12+13}{4}=11,5$	$\dfrac{7+8+9}{3}=8$
3	2	2	$\dfrac{2+3+4+5+6}{5}=4$	$\dfrac{2+3+4+5+6}{5}=4$
4	4	2	$\dfrac{10+11+12+13}{4}=11,5$	$\dfrac{2+3+4+5+6}{5}=4$
5	3	2	$\dfrac{7+8+9}{3}=8$	$\dfrac{2+3+4+5+6}{5}=4$
6	4	2	$\dfrac{10+11+12+13}{4}=11,5$	$\dfrac{2+3+4+5+6}{5}=4$
7	6	3	14	$\dfrac{7+8+9}{3}=8$
Rangsumme			*72 (rs$_1$)*	*33 (rs$_2$)*

Wurden die Ränge vergeben, müssen in einem nächsten Schritt die Rangplatzüberschreitungen und Rangplatzunterschreitungen berechnet werden. Hierzu gibt es folgende Formeln für die Berechnung der Rangplatzüberschreitungen:

$$\text{Rangplatzüberschreitungen } U_{\ddot{u}} = n_1 * n_2 + \frac{n_1 * (n_1 + 1)}{2} - rs_1$$

$n_1 =$ Anzahl der gültigen Fälle in Gruppe 1

$n_2 =$ Anzahl der gültigen Fälle in Gruppe 2

$rs_1 =$ Rangsumme der Gruppe 1

Die Formel für die Berechnung der Rangplatzunterschreitungen lautet wie folgt:

$$\text{Rangplatzunterschreitungen } U_U = n_1 * n_2 + \frac{n_2 * (n_2 + 1)}{2} - rs_2$$

n_1 = Anzahl der gültigen Fälle in Gruppe 1

n_2 = Anzahl der gültigen Fälle in Gruppe 2

rs_2 = Rangsumme der Gruppe 2

Für die in der vorangegangenen Tabelle dargestellten Ränge können wir durch das Einsetzen in die dargestellten Formeln folgende Rangplatzüberschreitungen und Rangplatzunterschreitungen berechnen:

$$\text{Rangplatzüberschreitungen } U_{\ddot{u}} = n_1 * n_2 + \frac{n_1 * (n_1 + 1)}{2} - rs_1$$

$$= 7 * 7 + \frac{7 * (7 + 1)}{2} - 72 = 5$$

$$\text{Rangplatzunterschreitungen } U_U = n_1 * n_2 + \frac{n_2 * (n_2 + 1)}{2} - rs_2$$

$$= 7 * 7 + \frac{7 * (7 + 1)}{2} - 33 = 44$$

Ist die gesamte Stichprobengröße kleiner oder gleich 20 Fälle, wird der kleinere Wert als Prüfgröße U herangezogen. In der Beispielberechnung ist daher der Wert der Rangplatzüberschreitungen in Höhe von 5 die Prüfgröße U.

Meistens sind aber die untersuchten Stichproben größer 20 Fälle. Wenn dies der Fall ist, wird davon ausgegangen, dass sich die Prüfgröße U einer Normalverteilung annähert und man kann als Prüfgröße einen z-Wert berechnen. Die Berechnung erfolgt mit folgender Formel:

$$z = \frac{U_{\ddot{u}} - \mu_U}{\sigma_U}$$

$U_{\ddot{u}}$ = Rangplatzüberschreitungen

μ_U = Erwartungswert des U-Wertes wird berechnet mit $\dfrac{n_1 * n_2}{2}$

σ_U = Standardabweichung des U-Wertes;

wird berechnet mit $\sqrt{\dfrac{n_1 * n_2}{n * (n-1)}} * \sqrt{\dfrac{n^3 - n}{12} - \sum_{i=1}^{k} \dfrac{t_i^3 - t_i}{12}}$

t_i = Länge der Rangbindung i

n = Anzahl der gültigen Fälle der gesamten Stichprobe

n_1 = Anzahl der gültigen Fälle in Gruppe 1

n_2 = Anzahl der gültigen Fälle in Gruppe 2

Wie schon beim Rangkorrelationskoeffizienten kann es auch bei der Vergabe von Rängen im Rahmen des U-Tests zu sogenannten Rangbindungen kommen. Da dies in der Praxis sehr häufig vorkommt, wurde in der oben dargestellten

Formel für die Standardabweichung des U-Wertes bereits eine Korrektur für Rangbindungen berücksichtigt. Eine Besonderheit in dieser Formel stellt folgender Teil da: $\sum_{i=1}^{k} \frac{t_i^3 - t_i}{12}$. Dieser muss für jede vorliegende Rangbindung berechnet werden und danach muss man die Ergebnisse für die einzelnen Rangbindungen aufsummieren.

Nachfolgend soll dargestellt werden, wie der z-Wert für die oben dargestellten Beispieldatensätze zu berechnen ist (zu beachten ist, dass die Stichprobe im Beispiel eigentlich zu gering ist, um den z-Wert zu berechnen). In einem ersten Schritt soll der besondere Formelteil in der Standardabweichung des U-Wertes für die Rangbindung nochmal genauer betrachtet werden. Dieser ist wie folgt: $\sum_{i=1}^{k} \frac{t_i^3 - t_i}{12}$. Tabelle 39 kann die Berechnung für jede Rangbindung entnommen werden.

Tab. 39: Berücksichtigung von Rangbindungen beim U-Test

Rangbindung	Länge der Rangbindung (t)	$\dfrac{t_i^3 - t_i}{12}$
Rangbindung für Wert 2	5	10
Rangbindung für Wert 3	3	2
Rangbindung für Wert 4	4	5
$\sum_{i=1}^{k} \dfrac{t_i^3 - t_i}{12}$		17

Setzt man diesen Wert mit den anderen Werten in die Formel ein, ergibt sich folgende Standardabweichung des U-Wertes:

$$\sigma_U = \sqrt{\frac{n_1 * n_2}{n * (n-1)}} * \sqrt{\frac{n^3 - n}{12} - \sum_{i=1}^{k} \frac{t_i^3 - t_i}{12}} = \sqrt{\frac{7 * 7}{14 * (14-1)}} * \sqrt{\frac{14^3 - 14}{12} - 17} = 7,53$$

Danach erfolgt die Berechnung des Erwartungswerts des U-Wertes:

$$\mu_U = \frac{7 * 7}{2} = 24,5$$

Diese beiden Werte können nun mit dem Wert der Rangplatzüberschreitungen in die Formel für den z-Wert eingesetzt werden, um die Prüfgröße zu berechnen:

$$z = \frac{5 - 24,5}{7,53} = -2,59$$

Interpretation der Prüfgröße

Da in der Praxis in den meisten Fällen die Stichprobe größer als 20 Fälle ist, soll an dieser Stelle dargestellt werden, wie eine Entscheidung aufgrund des z-Wertes getroffen werden kann: Der berechnete z-Wert muss mit dem kritischen z-Wert verglichen werden. Diesen kann man in der entsprechenden Tabelle der Standardnormalverteilung nachschlagen. Ist der Betrag des berechneten z-Wertes größer als der des kritischen z-Wertes, wird die Alternativhypothese angenommen und die Nullhypothese abgelehnt. Zu beachten ist hier, dass bei einer ungerichteten Hypothese, also einem zweiseitigen Test, der kritische z-Wert für $1-\frac{\alpha}{2}$ abgelesen werden muss. Bei einer gerichteten Alternativhypothese wird der kritische z-Wert für $1-\alpha$ abgelesen. Ist der Betrag des berechneten z-Wertes kleiner oder gleich dem kritischen z-Wert, wird die Nullhypothese beibehalten und es liegt kein signifikantes Ergebnis vor.

Wendet man diese Entscheidungsregeln auf unser Beispiel an, zeigt sich folgendes Ergebnis: Der Betrag des berechneten z-Wertes liegt bei 2,59. Der kritische z-Wert bei einem zweiseitigen Test und einer Irrtumswahrscheinlichkeit von 5 % muss bei 1-0,05/2 = 0,975 abgelesen werden. Dieser beträgt 1,96. Nachdem der Betrag des berechneten z-Wertes größer als der kritische z-Wert ist, liegt ein signifikanter Unterschied vor.

Sollte die Stichprobengröße kleiner oder gleich 20 Fälle sein, kann bei Bortz und Schuster (2010, S. 132) nachgeschlagen werden, wie die Überprüfung mit der Prüfgröße U erfolgen kann.

Berechnung der Effektstärke

Als Effektstärke für den U-Test kann θ berechnet werden (vgl. Eid et al. 2010, S. 323). Diese Effektstärke kann man aus den Daten schätzen, indem man die Anzahl der Rangplatzüberschreitungen $U_{\ddot{u}}$ standardisiert:

$$\hat{\theta} = \frac{U_{\ddot{u}}}{n_1 * n_2}$$

Die Effektstärke kann nach den vorgestellten Konvention von Cohen (s. Kap. 5.3.4) interpretiert werden.

Für das Beispiel errechnet sich mit dieser Formel folgende Effektstärke:

$$\hat{\theta} = \frac{5}{7 * 7} = 0,10$$

Es zeigt sich, dass der gefundene Unterschied nicht mal die Grenze für einen kleinen Effekt überschreitet.

5.5.4 Ausblick: Varianzanalyse und Kruskal-Wallis-H-Test

Bei dem vorgestellten T- und U-Test konnten immer nur die Unterschiede zwischen zwei Gruppen untersucht werden. Mit der Varianzanalyse gibt es ein Verfahren, bei dem mehr als zwei Gruppen Berücksichtigung finden.

Die Varianzanalyse wird oft bei einem experimentellen Studiendesign eingesetzt, bei dem es eine Untersuchungs- und verschiedene Kontrollgruppen gibt.

Wie beim t-Test für unabhängige Stichproben muss auch bei der Varianzanalyse die abhängige Variable intervallskaliert und normalverteilt sein. Ist dies nicht der Fall, gibt es als Alternative den Kruskal-Wallis-H-Test, der verteilungsfrei ist. Mit diesem ist es auch möglich, die Unterschiede zwischen mehr als zwei Gruppen zu untersuchen. Die abhängige Variable muss hierbei nur ein ordinales Skalenniveau aufweisen.

Eine gute Einführung in die Varianzanalyse geben Bühner und Ziegler (2009). Neben der Varianzanalyse wird auch der Kruskal-Wallis-H-Test dargestellt und aufgezeigt, wie man die Verfahren in SPSS durchführen kann.

5.6 Veränderungen untersuchen

Neben der Untersuchung von Unterschieden zwischen Gruppen ist bei sozialwissenschaftlichen Fragestellungen oft auch die Veränderung zwischen zwei oder mehreren Zeitpunkten von Interesse. Im Rahmen des vorgestellten Praxisbeispiels kann z. B. eine Fragestellung lauten, ob sich die soziale Kompetenz der Teilnehmer an den Maßnahmen zwischen dem Beginn und dem Ende der Maßnahme verändert hat. Um dies herauszufinden, muss eine Erhebung an zwei Zeitpunkten (zum Beginn und zum Ende der Maßnahmen) mit der gleichen Fragestellung, z. B. der Selbsteinschätzung der Sozialkompetenz der Teilnehmer, erfolgen.

5.6.1 Verbundene Stichproben und Tests für zwei Messzeitpunkte

Für die Untersuchung von Veränderungen wird eine sogenannte verbundene Stichprobe benötigt. Diese verbundene Stichprobe ist ein Datensatz, in dem für jeden Befragten die Werte, die an den verschiedenen Messzeitpunkten erhoben wurden, enthalten sind. Um sicherzustellen, dass man die erhobenen Werte einem Befragten zuweisen kann, muss für jeden Befragten eine eindeutige Identifikationsnummer vergeben werden. Diese muss bei jedem Messzeitpunkt gleich sein.

Hat man nun Werte z. B. an zwei Messzeitpunkten erhoben, liegen nach der Erhebung zwei Datensätze vor. Diese müssen zu einem Datensatz zusammengefügt werden. In diesem zusammengefügten Datensatz hat man jede Variable zweimal enthalten, einmal für den ersten Messzeitpunkt und einmal für den zweiten. Hat man ein Design mit mehreren Messzeitpunkten gewählt, ist jede Variable in dem zusammengefügten Datensatz so oft enthalten, wie es Zeitpunkte gibt. Variablen, die zeitkonstant sind, z. B. das Geschlecht, müssen in einem zusammengefügten Datensatz natürlich nur einmal aufgeführt werden.

In Tabelle 40 wird ein solcher Datensatz dargestellt. Es wurde die Variable soziale Kompetenz und Zufriedenheit mit der Maßnahme an zwei Messzeitpunkten (abgekürzt mit T) gemessen.

Tab. 40: Beispiel für einen zusammengefügten Datensatz

ID	Fall-Nr.	Alter	Schulab-schluss	SozKomp T1	SozKomp T2	Zufried T1	Zufried T2
1	101	18	1	2	3	5	3
2	103	20	2	1	1	2	1
3	105	22	1	2	1	1	3

Hat man einen solchen zusammengefügten Datensatz erstellt, kann nun untersucht werden, ob sich die Veränderungen zwischen den Messzeitpunkten als signifikant erweisen oder nicht. Hierzu gibt es verschiedene Test, die je nach Skalenniveau zum Einsatz kommen. In Tabelle 41 sind die wichtigsten Tests aufgeführt. Zu beachten ist, dass man bei diesen Tests nur zwei Messzeitpunkte berücksichtigen kann.

Tab. 41: Wichtigste Signifikanztests zur Überprüfung von Veränderungen

Skalenniveau der untersuchten Variable	Signifikanztest für Veränderung zwischen zwei Messzeitpunkten
Nominalskala mit 2 Antwortausprägungen (dichotome Variable)	McNemar-Test
Ordinalskala	Vorzeichen-Rang-Test nach Wilcoxon für abhängige Stichproben
Intervallskala	t-Test für abhängige Stichproben

Aus Platzgründen können die einzelnen Tests in diesem Kapitel nicht näher dargestellt werden. Daher sei an dieser Stelle auf das Buch von Bühner und Ziegler (2009) verwiesen, in dem man die statistischen Grundlagen sowie die Umsetzung in SPSS für den McNemar-Test (S. 310ff.), den Vorzeichen-Rang-Test von Wilcoxon (S. 271ff.) und den t-Test für abhängige Stichproben (S. 242ff.) findet.

5.6.2 Ausblick: Varianzanalyse mit Messwiederholung und Friedmann-Test

Bei der Untersuchung von Veränderungen gibt es Untersuchungsdesigns, bei denen die Veränderung über mehr als zwei Zeitpunkte untersucht wird. Hierbei kann die Datenanalyse mit der Varianzanalyse mit Messwiederholung erfolgen. Ähnlich wie die »normale« Varianzanalyse untersucht diese die Unterschiede einer abhängigen Variablen zwischen verschiedenen Zeitpunkten. Diese abhängige Variable muss intervallskaliert und normalverteilt sein. Sind diese Eigenschaften nicht vorhanden, kann als Alternative die Veränderung zwischen mehr als zwei Zeitpunkten auch mit dem Friedmann-Test durchgeführt werden.

Zu beiden Verfahren findet sich eine gute Einführung inklusive einer Darstellung, wie diese in SPSS durchgeführt werden, in Bühner und Ziegler (2009).

5.7   Ergebnisdarstellung von Signifikanztests

Werden Ergebnisse der erläuterten Tests in Publikationen veröffentlicht, gibt es Empfehlungen und Richtlinien, wie man diese am besten darstellt. Eine oft genutzte Richtlinie in den Sozialwissenschaften ist der sogenannte APA-Style der American Psychological Association (vgl. APA 2012). Meistens wird im Fließtext einer Publikation auf den jeweils gefundenen signifikanten Unterschied, die signifikante Veränderung oder Korrelation eingegangen.

Bei Korrelationen wird im Fließtext der errechnete Korrelationskoeffizient angegeben und es wird meistens mit Sternchen gekennzeichnet, ob das Ergebnis signifikant ist und, wenn ja, auf welchem Niveau. Hierbei kann man sich an folgende Konvention halten:

*   = Korrelation signifikant auf 5 %-Niveau
**   = Korrelation signifikant auf 1 %-Niveau
*** = Korrelation signifikant auf 0,1 %-Niveau

Wurden Signifikanztests mit Unterschieds- und Veränderungshypothesen gerechnet, werden diese im Fließtext mit den wichtigsten Kennwerten der Tests in Klammern angegeben. Der Tabelle 42 kann entnommen werden, welche Kennwerte bei den in diesem Kapitel ausführlich besprochenen Tests angegeben werden sollten, jeweils mit einem Beispiel (der p-Value wird von den jeweiligen Statistikprogrammen ausgegeben).

Tab. 42: Kennwerte, die publiziert werden sollen

Test	Kennwerte, die publiziert werden	Beispiel
Chi-Quadrat-Test	Chi-Quadrat-Wert, Freiheitsgrade, Stichprobengröße, p-Value	χ^2 (df = 1, n = 135) = 0,72, p = 0,395
t-Test für unabhängige Stichproben	t-Wert, Freiheitsgrade, p-Value	t (df = 158) = 1,13, p = 0,259
U-Test	U-Wert und Stichprobengröße der beiden Gruppen oder z-Wert, p-Value	U (7,7) = 5, p =0,10 z = −2,59, p = 0,10

Neben diesen Kennwerten, die sich auf die Berechnung der Prüfgrößen und die Ablehnung oder Annahme der Alternativhypothese beziehen, sollte auch immer die Bedeutung eines Unterschieds bzw. einer Veränderung in einer Publikation angesprochen werden. Das Berichten der berechneten Effektstärke des jeweiligen Tests sollte daher immer erfolgen (vgl. Rost 2013, S. 238). Weiterhin soll auch dargelegt werden, welche inhaltliche Bedeutung der Effekt für den Untersuchungsgegenstand hat (siehe auch die Ausführungen hierzu am Ende des Kapitels 5.3.4)!

5.8 Ausblick: Multivariate Analysemethoden

Die Analysemethoden, die in diesem Beitrag vorgestellt wurden, hatten alle gemeinsam, dass entweder eine oder zwei Variablen in die Analyse einfließen. Möchte man mehr als zwei Variablen gleichzeitig untersuchen, kann man auf sogenannte multivariate Analyseverfahren zurückgreifen. Wie schon eingangs beschrieben, können diese Verfahren in einzelnen Fällen im Rahmen von Praxisforschungsprojekten von Interesse sein. Bei den Ausblicken in den jeweiligen Abschnitten zuvor wurden schon die multiple Regressionsanalyse, die logistische Regressionsanalyse sowie die Varianzanalyse vorgestellt, die auch zur Gruppe der multivariaten Verfahren gehören. Prinzipiell kann eine Unterteilung der multivariaten Verfahren in sogenannte strukturentdeckende und strukturenprüfende Verfahren erfolgen. Die strukturentdeckenden Verfahren haben einen explorativen Charakter, was bedeutet, dass man zuvor noch kein theoretisches Modell entwickelt bzw. keine Vorstellung über Zusammenhänge hat, welche man überprüfen möchte. Mit diesen Verfahren können Zusammenhänge zwischen den Variablen gefunden werden. Eine Überprüfung eines theoretischen Modells oder von Zusammenhängen kann mit den strukturenprüfenden Verfahren geschehen (vgl. Backhaus et al. 2011a, S. 13f.).

Im Rahmen der *strukturentdeckenden* Verfahren sind sicherlich die explorative Faktorenanalyse, die Clusteranalyse und die multidimensionale Skalierung die bekanntesten Methoden. Mithilfe der explorativen Faktorenanalyse können viele Variablen auf einige wenige Faktoren reduziert werden. Weitere Berechnungen können dann mit den gefundenen Faktoren durchgeführt werden. Haben die Befragten beispielsweise mehrere Aussagen zur Zufriedenheit gemacht, können diese Variablen zu Zufriedenheitsfaktoren zusammengefasst werden. Ein Zusammenfassen von Fällen in Gruppen kann mithilfe der Clusteranalyse erfolgen. Hierbei werden verschiedene Variablen in die Analyse einbezogen; das Ziel ist, aufgrund dieser Variablen die Fälle (z. B. Personen) so zusammenzufassen, dass diese innerhalb einer Gruppe sehr homogen sind, zwischen den Gruppen aber eine große Heterogenität besteht. Beispielsweise konnten Ehrenamtliche verschiedene Motive für ihr Engagement bewerten. Mit der Clusteranalyse können nun aufgrund dieser verschiedenen Motivationsitems Typen von Ehrenamtlichen gebildet werden, z. B. Ehrenamtliche, die als Motiv angeben, dass sie anderen helfen möchten, oder solche, die sich ehrenamtlich engagieren, weil für sie der Spaß an der Tätigkeit im Vordergrund steht.

Die *Multidimensionale Skalierung* ist ein Verfahren, bei dem die Wahrnehmung eines Objektes in einem dimensionalen Raum positioniert wird. Mit diesem Verfahren können zum Beispiel Aussagen getroffen werden, welche Organisationen, die um Spenden werben, von den Befragten ähnlich wahrgenommen werden, bzw. welche Organisationen sich in der Wahrnehmung unterscheiden. Bei der Darstellung und Berechnung wird angenommen, dass die meisten Personen einen mehrdimensionalen Wahrnehmungsraum haben, was bedeutet, dass z. B. bei einer Organisation verschiedene Eigenschaften beurteilt werden, die dann die Gesamtwahrnehmung bilden (vgl. Backhaus et al. 2011b, S. 218).

Der Gruppe der strukturenprüfenden Verfahren gehören, neben der schon vorgestellten Regressions- und Varianzanalyse, noch folgende wichtige Verfahren an, die im Rahmen der Sozialen Arbeit zum Einsatz kommen können: die Diskriminanzanalyse und das Strukturgleichungsmodell.

Die *Diskriminanzanalyse* kann zur Untersuchung von Gruppenunterschieden herangezogen werden. Dabei wird untersucht, ob sich die Gruppen hinsichtlich der einbezogenen Variablen unterscheiden. Weiterhin kann festgestellt werden, welche Variablen für die Unterscheidung der Gruppen sehr gut geeignet sind und bei welchen Variablen die Unterschiede gering ausfallen (vgl. Backhaus et al. 2011a, S. 188).

Das *Strukturgleichungsmodell* ist ein sehr komplexes statistisches Verfahren, mit dem theoretische Hypothesenmodelle einer empirischen Überprüfung unterzogen werden können. Vorteil von Strukturgleichungsmodellen ist, dass man neben direkten Einflüssen von unabhängigen Variablen auf abhängige Variablen auch Einflüsse zwischen den unabhängigen Variablen bzw. zwischen den abhängigen Variablen berücksichtigen kann. Strukturgleichungsmodelle werden sehr oft für die Überprüfung von sogenannten latenten Konstrukten eingesetzt, also Merkmalen, die nicht direkt beobachtbar sind, wie zum Beispiel Einstellungen oder Emotionen.

Ein gutes Überblickswerk zu diesen Verfahren liegt von Backhaus und Kollegen (2011a) vor. Von diesen Autoren gibt es auch einen extra Band für fortgeschrittene multivariate Verfahren (vgl. Backhaus et al. 2011b). Weiterhin können als Einstieg auch das Lehrbuch von Rudolf und Müller (2012) sowie die Beiträge zu den einzelnen Methoden im Handbuch der sozialwissenschaftlichen Datenanalyse von Wolf und Best (2010) empfohlen werden.

6 QUALITATIVE DATENAUSWERTUNG: ANWENDUNGSWISSEN

Karl-Hermann Rechberg

Was Sie in diesem Kapitel lernen können

Qualitative Daten müssen anders verarbeitet werden als quantitative. Neben Methoden zur Datenaufbereitung nennt dieses Kapitel verschiedene qualitative Auswertungsmethoden und vertieft anschließend ausgesuchte Varianten einer Methode, die in dem hier gegebenen Rahmen in Grundzügen erlernbar erscheint: die qualitative Inhaltsanalyse nach Mayring. Dabei lernen Sie verschiedene Varianten dieser Methode kennen, erhalten einige Tipps zu Software, die Sie für die Anwendung nutzen können, und Hinweise zur Gewährleistung von Forschungsqualität. Als Praxisbeispiel wird die Suche eines Jugendwerks nach einem neuen Haupthaus verwendet. Dieses Beispiel wurde im Kapitel über Leitfadeninterviews bereits eingeführt (vgl. Kap. 4.4).

Einleitungsfragen:

- Qualitative Daten liegen oft in Audioform vor. Sie werden jedoch als Texte ausgewertet. Was muss ich bei der Transformation zwischen diesen Datenformaten beachten?
- Es gibt mehrere qualitative Auswertungsmethoden. Welche passt am besten zu meiner Fragestellung? Wie muss ich bei ihrer Anwendung vorgehen?
- Ich habe schon öfter den Vorwurf gehört, dass Textdaten beliebig interpretierbar sind und Ergebnisse aus qualitativen Daten eher willkürlich seien. Worauf sollte ich achten, damit ich entgegen dieses Vorwurfs zu belastbaren Ergebnissen komme?

6.1 Einführung in die Datenauswertung qualitativer Sozialforschung

Die trivial klingende Grundlage der qualitativen Datenauswertung ist, wie Lamnek (2010) feststellt, dass Menschen ihre Sicht auf die Umwelt über Kommunikation mitteilen: Sie kommunizieren, was sie über die Umwelt zu wissen glauben, welche Einstellungen sie zu einzelnen Dingen haben usw. Diese Kommunikation schlägt sich nieder in Medien, meistens in Texten.

Die Grundlage der qualitativen Datenauswertung ist die Annahme, dass durch Analyse dieser Medien folgende Rückschlüsse gezogen werden können:

- Wenn Menschen durch Kommunikation *ihr Wissen über* ihre Umwelt mitteilen, dann lassen sich durch Medien vermutlich Rückschlüsse auf diese Umwelt ziehen. Dies ist beispielsweise die Grundlage der Auswertung von Experteninterviews.
- Wenn Menschen *ihre Sicht auf* die Umwelt mitteilen, so lassen sich vermutlich auch Rückschlüsse darauf ziehen, nach welchen Mustern sie selbst diese Umwelt wahrnehmen. Sie teilen uns – mehr oder weniger bewusst – Dinge über sich selbst mit. Dies ist beispielsweise die Grundlage der interpretativen Auswertung von narrativen Interviews.

Bei der Analyse von Kommunikation sind ausgesprochene manifeste von über das Ausgesprochene hinausgehenden latenten Kommunikationsinhalten zu unterscheiden. Lamnek (2010) verdeutlicht dies am Beispiel eines Briefes: Zum einen versucht der Empfänger, aus dem konkreten Wortlaut die Bedeutung der Sätze zu verstehen (manifester Inhalt). Zum anderen versucht er, zwischen den Zeilen einen gewissen »Tenor« des Briefes auszumachen. Er versucht herauszufinden, ob der Verfasser ihn beispielsweise als Vorwurf verfasst hat, als Lob oder in irgendeiner anderen Haltung (latenter Sinngehalt).

Die Auswertungsmethode, auf die wir uns im weiteren Verlauf konzentrieren werden, die qualitative Inhaltsanalyse nach Mayring, konzentriert sich auf manifeste Inhalte.

Methoden, die sich auch oder vor allem auf latente Kommunikationsinhalte konzentrieren, sind beispielsweise die Konversationsanalyse, die Narrationsanalyse, die objektive Hermeneutik oder die dokumentarische Methode. Für einen Einstieg in diese Verfahren eignet sich beispielsweise das sehr verständlich geschriebene Lehrbuch von Kleemann und Kollegen (2013). Jedoch empfiehlt es sich, nach Wahl einer solchen Methode die Originalliteratur zu lesen und diese mit weiterer Fachliteratur zu vertiefen.

Unabhängig davon, für welche Auswertungsmethode Sie sich entscheiden, sollte die Auswertung im Rahmen einer Forschungswerkstatt geschehen, um beispielsweise eine intersubjektive Ergebniskontrolle zu gewährleisten. Für Anfänger ist es außerdem empfehlenswert, dass die Forschungswerkstatt von einer Person angeleitet wird, die mit der jeweiligen Auswertungsmethode vertraut ist.

6.2   Datenaufbereitung

Die auszuwertenden Daten können in unterschiedlicher Form vorliegen. Im Fall der Ergebnisse von Leitfadeninterviews liegen sie i. d. R. als Audiodaten vor. Um sie auswerten zu können, müssen die Daten in Textform transferiert werden. Diesen Vorgang nennt man Datenaufbereitung. Im Folgenden sollen zwei Formen der Datenaufbereitung vorgestellt werden: Die Transkription und das Protokoll.

6.2.1 Transkription

Unter Transkription ist eine regelgeleitete Übertragung sprachlicher Äußerungen vom Audio- in ein Textformat zu verstehen. Die Wahl dieses Textformats hängt vom Anwendungszweck des Transkriptes ab. Ist man beispielsweise an sprachlichen Feinheiten interessiert, kann es notwendig werden, das Transkript in phonetischen Zeichen zu verfassen. Transkripte, welche die Grundlage für interpretative Auswertungsverfahren legen, versuchen den Grad der Interpretation beim Transkribieren besonders gering zu halten, indem unter anderem die geltenden Regeln der Rechtschreibung nicht angewendet werden. Wann beispielsweise eine Aussage beendet ist, wird in diesen Fällen nicht mit einem Punkt festgelegt. Transkripte für Datenauswertungen, die auf manifeste Inhalte abzielen, halten sich jedoch üblicherweise an die Regeln der Rechtschreibung. Dies ist beispielsweise bei der qualitativen Inhaltsanalyse der Fall.

Flick (2012) weist auf die Vielfalt der Transkriptionssysteme hin, die nicht selten zu einer Perfektionierung tendieren, die darin besteht, möglichst viele Aspekte der Äußerungen möglichst differenziert im Transkript abzubilden. So könnte beispielsweise die Variation von Sprechlautstärke im Transkript abgebildet werden. Der Aufwand der Transkription sollte jedoch in einem Verhältnis zum Nutzen stehen, der sich aus der Fragestellung der Untersuchung ergibt. Während die einen Transkripte beispielsweise Sprechpausen in Sekundeneinheiten angeben sollten, ist dies bei anderen Transkripten nicht nötig. Eine Auswahl von Transkriptionsregeln ist Tabelle 43 zu entnehmen. Weitere finden sich beispielsweise bei Mayring (2002) oder Kleemann und Mitarbeitern (2013).

Tab. 43: Beispiele für Transkriptionsregeln. Ausschnitt aus Bohnsack (2014, S. 193)

⌊	Beginn einer Überlappung, bzw. direkter Anschluss beim Sprecherwechsel
⌋	Ende einer Überlappung
(.)	Pause bis zu einer Sekunde
(2)	Anzahl der Sekunden, die eine Pause dauert
<u>nein</u>	betont
nein	laut (in Relation zur üblichen Lautstärke des Sprechers/der Sprecherin)
°nee°	sehr leise (in Relation zur üblichen Lautstärke des Sprechers/der Sprecherin)
.	stark sinkende Intonation
;	schwach sinkende Intonation
?	stark steigende Intonation
,	schwach steigende Intonation
viellei–	Abbruch eines Wortes

Tab. 43: Beispiele für Transkriptionsregeln. Ausschnitt aus Bohnsack (2014, S. 193) – Fortsetzung

oh=nee	Wortverschleifung
nei::n	Dehnung, die Häufigkeit vom: entspricht der Länge der Dehnung
(doch)	Unsicherheit bei der Transkription, schwer verständliche Äußerungen
()	unverständliche Äußerungen, die Länge der Klammer entspricht etwa der Dauer der unverständlichen Äußerung
((stöhnt))	Kommentare bzw. Anmerkungen zu parasprachlichen, nichtverbalen oder gesprächsexternen Ereignissen; die Länge der Klammer entspricht im Falle der Kommentierung parasprachlicher Äußerungen (z. B. Stöhnen) etwa der Dauer der Äußerung.
@nein@	lachend gesprochen
@(.)@	kurzes Auflachen
@(3)@	3 Sek. Lachen

Bei der Transkription sollten im Sinne des Datenschutzes Personennamen anonymisiert werden. Darüber hinaus sollten auch weitere Inhalte, die Rückschlüsse auf Personen zulassen, verändert werden (Maskierung), wie beispielsweise Wohnortsangaben, Berufsbezeichnungen und ähnliches. All diese Modifikationen sollten jedoch im Transkript angegeben werden. Am linken Rand des Transkriptes befindet sich eine durchgehende Zeilennummerierung, die es anschließend ermöglicht, sich auf konkrete Textstellen im Transkript zu beziehen. Das erstellte Transkript ist anhand der Audioaufzeichnung nachzukontrollieren. Transkriptionsbeispiele sind in einigen weiteren Textabschnitten dieses Kapitels enthalten.

6.2.2 Protokoll

Mayring schlägt das Protokoll als eine im Vergleich zu Transkripten weniger aufwendige Aufbereitungsmethode vor. Man verwendet sie, wenn man nicht sämtliche Ausgangsdaten festhalten möchte, »*da dies zu aufwändig, zu uninteressant, vielleicht auch zu teuer wäre*« (2002, S. 94). Der entscheidende Unterschied zur Transkription besteht darin, dass während der Datenaufbereitung bereits eine Reduzierung des Materials vorgenommen wird. Die Auswertung beginnt also gewissermaßen schon mit der Datenaufbereitung.

Mayring unterscheidet zwei Formen von Protokollen:

- *Das zusammenfassende Protokoll*: Dabei wird jede Aussage des Materials erfasst und entschieden, auf welche Weise sie in den aufbereiteten Text eingeht. Für diese Entscheidung nennt Mayring sechs Möglichkeiten:
  - Auslassen von Aussagen, die an anderer Stelle bereits genannt wurden

- Auslassen von Aussagen, die bereits durch eine andere Aussage impliziert waren
- aus mehreren spezifischen Aussagen eine allgemeine Aussage konstruieren
- Auslassen von Aussagen, die in den genannten konstruierten Aussagen impliziert sind
- Bündeln von Aussagen, die über das Datenmaterial verstreut sind
- unverändertes Beibehalten von zentralen Aussagen
- *Das selektive Protokoll*: Dabei wird nicht jede Aussage des Materials erfasst, sondern nur eine Auswahl von Aussagen, die sich auf vorher definierte Fragestellungen beziehen. Es muss die Gefahr reduziert werden, unbemerkt wichtige Aussagen auszulassen. Daher müssen vor Beginn der Protokollierung Kriterien festgelegt werden, die eindeutig regeln, welche Aussagen übernommen werden sollen. Zugunsten dieser Eindeutigkeit sollten genaue Definitionen aufgestellt und durch Beispiele veranschaulicht werden. Die Auswahlkriterien unterscheiden sich je nach Fragestellung der Untersuchung.

6.3   Datenauswertung mit der qualitativen Inhaltsanalyse nach Mayring

Die Inhaltsanalyse versucht, Medien – i. d. R. Texte – auf vorher festgelegte Merkmale hin zu untersuchen und anschließend Rückschlüsse zu ziehen. Hierfür stehen mehrere Verfahren zur Verfügung, die grob in quantitative und qualitative Methoden unterschieden werden können. Die ersten *quantitativen* Ansätze verglichen beispielsweise, wie viel Fläche bestimmte Themen in Tageszeitungen einnahmen, um ihre Dominanz in den Medien zu untersuchen. Das vorliegende Kapitel konzentriert sich im Folgenden auf ein *qualitatives* Verfahren, die qualitative Inhaltsanalyse. Die Inhaltsanalyse hat im Laufe ihrer Entwicklung mehrere methodische Ansätze hervorgebracht (vgl. Kuckartz 2014b; Lamnek 2010). Der in Deutschland bislang prominenteste Ansatz von Auswertungsverfahren stammt von Mayring (2015), der besonders ausführlich beschrieben ist und dadurch sehr regelgeleitet durchgeführt werden kann. Auf diesen Ansatz beschränkt sich dieses Kapitel.

6.3.1   Verschiedene Formen der qualitativen Inhaltsanalyse

Mayring (2015) unterscheidet mehrere Formen der qualitativen Inhaltsanalyse, die auf unterschiedliche Arten von Ergebnissen abzielen. Diese werden im Folgenden genannt und anschließend diejenigen Formen vertieft dargestellt, die für die Praxisforschung besonders adäquat erscheinen:

- *Zusammenfassung:* Mit dieser Form wird das Datenmaterial auf seine wesentlichen Aspekte hin analysiert. Beispielsweise kann ein Interview mit einem Ehrenamtlichen über seine Geschichte mit dem Jugendwerk zusammengefasst werden. Das Ergebnis wird *alle inhaltstragenden* Aspekte berücksichtigen, jedoch in komprimierter Form. Diese Form wird im Folgenden in zwei Ausführungen vertieft – je nachdem ob eher unstrukturierte oder eher strukturierte Daten (meist ein Fragebogen mit offenen Fragen) vorliegen.

- *Explikation:* Mit dieser Form wird das Datenmaterial zunächst auf unklare Stellen hin analysiert. Diese Stellen werden anschließend erklärt oder ergänzt, indem weiteres Kontextmaterial einbezogen wird.
- *Strukturierung:* Diese Form gliedert sich in folgende Unterformen auf:
  - *Inhaltliche Strukturierung:* Mit dieser Form wird das Datenmaterial auf Aussagen über bestimmte vorher festgelegte Themen hin analysiert. Mehrere Interviews mit Ehrenamtlichen über ihre Geschichte mit dem Jugendwerk können beispielsweise gezielt daraufhin ausgewertet werden, was sie zu der Frage beitragen, wie das Gebäude des Haupthauses ihren Bezug zum Jugendwerk geprägt hat. Diese Form wird im Folgenden vertieft.
  - *Typisierende Strukturierung:* Mit dieser Form wird das Datenmaterial daraufhin analysiert, inwiefern sich darin bestimmte markante Typen von beispielsweise Personen oder Institutionen abzeichnen.
  - *Skalierende Strukturierung:* Mit dieser Form wird das Datenmaterial daraufhin analysiert, inwiefern sich bestimmte Aspekte auf einer Skala abbilden lassen. Somit wird eine quantitative Auswertung von Fällen im Hinblick auf bestimmte Merkmale ermöglicht, wie beispielsweise der Helligkeit verschiedener Räume. Hierzu bietet das Datenmaterial z. B. Aussagen, die auf einer vierstufigen Skala von »sehr hell« bis »sehr dunkel« reichen. Nun kann gesichtet werden, welchen Räumen welcher Skalenwert zugeschrieben wird. Diese Form wird ebenfalls im Folgenden vertieft.
  - *Formale Strukturierung:* Mit dieser Form wird das Datenmaterial auf formale Aspekte wie Wortgruppen, Gliederung usw. hin analysiert.

6.3.2 Gemeinsamkeiten der Analyseformen

Allen Formen ist gemein, dass als erster Schritt gewisse Vorüberlegungen getroffen werden:

- Soll das gesamte Datenmaterial analysiert werden oder nur Teile davon? Beispielsweise könnten alle Mitarbeiterinterviews ausgewertet werden oder nur eine Auswahl, die aufgrund vorher festgelegter Auswahlkriterien besonders relevant erscheint.
- Welche Aspekte der Datenerhebung sind zu berücksichtigen? Waren beispielsweise Dritte anwesend, die sozial erwünschte Antworten bewirkt haben könnten?
- Auf welche Inhalte hin soll die Analyse vorgenommen werden? Man könnte beispielsweise Aussagen zu relevanten Aspekten eines Hauptgebäudes zusammentragen. Es könnten jedoch auch emotionale Befindlichkeiten des Gesprächspartners ausgewertet werden, die beim Gespräch über eine Besichtigung des geplanten neuen Gebäudes auftraten.
- Wie kann die Fragestellung theoriegeleitet ausdifferenziert werden? In der Regel wird die Fragestellung einer Untersuchung vor der Datenerhebung durch theoretische Vorüberlegungen geschärft. Eine Literaturrecherche zum Thema

»Gebäude der Jugendarbeit« könnte ergeben haben, dass solche Gebäude in eine ruhige Zone, eine Begegnungszone und eine Schmutzzone zu unterteilen sind (vgl. Ostermann 1983). Ein Experteninterview mit einem Architekten, der das Schulnebengebäude begutachtet hat, könnte daraufhin ausgewertet werden, inwiefern diese drei Zonen in diesem Gebäude gestaltet werden könnten.

• Welche der vorgestellten Analyseformen eignet sich am besten für die jeweilige Fragestellung?
• Wie groß soll eine Passage aus dem Datenmaterial sein, die zu analysieren und dabei beispielsweise zu einer Paraphrase zusammenzufassen ist, wie weiter unten noch erklärt wird? Diese Teile des Datenmaterials werden von Mayring (2015) Analyseeinheiten genannt. Es wird festgelegt, wie klein eine Analyseeinheit minimal und wie groß sie maximal werden darf. Beispielsweise könnten die Grenzen zwischen einem Wort und dem gesamten Textabschnitt liegen.
• Wie hoch soll das Abstraktionsniveau der zu erstellenden Ergebnisse sein? Erstellt man aus einzelnen Textpassagen beispielsweise Kategorien, so kann beispielsweise aus einem Satz wie »Bei der Mitarbeiterfreizeit 1995 habe ich meine spätere Ehefrau kennengelernt« die Kategorie »Auf Mitarbeiterfreizeit Ehefrau kennengelernt« erstellt werden, was noch sehr konkret textnah wäre. Es wäre aber auch eine stark abstraktere Kategorie wie »Biografie prägendes Ereignis« denkbar.

Alle Analyseformen sind davon geprägt, im Laufe der Analyse den Ausgangstext in ein Kategoriensystem zu überführen. Dabei können beispielsweise vergleichbare Aussagen wie: »Die neuen Räume sind viel zu dunkel«, und: »ich kann in den neuen Räumen nicht genug sehen«, in einer Kategorie »Helligkeit der neuen Räume« aufgehen. Bei weiteren Analyseschritten kann das entstandene Kategoriensystem weiter zu Oberkategorien verarbeitet und dabei abstrahiert werden. Die Entwicklung von Kategoriensystemen wird in den folgenden Unterkapiteln immer in Bezug zur jeweiligen Analyseform genauer ausgeführt.

Wenngleich die qualitative Inhaltsanalyse bei der Kategorienentwicklung regelgeleitet vorgeht, ist dies kein Prozess, der ausschließlich nach objektiven Gesichtspunkten abläuft, sondern auch von der Interpretation des Materials durch den Forscher abhängt. Die Qualität der Ergebnisse steigt daher mit der Genauigkeit ihrer Absicherung, die in unterschiedlicher Form geschehen kann und so stark wie möglich gewährleistet werden sollte. Mayring verweist hier unter anderem auf die folgenden Strategien:

• Überprüfung des Kategoriensystems daraufhin, ob es das Ausgangsmaterial, aus dem es entstanden ist, adäquat abbildet.
• Vergleich der Ergebnisse mit Ergebnissen, die durch andere Methoden gewonnen wurden, wie beispielsweise durch Beobachtung.
• Ableiten von Prognosen aus dem Material und deren anschließende Überprüfung. Beispielsweise könnte aus Interviews mit Mitarbeitern eines Jugendwerks die Prognose abgeleitet werden, dass die Zustimmung zu einem Gebäudewechsel deutlich steigen würde, wenn der Parkplatz neben dem Gebäude angemietet würde. Diese könnte in einer qualitativen Mitarbeiterbefragung überprüft werden.

- Absicherung der Konstruktvalidität beispielsweise indem man die Ergebnisse von Experten beurteilen lässt oder sie mit den Aussagen etablierter Theorien und Modelle vergleicht.
- Die Analyseergebnisse den ursprünglich Befragten vorlegen, um abzusichern, dass diese selbst ihre Aussagen im Ergebnis als adäquat dargestellt beurteilen. (Bei Hussy und Mitarbeitern [2010] können zwei Formen dieser sogenannten kommunikativen Validierung genauer nachgelesen werden.)
- Überprüfung der Stabilität durch erneute Anwendung des Analyseinstruments auf das Material.
- Entwurf des Kategoriensystems des gleichen Materials durch verschiedene unabhängig voneinander arbeitende Forscher, die anschließend ihre Ergebnisse vergleichen, um Intercoderreliabilität zu gewährleisten.
- Detaillierte Untersuchung bestimmter Fehlerquellen: Unterschiede in den Fundstellen der verschiedenen Codierer, Differenzen zwischen den Ansätzen der Codierer selbst, Unstimmigkeiten zwischen bzw. unscharfe Differenzierung der konkreten Kategorien.

Zudem sollten alle Arbeitsschritte so offengelegt sein, dass Interpretationen und Schlussfolgerungen nachvollziehbar und kritisierbar sind. Entsprechend sollte der Forschungsprozess ausreichend dokumentiert sein.

An dieser Stelle soll noch die Methode der Paraphrasierung beschrieben werden. Diese wird bei der Analyseform der Zusammenfassung und auch bei der Analyseform der inhaltlichen Strukturierung benötigt. Dabei werden laut Mayring die Analyseeinheiten »*in eine knappe, nur auf den Inhalt beschränkte, beschreibende Form umgeschrieben*« (2015, S. 61). Ausschmückende Textbestandteile werden ausgelassen und alle Paraphrasen werden auf der Sprachebene einer grammatikalischen Kurzform formuliert. Beispielsweise wird aus dem Satz »Also, ich fand, dass der Raum viel zu dunkel rüberkam« die Paraphrase »Raum zu dunkel«.

Die im Folgenden beschriebenen Analyseformen laufen jeweils in mehreren Schritten ab. Die Schrittnummerierungen bei Mayring wurden aus Gründen der Übersichtlichkeit abgeändert.

6.3.3 Die Zusammenfassung

Das Grundprinzip dieser Analyseform ist, das Datenmaterial schrittweise zu verallgemeinern. Beispielsweise kann ein narratives Interview mit einem Ehrenamtlichen über seine Geschichte mit dem Jugendwerk auf die inhaltstragenden Teile zusammengefasst werden.

Schritt 1 besteht in den weiter oben genannten Vorüberlegungen.

Schritt 2 besteht darin, das gesamte Textmaterial wie weiter oben beschrieben zu paraphrasieren, d. h. auf knappe Passagen zu reduzieren, die die wesentlichen Inhalte beschreiben. Beispielsweise können aus dem folgenden Transkript die in Tabelle 43 aufgeführten Paraphrasen entstehen:

Transkript 1

142 ja also der erste besuch im jugendwerk war eine (.) wie soll
143 ich sagen (..) erfahrung mit ein paar @widersprüchen@ (.) die
144 meisten leute waren ja schon irgendwie @voll nett@ das muss
145 man einfach sagen=ja da warn viele lustig drauf da ham=wer
146 gleich was zum lachen gfundn=ne? ich mein die das zusammensein
147 mit leuten und dass ma was zusammen macht war mir auch
148 irgendwie das wichtigste (.) und das war echt gut (.) aber die
149 musik ne? (.) die mukke von denen hat mir voll nich gefallen
150 (.) alder=da lief nur schrott (..) naja=cool war dass wir dann
151 später alle zusammen gekocht haben was gabs da nocha? (.)
152 naja=egal da ham wer auch viel gelacht

Schritt 3 besteht darin, die Paraphrasen zu verallgemeinern. Dieser Prozess wird ebenfalls in Tabelle 44 verdeutlicht. Die Paraphrasen bestehen zunächst noch aus verkürzten Erzählstücken der befragten Person. Diese werden nun in drei Teilschritten verallgemeinert:

a) *Generalisierung:* Zunächst wird ein Abstraktionsniveau festgelegt. In diesem Fall sollen aus den paraphrasierten Erzählstücken nur die wesentlichen Attribute übernommen werden. Beispielsweise wird aus »Die meisten Leute waren nett« generalisiert »Nette Leute«.

b) *Erste Reduktion:* Nun werden alle bedeutungsgleichen Paraphrasen gestrichen. Dies geschieht im Beispiel mit »Viel gelacht«, was bedeutungsgleich ist mit »Viel Gelächter«.

c) *Zweite Reduktion:* Nun werden die generalisierten Paraphrasen gebündelt. Dabei werden verallgemeinernde Paraphrasen konstruiert. Die Paraphrasen 1, 4 und 5 werden zu »Zwar gefiel beim ersten Besuch Musik nicht, aber positive Gemeinschaft überwog«. Zudem werden differenzierte Aussagen integriert: die Details über die positive Gemeinschaft »Gemeinsames Kochen« und »Viel Gelächter« werden separat aufgelistet.

Tab. 44: Prozess der Verallgemeinerung von Paraphrasen

Nr.	Paraphrasen	Schritt a und b	Schritt c (Ergebnis)
1	Erster Besuch widersprüchliche Erfahrung	Erster Besuch widersprüchlich	Zwar gefiel beim ersten Besuch Musik nicht, aber positive Gemeinschaft überwog: Gemeinsames Kochen Viel Gelächter
2	Die meisten Leute waren nett.	Nette Leute	
3	Mit vielen gelacht.	Viel Gelächter	
4	Musik hat nicht gefallen.	Nicht gefallende Musik	
5	Gemeinschaft war ihm am wichtigsten.	Priorität Gemeinschaft	
6	Zusammen gekocht.	Gemeinsames Kochen	
7	Viel gelacht.	~~Viel gelacht.~~	

Diese Teilschritte entsprechen den Möglichkeiten der Zusammenfassung, die schon im Abschnitt zur Datenaufbereitungsmethode des Protokolls beschrieben wurde. Mayring beschreibt sie sehr differenziert als Interpretationsregeln (vgl. Mayring 2007, S. 61f.). Mayring empfiehlt, die Abstraktionsschritte 3a bis 3c bei großen Materialmengen zusammenzufassen.

Es folgen zwei weitere Beispiele für Transkripte und deren Verarbeitung in den Schritten 2 und 3, die aus anderen Textpassagen entstanden sind.

Transkript 2
329 ja ich weiss noch dass ich das voll seltsam fand in=son
330 jugendhaus reinzugehn ne? (.) hab ich ja noch nie gemacht ne?
331 (.) un vielleicht is mir deshalb auch die @schrottige mukke@
332 da so aufgefallne? (.) aver=die=leude ham des gleich von der
333 ersten sekunde wieda wettgemacht

Ergebnis 2: »Ablehnung der Musik einerseits vielleicht durch Fremdheit beim ersten Jugendhauskontakt bedingt, andererseits durch positives Personenerlebnis kompensiert.«

Transkript 3
478 vor den hauptamtlichen hab ich ja voll respekt gehabt (.) die
479 ham immer alles super gelöst was wir für scheiße gebaut
480 ham=ne? (.) aber selber mitmachn hab ich nie dran gedacht (2)
481 die ham uns rausgeboxt un mit eltern telefoniert un so (.) un
482 klar (.) die der frank un so die warn schon auch cool (.) aber
483 die sin als mitarbeiter irgendwie so nich aufgefalln (2) un
484 als bernd gemeint hat hier (.) andi willste nich ma
485 verantwortung übernehm da hab ich so hä? (.) aber war
486 natürlich auch cool so von dem gefragt zu wern=e? (3) naja un
487 ne woche später war ich dabei un (.) da hab ich auch dann auch
488 bald gemerkt (.) was der frank un die auch so machen ne?

Ergebnis 3: »Respekt vor hauptamtlicher Problemlösekompetenz löste Stolz bei deren unerwarteter Frage nach Mitarbeiterschaft aus. Beitritt öffnete Blick auf Ehrenamtliche.«

Schritt 4 besteht darin, das Ergebnis in ein Kategoriensystem zu überführen. Aus den oben stehenden Transkriptbeispielen 1 bis 3 könnten die ersten beiden Ergebnisse in eine Kategorie »Erster Kontakt« überführt werden, das dritte zu einer Kategorie »Entscheidung zum Mitarbeiter«. Nähere Erläuterungen zur Bildung von Kategorien folgen in Kapitel 6.3.5.

Schritt 5 besteht darin, das Ergebnis daraufhin zu prüfen, ob es noch mit dem Ausgangsmaterial übereinstimmt. Alle Paraphrasen aus Schritt 2 sollten daraufhin überprüft werden, ob sie im Ergebnis enthalten sind. Noch gründlicher ist natürlich eine Überprüfung am Ausgangsmaterial.

Schritt 6 wird nur durchgeführt, wenn die erzielte Abstraktion für die jeweils individuellen Projektziele nicht ausreicht. In diesem Fall wird das Ergebnis in einem weiteren Durchlauf weiter abstrahiert. Dabei werden die Kategorien noch stärker zusammengefasst. Die Daten werden anschließend wieder auf Übereinstimmung mit dem Ergebnis des vorherigen Durchlaufs überprüft. Dies wird so lange wiederholt, bis eine ausreichende Abstraktion erreicht ist.

Das Ergebnis besteht darin, dass das Material auf das Wesentliche reduziert wurde.

6.3.4 Besondere Form der Zusammenfassung (bei stärker strukturierten qualitativen Daten)

Eine besondere Form der Zusammenfassung kann die Auswertung von Textantworten bei einer Fragebogenbefragung darstellen. Hier sind die Daten durch die Art der Frage in der Regel strukturierter als Daten aus einem Interview.

Beispielsweise könnte eine Fragebogenfrage an alle acht Hauptamtlichen lauten: »Welche Hoffnungen oder Befürchtungen haben Sie hinsichtlich des Umzuges? Antworten Sie stichwortartig!« Als Antwortmöglichkeit wird in diesem Fall ein freies Textfeld angeboten, in das die Befragten maximal drei Antworten eintragen können.

Bei der Auswertung werden alle Antworten berücksichtigt und in Kategorien überführt. Beispielsweise werden die Textantworten »zu wenig Platz«, »Platzmangel« oder »dass ich mich beengt fühlen werde« zur Befürchtungskategorie »Platzmangel« zusammengefasst. Die Antworten »dass die Räume schöner sind« und »endlich mal Räume fürs Auge« werden unter der Hoffnungskategorie »schönere Räume« zusammengefasst.

Die Besonderheit dieser Auswertungsvariante besteht nun darin, dass Doppelungen nicht – wie bei der in Kapitel 6.3.3 geschilderten Auswertung eines Einzeltranskriptes – gestrichen, sondern ausgezählt und damit quantifiziert werden. Die Kategorie »Platzmangel« wurde dreimal genannt, die Kategorie »schönere Räume« zweimal.

Bei der Interpretation ist darauf zu achten, dass die Ergebnisse nicht verallgemeinerbar sind, denn es wäre ja beispielsweise möglich, dass die Befürchtung »Platzmangel« eigentlich bei allen acht Befragten vorliegt, jedoch nur von drei Personen genannt wurde. Das Ergebnis kann daher lediglich als hypothesengenerierend angesehen werden. Größere Sicherheit schafft eine weitere Befragung, welche die ermittelten Kategorien als Antwortmöglichkeiten anbietet, sodass durch Ankreuzen geklärt werden kann, wie viele Personen ihnen zustimmen.

6.3.5 Die inhaltliche Strukturierung

Auch bei dieser Analyseform wird das Ausgangsmaterial zusammengefasst, jedoch ist der Anspruch nicht, das gesamte Material bei der Auswertung vollständig zu erfassen (so wie es z. B. im Interview vom Befragten produziert wurde), sondern aus dem Material Antworten auf bestimmte vorher formulierte Fragen herauszusuchen. Der Rest des Materials geht nicht in die Auswertung ein. Interviews mit Ehrenamtlichen könnten beispielsweise daraufhin ausgewertet werden, was sie zu der Frage beitragen, wie das Gebäude des Haupthauses ihren Bezug zum Jugendwerk geprägt hat.

Schritt 1 besteht in den weiter oben genannten Vorüberlegungen. Beispielsweise könnte entschieden werden, diesmal nicht nur ein einzelnes Interview zu verwenden, sondern alle Interviews mit Ehrenamtlichen.

Schritt 2 besteht – anders als bei der Zusammenfassung in Kapitel 6.3.3 – noch nicht in der Paraphrasierung. Zunächst wird festgelegt, auf welche Fragestellung hin das Datenmaterial untersucht werden soll. Diese werden anhand theoretischer Vorüberlegungen entwickelt. Beispielsweise könnten die folgenden Fragen bei den Vorüberlegungen auftauchen:

- Inwiefern hat das Gebäude die Rolle dieses Mitarbeiters im Jugendwerk beeinflusst?
- Inwiefern hat das Gebäude die Aufenthaltsdauer dieses Mitarbeiters im Jugendwerk beeinflusst?

Schritt 3 besteht darin, ein exaktes Kategoriensystem zu definieren, das festlegt, welche Textstellen aus dem Text ausgewählt werden. Diese Textstellen sollen Antworten auf die vorher formulierten Fragen liefern.

Teilschritt 3a) Inhaltliche Ausprägung der Kategorien klären

Pro Fragestellung wird eine sogenannte Kategoriendefinition vorgenommen. Der Text wird anschließend darauf untersucht, welche Stellen zu dieser Kategoriedefinition passen.

Für die Fragestellung: »Inwiefern hat das Gebäude die Rolle dieses Mitarbeiters im Jugendwerk beeinflusst?«, könnte folgende Kategoriendefinition gefunden werden: »Beschreibungen von Situationen, in denen sich die Aufgabe oder der Status von Mitarbeitenden im Jugendwerk veränderte, die in irgendeiner Weise mit dem Gebäude zusammenhängen«.

Es ist von großem Vorteil, diesen Schritt im Team zu vollziehen, da durch die Arbeit am Material schnell auffällt, dass verschiedene Personen eine vorläufige Definition unterschiedlich verstehen. Beispielsweise könnte der Begriff »Rolle« von manchen Teammitgliedern lediglich auf den offiziellen Status einer Person bezogen werden (Teilnehmer, ehrenamtlicher Mitarbeiter, hauptamtlicher Mitarbeiter), während andere damit auch soziale Funktionen verbinden (Anführer, Kritiker, Helfer, Moderator usw.). Je nach Verständnis werden dann unterschiedliche Textstellen selektiert, was darauf hinweist, dass die Definition überarbeitet werden muss, um intersubjektiv eindeutiger zu sein. Das in den Vorüberlegungen gewählte Abstraktionsniveau kann je nach Bedarf bei mehreren Fragestellungen auch variieren. Dann sollte es für jede Fragestellung separat formuliert werden.

Teilschritt 3b) Diese Kategorien in einem Kodierleitfaden festlegen
Nach Formulierung einer Definition wird aus dem Transkript ein Textab-schnitt als Ankerbeispiel gesucht, der besonders gut zur Definition passt.

> *Mögliches Ankerbeispiel*
> 25 zu der zeit bin ich immer <u>ewig</u> im haupthaus rumgehangen wenn
> 26 mir langweilig war (2) da warn halt immer leute=ne? (.) ja=und
> 27 da hab ich endlich ma mit mareike geschwätzt (.) die hab ich
> 28 vorher ja nie gesehn (.) aber die war natürlich da weil büro
> 29 un so (.) na=uns ende vom lied war (.) <u>tata:</u> (.) ich war
> 30 mitarbeiter

Falls nötig, können pro Kategorie weitere Kodierregeln erstellt werden, um die Textpassagen, in denen eine Zuordnung durch die Kategoriendefinition nicht eindeutig zu bestimmen ist, genauer abzugrenzen.

Schritt 4 besteht darin, alle Passagen in einem größeren Teil des Textes zu mar-kieren, die zu Kategoriendefinitionen passen. Diese werden anschließend zu Ka-tegorien verarbeitet. Dieser Schritt wird deshalb nicht am gesamten Textmaterial durchgeführt, weil die dabei entstehenden Kategorien in Schritt 5 erst überprüft werden. Diese Überprüfung wird nicht gleich am gesamten Text durchgeführt, um die Analyse effizienter zu gestalten.
Die Verarbeitung der markierten Stellen zu Kategorien kann in Form von Pa-raphrasierungen geschehen, wenn dies dem gewählten Abstraktionsniveau ent-spricht. Wählt man jedoch ein höheres Abstraktionsniveau, wird die Kategorie allgemeiner formuliert. Die oben als Beispiel aufgeführte Textstelle könnte kon-kreter paraphrasiert werden zur Kategorie »Gespräche im Haupthaus, die Perso-nen zu Mitarbeitern machten«. Die Kategorie könnte jedoch bei einem höheren Abstraktionsniveau auch allgemeiner formuliert werden: »Rollenverändernde Gespräche im Haupthaus«.

Schritt 5 besteht darin, diese Fundstellen daraufhin zu untersuchen, ob der Ko-dierleitfaden auch wirklich auf sie anwendbar ist oder ob er verändert werden muss. Dabei kann es beispielsweise passieren, dass passendere Ankerbeispiele ge-funden werden. Es kann auch sein, dass zu viele Textabschnitte gefunden wer-den und deshalb die Kategorie feiner formuliert werden muss. Ebenso kann es sein, dass kaum Textabschnitte gefunden werden und dadurch klar wird, dass die Definition gröber formuliert werden muss. Erscheinen die Paraphrasen zu allgemein oder zu konkret, muss das Abstraktionsniveau entsprechend angepasst werden.

Die Schritte 4 und 5 müssen sich nicht auf das gesamte Datenmaterial beziehen. Nach einer gewissen Menge bemerkt der Forscher i. d. R., dass keine neuen In-formationen mehr entdeckt werden, und kann zum nächsten Schritt übergehen.

Schritt 6 besteht in der Kategorisierung des restlichen Materials nach dem eventuell angepassten Kodierleitfaden. Ist das gesamte Material durchgearbeitet, kann man die entstandenen Kategorien auch in Oberkategorien sortieren. Häufig entsteht dies auch schon während des Kategorisierungsvorgangs und wird nach dessen Abschluss lediglich noch überprüft. In diesem Schritt entsteht eine Tabelle von Kategorien und gegebenenfalls ihrer Oberkategorien. Die Kategorien können als Antwort auf die Fragestellungen verstanden werden, die zu Anfang formuliert wurden. Für viele Forschungszwecke ist eine solche Tabelle ausreichend. Möchte man diese Tabelle jedoch noch zu einem Fließtext weiterverarbeiten, können zusätzlich die folgenden Schritte vorgenommen werden.

Schritt 7 besteht dann darin, alle Ergebnisse innerhalb der Unterkategorien entsprechend der Regeln der Zusammenfassung (s. o.) zu bearbeiten.

Schritt 8 besteht darin, pro Hauptkategorie die Ergebnisse aus Schritt 7 zusammenzufassen.

Das Ergebnis besteht darin, dass das Material hinsichtlich ausgewählter Themen auf das Wesentliche reduziert wurde.

6.3.6 Die skalierende Strukturierung

Diese Form untersucht das Material im Hinblick auf bestimmte Eigenschaften eines Gegenstands, die schließlich quantitativ eingeschätzt werden. Interviews könnten z. B. nach wichtigen baulichen Aspekten ausgewertet werden. Wäre ein solcher Aspekt »Helligkeit«, so könnte dazu eine Vierstufenskala (»sehr hell« bis »sehr dunkel«) erstellt und die verschiedenen Räume des Schulnebengebäudes damit bewertet werden.

Schritt 1 besteht in den weiter oben genannten Vorüberlegungen. Diese könnten u. a. festlegen, dass alle Interviews auf die folgenden vier Fragen hin analysiert werden sollen:

1. Welche baulichen Aspekte sind für das Haupthaus des Jugendwerks relevant?
2. Inwiefern werden diese baulichen Aspekte im vorgeschlagenen Schulnebengebäude realisiert?
3. Welche Umstände werden für einen Umzug als beachtenswert angegeben?
4. Inwiefern sind diese Umstände schon gegeben?

Die Aspekte 1 und 3 sind mit den Fragestellungen der inhaltlichen Strukturierung (s. o.) vergleichbar.

Schritt 2 besteht in der Festlegung, nach welchen Dimensionen die formulierten Fragen untersucht werden sollen. Diese Dimensionen sind vergleichbar mit den Unterkategorien der inhaltlichen Strukturierung (s. o.). In unserem Beispiel könnten die baulichen Aspekte aus Frage 1 u. a. nach folgenden Dimensionen untersucht werden:

- Gestaltung der Lagerräume
- Helligkeit

Schritte 3–5 laufen ähnlich ab wie bei der inhaltlichen Strukturierung (s. o.). Auch die Dimensionen können weiter ausdifferenziert werden. So kann z. B. die Gestaltung der Lagerräume weiter differenziert werden nach: Verortung im Haus, Zugänglichkeit bei der Freizeitvorbereitung und Umfang. Auch hier ist die sehr genaue Festlegung mithilfe eines Kategorienleitfadens nötig, der möglichst im Rahmen eines Teams erarbeitet werden sollte.

Anders als bei der inhaltlichen Strukturierung werden jedoch für die Einschätzung jeder Dimension zusätzlich Skalen entwickelt. Für eine anschließende Bewertung sollten sie auf Ordinalskalenniveau liegen. In Fällen wie bei der Verortung der Lagerräume kann jedoch auch Nominalskalenniveau Sinn ergeben. Nur in ganz besondere Fällen ist ein höheres Skalenniveau möglich. Es folgen einige Beispiele:

- Gestaltung der Lagerräume:
  - *Verortung:* Nominale Skala: »Über Haus verteilt«, »im Keller«, »außerhalb des Hauses«
  - *Zugänglichkeit bei der Freizeitvorbereitung:* Ordinale Vierstufenskala von »sehr gut zugänglich« bis »sehr schlecht zugänglich«
  - *Umfang:* Verhältnis-Skala: Quadratmeter
- *Helligkeit:* Ordinale Vierstufenskala von »sehr hell« bis »sehr dunkel«

Schritt 6 besteht darin, das Material daraufhin zu untersuchen, wo sich Ausprägungen hinsichtlich der aufgestellten Kategorien zeigen. Beispielsweise kann sich zeigen, dass alle Räume im oberen Stockwerk als »sehr hell« bewertet wurden, drei Viertel der Räume im Erdgeschoss jedoch als »eher dunkel« und das restliche Viertel als »sehr dunkel«.

Das Ergebnis besteht darin, dass einzelne Fälle aus dem Material einer quantitativen Zuordnung zugeführt werden. Dadurch werden sie miteinander vergleichbar.

Quantifizierungen im Rahmen von qualitativen Inhaltsanalysen müssen jedoch anders beurteilt werden, als quantitative Ergebnisse beispielsweise einer repräsentativen Fragebogenuntersuchung. Im Rahmen der qualitativen Inhaltsanalyse können nur Aussagen darüber gemacht werden, wie häufig bestimmte Aspekte im Datenmaterial vorkommen. Dies sagt nicht notwendigerweise etwas darüber aus, welche Relevanz sie über das Datenmaterial hinaus besitzen oder wie häufig sie dort vorkommen.

Wenn beispielsweise nur drei von 15 Gesprächspartnern in einer Interviewreihe zu Vorstellungen über das neue Haupthaus Wünsche über ein grünes Wohnumfeld äußern, so bedeutet dies nicht zwingend, dass diese Wünsche nur bei einem Fünftel der Befragten bestehen. Es wäre denkbar, dass viele der restlichen Befragten ähnliche Wünsche geäußert hätten, wenn sie im Rahmen einer quantitativen Fragebogenuntersuchung durch eine vorgegebene Antwortmöglichkeit an diesen Wunsch erinnert worden wären und die Möglichkeit gehabt hätten, ihn anzukreuzen.

Daher können besonders hervorstechende quantitative Ergebnisse im Rahmen qualitativer Inhaltsanalysen lediglich als Grundlage für die Hypothesengenerierung dienen. Sprechen 90 % der Interviewpartner von sich aus das Thema Helligkeit der Räume an, so legt dies die Hypothese nahe, dass dieses Thema unter den Befragten eine hohe Relevanz besitzt.

6.3.7 Mögliche Ergebnisse der qualitativen Inhaltsanalyse

Es zeigt sich, dass das beschriebene Analyseverfahren vielfältig einsetzbar ist und eine gewisse Spannbreite von Ergebnisformen bietet: Zusammenfassungen, thematische Zuspitzungen und sogar quantitative Ergebnisse sind möglich, wenngleich letztere lediglich als Grundlage für die Hypothesenbildung dienen können.

Der grundsätzlich qualitative Ansatz kann auch je nach Forschungsdesign mit quantitativen Methoden kombiniert werden:

- *Qualitativ entwickelte Kategorien können anschließend quantifiziert werden.* Beispielsweise können einzelne Interviews mit Jugendlichen daraufhin ausgewertet werden, ob sie mehr kritische oder wohlwollende Aussagen gegenüber dem Jugendzentrum machen. Anschließend kann für jedes Interview durch ein quantitatives Ranking ermittelt werden, ob bestimmte Elemente wesentlich häufiger genannt werden und daher für die jeweilige Person eine Hypothese gebildet werden, ob sie dem Jugendzentrum eher offen oder eher skeptisch gegenübersteht.
- *Qualitativ lassen sich erste Kategorien einer Theorie entwickeln, die anschließend operationalisiert und quantitativ überprüft werden können.* Auf der Basis von Interviews ließen sich beispielsweise Kategorien darüber bilden, wie sich Identifikation mit Jugendarbeit äußert, sowie Kategorien zu Einflussfaktoren für diese Identifikation. Diese Kategorien könnten nach Abschluss der qualitativen Inhaltsanalyse in einem quantitativen Verfahren operationalisiert und daraufhin getestet werden, ob sich Zusammenhänge zwischen der Stärke der Identifikation und dem Vorhandensein der Einflussfaktoren ergeben.
- *Quantitative Befunde können anschließend durch qualitativ erarbeitete Beispiele illustriert werden.* Beispielsweise könnte per Fragebogen ermittelt werden, was Jugendwerksmitarbeitern am Nebengebäude der Privatschule besonders positiv bzw. negativ auffällt. Zu besonders relevanten Aspekten könnten anschließend Interviews geführt werden, deren Auswertung mit der qualitativen Inhaltsanalyse in eine Illustration der quantitativen Ergebnisse mündet.

Ziel einer inhaltlichen Strukturierung können auch Hypothesen oder Ursachenzuschreibungen sein. Beispielsweise können Interviews daraufhin ausgewertet werden, welche Aussagen Jugendliche darüber machen, wann und wo sie sich in einem Jugendwerksgebäude besonders wohl gefühlt haben oder was sie selbst sagen, welche Aspekte das Wohlfühlen in einem Jugendwerksgebäude positiv beeinflussen. Hieraus können Hypothesen zusammengetragen werden, welche Faktoren das »Wohlfühlen« in einem solchen Gebäude bestimmen können.

6.4 Computerunterstützung bei der qualitativen Datenverarbeitung

Für die Datenauswertung mithilfe der qualitativen Inhaltsanalyse bietet neben den Programmen f4 und f5 vor allem die inzwischen recht etablierte QDA-Software ein umfangreiches Paket von Funktionen. Für eine Einführung in diese Software bietet sich beispielsweise die Lektüre von Kuckartz (2014b) an.

Die QDA-Software ist unter anderem so umfangreich, weil sie auch für komplexere qualitative Verfahren wie die Grounded Theory verwendet werden kann. Die webbasierte Software QCA-Map bietet eine übersichtlichere Alternative, die speziell für die qualitative Inhaltsanalyse entwickelt wurde. Für Lernende hat sie insbesondere den Vorteil, dass sie den Anwender Schritt für Schritt durch die Analyseschritte führt und ihn dadurch anleitet. Sie kann zudem kostenfrei genutzt werden. Als problematisch könnte sich, je nach Projekt, herausstellen, dass man zur Nutzung auf das Internet angewiesen ist und die Daten auf einem fremden Server liegen.

6.5 Vertiefung des Themas

Für eine Vertiefung der qualitiativen Inhaltsanalyse ist die Lektüre von Mayring (2007) empfehlenswert, die auch sämtliche Interpretationsregeln exakt beschreibt. Besonders anschaulich wird die Methode durch die Lektüre der vielfältigen Praxisbeispiele in Mayring und Gläser-Zikuda (2005).

Checkliste

- Handelt es sich um eine Forschungsfrage, die durch manifeste Kommunikationsinhalte beantwortet werden und mithilfe der qualitativen Inhaltsanalyse bearbeitet werden kann?
- Transkription: Habe ich bei der Transkription alle Hinweise auf Personen mittels Anonymisierung oder Maskierung unkenntlich gemacht?
- Protokollierung: Habe ich bei der Protokollierung im Sinne der sechs Möglichkeiten der Textzusammenfassung gearbeitet?
- Entspricht die gewählte Form der Inhaltsanalyse (Zusammenfassung, inhaltliche Strukturierung, skalierende Strukturierung) meinem Ziel bei der Auswertung?
- Habe ich die entstandenen Kategorien an den vorausgehenden Paraphrasen oder gar an der Textgrundlage überprüft?
- Besteht gegenüber den Festlegungen im Kodierleitfaden Übereinstimmung im Forscherteam?
- Sind die verschiedenen Codierer zu vergleichbaren Kategorien gelangt, bzw. konnten die befragten Personen oder andere Experten den ermittelten Ergebnissen zustimmen?

- Habe ich alle wesentlichen Entscheidungen und Verfahrensschritte im Forschungsbericht transparent festgehalten?

LITERATURVERZEICHNIS

American Psychological Association (2012): Publication manual of the American Psychological Association (6. Aufl.). Washington, DC: American Psychological Association.

Bacher, J. (2002): Statistisches Matching. Anwendungsmöglichkeiten, Verfahren und ihre praktische Umsetzung in SPSS. ZA-Informationen 51. Jg.: 38–66.

Backhaus, K., Erichson, B., Plinke, W. & Weiber, R. (2011a): Multivariate Analysemethoden. Eine anwendungsorientierte Einführung (13. Aufl.). Berlin: Springer.

Backhaus, K., Erichson, B. & Weiber, R. (2011b): Fortgeschrittene multivariate Analysemethoden. Eine anwendungsorientierte Einführung. Berlin: Springer.

Baur, N. & Blasius, J. (2014): Handbuch Methoden der empirischen Sozialforschung. Wiesbaden: Springer VS.

Best, H. & Wolf, C. (2010): Logistische Regression. In: C. Wolf & H. Best (Hrsg.): Handbuch der sozialwissenschaftlichen Datenanalyse. Wiesbaden: VS-Verlag. S. 827–854.

Blass, W. (1980): Zeitbudget-Forschung: Eine kritische Einführung in Grundlagen und Methoden. Frankfurt a. M.: Campus.

Blass, W. (1990): Theoretische und methodische Grundlagen der Zeitbudgetforschung. In: Statistisches Bundesamt (Hrsg.): Zeitbudgeterhebungen. Ziele Methoden und neue Konzepte. Stuttgart: Metzler-Poeschel Verlag. S. 54-75

Bogner, A., Littig, B. & Menz, W. (Hrsg.) (2005): Das Experteninterview. Wiesbaden: VS Verlag.

Bogner, A. & Menz, W. (2001): »Deutungswissen« und Interaktion. Soziale Welt, Jg. 52 (4): 477–500.

Bogner, A. & Menz, W. (2005): Das theoriegenerierende Experteninterview – Erkenntnisinteresse, Wissensform, Interaktion. In: A. Bogner, B. Littig & W. Menz (Hrsg.): Das Experteninterview. Wiesbaden: VS Verlag. S. 33–70.

Bohnsack, R. (2003): Rekonstruktive Sozialforschung. Opladen: Verlag Barbara Budrich.

Bohnsack, R. (2005): Standards nicht-standardisierter Forschung in den Erziehungs- und Sozialwissenschaften. Zeitschrift für Erziehungswissenschaft 8. Jg., Beiheft 4/2005: 63–81.

Bohnsack, R. (2014): Rekonstruktive Sozialforschung. Opladen: Verlag Barbara Budrich.

Bortz, J. (1993): Statistik für Sozialwissenschaftler. Berlin: Springer.

Bortz, J. & Döring, N. (2006): Forschungsmethoden und Evaluation für Human- und Sozialwissenschaftler (4. Aufl.). Heidelberg: Springer.

Bortz, J. & Lienert, G. A. (2008): Kurzgefasste Statistik für die klinische Forschung. Leitfaden für die verteilungsfreie Analyse kleiner Stichproben (3. Aufl.). Heidelberg: Springer Verlag.

Bortz, J. & Schuster, C. (2010): Statistik für Human- und Sozialwissenschaftler (7. Aufl.). Berlin, Heidelberg: Springer Verlag.

Buchwald, C. (2006): Das Telefoninterview – Instrument der Zukunft? (Forschungsbericht aus dem ZSH). Martin-Luther-Universität Halle-Wittenberg. (http://www.zsh-online.de/¬fileadmin/PDF-Dokumente/Forschungsberichte/06_3FB.pdf, Zugriff am 27.12.2013).

Bühner, M. (2010): Einführung in die Test- und Fragebogenkonstruktion (3. Aufl.). München: Pearson Studium.

Bühner, M. & Ziegler, M. (2009): Statistik für Psychologen und Sozialwissenschaftler. München: Pearson Verlag.

Cielebak, J. & Rässler, S. (2014): Data Fusion, Record Linkage und Data Mining. In: N. Baur & J. Blasius (Hrsg.): Handbuch Methoden der empirischen Sozialforschung. Wiesbaden: Springer VS. S. 367–382.

Cohen, J. (1988): Statistical Power Analysis for the Behavioral Sciences. Hillsdale, NJ: Erlbaum.

Creswell, J.W. (2003): Research design: Qualitative, quantitative and Mixed-Methods approaches (2. Aufl.). Thousand Oaks, CA: Sage.

Deinert, A. (2010): »Willst du eigentlich ma wissen, ob ich ein Auto hab?«. ZQF – Zeitschrift für qualitative Forschung, Jg. 11(1): 131–152.

Diekmann, A. (2007): Empirische Sozialforschung. Grundlagen, Methoden, Anwendungen (5. Aufl.). Reinbek bei Hamburg: Rowohlt Taschenbuch Verlag.

Dürrenberger, G. & Behringer, J. (1999): Die Fokusgruppe in Theorie und Anwendung. Stuttgart: Akademie für Technikfolgenabschätzung.

Eid, M., Gollwitzer, M. & Schmitt, M. (2010): Statistik und Forschungsmethoden. Weinheim: Beltz.

Eifler, S. (2014): Experiment. In: N. Baur & J. Blasius (Hrsg.): Handbuch Methoden der empirischen Sozialforschung. Wiesbaden: Springer VS. S. 195–210.

Eisend, M. (2014): Metaanalyse (Sozialwissenschaftliche Forschungsmethoden, Bd. 8). München und Mering: Rainer Hampp Verlag.

European Social Survey Data Archiv (2008): European Social Survey Round 4 Data file edition 4.3 [Computer software]. Norwegian Social Science Data Services, Norway – Data Archive and distributor of ESS data.

Faulbaum, F., Prüfer, P. & Rexroth, M. (2009): Was ist eine gute Frage? Die systematische Evaluation der Fragenqualität. Wiesbaden: VS Verlag.

Flick, U. (2011): Triangulation. Eine Einführung. Wiesbaden: VS Verlag für Sozialwissenschaften.

Flick, U. (2012): Qualitative Sozialforschung. Reinbek bei Hamburg: Rowohlt.

Flick, U. (2014): Gütekriterien qualitativer Forschung. In: N. Baur & J. Blasius (Hrsg.): Handbuch Methoden der empirischen Sozialforschung. Wiesbaden: Springer VS.

Flurer, C. & Jakubek, M. (2014): Methoden für Netzwerkorientierte Gemeindeentwicklung. In: U. Jakubek & F. Straus (Hrsg.): Netzwerke Sichtbar Machen. Nürnberg: Amt für Gemeindedienst in der Evang-Luth. Kirche in Bayern. S. 85–97.

Franke, K. & Wald, A. (2006): Möglichkeiten der Triangulation quantitativer und qualitativer Methoden in der Netzwerkanalyse. In: F. Straus & B. Hollstein (Hrsg.). Qualitative Netzwerkanalyse. Wiesbaden: VS-Verlag. S. 153–175.

Franzen, A. (2014): Antwortskalen in standardisierten Befragungen. In: N. Baur & J. Blasius (Hrsg.): Handbuch Methoden der empirischen Sozialforschung. Wiesbaden: Springer VS.

Friedrichs, J. (2014): Forschungsethik. In: N. Baur & J. Blasius (Hrsg.): Handbuch Methoden der empirischen Sozialforschung. Springer VS. Wiesbaden.

Garhammer, M. (2012): Gut ist, was wirkt? Ein kritischer Blick auf die Wirksamkeitsforschung in der Jugendarbeit und ein Ausblick. In: B. Kammerer (Hrsg.): Zahlen, Daten, Fakten – Wissen und Wirkungen (in) der Kinder- und Jugendarbeit. Nürnberg: emwe-Verlag.

Gläser, J. & Laudel, G. (2010): Experteninterviews und qualitative Inhaltsanalyse. Wiesbaden: VS Verlag.

Graeff, P. (2014): Aggregatdaten. In: N. Baur & J. Blasius (Hrsg.): Handbuch Methoden der empirischen Sozialforschung. Wiesbaden: Springer VS. S. 915–924.

Gräsel, C. (2010): Stichwort: Transfer und Transferforschung im Bildungsbereich. Zeitschrift für Erziehungswissenschaft, 13. Jg.(1): 7–20.

Habermas, J. & Luhmann, N. (1972): Theorie der Gesellschaft oder Sozialtechnologie. Frankfurt a. M.

Häder, M. (2010): Empirische Sozialforschung. Wiesbaden: VS-Verlag.

Häder, M. (2015): Empirische Sozialforschung. Eine Einführung (3. Aufl.). Wiesbaden: VS Verlag.

Hartmann, P.H. & Lengerer, A. (2014): Verwaltungsdaten und Daten der amtlichen Statistik. In: N. Baur & J. Blasius (Hrsg.): Handbuch Methoden der empirischen Sozialforschung. Wiesbaden: Springer VS. S. 907–914.

Haugg, K. (1990): Die bisherige Erfassung des Zeitbudgets von Personen und Familien – Zielsetzungen und ausgewählte Forschungsergebnisse. In: Statistisches Bundesamt (Hrsg.): Zeitbudgeterhebungen. Ziele Methoden und neue Konzepte. Stuttgart: Metzler-Poeschel Verlag. S. 76–87.

Henze, N. (2013): Stochastik für Einsteiger. Eine Einführung in die faszinierende Welt des Zufalls (10. Aufl.). Wiesbaden: Springer Spektrum.

Hermanns, H. (2012): Interviewen als Tätigkeit. In: Flick, U.: Qualitative Forschung. Reinbek bei Hamburg: Rowohlt. S. 360–368.

Hoffmann-Riem, C. (1980): Die Sozialforschung einer interpretativen Soziologie – der Datengewinn. Kölner Zeitschrift für Soziologie und Sozialpsychologie, Jg. 32(2): 339–372.

Hollstein, B. (2006): Qualitative Methoden und Netzwerkanalyse – ein Widerspruch? In: F. Straus & B. Hollstein (Hrsg.). Qualitative Netzwerkanalyse. Wiesbaden: VS-Verlag. S. 11–35.

Hollstein, B. (2010): Qualitative Methoden und Mixed-Method-Designs. In: C. Stegbauer & R. Häußling (Hrsg.): Handbuch Netzwerkforschung. Wiesbaden: VS-Verlag. S. 459–470.

Hopf, C. (1978): Die Pseudo-Exploration – Überlegungen zur Technik qualitativer Interviews in der Sozialforschung. Zeitschrift für Soziologie 7: 97–105.

Hug, Th. & Poscheschnik, G. (2010): Empirisch forschen. Konstanz: UVK-Verlag.

Hussy, W., Schreier, M. & Echterhoff, G. (2010): Forschungsmethoden in Psychologie und Sozialwissenschaften. Heidelberg: Springer Verlag.

Jacob, R., Heinz, A. & Décieux, J.Ph. (2013): Umfrage. Eine Einführung in die Methoden der Umfrageforschung (3. Aufl.). München: Oldenbourg Verlag.

Jakubek, U. & Straus, F. (Hrsg.) (2014): Netzwerke Sichtbar Machen. Nürnberg: Amt für Gemeindedienst in der Evang-Luth. Kirche in Bayern.

Jann, B. (2010): Robuste Regression. In C. Wolf & H. Best (Hrsg.): Handbuch der sozialwissenschaftlichen Datenanalyse. Wiesbaden: VS-Verlag.

Kallmeyer, W., Schütze, F. (1977): Zur Konstitution von Kommunikationsschemata der Sachverhaltsdarstellung. In: Wegner, D. (Hrsg.): Gesprächsanalysen. Hamburg: Helmut Buske Verlag. S. 159–274.

Klebert, K., Schrader, E. & Straub, W. (2002): Moderations-Methode. Das Standardwerk (vollkommen überarb. Neuaufl.). Hamburg: Windmühle.

Kleemann, F., Krähnke, U. & Matuschek, I. (2013): Interpretative Sozialforschung. Wiesbaden: VS Verlag.

Knoll, J. (2007): Kurs- und Seminarmethoden (11. Aufl.). Weinheim, Basel: Beltz Verlag.

König, J. (2007): Einführung in die Selbstevaluation. Ein Leitfaden zur Bewertung der Praxis Sozialer Arbeit (2. Aufl.). Freiburg: Lambertus.

König, J. (2009): Einführung in die Partizipative Qualitätsentwicklung. Wie Organisationen durch Beteiligung und Selbstorganisation lernen. Leverkusen: Verlag Barbara Budrich.

Krebs, D. & Menold, N. (2014): Gütekriterien quantitativer Sozialforschung. In: N. Baur & J. Blasius (Hrsg.): Handbuch Methoden der empirischen Sozialforschung. Wiesbaden: Springer VS.

Kuckartz, U. (2014a): Mixed Methods. Methodologie, Forschungsdesigns und Analyseverfahren. Wiesbaden: Springer VS.

Kuckartz, U. (2014b): Qualitative Inhaltsanalyse. Methoden, Praxis, Computerunterstützung. Beltz Juventa.

Kuckartz, U., Ebert, T., Rädiker, S. & Stefer, C. (2009): Evaluation online. Internetgestützte Befragung in der Praxis. Wiesbaden: VS Verlag für Sozialwissenschaften.

Kuckartz, U., Rädiker, S., Ebert, Th. & Schehl, J. (2010): Statistik. Eine verständliche Einführung. Wiesbaden: VS Verlag.

Kuckartz, U., Rädiker, S., Ebert, Th. & Schehl, J. (2013): Statistik. Eine verständliche Einführung (2. Aufl.). Wiesbaden: VS-Verlag.

Lamnek, S. (2010): Qualitative Sozialforschung (5. Aufl.). Weinheim, Basel: Beltz Verlag.

Liebig, R. (2006): Effekteforschung im Kontext der Offenen Kinder- und Jugendarbeit. Broschüre der Universität Dortmund. (http://www.forschungsverbund.tu-dortmund.de/¬fileadmin/Files/Texte_Reinhard/Effekteforschung_im_Kontext_der_OKJA__2006_.pdf, Zugriff am 09.12.2015).

Luhmann, N. & Schorr, K.E. (1982): Das Technologiedefizit in der Erziehung und die Pädagogik. In: N. Luhmann & K.E. Schorr (Hrsg.): Zwischen Technologie und Selbstreferenz. Fragen an die Pädagogik. Frankfurt a. M.: Suhrkamp.

Mayer, H.O. (2013): Interview und schriftliche Befragung. Grundlagen und Methoden empirischer Sozialforschung (6. Aufl.). München: Oldenbourg Wissenschaftsverlag.

Mayring, P. (2002): Einführung in die Qualitative Sozialforschung (5. Aufl.). Weinheim, Basel: Beltz Verlag.

Mayring, P. (2015): Qualitative Inhaltsanalyse. Grundlagen und Techniken (12., vollst. überarb. u. aktual. Aufl.). Weinheim, Basel: Beltz Verlag.

Mayring, P. & Gläser-Zikuda, M. (2005): Die Praxis der qualitativen Inhaltsanalyse. Weinheim, Basel: Beltz Verlag.

Medjedovic, I. (2014): Qualitative Daten für die Sekundäranalyse. In: N. Baur & J. Blasius (Hrsg.): Handbuch Methoden der empirischen Sozialforschung. Wiesbaden: Springer VS. S. 223–232.

Merchel, J. (2010): Evaluation in der Sozialen Arbeit. München, Basel: Ernst Reinhardt Verlag.

Merton, R.K., Fiske M. & Kendall, P. (1956): The focussed interview. Glencoe, IL: The Free Press.

Meuser, M. & Nagel, U. (1991): ExpertInneninterviews – vielfach erprobt, wenig bedacht. In: D. Garz & K. Kraimer (Hrsg.): Qualitativ-empirische Sozialforschung. Opladen.

Meuser, M. & Nagel, U. (1999): Das Experteninterview – konzeptionelle Grundlagen und methodische Anlage. In: S. Pickel, G. Pickel, H.-J. Lauth & D. Jahn (Hrsg.): Methoden der vergleichenden Politik- und Sozialwissenschaft. Wiesbaden: VS Verlag.

Morgan, D.L. (1988): Focus Groups as Qualitative Research. Newbury Park, CA: Sage.

Mühlfeld, C. et al. (1981): Auswertungsprobleme offener Interviews. Soziale Welt 32(3): 325–352.

Müller, C.E. & Konradt, I. (2013): In der Regel kein Zufall. Der Randomization-Test als Alternative zum klassischen Signifikanztest in der experimentellen Wirkungsevaluation. Zeitschrift für Evaluation 12(2): 273–296.

Müller, T. & Waldow, F. (2011): Expertenwissen für Bildungsreformen. In: J. Bellmann & T. Müller (Hrsg.): Wissen, was wirkt. Wiesbaden: VS Verlag.

Munsch, Ch. (2012): Praxisforschung in der Sozialen Arbeit. In: W. Thole (Hrsg.): Grundriss Soziale Arbeit. Wiesbaden: Springer. S. 1177ff.

Ostermann, R. (1983): Freiraum und Grenze. Unveröffentlichte Examensarbeit. Fachhochschule Bielefeld, Fachbereich Sozialpädagogik.

Pfadenhauer, M. (2009): Auf gleicher Augenhöhe. In: A. Bogner, B. Littig & W. Menz (Hrsg.): Experteninterviews. Theorien, Methoden, Anwendungsfelder. Wiesbaden: VS Verlag. S. 99–116.

Porst, R. (2014): Fragebogen. Ein Arbeitsbuch (4., erw. Aufl.). Wiesbaden: Springer VS.

Quilling, E. & Nicoline, H.J. (2007): Erfolgreiche Seminargestaltung. Heidelberg: VS Verlag für Sozialwissenschaften.

Rahlf, T. (2014): Datendesign mit R. 100 Visualisierungsbeispiele. München: Open Source Press.

Raithel, J. (2006): Quantitative Forschung. Ein Praxiskurs. Wiesbaden: VS-Verlag.

Raithel, J. (2008): Quantitative Forschung. Ein Praxiskurs (2., durchges. Aufl.). Wiesbaden: VS Verlag für Sozialwissenschaften.

Reinders, H. (2012): Qualitative Interviews mit Jugendlichen führen. München: Oldenbourg Verlag.

Rost, D.H. (2013): Interpretation und Bewertung pädagogisch-psychologischer Studien (3. Aufl.). Bad Heilbrunn: Klinkhardt.

Rudolf, M. & Müller, J. (2012): Multivariate Verfahren (2. Aufl.). Göttingen: Hogrefe.

Schaffer, H. (2009): Empirische Sozialforschung für die Soziale Arbeit (2. Aufl.). Freiburg i. Br.: Lambertus-Verlag.

Scheele, B. & Groeben, N. (1988): Dialog-Konsens-Methoden zur Rekonstruktion Subjektiver Theorien. Tübingen: Francke.

Schnell, R., Hill, P.B. & Esser, E. (2011): Methoden der empirischen Sozialforschung (9. Aufl.). München: Oldenbourg Wissenschaftsverlag.

Scholl, A. (2009): Die Befragung. Konstanz: Verlag Babara Budrich.

Schulz, M., Mack, B. & Renn, O. (Hrsg.) (2012): Fokusgruppen in der empirischen Sozialwissenschaft. Von der Konzeption bis zur Auswertung. Stuttgart: Springer VS.

Schütze, F. (1983): Biographieforschung und narratives Interview. Neue Praxis 13(3).

Schütze, F. (1987): Das narrative Interview in Interaktionsfeldstudien I., Studienbrief der Fernuniversität Hagen.

Sedlmeier, P. & Renkewitz, F. (2013): Forschungsmethoden und Statistik. Ein Lehrbuch für Psychologen und Sozialwissenschaftler (2. Aufl.). München: Pearson Studium.

Spieß, M. (2010): Der Umgang mit fehlenden Werten. In: C. Wolf & H. Best (Hrsg.): Handbuch der sozialwissenschaftlichen Datenanalyse. Wiesbaden: VS-Verlag.

Statistisches Bundesamt (2010): Statistik und Wissenschaft. Demographische Standards (5. überarb. u. erw. Aufl.). Wiesbaden.

Stegbauer, C. & Häußling, R. (Hrsg.) (2010). Handbuch Netzwerkforschung. Wiesbaden: VS-Verlag.

Stöckli, T. (2001): Lebenslernen. Berlin: Universitätsverlag der TU Berlin.

Straus, F. (2002): Netzwerkanalysen. Gemeindepsychologische Perspektiven für Forschung und Praxis. Wiesbaden: Deutscher Universitäts-Verlag.

Straus, F. & Hollstein, B. (Hrsg.) (2006): Qualitative Netzwerkanalyse. Wiesbaden: VS-Verlag.

Trautmann, T. (2010): Interviews mit Kindern. Wiesbaden: VS Verlag.

Urban, D. & Mayerl, J. (2011): Regressionsanalyse: Theorie, Technik und Anwendungen (4. Aufl.). Wiesbaden: VS-Verlag.

Wagner, M. & Weiß, B. (2014): Meta-Analyse. In: N. Baur & J. Blasius (Hrsg.): Handbuch Methoden der empirischen Sozialforschung. Wiesbaden: Springer VS. S. 1117–1126.

Weischer, C. (2015): Sekundäranalyse quantitativer Daten. In: R. Diaz-Bone & C. Weischer (Hrsg.): Methoden-Lexikon für die Sozialwissenschaften. Wiesbaden: VS-Verlag.

Williams, C.L. (1996): Creating Understanding That Cultivates Change. Qualitative Inquiry, 1996: 151ff.

Witzel, A. (1982): Verfahren der qualitativen Sozialforschung. Frankfurt a. M.: Campus.

Witzel, A. (1985): Das problemzentrierte Interview. In: Jüttemann, G. (Hrsg.): Qualitative Forschung in der Psychologie. Grundfragen, Verfahrensweisen, Anwendungsfelder. Weinheim: Beltz.

Wolf, U. (Hrsg.) (1994): Aristoteles' Metaphysik. Reinbek bei Hamburg: Rowohlt.

Wolf, C. & Best, H. (Hrsg.) (2010): Handbuch der sozialwissenschaftlichen Datenanalyse. Wiesbaden: VS-Verlag.

STICHWORTVERZEICHNIS